让 我 们 一 起 追 寻

BARRY CUNLIFFE

〔英〕巴里·坎利夫—著

徐 萍—译

张德鹏—校

Europe between the Oceans
Themes and Variations,9000 BC-AD 1000
Copyright ©2008 by Barry Cunliffe
Originally published by Yale University Press
Simplified Chinese edition copyright
©2022 Social Sciences Academic Press(China),CASS
All rights reserved.
封底有甲骨文防伪标签者为正版授权

海洋之间的欧洲

变化 与 主线

（公元前 9000 年～公元 1000 年）

EUROPE BETWEEN
THE OCEANS

Themes and Variations,
9000 BC-AD 1000

社会科学文献出版社

SOCIAL SCIENCES ACADEMIC PRESS (CHINA)

目 录

前　言

亚欧大陆西部的突出部分，也就是我们所称的欧洲，从公元后的第二个千
年开始统治世界。正是在这片大陆上，文艺复兴时期的温室孕育出了繁荣的艺
术和科学，并且在工业革命时期演变为应用性的学科。欧洲的影响力之所以如此
巨大，原因在于其民众的躁动，他们好像具有一种与生俱来的本能，一直在移
动——而冲刷这块大陆的海洋则促进了移动的进程。15 世纪末期开始的航海大
发现，打开了整个世界的画面。冒险家们来到海边，建立起贸易网络，随后开始
了土地掠夺和殖民化的过程。几个世纪之后，世界大部分地区都受到欧洲文化的
影响。当然，也有诸如中国和日本这样的国家，仍在努力保持自己的与世隔绝
状态。

　　人类是在非洲逐步进化的，并且从那里蔓延到地球上所有适合居住的区域。
那么，这就提出了一个问题，为什么只有欧洲超越其他地区赢得了主导地位？答
案并非显而易见，这是一系列不同因素相互作用的结果，但地理因素无疑占据主
导地位。在北非沙漠和北极的冰盖之间，欧洲拥有一系列密集分布的、非常宜人
的居住区，具备得天独厚的地理优势。而且，由于海洋环绕和湾流的有益影响，
欧洲的气候宜人。于是，人群有了更为宽泛的生态选择，得以发展各具特色的
经济结构。除了生态多样，欧洲资源也极为丰富。所需的一切——木材、石头、
金属和皮毛——要么比较容易获取，要么可以通过复杂的交换网络抵达产区。
宜人的生态环境和充足的资源促进了人口增长，反过来又促进了精英阶层构成和
控制的复杂的等级社会的发展。对土地、资源和奢侈品的竞争，带动了整个社会
的活力，推动生产、创新和冒险。

　　欧洲半岛与海洋之间漫长交错的边界提供了一个独到的优势。这不仅仅是因

viii　为沿海资源异常丰富，而且因为海洋所倡导的流动性。海洋的界面成为创新区，与贯穿整个欧洲的网络连接在一起。在这方面，大西洋的界面更为突出。冒险家们受与生俱来的不安分能量的驱使，从这里出发去探索更为广阔的世界。

通过一系列非常优秀的著作以及电视提供的更为狭隘的视角，人们对于公元后第二个千年的欧洲历史相对比较熟悉。但是，对于在那之前的一万年，则知之甚少，只能通过推理的方式进行了解。罗马学和希腊学是人们比较喜爱的学科领域，投入的精力较多，但主要关注的是领导人的个人成就。然而，这些短暂的片段如何被纳入欧洲历史的长时段，很少有人予以关注。

本书正是试图提供这样一个视角，探讨欧洲开拓殖民地的漫长征程，具体时段是从大约公元前 10000 年的末次冰川期直到公元后第一个千年，也就是截止到我们熟悉的欧洲国家开始出现的时候。

也许我并不需要强调，我在写作本书的时候必须有所取舍。文献浩如烟海，并且呈指数增长，每年都有成千上万的新专著和期刊论文出版。仅扫一眼标题就能够从很多层面感受到考古呈现的巨大活力。

这是一个日益复杂的主题，因为众多作者的写作，欧洲的早期历史也呈现不同的层面。我选择的侧面是我认为最重要的动力，也就是欧洲半岛的地理位置对人口发展的影响。地理提供了这一历史场景的舞台，决定了其机会和局限性。人类作为舞台上的演员，同样受制于他们内在结构的影响。他们群居在一起，但是又彼此竞争；他们有着危险的好奇心，但是又呈现动态保守的特点。人类与环境的互动，人类彼此之间的互动，构成了舞台上的主要剧情。

虽然我认为这些问题才是理解历史的必要基础，对此进行了重点论述。然而我也必须强调，我不会忽视人类卓越成就的其他方面，包括哲学、信仰体系和视觉艺术的乐趣，乃至领导者的魅力。以这些事务为中心，欧洲早期历史的其他层面也值得写作。我所希望的是，本书的观点能够为那些对我们早期的欧洲祖先传奇般的故事怀有浓厚兴趣的读者提供助益。

* * *

ix　本书的写作是基于一系列的演讲——兰德讲座（Rhind Lectures），这是 2002

年我在爱丁堡受邀进行的讲座。我选择的主题是"海洋之间的民众",主要讲述海洋在西欧社会早期发展过程中的重要意义。

在这里,我要特别感谢兰德委员会的成员,不仅仅是因为他们给予我的邀请,更是因为他们激励了我对这个领域的深入探索。我还要特别感谢两位守护天使:琳达·史密森(Lynda Smithson),她把我字迹潦草的稿件打印成完美的文本;耶鲁大学出版社的希瑟·麦卡勒姆(Heather McCallum),如果没有他的细心介入,这本书将会拖得很久。

巴里·坎利夫

牛津

2007 年 5 月

第
一
章　｜　看待问题的方式：
　　　　空间、时间和人群

1888 年 11 月，两位艺术家在阿尔勒（Arles）绘制了漫步阿利斯康（Les Alyscamps）的画作。他们的视角令人震惊地迥然不同。凡·高迷恋于那些扭曲的树木，以及覆盖小路的枯叶上的阴影。高更则侧重于在鲜明的色彩对比中抓住该地的本质特征。相同的场景、一年中的同一段时间，两位艺术家居住的也是同一个地方，但对于视野中的一切，他们观察和诠释的方式却截然不同。我们也是如此。我们越关注过去，就依赖于人类留下的碎片——也就是我们所称的考古记录，以及支离破碎的文字记录，而这些文字往好了说是轶事，往坏了说是造成误导的信息。因此对历史的看法很可能是相互矛盾的，而且还在不断变化，这就不足为奇了。

空间的概念

即使地理也不是它看起来的那样。多年前，站在苏格兰北部奥克尼（Orkney）群岛柯克沃尔镇（Kirkwall）的港口，我与一位岛上的农场主交谈，我对于当地的经济非常好奇，于是问他，在冬季来临的时候，他如何打理畜群。他说他会把一部分牲畜运到南部。我又问他具体运送到什么地方，他主动说："是很遥远的南方——到阿伯丁（停顿），或者有些时候更南，可能越过了英格兰平原"。如同那位奥克尼的农场主一样，我们对于地理的认知，受制于我们的日常生活，以及我们关于空间和距离的个人经验。如果让一个孩子画一幅他居住的城镇地图，他一定会特别突出他熟悉的、个人认为很重要的部分——家庭、学校、朋友家的房子、游乐场，而且这些场所的大小、彼此之间的距离必然是失真的，孩子们完全依赖于自己的愿望和感知进行绘画。虽然时至今日，卫星拍摄的图像和在主要城市之间空中旅行所用的相对时间，使得我们能够构建一幅可以为大家接受的世界地图，但是我们观念中的大部分仍然存在错误、失真和遗漏。真正意义上的空间虽然并不完美，却是一个当代的景象。即便是在最近，许多人对于地理学的认知仍然是片面的，即使对于身边的世界也是如此。每一个社群都居住在限定的区域，周围是神秘的、未知的、危险的，居住着不同于自身的"他者"。许

1

2

1.1　米利都城，由希腊人建立，罗马时期开始繁荣发展，曾经是一个伟大的港口，但是宽阔的入口逐渐淤塞，成了沼泽中的孤地，现在距离海洋大约 6 公里（3.5 英里）。

多人对于这种隔绝状态心满意足，但也有许多具有开拓探险精神的人受到好奇心的驱使，要去追问和探索。在久远的史前时期，我们对于这样了不起的人知之甚少；但是在地中海地区的早期文明社会里，他们的奋斗可以被辨别出来，因为他们开始绘制更广阔的世界地图。

　　欧洲具有调查性质的地理开始于爱奥尼亚人（Ionian）和多里安人（Dorian）的居住地，它们沿着小亚细亚西南海岸分布开来。其中最为典型的就是米利都（Miletos），它被条件优良的港口围绕，坐落在门德雷斯河（Menderes）冲击形成的宽广的港湾上。然而，时至今日，这座城市已经成为荒凉的废墟，被向海边延伸的沼泽地残酷地隔绝开来，部分原因在于海平面的变化，部分是由于侧翼过度放牧造成的丘陵侵蚀。

公元前第二个千年早期，米利都的岬角是贸易者的家园，与米诺斯（Minoan）以及后来的迈锡尼（Mycenaean）世界紧密相连。后来的神话，讲述了在公元前 1000 年，来自雅典的爱奥尼亚希腊人开始定居于这里。到了公元前 700 年，一个异常繁荣的古代城市遍布了整个岬角，很快又建有狄俄尼索斯（Dionysos）、阿尔忒弥斯（Artemis）、阿芙洛狄忒（Aphrodite）、德墨忒尔（Demeter）和雅典娜（Athena）的神庙来装饰，并且修筑城墙加以保护。城市的财富部分来源于岬角所出产的羊毛和油，但是主要受益于其便利的地理位置，因为它是一个节点，将东部的漫长陆路，经由门德雷斯河的河谷直抵沿海航线，这些航线包括东地中海，并且向北延伸到黑海和东欧大草原。货物和人员都通过米利都港口进行流动，与之相伴随的是，水手和贸易商们的知识越来越渊博。对于那些渴望探索世界的人们而言，再也找不到一个比米利都更适合坐下来闲谈和倾听的地方了。

大约从公元前 600 年开始，米利都成为充满活力的学术中心，在这里，学者们试图用一种新的理性主义，部分是基于科学观察，部分是基于哲学，来批驳那些围绕着众神的形形色色的神秘世界观。在这些我们能说出名字的杰出人物中，最早的是泰勒斯（Thales），他在公元前 6 世纪的头几十年非常活跃。据说，他访问过埃及，在那里进行过研究，因认为整个世界起源于水，并将最终归于水的观点而受到怀疑。他的学生阿那克西曼德（Anaximander，公元前 610 年—前 545 年）进一步发展了这种原始的思想。但是对于阿那克西曼德而言，水不是万物之源，真正的万物之源是"阿派朗"（无限定），即无固定的界限、形式和性质。该物质的产物——诸如干和湿，冷和热——是以对立面的形式成对出现的，从而产生了宇宙万物。阿那克西曼德也被认为是绘制了第一张世界地图的人，他设想世界是位于宇宙中心的圆柱上悬挂的一张圆盘。这一伟大群体中的第三位是阿那克西美尼（Anaximenes，公元前 600 年—前 526 年），他可能是阿那克西曼德的学生。他的宇宙起源观是认为气体是万物之源，空气稀薄便变成了火；空气被压缩就转换成风、云、水、土地和石头。他也是第一个设想过人类的灵魂的哲学家，他认为灵魂也是由空气组成的。

这三位米利都派的哲学家给公元前 6 世纪早期的思想带来了意义深远的变

1.2　大约在公元前 500 年，希腊地理学家，米利都的赫卡泰欧斯试图绘制世界。这幅地图反映了他对世界的某些构想。

化，这也是一场革命，它为随后几个世纪雅典哲学的发展奠定了基础。人们可以看到巴比伦与埃及思想的影响，而米利都出现的思想才是真正革命性的。它正在用理性的思考取代依赖于神的阴谋的杜撰神话。

在这一智力活跃的摇篮里，大约在公元前 530 年，赫卡泰欧斯（Hecataeus）诞生。他的两部著作——《历史》（*Histories*）和《大地环游记》（*Journey Round the World*），证明他的确是历史学和地理学之父。这两本著作都没有完整流传下来，只是后来的人引用了《大地环游记》中的几百个片段。该游记不但包括沿着地中海和黑海海岸穿越欧洲和亚洲的日程，还包括斯基泰（Scythia）和印度的一些材料。根据幸存的资料碎片，我们可以重新绘制出赫卡泰欧斯所设想的世界地图。他的资料来源非常多样化，有他自己的旅行经历，也受益于他居住的米利都的地理位置，他可以根据来自远方的旅行者描绘的情景进行绘制。依据老普林尼（Pliny the Elder）的说法，米利都建立了 90 个殖民地，其中相当一部分围绕黑海海岸分布。当时，意大利南部和西西里居住的主要是希腊人，到公元前 600 年，围绕着利翁湾（Golfe du Lion），在马萨利亚（马赛）、阿格德、安普里亚斯建立了殖民地，从此，人们可以轻而易举地获悉西地中海及其野蛮腹地的情况。他也能够获得埃及的记录，包括腓尼基人在公元前 600 年环游非洲的故事。他关于东方的知识很可能来源于那些贸易商，他们从斯基泰或者更远的地方通过陆路抵达米利都。

对于赫卡泰欧斯而言，世界在一定程度上是对称的，而且是围绕着地中海的轴线对称。正是因为这个原因，他的地图就如阿那克西曼德所设想的那样，就像一个被大洋环绕的圆盘。欧洲的地中海海岸和黑海已经众所周知。关于伊斯特河（多瑙河）也有些了解。斯基泰人（Scythians）居住在黑海的北海岸，他一定已经从占据黑海海岸的希腊殖民地的游客那里了解到这一点。西部是凯尔特人（Celts），是马萨里奥特人的近邻。再往远处，再往西部和北部，他的欧洲部分仿佛被迷雾笼罩，神秘莫测，那里传来的都是野蛮的极北地区的非常模糊的故事，如产锡的岛屿与珍贵的琥珀转运的河流。但是赫卡泰欧斯仔细地绕开了任何听起来类似传说的东西，骄傲地声称："我在本书所写的一切都是我认为真实的存在。许多希腊人讲述的故事　在我看来都非常荒诞不经。"

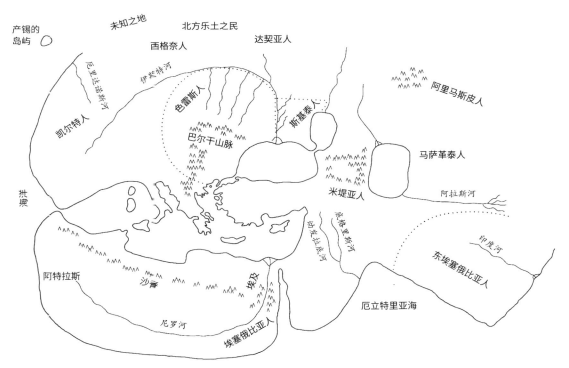

1.3　在赫卡泰欧斯之后 50 年，哈利卡那索斯的希罗多德提出了他的世界观，他对自己知之甚少或者完全不知道的区域没有进行猜测。

　　在米利都南部，卡里亚（Caria）的西南海岸，是另一座伟大的海岸城市哈利卡那索斯（Halicarnassus）。公元前 484 年，也许正是赫卡泰欧斯去世的那一年，在这座城市，历史学家希罗多德（Herodotus）出生了。他很小就离开了这座城市，有一段时间定居于萨摩斯岛（Samos），这里距米利都不到一天的航程，该岛成为他广泛游历欧洲、亚洲和非洲的基地。他沿着尼罗河顺流而下，最南部抵达象岛，向东穿越叙利亚到达巴比伦和苏萨，向北可能抵达了黑海，考察了斯基泰人和色雷斯人（Thracians）居住地。最终，在公元前 443 年，他加入了一支探险队，到意大利南部的图里（Thurii）殖民远征，并且在那里度过自己的余生。很可能正是在这里，他撰写了名著《历史》，该书试图呈现公元前 490 年到公元前 470 年波斯和希腊人之间的冲突，但是其三分之二的篇幅，都用来描绘他所了解到的世界历史、地理和人类学的相关知识，并以此作为这场辉煌战争的宏观背景。

　　希罗多德必定非常熟悉赫卡泰欧斯的著作，但是对于相关的证据以及可能从该书推导的论断的局限性，他非常谨慎：

> 　　对我来说，看到许多人在没有任何指导的情况下绘制世界地图，我便忍不住大笑起来。他们把洋流绘制成流经整个地球，而地球本身就像圆规绘制的精确的圆。（Hist. IV. 36）

　　这一主题他在总结关于北欧的有限知识的时候再度提及：

> 　　对于欧洲偏西部的极端地区，我不能明确地下定论，我并不认为那里存在一条被野蛮人称为厄里达诺斯河的河流，也并不认为厄里达诺斯河全部流入了北部海洋，于是人们才能够采购琥珀；我也不知道存在一个锡石的岛屿，于是我们得到了正在使用的锡。因为在第一种情形中，厄里达诺斯河这个单词很明显根本不是一个野蛮人使用的词，而是诗歌或其他文学创造的希腊名称。针对第二种情形，尽管我费了很大的力气，但我还未能从目击者那里得到切实的证明，即欧洲的远端存在河流。但是，锡和琥珀的确来自地球的尽头。（Hist. III, 115）

1.4 现代的马赛（位于图片下部的中心）是从希腊贸易殖民地马萨利亚发展起来的，公元前 600 年，来自福西亚（Phocaean）的希腊殖民者建立了马萨利亚。它被小心翼翼地安置在一个优良的、隐蔽的港口上，控制着罗讷河沿岸的主要贸易路线，该路线通往西欧中部的心脏地带。罗讷河就在图片的左边界之外，位于贝尔湖的西面。在这幅红外卫星图中，自然植被为红色，森林为棕色。

这是一位极为严谨的学者，他对于先前学者们的轻信持批判态度，对于诗人们的信口雌黄感到非常愤怒。但是，欧洲的北部地区对他而言仍然具有吸引力，他难以抗拒最后一个故事的诱惑。他坚信，"这些地区比其他地区蕴含着更多的黄金宝藏，但是很遗憾关于那里却知之甚少。故事是这样的，只有一只眼睛的阿里马斯皮人（Arimaspi）从狮鹫那里盗取了黄金，但我也不敢相信"（*Hist. III*，116）。从希罗多德选择描述的内容可以清楚地看出，稀有的商品如黄金、锡和琥珀是从遥远的野蛮之地取得的，它们通过交换网络运输到地中海的港口，伴随而来的还有那些旅行者对于自身所来之地的含混不清的故事传说，其中就包含一些关于神秘的外部海洋的知识。为了开发西部丰富的金属资源，腓尼基人航行穿过赫拉克勒斯之柱（Pillars of Hercules，直布罗陀海峡），大约在公元前 800 年，在加的斯（Gadir）岛建立了一个永久的大西洋港口。从这里出发，向北沿着伊比利亚海岸，建立了一系列的贸易站和殖民地，最远可能到达蒙德古河（Mondego），向南则沿着非洲海岸到达索维拉（Essaouria）。旅行者们的记忆碎片让人确信，这一时期的开拓之旅不时在进行着。汉诺（Hanno），一位腓尼基的旅行者，可能已经抵达了西部非洲的喀麦隆，另外一位希米尔克（Himilco）已经航行到了"欧洲以外"的大洋，尽管没有任何重大的发现。

欧洲西北部蛮族地区贸易网络的运输末端是地中海港口马萨利亚（马赛），它是希腊人的殖民地，约公元前 600 年建成。两条主要的线路汇集于此：一条来自北部，是沿着索恩河（Saône）和罗讷河（Rhône）的路线；另一条线路来自西部，取道加伦河（Garonne）、卡尔卡松河谷（Carcassonne Gap）和奥得河（Aude），到达地中海本地的纳尔波（Narbo）港口，然后货物从那里被运往马萨利亚。因此，马萨利亚出现欧洲西北部第一个著名的探险家毫不令人奇怪。这个人既是具有开拓精神的旅行者，也是成功的科学家，他就是皮西亚斯（Pytheas）。大约在公元前 320 年，皮西亚斯开始了他史诗般的壮观旅程，回到马萨利亚之后，他把自己的经历写进了一本书《海洋》（*On the Ocean*）。该书的文本没有流传下来，但是我们从他人引用的片段中知道这本书的确存在。他在穿越野蛮的欧洲之际，随身携带着测量仪器，用以估算夏至正午时分的太阳高度。他把这些数据与他从家乡读到的数据相比较就能够计算出他向北旅行的距离。经度的测量比较难判定出来，只能通过某一特定的旅程所花费的时间进行估算。他旅行的第

8

一个阶段是沿着奥得河、加伦河和吉伦特河（Gironde）进行的，也就是沿着长期以来锡被运往地中海的贸易路线。他似乎从这里转向了当地航运，首先考察了阿莫里凯（Armorican，布列塔尼）半岛，当时他意识到这是在穿越海峡到达盛产锡的英国康沃尔（Cornwall）之前，从凯尔特人（Celticā，即当代法国）所在的陆地向西部的巨大延伸。接下来，环游不列颠的航行使他认识到这座岛屿是三角形的，对于其三条边，他进行了极为精确的估量。他最为可能的路线是从康沃尔出发，向北穿过爱尔兰海和北海峡，然后抵达北部群岛，在曼岛（Man）、刘易斯岛（Lewis）和设得兰群岛（Shetland）进行太阳高度的测量。返航的路线则是沿着东海岸向南到达多佛海峡，然后沿着南海岸行进，随后驶向阿莫里凯，最后回到马萨利亚。

以上的行程是相当确定的，但残存的文献中的细节表明，皮西亚斯的行程还涉及其他的区域。有一次，他描绘了一座被称为图勒（Thule）的岛屿，距离不列颠北部大概有六天的航程，每年的某个特定时段，太阳沿着地平线移动，没有日落，海水结冰。这听起来很像是冰岛。他还描绘了"大河口"，也就是琥珀的来源地，它大概位于日德兰半岛和德国湾的东部海岸。在这两个例子中，他获得的这些地域知识很可能来自当地的贸易商，但是也不能据此推断他没有亲自到过这些地方。

《海洋》这本书一定会让那些与地中海有关的专家学者叹为观止。在许多方面，该书用新的证据解决了希罗多德在 100 多年前不能确定和有所保留的部分，欧洲的形状因此变得更清晰了。皮西亚斯的作品经常被与其差不多同时代的学者，如狄凯阿科斯（Dicaearchus）、蒂迈乌斯（Timaeus）和埃拉托斯特尼（Eratosthenes）等人引用，这些学者对于新科学非常敏锐。但是之后的两名作家——波利比乌斯（Polybius）和斯特拉波（Strabo）——则骂皮西亚斯胡说八道，是个彻头彻尾的骗子。两人都有各自的理由。波利比乌斯本人想成为一名大西洋的探险家。固执的斯特拉波则醉心于自己关于欧洲大西洋海岸的形状及人类居住的北部界限的先入之见，这些都与皮西亚斯的记录不符。因此，在斯特拉波看来，皮西亚斯一定是在胡编乱造。

事实上，斯特拉波的观点在他的书籍于公元 1 世纪初出版时就已经过时了。50 年前，尤利乌斯·恺撒（Julius Caesar）就已经探索到了高卢的沿海地区，并

10

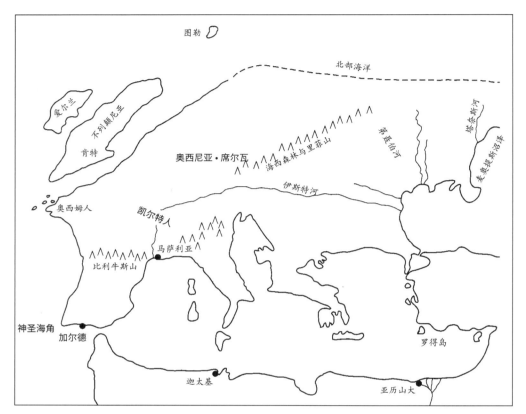

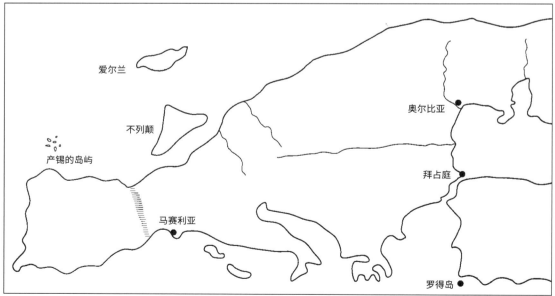

1.5 通过贸易和探险，希腊人对世界有了更多的了解，对欧洲的形状，特别是其大西洋边界和离岸岛屿的形状的认识不断深化。埃拉托斯特尼（上图）在公元前 3 世纪末所描绘的状况依赖的是大西洋的探险者皮西亚斯带回来的信息。斯特拉波在公元前 1 世纪末的概念（下图）没有那么精确，他认为皮西亚斯是个骗子，坚持自己的先入之见。

且抵达了不列颠东南部。他还发现了莱茵河，并在其上建桥，首次抵达北欧大平原的边缘——日耳曼人的故乡。他在关于高卢之战的评论《高卢战记》（*De bello gallico*）中有一段生动的描写，他向热忱的读者描绘了新发现的野蛮人："对于一个日耳曼部落而言，最大的荣耀是尽可能毁坏周围的土地，使其荒无人烟。他们认为，把邻居驱逐出自己的领土是勇猛的象征，这样就没有人敢在他们周围定居。"（*BG* VI, 23）当然，这是一种夸张的概括，但足以把日耳曼人等同于"异类"，因而也被认为是对罗马的潜在威胁。

尽管恺撒对于日耳曼人居住区域的探索极为有限，但是作为一名军事指挥官，他对于地理却抱有极为浓厚的兴趣。在其中一章里，他用明显惊奇的口吻描述了森林密布的广阔的北欧大平原，他这样写道：

> 海西森林……太宽广了，轻装穿越这片森林也需要 9 天的时间……它开始于赫尔维蒂人（Helvetii）、尼米特人（Nemetes）和劳里奇人（Raurici）的边界，沿着多瑙河直行，一直通往达契亚人（Dacians）的国家……在这里，它偏离河流转向东北，其长度使其接触到很多不同人群的地界。西部日耳曼地区的人即便走了 60 天也不敢声称自己抵达了森林的东部边缘，或者说自己发现了森林的尽头。（*BG* VI, 25）

为了吸引读者，他还描述了居住在森林里面的大量奇怪动物——一种形状似鹿的公牛，其前额的正中间长着一只独角；一种被称为麋鹿的动物，没有腿关节，只能靠着树睡觉；体型庞大的欧洲野牛，只比大象小一点。即便对于实用主义者恺撒来说，世界的边界也终将消失于雾一般的神秘之中。

公元前 44 年恺撒遇刺身亡，随后爆发的内战终止了对于北方的冒险和探索，这种状况一直持续到罗马的第一位皇帝奥古斯都（Augustus）时期，他充分稳定了自己的权力基础，并向前推进。阿尔卑斯山的部落很快被征服了，公元前 12 年，莱茵河以外的地区实行了一种新的政策。那一年，德鲁苏斯（Drusus）沿着弗里斯兰人（Frisian）的海岸航行，抵达了埃姆斯河（Ems）河口，这一沿着海岸的探索在公元 5 年由提比略（Tiberius）继续进行，他到达了易北河（Elbe）河口。公元 16 年，罗马军队决定放弃日耳曼人，在莱茵-多瑙河沿线设置一条新

11 的边界。北欧大平原陌生地形带来的困难迫使他们退却。

罗马的探险家从边境地带的安全基地渗透到了野蛮人的区域。探险者穿越了日耳曼尼亚（Germania），带回了大量的琥珀，装饰尼禄观看角斗士表演的圆形竞技场。他一定抵达了波罗的海沿岸，并且成功获取一种令人印象深刻的树脂化石。这是一场史诗般的旅行，但他绝不会是进入北部区域的唯一探险者，他给罗马带回了诸如皮毛和竞技场的野兽等稀有的商品，以及关于野蛮人及其居住之地的各种各样的故事。

公元 1 世纪末期，历史学家塔西陀（Tacitus）掌握了罗马边界之外的北欧地域的信息。他在《日耳曼尼亚志》（Germania）一书中对于这个外部的世界进行了比较全面的描述。每个部落都被赋予了迷人的细节，描述的文字因为奇怪的、辛辣的俏皮话而更加生动。例如，西通（Sithones）"处于一个女人的统治之下，就

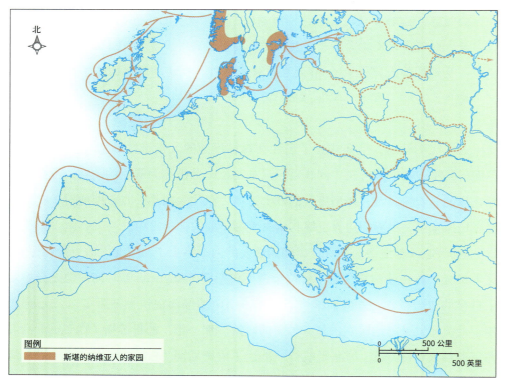

图例
斯堪的纳维亚人的家园

1.6 维京人，或者说北欧人，来自挪威、丹麦和瑞典，他们通过海上航道与河流，在公元 8 到 10 世纪遍布整个欧洲，他们是第一批在欧洲的所有大洋上航行的人。

这一点而言，他们的发展程度不仅仅比自由人低下，甚至比奴隶还要低下"（Germania，45）。他最后简要介绍了波罗的海东岸各族群的生活，最后一部分是芬尼人（Fenni），即居住在爱沙尼亚沿海地区的人们。这些人"凶猛异常，然而也贫穷的可怜……他们以野生植物为食，穿动物毛皮，睡在地上"。对于塔西陀来说，这就是已知世界的尽头："超越了这一区域的世界都是童话王国。据说海勒西（Hellusii）和欧西尼（Oxiones）是半人半兽，长着人的面孔，躯体和四肢都是动物。但是这些都没有得到证实，所以我不予置评"（Germania，46）。公元43年之后罗马对于不列颠数十年的入侵，以及公元2世纪早期图拉真（Trajan）征服达契亚（Dacia），使得人们对欧洲地理版图的了解得以延伸。到了公元2世纪中叶，人们已经熟悉了这个半岛的大致轮廓，即从大西洋到里海，从地中海到波罗的海。

大约在公元110年左右，泰尔港（Tyre）的马里努斯（Marinus）进行了比较全面的描述。他的著作没有流传下来，但是被比其更出名的亚历山大港的克罗狄斯·托勒密（Claudius Polemaeus）频繁引用。托勒密既是天文学家，也是地理学家。公元140年，他出版了《天文学大成》（System of Astronomy）一书，几年后，又出版了8卷本的《地理学》（Geography）。在《地理学》中，他嘲笑以前那些"喋喋不休地谈论各民族生活方式的"作者。书里没有关于人类学、自然风光或历史的琐事。第一卷开门见山陈述了地图制作需要遵循的原则和方法。在被经纬线划分的球体表面，每一处地方都用天文学的测量手段进行明确，但是因为缺乏非常精准的仪器，人们还必须借助于旅行者估计的距离。接下来的几卷大部分是由地名一览表组成——涉及大约8000个地名，每一处都由经度和纬度加以确定——这些都是制作地图的原始材料。标注经度的第一条子午线，他选择的是穿过加那利群岛的那条线。他绘制的最后一条子午线是穿过中国的那条线，位于西经180°。

尽管托勒密的测量存在许多错误，但正是依据其誊写的数据，构建出令人可以接受的地图。依据他收集到的数据，他得以描绘出欧洲半岛的形状和规模。

然而，罗马人对于斯堪的纳维亚半岛的了解是非常有限的。现在被称为丹麦的部落群，当时的人又仅听说过其名字，对于瑞典南部，他们也略有了解，除此之外，便一无所知。然而，在罗马帝国中央政府垮台400多年后，正是在这一地区出现了新一波的探险家。这些人通常被称为北欧人、古代挪威人或者维京人

1.7　瑞典乌普兰（Uppland）的瓦尔普松德（Varpsund）的符文石，记录了一个船长的死亡。公元 11 世纪早期，他与探险家英格瓦（Ingvar）一起从瑞典出发，经俄罗斯的河流抵达黑海，也可能到了里海。

（Vikings），他们来自挪威南部海岸，来自日德兰半岛（Jutland）、塞兰（Zeland）和瑞典的波罗的海沿岸。在长达 3 个世纪的时间里，他们通过海洋或者河流，以掠夺者、贸易商、定居者或者雇佣军的身份融入了整个欧洲。接纳他们的大部分土地已经被文明世界所熟知，但他们之中比较具有冒险精神的人把边界推进到了未知的世界。大约在公元 825 年，一船一船的移民从挪威海岸抵达了法罗群岛，公元 860 年，抵达冰岛，他们发现爱尔兰的僧侣已经在那里定居了。公元 1000 年左右，冰岛的定居者在格陵兰岛南部建立了基地。其他人继续向北行进，在北角（North Cape）绕过了斯堪的纳维亚半岛，到达了盛产海象、象牙和毛皮的白海（White Sea）。更令人印象深刻的是，有些人从瑞典西部的马拉伦（Mälaren）出发，来到东部进行探险，沿着大河顺流而下，一直抵达黑海，或者里海，某些人甚至到达了亚洲腹地。因此，除了居住在那里的人以外，欧洲的最北端到那时已经被欧洲其他地区的人们所认识。

一些探险先驱的名字被人们熟知：瑞典人加达（Gardar），他被风吹离了航线，驶向赫布里底群岛（Hebrides），最终在北大西洋的偏远岛屿落脚；弗洛基·维尔格达森（Floki Vilgerdarson），追随加达的发现，并把该岛屿命名为冰岛；红发的埃里克（Erik the Red），他赋予了遥远西部被冰块包围的飞地一个极为乐观的名字：格陵兰岛。他们中最富有冒险精神的是英格瓦，他是一个年仅 25 岁的瑞典人，公元 1036 年，他带领一支小型舰队从瑞典中部出发，开启了一段长达 5 年的旅程。虽然航行的很多具体细节仍然无从得知，但是他的路线途经芬兰湾和诺夫哥罗德（Novgorod），然后抵达流向黑海和拜占庭的第聂伯河（Dne-pr）。从这里，他穿过了笃比利斯，到达里海，甚至抵达里海的东部海岸，他继续向东到达亚洲。依据冰岛的传说，他和他的船员在亚洲遇到了灾祸，只有一小部分追随者返回了家乡，回到了马拉伦讲述这一故事。悲痛的亲属们树立的三十个石头纪念碑仍然存在。死者也包括英格瓦的哥哥哈罗德（Harald），他是舰队的船长、领航员和舵手。英格瓦则当之无愧地赢得了"野外旅行者"的绰号。

如果说赫卡泰欧斯试图描绘他在公元前 540 年所知道的世界，那是构建欧洲半岛形状的笨拙的第一步。那么 1500 年之后英格瓦的史诗般旅程则象征着这个过程的高潮。欧洲的边界已经确定下来，在海洋边缘长大的人，现在知道他们可以不受任何阻碍地旅行到其他地区。

时间概念

古代世界关于时间的流逝有着多种多样的计算方式。在地中海区域的文明世界里，时间与固定的点有关。埃及人使用王表，希腊人则以公元前 776 年举办的第一届奥林匹克运动会作为开端，而罗马人则以建立罗马为开端，将年份与执政者结合起来。史前时期，欧洲其他地区如何对事件进行记录，目前仍然不能确定，但是在靠近里昂地区发现的著名的科利尼（Coligny）日历，一直记载到公元 1 世纪或者 2 世纪，这充分体现出对于时间的精确理解，它是基于 30 天为一个月的太阴历确定的，而且根据闰月进行的年份调整刚好是 19 年为一个周期。在位于罗马尼亚的奥勒什蒂耶山脉的达契亚首都萨米泽杰图萨，发现了一处圣所，那里的石头和木质的柱子呈圆形排列，表示天、季节和年。一年被分为 12 个月，每月 30 天，包括 5 个星期，每星期 6 天。这一圣所大体与科利尼日历所处时代相同，二者在时间的设置方式上也具有明显的相似性。这并不让人感到奇怪，因为太阴月、两个至日和季节的轮回规律都比较显而易见，而这些对于人类社会赖以生存的庄稼耕种和动物饲养，都是极其重要的信息。如何记载时间的流逝，这一点仍然无法确定，但是族谱和史诗很可能通过丰富的口述传统部分地延续下来。每一个社会都可能有嵌入土地里的时间标识来作为参照点。地平线上的一排墓地，形状和规模不同，代表着每个逝去的祖先。毫无疑问，对于精英埋葬在那里的社会而言，它们被赋予了时间意义。

更加难以确认的是，古代人对于时间的理解是否和我们今天一样，都是简单线性的；又或者他们对时间的理解更为精妙，存在不同的时间节奏。也许，时间是周期循环的。

法国历史学家费尔南·布罗代尔（Fernand Braudel）对于不同的时段进行了出色阐释。布罗代尔是 1929 年创建的年鉴学派（Annales）最有影响力的成员之一，该学派的创始人是吕西安·费弗尔（Lucien Febvre）和马克·布洛赫（Marc Bloch）。费弗尔认为，历史因为狭隘而显得荒谬。他认为"历史学家（应该）同时是地理学家、法学家、社会学家和心理学家"。为了形成对于历史的新理解，必须打破学科之间的隔阂。布罗代尔接受了这种观点，并进行了发展完善。他对

1.8　萨米泽杰图萨（Sarmizegethusa）的要塞，位于罗马尼亚的奥勒什蒂耶（Orǎştie）山脉的顶端，公元 1 世纪和 2 世纪是达契亚的权力中心。在堡垒内的平地上，已经出土了被认为是日历的环形构筑物。

时间概念

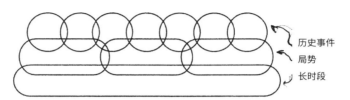

历史事件
局势
长时段

1.10　法国伟大的历史学家费尔南·布罗代尔关于时间的概念

于历史理解最重要的贡献之一就是关于不同时段的概念。

在底部，是长时段（longue durée），这是影响人类社会的潜在力量和深层旋律，是"一段变化极为缓慢的历史，是一段重复不断的历史，甚至可以说是一段具有循环周期的历史"。这是地理上的时间，地形地貌不断变迁，技术和根深蒂固的意识形态在缓慢稳定地发展。

这之上是一个相对较快的时段，即中时段的周期，布罗代尔称之为"局势"（conjonctures），法国经济学家则把该术语称为"趋势"，而年鉴派的历史学家则赋予其更多的含义，用它来指代离散系统、人口统计、经济、农业和社会政治等不断变化的轨迹。这些都是系统的综合作用，比较客观，通常这一时间的限定不会超过一个世纪。长时段和中时段两者共同作用，提供了基本结构，个体很难感知到这些，而这些框架结构是人类生活展开的基本背景，能够限定人们的行为。就像自然的地形地貌一样，它处于不断伸缩变化之中。

布罗代尔所说的短时段指的是历史事件（l'histoire evenmentielle），这些事件是由个人引发的政治或者外交涟漪。布罗代尔认为，这是最容易激发人们兴趣的历史，但这些事件"仅又是表面的干扰，是浮现在波峰的泡沫，是历史的长河把它们推涌出来的表象……我们不能被它们这些表象所迷惑"。在其他的场合，他对于事件堆积而成的历史更是不屑一顾，认为这只是"少数王公富豪们的行为，是关于过去的细枝末节　与缓慢而有力的历史洪流几乎没有什么必然关系。这些

18

1.9　一组青铜时代的圆形墓葬，位于威尔特郡（Wiltshire）巨石阵附近的温特伯恩斯托克（Winterbourne Stoke），沿着新石器时代的长形古坟排成一行。人们很容易看清这些结构，它们大小不同，形状各异，代表着不同的"时间标记"，可以据此解释部落的祖先和历史。

政客们尽管抱有幻想，也不过是演员"。

对于布罗代尔的时间模式，最好的类比就是他自己说过的——海洋。海洋表面是转瞬即逝的小小浪花，其下是轻柔的潮汐和浪涌，再向下是缓慢的、几乎难以察觉的、承载着一切的水的运动。

布罗代尔对于时间的建构方式，与考古学家重建过去的方式产生了共鸣。所有这一切的基础都是环境，而这在很大程度上是气候和地形地貌交互作用的结果。它有自身变化的动力，但是由于人类活动的介入，可能会出现偏离或者恶化的情况。环境决定了人类活动的基本准则，使人们能够在某些方面大展身手，但在另一些方面则会受到限制。正是在这样的框架内，人类社会形成了各自独特的经济、社会、政治和宗教体系。有些社会保守而变化不大；有些社会富有创新精神，从而形成动态的发展。对于一位研究史前史的史学家来说，这两个层面——大体相当于布罗代尔的长时段和局势——构成了研究的核心问题，而个体的作用——也就是布罗代尔所说的历史事件——很少受到重视或者承认。只是伴随着文字记录的出现，人类的个体行为开始成为关注的焦点，我们才开始书写通常所说的"历史"。但是，正如布罗代尔曾经非常中肯地指出的那样，长时段和局势也是历史。吕西安·费弗尔很好地阐述了这一点，他在 1949 年写到史前的概念是可以想象到的最为荒谬的概念之一。因此，在本书中，我们都是历史学家。

欧洲人口密集化的过程：流动性问题

大约 800 000 年前，第一批人类抵达我们今天称为欧洲的土地，尽管其间存在冰川覆盖的时期，使得这块土地的大片区域不适合人类居住，但正是从那时开始，这块土地上一直存在人类的足迹。这是一个合理的假设，即旧石器时代的狩猎社会的人是中石器时代那些穿越欧洲大陆的狩猎-采集社会的人的直接祖先，他们一路向北行进，直到公元前 9600 年前后冰川时代结束的时候。公元前 7000 年，这些开拓者已经遍分欧洲大陆的大部分区域，而且依据他们选择居住地区的不同生态环境调整他们的食物采集模式。现代欧洲人口的基因库主要来源于这些旧石器时代的开拓者，新石器时代来自西南亚的外来者贡献了一小部分。

在新石器时代（大约开始于公元前 7 000 年）人类确立起定居的生活方式之后，我们必须考虑人口迁徙的作用。当然，文化层面存在明显的变化。而且，在人们比较懵懂无知的时代，按照拉格伦勋爵（Lord Raglan）的说法，"土著并不懂得任何的发明"，所以人们习惯于把变化归因于征服或者迁移。古老的考古文献中充斥着这样的信念。我们读到来自东部的开拓者进入尚未开发的、处于原始状态的森林。后来，来自开化的地中海区域的"巨石传教士"沿着欧洲的大西洋海岸航行，把新的宗教传播到欧洲面对海洋的未开化的野蛮地区。随后到来的是宽口陶器人（Beaker Folk），他们（似乎）漫无目的地加入泛欧民族的游荡之中。与此同时，非常强壮的马上民族库尔甘人（Kurgan）也从草原迅速闯入并穿越欧洲大平原。再后来，在第一个千年的中段，来自中欧西部的凯尔特人一路劫掠，向西抵达爱尔兰和伊比利亚半岛，向东则进入安纳托利亚地区，诸如此类。

现在，我们经常对这些欧洲史前时期的解释嗤之以鼻。但是，他们充其量是在如实地解释考古得来的数据，并试图以此创建一段由事件构成的历史。这是诞生于那个时代的解释模式。19 世纪和 20 世纪早期的学者受到的是古典学术传统的训练：当罗马人完成征服之际，希腊变成了殖民地。后来，关于撒克逊人、维京人和诺曼人的经典描述则提供了不同的解释模式，认为文化上的变化是由于移民和武力带来的。只有仔细地观察英帝国，才能够看到征服者的意愿所导致的戏剧性的社会和经济变化。正是在这样的文化氛围中，关于入侵者的解释模式受到一个伟大观念的影响，即各种创新和启蒙都来自东方的"文明摇篮"。这种"东方论"的假设，为 19 世纪末和 20 世纪早期的史前史研究奠定了基本的框架结构。

20 世纪 60 年代见证了考古学思想发生巨大变化，更确切地说是范式的转变。两项进展加速了这种态势。其一，碳同位素年代测定技术的发展，能够提供接近准确的日期，从而能够摆脱以前的偏见，形成独立的编年式结构框架；其二，一批新的考古学家成长起来，他们生活在后殖民主义的时代。

1947 年碳同位素年代测定技术出现之前，欧洲史前的年表是相对的。文化变迁可以从考古遗址上的层序中观察到，在这里，一系列文物和建筑物按照时间

20

顺序排列。由此可能发展出类型学排列，从而看出物品或者结构如何随着时代的变迁发生变化。这可以对具有相似性的不同地点进行比较。如果同类的物品能够与埃及或者近东的制品找出对应关系，就能够依据王表或者其他文献证明推断出大体日期。因此，来自东方的外部文化传播为整理欧洲的史前记录提供了一种结构。

举例来说：巨石纪念碑，特别是从葡萄牙西南部到奥克尼群岛沿着欧洲大西洋沿岸密集分布的石隧墓，据说是地中海的坟墓演变而来的。最早的巨石坟墓被认为起源于克里特岛的米诺斯文明，可以追溯到公元前 3000 年前后。于是，我们似乎可以看到这样一幅场景，群葬的观念以及与此密切相关的建筑，向西不断扩散，某些人认为，这是传教士们推动的。其理论是基于对类型学的解释，并且认为文化的创新总是起源于东部，以此为据点向外扩展。到了 20 世纪 60 年代，碳同位素年代测定技术已经可以确切地表明，大西洋边的石隧墓早于他们所谓的

21 地中海"祖先们"2000 年。在这个例子中，所有成见都瓦解了，从而为激进的新思想提供了发展空间与氛围，尤其是意识到关于信仰、天文和建筑的高度复杂的体系在大西洋海岸已经独立发展起来，相比之下，同时代的地中海区域则是一潭死水。

这类新发现与帝国的崩塌不期而合，预示着考古学的解释将越来越谨慎。人们不再接受扩散论的提法，移民和其他大规模的人群流动不再是唯一的解释模式。一些史前史的历史研究者也进入了否认模式，含蓄地指出，人口流动不再是欧洲史前史最为重要的特征。于是，解释学在摆动中出现了突然而又富有决定性的变化。在新的正统观念中，变化仍然在持续不断进行，而且，变化的机制包括自主创新、交换网络带来的观念传播，以及对精英人物行为模式的模仿，等等。这些因素在人口流动的过程中都非常重要，但是在古老的思维模式中却没有一席之地。

当然，从事史前史考察的考古学家必须保持一种开放的心态，因为关于大规模的人口流动有很多种令人信服的描述和解释。公元前 4 世纪，来自中欧西部的凯尔特人，不断向南、向东扩展，定居于波河（Po）流域和多瑙河流域中部。其中一部分于公元前 279 年攻击了德尔斐（Delphi），随后整个群体，而不仅仅是战斗人群移居到小亚细亚，建立了新的定居点。后来，在公元前 2 世纪的最后十年

间，家乡位于或靠近日德兰半岛的辛布里人（Cimbri）和条顿人（Teutones）穿过了西欧地区，到达伊比利亚，身后留下了一片混乱。公元 3 世纪到 5 世纪，日耳曼人持续不断地横扫罗马边境，在罗马管辖的旧地为自己开辟出定居点。必须指出的是，历史的叙述有时过于简单，甚至对涉及的人数夸大其词，毫无疑问，这些运动的确发生过，正是这些运动导致了变化。那么，我们为什么不能把其推及更为久远的史前时期呢？

最近几年，人们开始愿意探索史前时期的人群流动，而且其方式更为微妙细致，也更加慎重，并且以一系列最新的科学数据为出发点。DNA 检测的出现为欧洲人口的特征甄别提供了新的可能性，而且提出了关于欧洲人起源和迁徙的问题。在这些研究的探索阶段，人们对其寄予厚望。人们认为可以从古代人的骨骼中提取 DNA，从而对史前时期的人口进行特征甄别。这方面已经取得了一定的进展，当然，也面临一些技术难题需要克服，比如说样本过小而无法避免降解或者污染问题的影响。

与此同时，遗传学家把眼光转向了现代人群，希望能够以此作为替代，他们认为，现代基因库能够反映过去生活在同一地区的人口状况。通过对样本进行严格限定，即必须选取祖父辈就居住在这一地区的个体，能够克服一些现代的流动性所带来的扭曲性问题。假设他们拥有足够大的样本库，的确能够对其所代表的不同人群进行总结和归纳。当然，因为这些是建立在未经检测的假想基础之上的，所以他们到达的具体年代只能是近似的。

针对人口统计研究另一项值得一提的技术是分析人类牙齿中发现的氧和锶的同位素。牙齿里面每个元素的不同的同位素占比能够直接反映出一个人早年生活地的地下水的占比。由于不同地区的地下水的占比不同，所以在理论上可以判断个体埋葬的区域是否他孩童时代生活的地方。这项研究中有一个案例，在第二个千年里面，在威尔特郡靠近埃姆斯伯里（Amesbury）的地方，一位年纪在 35 岁到 45 岁之间的成年男子，如果他有非常丰厚的陪葬，那就容易得出结论，他可能是在欧洲大陆长大。当然，在检测这种方法的有效性方面，还要进行大量的工作，并且需要研讨其局限性。我们试图相信，我们会有一个非常直接、非常简明的手段，来判定埋葬在某个特定区域的个体是否在当地长大的。如果其应用能够扩展到整个墓地，或者更好的情况是，能够扩展到该地区的所有墓地，那么人口

22

流动这一重要问题至少是处于我们能力所及的范围内。

促使埃姆斯伯里迁徙者流动的动力究竟是什么，我们不得而知。但的确有很多原因促使个体甚至是群体选择迁移或定居在一个新的地区。希罗多德讲述了锡拉岛（Thera，即现在的圣托里尼岛）居民的故事，连续 7 年遭遇庄稼歉收的打击之后，居民们决定通过抽签选择其中一部分人送往海外，开拓新的殖民地。但是，如果这些人的探险失败，掉头重回锡拉岛，面临的则是人们的唾弃。人们会向他们的船只投掷石块，不让他们靠岸。大饥荒的到来是影响移民的最为重要的因素，但也不能否认存在其他原因。公元前 8 世纪，来自泰尔的腓尼基人在加的斯建立了贸易殖民地，就在安达卢西亚（Andalucía）的海岸边上，其动机主要是要同拥有丰富金属资源的塔特索斯人（Tartessians）进行贸易。而在公元 8 世纪来到冰岛的爱尔兰基督教传教士们，主要是为了在一片荒凉之地寻找一块净土，以便更好地和上帝交流。

23　关于人类的流动性，有很多奇闻轶事，这反映出各种令人眼花缭乱的动机：宗教的召唤，探险的愿望，赚钱的贸易需求，这些都是我们现代人很熟悉的理由。但是，如同现在一样，最重要的理由是为了满足理想的生活方式，寻找个人发展的充分空间和资源。

正如托马斯·马尔萨斯（Thomas Malthus）很久以前所认识到的那样，所有的动物种群都受到基本生物原则的支配。占据了特定环境的人群，如果任由其繁衍生息，起初人口会呈指数级增长。但是随着人口达到居住环境承载的极限，增长率则急剧降低，直到人口在数量稳定在承载能力以下。在实践中，超过承载限额的结果是压力过大，社会结构遭到破坏。

为了控制人口增长，人类社会采取了各种各样的限制手段。可以通过各种方式降低出生率，从提高结婚年龄到杀婴。战争是减少多余人口的另一个非常重要的手段，而且因为战争很常见，所以它是这个时期控制人口增长的主要手段。希罗多德关于锡拉岛的故事反映出另外一种机制，即把部分人群驱逐出去寻找新的适合定居的区域。

特定环境的承载能力也会发生变化。通过改进技术，引进更有效率的生产和分配手段使得特定环境可以养活更多的人口。17 世纪和 18 世纪的不列颠，人口迅速增长得益于农业水平的提高，由于引进了大头菜使得牲畜更有效地越冬。随

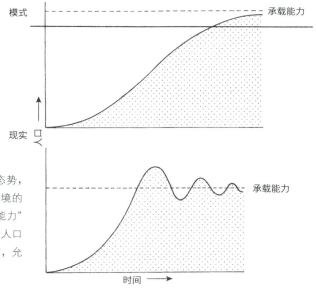

1.11　人口天然地具有呈指数增长的态势，除非受到限制。其中的一个限制就是环境的"承载能力"（上图）。在现实中，"承载能力"可能多次被打破，引发社会压力，直到人口水平与此相当，或者承载能力得到提高，允许人口的进一步增长。

后的新技术则预示着工业革命的到来——诸如鼓风炉和蒸汽机的发明——使得人口处于持续增长的态势。

　　与之相反的是，环境的承载能力也会由于天灾或长期的环境恶化而出现短暂的或者长期的下降。13 世纪早期的爱尔兰马铃薯饥荒，所引发的后果不仅仅是由于疾病和营养不良造成的极高死亡率，而且导致了大规模的移民。1841 年，爱尔兰的人口超过 800 万，十年之后，100 万人死亡，另外 100 万则主要移民到美国。移民的势头持续了一百年的时间，爱尔兰的人口迅速减少，仅仅是大饥荒之前人口的一半。

　　近代历史有大量的例子表明，人口增长是社会动乱和人口流动的主要原因。史前时期，这一原因可能也同样重要，但是很难发现直接的、充足的证据。在人口动态方面，也很难区分短期和长期的节律。然而，欧洲呈现两种长期的人口趋势，即人口从东向西、从北向南的移动趋势。在本书其后的章节，我们将探讨不同时期的这两种趋势，这里先进行概括性的介绍。

　　开阔的东欧大草原是非常重要的通道，但是受到黑海和俄罗斯茂密森林的限制。数千年来，人们正是通过这里向西进入了欧洲心脏地带。这种情形看起来就

24

控制人口增长的方法

殖民
移民] 部分人口来到新的地理区域

战争
竞争] 大量杀害人口

结婚的规定
性行为] 降低出生率

杀婴
杀兄弟
杀老人
谋杀] 社会控制的淘汰

1.12 社会采取了很多办法来控制人口增长。

像是在亚洲深处的某地一根脉搏跳动着，一波一波的人流沿着不同的动脉向外输出，其中一波就来到了东欧草原的走廊。考古界最早探查到的有迹可循的运动发生于公元前 3000 年。在随后的史前时期，我们能够通过名字对这些人群进行辨析——辛梅里安人（Cimmerians）、斯基泰人、萨尔马提亚人（Sarmatians）先后到来，后来，又有阿兰人（Alans）、阿瓦尔人（Avars）、匈人（Huns）、保加25 尔人（Bulgars）和马扎尔人（Magyars）相继到来。大多数移民发现多瑙河中部区域，特别是匈牙利大平原是合适的新家园，但也有些人继续探索更远的地区，通常是作为入侵者。

欧洲北部大平原似乎也是人口增长的地区，大批的人从那里向南迁移，这在公元前 2 世纪辛布里人和条顿人的移民过程中体现得非常明显，以及日耳曼部落的压力，他们在公元前 1 世纪中期面临着恺撒带来的压力，不断迁徙。罗马的北部边界后来短暂地限制了这种压力，直到它破裂，导致大量不同的群体涌入，弗里斯兰人、法兰克人、汪达尔人（Vandals）、勃艮第人（Burgundians）、阿勒曼尼人（Alamanni）、苏维汇人（Suebi）、伦巴第人（Lombardi）和哥特人（Goths），还有一些其他的人群，纷纷如潮水般涌入旧帝国区域。稍晚一点，来

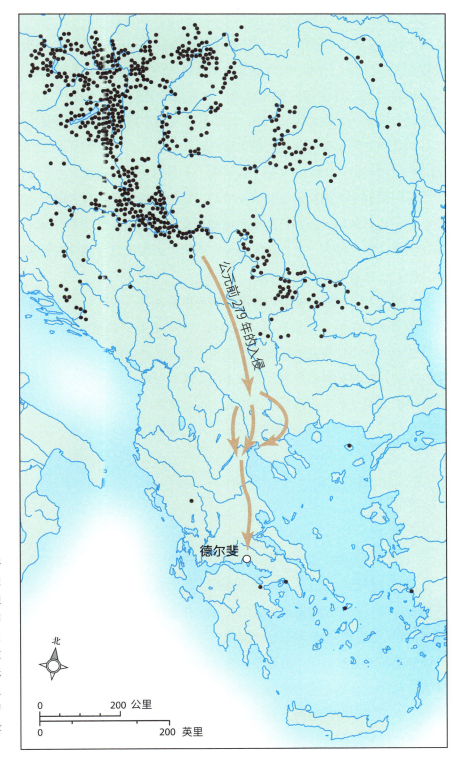

1.13　史前时期，欧洲的确存在移民现象，但是在考古记录中很难找到相应证据。这幅地图显示出拉坦诺（La Tène）的人工制品的分布（棕色的点），与现今生活在匈牙利和塞尔维亚的"凯尔特人"联系在一起。众所周知，在历史上，公元前279年，一支强大的凯尔特军队穿过希腊向南推进，掠夺了阿波罗在德尔斐的圣所。入侵在考古记录中是没有记载的。

自丹麦、挪威和瑞典的斯堪的纳维亚人，经海洋或者河流来到南部和东部。挪威人的 DNA 可以在爱尔兰、苏格兰和冰岛的现代人口中辨别出来，这些地区还有爱尔兰人的基因，因为当时爱尔兰人是斯堪的纳维亚人的奴隶和妻子。

毋庸置疑，在史前时期和欧洲历史发展的早期，的确存在遍及欧洲的人口大流动。现代人口的 DNA 取样，开始显示与考古数据相符的特征，而且还存在附加的优势，即提供的量化数据比较充足。但是人口流动的复杂性，涉及人口的混合，这点我们应该始终牢记。这些成千上万的定居者都被古典作家称为凯尔特人，他们来自中欧西部，公元前 4 世纪，定居于波河流域和多瑙河周边，他们必然会留下他们的基因标志以及众所周知的文化。而公元前 279 年进攻希腊，随后迅速撤退的凯尔特人，考古学家则无法辨识，因为他们可能没有足够时间和明显的倾向对于希腊基因产生影响。

关于欧洲，我们所能够进行的合理的推断就是，人群处于不断流动之中，其身份各异，有定居者、贸易商、入侵者、朝圣者和探险家。在上千年的时间里，他们移动的方向和强度不尽相同，但从时间的长远角度看，的确存在值得注意的动荡态势，其浪花形态各异，力度不同，既有狂风大浪，也有微小涡流，同时还伴有涓涓细流，半岛的人口不断流入，彼此交融。

相 互 作 用 的 方 式

人类的行为可能多种多样，但是跨文化研究显示，全世界的民众，尽管存在时空差异，但仍然具有不同程度的共性。他们有各自的领地且具有攻击性，但人类毕竟是群居性的，所以他们逐渐发展起社会行为体系，于是不同规模的群体能够生活在一起，彼此合作。这些群体，可能分属于不同的血缘、不同的宗族、不同的部落和不同的国家，但是必须通过中介性手段即交换礼物建立起彼此之间的联系。礼物可以是实际的物品，如石斧、玻璃珠子、奴隶或者妻子，这些礼物主要用于享乐，也可以是为公共事业奉献劳力。通过交换礼物，互动网络被创造出来；通过接受彼此的行为模式，分隔开的人群联系在一起。

在相互作用的过程中，自然环境的限制扮演了极为重要的角色，因为地理因素决定了自然资源的分配不均。费尔南·布罗代尔用一句经典的话进行了总结，这反映在他关于地中海的描述之中，他这样写道："我们的海洋，从史前的黎明时期开始，就见证了时常发生的不平衡的变化，这些变化将塑造整个生活的节奏"。"时常发生的不平衡的变化"直接概括出驱动社会网络的重要动力。欧洲的结构非常不平衡，大家喜爱的商品的分布也极不均匀，于是产生了内部的交换网络，使得物品得以重新再分配。现代世界中的经典例证就是石油，它属于稀有产品，只产于特定区域，但它是全世界汽车最为依赖的能源。石油的生产和交换机制现在已经高度政治化，运作极其复杂，只能在不平衡之中尽量寻求均衡的处理方式。

在史前时期和早期的历史中，系统简单得多。新石器时代，产于阿尔卑斯山 27 的翡翠制作的斧头，通过不断的礼物交换最终在布列塔尼的坟墓里被发现。斧头令人渴望，但是对于那些短暂拥有它的社会而言，它并不是幸福生活的必需品。然而，这种比较昂贵的礼物的交换将会促进真正有价值物品的流动。当社会变得更复杂时，该网络则变得更为商业化。希腊的城邦国家需要更多的谷物，以满足其日益增长的人口需求，他们可以给东欧大草原的谷物种植者提供充足的葡萄酒，以及陶罐和铁器等耐用品。后来，罗马人需要不断补充奴隶数量，于是商人将大量的葡萄酒从其重要产地意大利北部运往奴隶充足的高卢，而且换购价非常合理。

毫无疑问，翡翠制作的斧头在正式的社交活动、筵席以及诸如此类有固定场所及微妙礼仪的活动中手手相传。希腊人和罗马人的大部分贸易需要更为复杂的机制，于是专业的贸易商和运输商应运而生，并逐步建立起税率、海关和固定市场等体系。当野蛮地区的生产商也适应了该模式之后，就出现了专门的贸易中心。贸易中心通常设在两个不同社会的交界处。这些地方被称为"贸易港口"和"通道地区"，通常也是比较中立的地区，比如说离岸岛屿，这样双方都能够安全地进行产品置换。位于英国西南部离岸之处的伊克蒂斯（Ictis）岛就是这样的场所，按照希腊作家狄奥多罗斯的说法，正是在这一特定区域，外国的贸易商可以从友好的不列颠人那里换得锡。更早些的时候，大约在公元前 800 年，腓尼基人在一个离岸的岛屿建立了加的斯港口，从而离塔特索斯王国（Tartessos）很近，方便换取银器和其他金属。这些港口一旦建立起来之后，人口规模就会迅速扩大，在所在的地区成为举足轻重的城市。更近的例子是澳门和香港，最初都建立在岛屿之上，用以促进中国和西方的贸易。

在欧洲这样一个结构多样的大陆，各个社会发展的速度不同，社会精细程度不同，彼此的作用方式也多种多样。研究这些关系的比较流行的方式，就是伊曼纽尔·沃勒斯坦（Immanuel Wallerstein）创建的世界体系理论中的中心—边缘论。简单地说，该观点认为，世界各个地区的发展都不是独立进行的，可以通过一个高度复杂的社会、经济和政治体系清晰地表达出来。世界上的一些地区正经历着激烈的创新过程，它们将在短期内决定世界的变化轨迹，但系统中的反馈机制将提供制衡。

这一模型并不完全适用于整个古代世界，不仅仅是因为大部分时期的交换都是局部的，而且也是因为在这一模型中，有很多东西有助于把史前时期和早期历史中的相互作用变成有益的视角。从一个简单的层面来看，地中海世界——从公元前第三个千年开始，一直都是发明的中心区域——是中心，而欧洲的其他地区则是边缘。这一简单的概括某种程度上是正确的。如果进行深入探讨我们就可以看到，公元 7 世纪和 8 世纪，情况开始发生变化，创新的中心区域开始转移到欧洲的大西洋沿岸，其地位一直持续到 19 世纪末。

过于简单地应用中心—边缘的模型会掩盖一些真实情形。这种不言而喻的假设，一直认定边缘区域从属于中心区域，或者说受控于中心区域。这有时并不符合事实。一个讲述希腊的福西亚人于公元前 600 年在高卢地区地中海沿岸建立马赛殖民地的迷人故事记载，希腊人到来时，当地的凯尔特人邀请他们参加凯尔特女王挑选丈夫的宴会。所有人都感到高兴的是，她选择了希腊人的首领。无论这个故事是否真实，但它的确反映出来，希腊殖民地的建立对于外来的群体和本地的土著是互惠的选择。而且，它也反映出，贸易和交换的互动网络并不需要满足所有各方的需要才能够生存下去。

公元前 1 世纪，罗马人与高卢人的葡萄酒贸易就是这样的例证。对于罗马的贸易商来说，一个奴隶可以换取一瓶葡萄酒——"用酒杯换一个斟酒的人"——这看起来是笔很奇怪的交易，因为一个奴隶在罗马市场上的价格是这里的 6 倍。但是对于高卢人来说，这是地位和等级制度的象征，他要为宴会准备丰富的具有异国情调的物品，他需要一个贸易商把毫无价值的奴隶换成一瓶葡萄酒，这在他看来是"天赐的礼物"。谁是愚弄者，谁又被愚弄了呢？哪个是中心，哪个又是边缘？对于高卢人来说，他所在的地方就是中心，这属于认知地理学的问题。

在罗马帝国扩张出地中海安乐窝，地中海以外的史前世界里这种面对面的交流比较罕见。普通商品的流通机制通常与贸易路线相伴而行：也就是说，商品的流动依赖于中间商持续不断地接力。公元前 1 世纪，不列颠人，把能够俯瞰基督城港口的亨格斯伯里角（Hengistbury Head）作为贸易港，源源不断地接受外来的地中海商品，包括葡萄酒、金属制成的酒杯、大量颜色各异的玻璃，还有无花果。这些来自阿莫里凯的船商从北部布列塔尼家乡的港口带来这些自制商品，他们反过来又从中间商那里得到地中海的物品。

这种模式，在欧洲半岛随处可见，它使人们联系在一起，并且导致知识和思想的流通。正是通过这种方式，希罗多德，还有为他提供信息的人，听说了大西洋中极为神秘的产锡岛屿。

欧洲的空间范围不是很大，知识传播比较迅速。随着信息的流动，交流的网络也在形成。关于异国岛屿的各种故事、技术知识、价值体系和信仰，都是如此传播开来。无论是米利都这样的都市，还是亨格斯伯里角这样的独立海岬，新事物带来的兴奋显而易见。即使是最偏远的社会也不可能完全没有信息流动。因此，欧洲各个地区分散的人群，从最有活力的人群，到最为保守的人群，都被纳入了新的交流网络之中，不可避免地推动传统的变革。

29

第二章 ｜ 大洋之间的陆地

半岛的轮廓 ————————————————————

欧洲作为一个离散半岛，海岸线蜿蜒曲折，岛屿零零散散地分布在海岸周围。它最为重要的特征就是海洋和陆地交界的海岸线的绝对长度大约是 37000 公里（23000 海里），大体相当于地球的周长。欧洲的第一个文明——也就是考古学家所称的米诺斯文明（Minoan）开始于爱琴海区域，这绝非偶然，因为爱琴海区域的海岸与陆地的比例最大。希腊关于欧罗巴的神话，哪怕仅仅是一个民间传说，也使人们意识到这片海洋的重要性。欧罗巴是公主，是腓尼基一位国王的女儿，她貌美如花，宙斯很快就被她吸引。于是宙斯神变身为一头公牛，混进了海边的牛群里面，看起来极为温顺，有人劝说欧罗巴爬上牛背。随后，宙斯化身的牛带着欧罗巴冲向海洋，游到了克里特岛，在这里，她生下了儿子米诺斯。这个故事也在提示人们，如果需要的话，海岸是一个可以发生匪夷所思的事情的地方。但是，为什么用一个腓尼基公主的名字来命名这块陆地，这也令一贯深思熟虑的希罗多德百思不得其解。

为了更清晰地呈现欧洲的形状，即亚欧大陆最西部的一块突起之处，调整一下地图，让西方位于地图顶部，这样简单的处理就能够调整我们对于地理的认知方式。地理学上第三纪时期褶起的山脉塑造了欧洲的大体轮廓，这在曾经遭受海水冲击的侧面可以看出来。在南部，山脉变化多端，就像对着海洋的锋利肩膀，而在北部，山坡则要平缓得多。半岛南部的地中海和黑海大约延伸了 4 000 公里（2500 英里），从直布罗陀一直延伸到格鲁吉亚，或者说是从"赫拉克勒斯之柱"一直到塔尼斯（Tanis），希腊人经常以此来表示这块次大陆非常庞大。它们都是内海，共用一个通向外部大洋的出口。北部边缘的情况更为复杂，在过去的 2 万年间，由于冰盖的逐渐融化，海洋和陆地之间不断调整变化。但是波罗的海—北海可被设想为另一个内海（这显然忽略了一个基本的事实，即苏格兰和挪威之间存在一个缺口，奥克尼群岛和设得兰群岛几乎无法填补！），从丹佛到圣彼得堡之间的距离是 2500 公里（1500 英里）。

半岛的根部位于波罗的海和黑海之间，仅仅长 1100 公里（700 英里）。欧洲的终点和亚洲的起点究竟位于何方，是一个长期存在争议的问题。对于那些喜

31

32

2.1　欧罗巴被一头公牛带走的神话在古代世界广为人知。这是在肯特郡的卢林斯通（Lullingstone）的罗马别墅里面马赛克地板上发现的。

欢以山脉划界的人而言，他们更倾向于以乌拉尔山（Urals）为界。"欧洲从大西洋延伸到乌拉尔山"这一观念，由 1833 年德国地理学家威廉·弗里德里希·福尔格（Wilhelm Friedrich Volger）提出。当然，也有其他人选择河流作为分界线，认为顿河或者伏尔加河是欧亚分界线，这些观点几乎没有共性，我们也不需要一个固定的答案：半岛逐渐向大陆延伸，几乎让人无法察觉。

还有许多难以定义的其他因素共同促成了欧洲半岛的特征。最为重要的是陆地的地貌轮廓与气候之间的相互作用，它们共同塑造了这块极具特性的大陆上风格各异的自然环境。实际上，没有任何事物是处于完全静态的。最后一个冰川期之后的长期气候变迁，导致了植被区的不断变化。融化的冰盖减轻了陆地压力，使其高度上升，同时大量融化的水注入大洋，导致海平面升高。时至今日，两个相反的因素之间的微妙平衡仍然在欧洲北部扮演着非常重要的角色。除了这些渐进式的变化，还存在一系列微小的气候震荡，导致了如公元前 6200 年前后的寒潮骤减，以及公元前 1000 年因降水增加在欧洲的大西洋附近出现的大面积连续的沼泽地。这些地理因素创造出人类社会选择居住的生态带。

人口因素对于环境也有极为重要的影响，经常会导致长时段的变化。狩猎采集者在森林中砍伐出空地促进了新植被的生长，动物聚集使得捕获更容易，还影响植物通过蒸腾作用除去水分，于是在某些边缘地带导致成片沼泽的出现。爱琴海周围的山区边缘，羊群的放牧现象越来越多，从而损坏了植被，侵蚀了土地。而在英格兰中部的内陆地区，公元前 1000 年农业活动的增加导致河边的山谷里出现了大面积的冲积层。随着人口增长，人类对于地形地貌的影响不断增大，到目前为止，人类已经对所有的气候状况都产生了直接或间接的影响。

欧洲生态状况最真实的写照体现在地中海，它被一圈山脉隔绝开来。地中海区域气候变化极为显著，夏天炎热干旱，冬天凉爽，春天多雨，是特别适合谷物生长的地区，益于葡萄成熟，也特别适合橄榄的种植。谷物、红酒和食用油都是典型的地中海农产品，从而创造出独具特色的美味佳肴。西班牙贵族阿隆索·巴斯克斯（Alonso Vázquez）对此进行了形象的描述，他在公元 16 世纪访问过佛兰德斯，对于北部地区他轻蔑地描述道："这块土地上没有盛开的百里香，也没有淡淡的薰衣草，也没有无花果、橄榄、各种瓜类和杏仁，这里的欧芹、洋葱和莴苣既不多汁也不好味，牛油代替了植物油。"

33

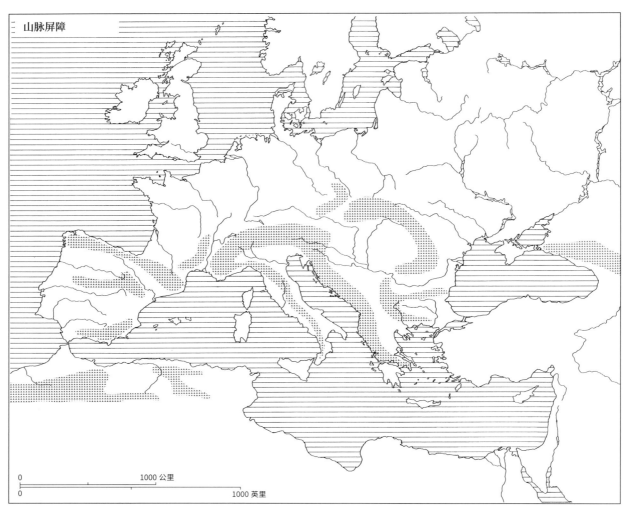

2.2 欧洲被看作是一个被海洋包围的蜿蜒曲折的半岛，山脊赋予它力量。

从地中海边缘向北部行进，很快就会进入一个完全不同的生态区，到处都是橡树林，但是由于海拔差异，橡树的品种也不尽相同。欧洲大平原也曾经被森林覆盖，向北延伸至斯堪的纳维亚半岛南部的卑尔根、斯德哥尔摩和赫尔辛基，大约在北纬 62 度，橡树林让位给了针叶林，并一直延伸到冻土地带。混合橡树林区很快被狩猎采集者占据，后来又被以农业为基础的社群占据，从而开始了森林砍伐的进程。这些最早的农民开始引进基本的家畜，包括牛、绵羊、山羊和猪，自那时起，这些家畜就成为当地人蛋白质和脂肪的重要来源。而地中海地区的人则从橄榄中获得脂肪，生活在温带的欧洲人则依赖于来自牛羊身上的奶、黄油、奶酪和动物脂肪。碳水化合物主要来自各种谷物，而谷物的产量因土壤和小气候的不同而不同。总体而言，欧洲温带南部地区的主食是小麦面包，而欧洲北部大平原地区的人们则以黑麦面包为主食。这种差异在全球化背景下仍然存在。

向东，森林地带的南侧边界向北延伸，留下了一片大草原，从多瑙河下游延伸到黑海北部海岸，穿过伏尔加河流域，绕过乌拉尔山的南端，最终深入亚洲，一直抵达阿尔泰山脉。大草原在森林草原的南部边缘地带和干旱地带的北部边缘之间提供了开阔的通道，从而促使了一波波人群的流动。尽管这一地区的主要产业是农业，牛羊的放牧很大程度上得益于马的使用，这是该地区非常鲜明的特点。

欧 洲 的 出 现

我们今天所熟悉的欧洲形状，大约在公元前 6000 年的全新世早期开始形成。在那之前，这片土地和海洋的形状完全不同。开始进行这种描述比较恰当的时间是最后一个冰川期（约公元前 20000 年到前 18000 年）的顶峰，当时气温比现在低 10 摄氏度左右。冬夏之间的温差也比现在要大很多，有一段时期，冬天的寒风导致气温长时间低于零下 10 摄氏度。这一时期，欧洲一直受到从极地沿着大西洋表面刮来的冰冷洋流的影响，经常大雪纷飞，山区更是如此，从而形成了大片的冰雪地区，覆盖了斯堪的纳维亚和欧洲北部的部分地区，同时还向西部扩展，覆盖了不列颠北部的部分地区和靠近大洋边缘的爱尔兰地区。小冰川吞没了阿尔卑斯山、比利牛斯山和高加索山脉。

冰川地区锁住了大量的水分，导致海平面下降，当时的海平面比现在低了100 米（330 英尺），这使得大西洋和地中海沿岸大片陆地暴露出来。在这个阶段，黑海是内陆地带，是里海的延伸。黑海和里海都吸纳了来自冰盖的融水，水流来自冻土地带，沿着河流流淌下来，流经欧洲北部的大片区域。地中海，虽然面积没有现在大，但其主要轮廓已清晰可辨，有一个狭窄的出口，即我们今天所熟知的直布罗陀海峡，直接通往大西洋。

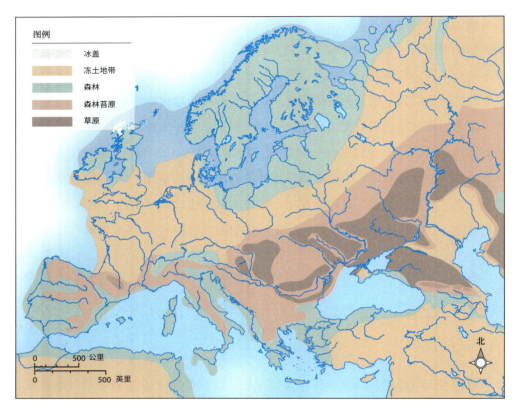

图例
冰盖
冻土地带
森林
森林苔原
草原

0　　500 公里
0　　500 英里

北

2.3　在最后一次大冰川期，也就是公元前 20000 ～前 18000 年，欧洲的形状和现在完全不同。总体上，海平面较低，里海由于吸纳了冰盖的融水，面积更为广阔。冰川覆盖了北部的大部分土地，而在南方，植被主要是公园苔原或者主要分布在地中海周围的森林草原。

　　大约从公元前 18000 年开始，气候逐渐转暖，除了公元前 10800 年到公元前 9600 年有一段突然的寒冷期，变暖趋势在不断延续，公元前 7500 年达到了适宜的温度，之后虽然有小幅波动，但是基本保持着这种状况，一直持续到现在。变暖进程中的一个非常重要的因素是墨西哥湾流，它是大西洋洋流把来自热带的温暖海水引到欧洲西北部面向大西洋的地区。湾流对于保持欧洲湿润的大洋性气候起到了至关重要的作用。如果没有它，法国遭遇到的天气可能就会是纽芬兰岛的那种极端天气，因为两地所处的纬度基本相同。

　　在不到 2000 年的时间里，气候的快速变暖引起了冰川的融化，导致海平面升高。与此同时，由于冰的重量减少，冰川覆盖下的陆地的高度开始上升。对于欧洲的大部分地区而言，海平面的上升是颇为重要的因素，但是在北部，从斯堪

2.4　卫星拍摄的斯堪的纳维亚和北欧大平原的照片。北欧的主要河流流入波罗的海，这里有通向大西洋的狭窄出口。随着斯堪的纳维亚上面的冰盖的融化，陆地升高的速度超过了海平面上升的速度，这也意味着波罗的海的面积正在缩小。

的纳维亚到苏格兰，陆地均匀上升的趋势更加明显：时至今日，苏格兰和斯堪的纳维亚陆地的上升速度比海平面的上升速度快很多。波罗的海早期的历史就充分说明了这种微妙的调整。它在淡水湖和海湾之间不断变换，正反映了海平面和陆地此起彼伏的变化。

　　随着这些变化的发生，欧洲的西北端，也就是爱尔兰和不列颠岛逐渐被重塑。两个河流系统形成了。易北河的前身和不列颠东部的大部分河流向北流入了

36

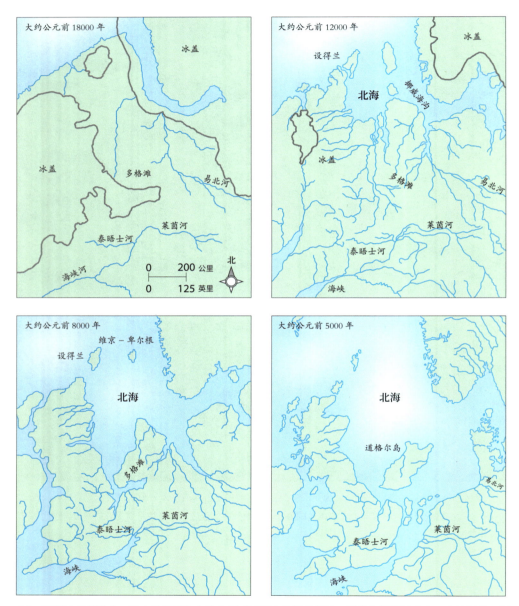

2.5 随着冰盖的融化，现在的英国和大陆之间成了巨大的沼泽低地。随着海平面的升高，这块低地逐渐被淹没，直到公元前约 6500 年，不列颠成为一个独立的岛屿。

挪威湾——这是一条环绕挪威海岸的深水航道，同时，泰晤士河、莱茵河和塞纳河向南流入了英吉利海峡，再向西南流入大西洋。在康沃尔和布列塔尼之间形成了一个开阔的河口。苏格兰冰盖的其余部分则向南穿过了现在所称的爱尔兰海。海平面继续升高，公元前 8000 年，爱尔兰已经同欧洲大陆分离开来。公元前 6500 年，不列颠也成为岛屿，尽管后来成为北海的区域仍然有大块干燥的陆地存在了几千年。

黑海的历史同样复杂。贯穿整个冰川期和全新世早期，三大内海，即咸海、里海和黑海都是淡水湖。通过俄罗斯主要河流的前身接收来自斯堪的纳维亚冰盖的融水。由于山脉变化，这些河流被迫南移。大部分流入河道的水都蒸发了，但是也有水流溢出通道，通过博斯普鲁斯海峡汇入地中海。直到公元前 5500 年，地中海过高，使得盐水开始流向相反的方向，在长达几个世纪的时间里，它淹没了北部地势较低的岸边二地和黑海的西部，并且导致其湖水变咸。对于享受黑海岸边丰富的资源的觅食社群而言，这场大灾难是次大陆形成过程中最后一个重大事件。海平面还在继续调整，但是半岛的大体轮廓已经显现：我们熟悉的欧洲出现了。

对于陆地的剖析

欧洲的地形地貌，不能简单地定义，因为它实在是太多姿多彩了。我们几乎无法在地球上找到像它一样聚集了如此多样化生态区的地区。这块土地给人们提供了丰富的探险机会，去探索，去适应，从而培养利于生存的灵活性。欧洲地形最为典型的特征是绵延的阿尔卑斯山造就的山脉轮廓，山脉对于意大利半岛起到了保护作用，当然意大利也有自己的山脉——亚平宁山脉。巴尔干山脉的规模相当，沿着亚得里亚海从斯洛文尼亚一直延伸到伯罗奔尼撒，再穿过克里特——巨大的山脊突起和沟壑很难找到穿过的路——向东延伸到保加利亚的斯塔拉山脉（Stara Planina）和罗多彼山脉（Rodopi Planina），几乎抵达黑海海岸。穿过克里米亚之后，这条线路又抬升与雄伟绵延的高加索山脉相连。

从阿尔卑斯山的右翼向西，塞文山脉和黑山使得欧洲与地中海隔绝开来。另一处山脊——比利牛斯山脉和坎塔布连山脉（Cantabrian Cordillera）则把伊比利亚从半岛的其余部分分割开来，中央高原和安达卢西亚山脉则进一步加剧了伊比

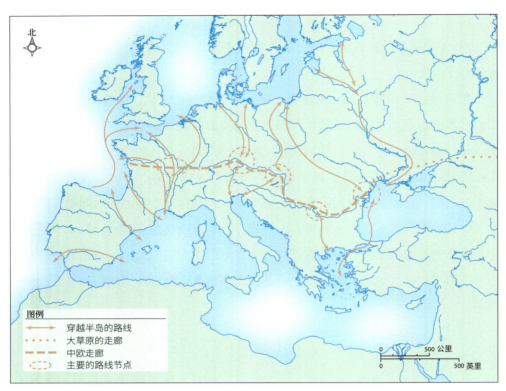

2.6　沿着主要河流形成的自然路线，欧洲半岛纵横交错。纵贯半岛的南北线路同东西中枢走廊的各节点正是充满活力的创新社会的萌发地。

利亚的偏僻之势。从伯罗奔尼撒半岛的顶端到直布罗陀海峡，山脉所形成的巨大弧形把地中海地区的社会与其他地区隔离开来。

在半岛的中心地带，其他山脉对一些小的区域形成了保护。阿尔卑斯山和喀尔巴阡山脉环绕着特兰西瓦尼亚、匈牙利大平原和多瑙河，而苏台德山脉、厄尔士山脉和波希米亚森林（Böhmerwald）则包围着波希米亚和摩拉维亚。这些山脉都比较小，但是足以构成强大的障碍。

最后，它还存在两个侧翼。斯堪的纳维亚山脉的长度和斯堪的纳维亚半岛基本相当，后来又以苏格兰高地的身份重新出现，使得欧洲得以避开来自欧洲西北部的恶劣天气。而划分现代土耳其的山脉——北部的庞蒂克山脉（Pontic）和南部的托罗斯山脉（Taurus）——将欧洲同东南部的漫无边际的沙漠分割开来。

巍峨耸立的高山可能令人生畏，但是它们同时也为那些依赖于高山牧场而生存的小型社会提供了适宜的生态区域。这些夏季的牧场，连同那些郁郁葱葱的牧草，对于生活在周边低地的社会具有很大的吸引力，所以那里的人们驱赶着他们的牛群和羊群进行季节性的迁徙。于是，山地景观鼓励随着季节轮回而进行长距离的运动，伴随这些活动，人们相互交流，信息流动起来。

地中海地区景观的特征是一条狭长的宜居区域，北部是群山，南部和东部是群山和沙漠。它面对内海，同时也是内海的一部分，它依赖海洋获得生存资源和信息。这块紧邻海洋的陆地，是一块全新的土地，是不断侵蚀周边山脉的河流的冲积扇构建而成的，同时也是创造沙滩和鹅卵石的湖泊和沼泽漂移堆积出来的。尽管这些进程很相似，但规模却各不相同。尼罗河和罗讷河的三角洲面积广大，能够提供大量人口居住所需要的空间和资源。而在伊比利亚半岛的南海岸，山脉两侧受河流上升冲击形成的三角洲地带虽然肥沃但面积非常狭小，腓尼基人也只是在短期内把它作为贸易城镇，后来基本就废弃不用了，只留下了一些小型的捕鱼村庄。直到对阳光的渴望和对于利益的追求催生了度假产业的发展，这种情况才得以改变。所以，今天这些不利因素似乎都消失不见了。

地中海区域岛屿星罗棋布，仪态万千，各有不同。一些岛屿非常大，是海的近陆边缘的反向缩影。科西嘉岛、撒丁岛、西西里岛、克里特岛和塞浦路斯岛中心多山，海岸地带比较狭窄，散落着一些人口聚居中心。其他岛屿，像基克拉泽斯群岛（Cyclades）面积非常狭小，只能容纳一两个小型社群生存。

地中海地区的地貌，以及相对较小的彼此分开的宜居土地促进了独立社群的发展，其中一些小型社群发展成为城邦。通过对海洋的有效利用，一些地域繁荣起来，开始追逐权力乃至最终的霸权。

欧洲半岛最为显著的自然地理特征之一是从大西洋延伸到黑海的中欧走廊。一位有胆识的旅行者用六个月就能完成这段旅程，其中三分之二的行程与多瑙河的流向基本一致。从黑海出发，顺流可以很容易地穿过南喀尔巴阡山脉和斯塔拉山脉之间开阔的瓦拉吉亚平原，直抵两个山脉的交会处，在那里河流切割出一个壮观的峡谷，被称作铁门峡谷（Iron Gates）。穿过峡谷，多瑙河中流沿着匈牙利大平原的边缘蜿蜒而行，与流向西部的外多瑙河分开来，越过布拉迪斯拉发（Bratislava）这一关键节点，即喀尔巴阡山脉边远的侧翼试图与阿尔卑斯山的残存山脉连接处。在后来的历史上，这条连接西欧和东欧的路线有着至关重要的意义，是维也纳权力的象征。河流上游流经巴伐利亚高原直抵源头黑森林，距离莱茵河谷 70 公里（45 英里），是位于中欧西部心脏地带的线路的枢纽。在这里，穿过孚日山脉（Vosges）的距离相对较短，也可以抵达摩泽尔河、塞纳河和索恩河流域，再走一小段山路就是卢瓦尔河，沿着卢瓦尔河就可以到达大西洋。

41 　　无论是史前时期，还是历史早期都没有人进行过这场史诗般的旅行，也就是从大西洋到黑海的这段旅程。但是的确有很多人穿越过这一走廊的部分地区，从中间的某个地方进入，从另一个地方离开。

　　中部的欧洲走廊是我们如今称作中欧这一宽广地区的轴，中欧几乎包括整个大西洋的立面侧翼景观，从葡萄牙到不列颠，再向东包括阿尔卑斯山和构成北欧低地的第四纪沉积层的南部边缘之间的狭长地带。如果这样界定该地域的话，它实际容纳了各种各样的地形，其中大部分都是丰产区域，可以支撑高密度的人口居住。判定一个独立的生态带是否富裕的重要标志就是一旦农业社群在这里居住，他们是否有定居的倾向。在历史的长时段，农业耕种者的一般情形是每个人享有私有财产，小村庄散落在被充分利用的土地上，人们都效忠于精英，精英的权力体现在丰富的陪葬、建造的山丘堡垒或者大房子里面，其实，最重要的一点就是，这是封建制的场景。

　　越过中欧，就是北欧的低地，这也是后冰期和全新世早期创造出来的景观，当时斯堪的纳维亚的冰盖开始收缩。巨大的冰水沉积物因为河流的运动被反复塑造。当地的景观看起来杂乱无章，某些地区的沙质沉积层，或者说吉斯特地貌，逐步让位于被排干的冰砾土和更高的脊冰碛，其间还点缀着一些湖泊。整个地区纵横交错着融水河道组成的网络，它是由被困在冰川前沿和南部高地之间的水构成的。一些河道后来成为今日的大河流经之地。但总的来说，由于缺乏排水导致沼泽泥炭大量堆积，随着气候变暖最后堵塞了这些河道，从而构成了无法穿越的障碍。年轻的冰川期景观（Jungmorän）令人生厌。但是在它的南部地区，是边陲地带，是一片覆盖着厚厚黄土的区域，黄土土质极好，非常轻且肥沃，是由冰盖上吹向南方的风携带的最轻的颗粒形成的。堆积的黄土也延伸到了平原南部，深入中欧地区的低洼土壤地带。这些黏土提供了黑棕色和黑色的土壤，易于灌溉且非常肥沃，是新石器时代的拓荒者们梦寐以求的土地。

　　中欧的走廊继续向东延伸，不过其形态已经演变成为开阔的大草原，为骑

2.7　贯穿欧洲半岛的中枢路线多瑙河占主导地位，通过草原走廊继续向东延伸——大片起伏的开阔草地环绕乌拉尔山脉的南端，最终抵达中国。正是沿着这条草原长廊，一波波的人群，主要是放牧者，进行迁徙。草原长廊的最西端就是匈牙利大平原，坐落于喀尔巴阡山的弧带。

马的游牧民族提供了便利通道，他们不时地沿此路径向西迁徙，渗透欧洲。草原地带相对比较狭窄，其北部被森林草原的南部边缘限定，南部毗邻黑海、里海和咸海（后两者在当时的面积比现在要大得多），再之后就是沙漠地带。一位骑手要是从多瑙河的多布罗加（Dobrudja）河口开启他的旅程，一直向东穿过东欧草原，跨过伏尔加河，到乌拉尔山脉南翼，继续穿越哈萨克斯坦，抵达阿尔泰山脉，最后到达蒙古，他不会意识到有任何显著的变化。实际上，一路上景色千篇一律，非常单调，一直都是无边无际的绿草。直到后来苏联开垦了这一地区，种上了麦子、玉蜀黍和向日葵。德国的游记作者科尔（J. G. Kohl）1841年参观过乌克兰，非常生动地描述了这块土地的浩瀚无边：

42

> 　　除了艾草，还是艾草，其余什么都看不到，随后就是大片的野豌豆……然后就是1英里的毛蕊草，半英里的黄香草木樨，随后又是随风摇摆的乳草，大约有上千万株，然后整个下午看到的都是薰衣草和鼠尾草，然后又是满眼的郁金香，绵延了2英里的木樨草，整个河谷里面长满了葛缕子和皱叶子的薄荷，无尽的山脉上到处都是植物，六天的行程里除了干草，什么都看不到。这些就是大草原上错落分布的植物，没有任何吸引力，没有任何美感，也不会让人留下任何深刻的印象。

赫西俄德（Hesiod）把东欧大草原上的居民描绘成"马上的挤奶人"，而希罗多德非常认真地强调，一些居住在黑海沿岸的部落也从事农业耕种，而那些距离更远一些的群体则"既不耕地，也不种植"。考古学发现，在公元前第一个千年，从东欧大草原到伏尔加河地区，农业种植在大片区域都存在，但是还没有达到非常密集的程度。这一阶段的物质文化和艺术也充分证明，马匹占据绝对优势。日常生活中，他们是牧人，他们是战士，甚至整个家族都是如此，到处都是他们迁徙的痕迹。

科尔在 19 世纪早期进行写作的时候，已经意识到游牧部落中存在耕种者，但是他认为在那样的景致中，耕种始终是异类的存在：

43

> 这实在是一件令人匪夷所思的事情，怎么会有人想到在这样的草原上从事农业，此处的自然景观明显不适合这样的耕作，这块土地的自然规则就应该是运动，它的土壤根本不适合深根的植物，相反它更适合牛类的繁殖。草原上的风能够把一切东西都带到很远的地方，而草原的平坦则让所有东西在这里都是一闪而过。

东欧大草原的最西端，是黑海的西部海岸，一直延伸到多瑙河河口的多布罗加。多瑙河下游流域同样保留了草原的特性，但更令人印象深刻的是匈牙利大平原。穿过铁门，到达了蒂萨河，河两岸都是开阔富饶的黑土地，一边是多瑙河，另一边是特兰西瓦尼亚山脉。这里是大草原最西部的飞地，对于那些冒险穿过铁门来到中欧的东部游牧民族来说，这个地方让他们有熟悉的感觉。许多东部的游牧民族来到这里定居，最早于公元前 1 000 年到来的是辛梅里安人和斯基泰人，随后是萨尔马提亚人、阿兰人、匈人和阿瓦尔人，最后是公元 9 世纪到来的马扎尔人。这个平原曾是要塞，许多人留下来，许多人从这里离开。

中欧大走廊和草原长廊一起提供了从大西洋到黄海的便利通道。中西欧的哈尔施塔特（Hallstatt）精英所喜爱的丝绸，在公元前 6 世纪已经出现在某些线路上，同时出现的也许还有家禽。在最初来到西部土地的时候，由于这些东西非常稀少，所以成为非常珍贵的礼物。其实，这也再次证明了欧洲仅仅是亚洲的延伸。

穿 越 欧 洲 半 岛 ————————————

　　对于有志于穿越欧洲半岛的人而言，没有地方能够对其构成真正的阻隔。尽管旅程中会遇到大片的谷物种植区，也存在山脉的阻隔，但是南部和北部都有便捷的河道。正如地图 2.6 所示，有很多条道路可供选择。

　　其中最受好评的路线是穿越法国。最短的路线则是充分利用奥得河、卡尔卡松河谷和加仑河，然后到达吉伦特河口，接着进入地中海，直接抵达大西洋，绕过了伊比利亚半岛的曲折海岸线。公元前 6 世纪之后，这条线路，主要用于从英国西南部和布列塔尼把锡运输到地中海地区；公元前 1 世纪，则主要用来把意大利成罐的红酒运到大西洋附近，以供当地的贸易商进行再分配。

　　罗讷河提供了另外一条穿越山脉抵达北方的路线。一旦经过里昂，在罗讷河和索恩河交汇处就有三条河运路线可供选择，分别是卢瓦尔河、塞纳河与莱茵河。大约在公元前 50 年到公元 20 年期间，即罗马化的早期，这三条路线的使用非常频繁。但是后来从里昂延伸出来的公路网逐渐取代了河道，后者提供了到达海峡港口和莱茵河军事基地的更为便利的途径。13 世纪，地理环境界定了欧洲主要集散地的分布状况。塞纳河上游集中了这一时期主要的贸易中心，这是其地理位置的便利性所决定的。即使到了 16 世纪晚期，香料抵达地中海的热那亚和马赛之后，也是被运往里昂，然后再通过船运抵南特（Nantes）、鲁昂和安特卫普等集散中心。

　　阿尔卑斯山脉是一个巨大的屏障，但是从波河流域（Po valley）向西到达罗讷河流域，或者向北到达莱茵河或者多瑙河上游有很多通道。其中首选的路线，就是汉尼拔及其大象部队使用过的攻击罗马的路线。更早些时候，大约在公元前 5 世纪，凯尔特人同时使用了三条路线从南部到波河流域定居。另一条比较重要的路线是从波河流域向东，绕过亚得里亚海的源头，之后经过斯洛文尼亚到达外多瑙河地区，然后到达多瑙河，从那里就可以到达诸如摩拉瓦河等支流，这就提供了一条向北的道路，连接上了北欧平原上的河流，之后到达生产琥珀的波罗的海海岸。琥珀的运输路线，穿过摩拉瓦河和外多瑙河，到达亚得里亚海的源头。这是一条历史久远的路线，甚至因此出现了这样一个传说，琥珀是在流向亚得里

44

亚海的各个河流中被发现的。公元 2 世纪，罗马的城镇，也就是现在匈牙利西北部的肖普朗（Sopron），当时是琥珀的进口地，也是工匠们和贸易商们的集散地。再晚些，大约在公元 9 世纪时，沿着摩拉瓦河所进行的大量贸易促进了强大的摩拉瓦帝国（Moravian Empire）的发展。

流经北欧大平原的所有这些大河——韦斯特河、易北河、奥得河和维斯瓦河都曾一度提供到达北海和波罗的海的路线。我们可以想象，各种各样的产品，主要是琥珀和毛皮，就这样流向了南方。

更往东，波罗的海的河流提供了抵达黑海的通路，其重要性在公元 10 世纪和 11 世纪日益凸显出来，这时，富有进取精神的瑞典人开始发展与东方的贸易。维斯瓦河与德涅斯特河的贸易路线是最简单、最便捷的路线。但是其他人则选择了一个较长的路线，或者是通过西德维纳河到达第聂伯河，或者航行穿过芬兰湾，达到拉多加湖，然后进入沃尔霍夫河，几经周折最后到达第聂伯河。从拜占庭出发，这一路的确存在一些危险。沿着第聂伯河的行程只能在 6 月进行，即冰面融化之后，然后需要从陆地上拖动船只，以穿过七个异常凶险的湍流，这样才能够到达黑海前往君士坦丁堡和特拉布宗（Trebizond）。

45

旅程之后，在某些地点还要与抢掠者开战，所以斯堪的纳维亚人赢得了凶猛、坚定的斗士这一称号，也就不足为奇了。公元 10 世纪之后，他们骁勇善战的名声愈发响亮，所以拜占庭的皇帝卫队里都是来自斯堪的纳维亚的雇佣兵。他们被称为瓦兰吉卫队（Varangian Guard），其标志就是酗酒和他们使用的战斧，这似乎是一种致命的组合。其中的一员哈夫丹（Halfdan），把自己的名字胡乱地写在了圣索菲亚大教堂的大理石栏杆上。

可能引发争议的问题是，并非所有的河流都适合航行，在水流湍急的水域里航行几乎是不可能的，但这的确是低估了人类的创造力。瑞典人用自身的实践充分证明了这一点。为抵达君士坦丁堡，他们愿意在河流和急流附近的陆地上运用人力拉动大型船只。更早些时候，希腊人也常常拉动大船穿过科林斯大约 6 公里长的地峡，当时他们使用了一种特殊的拉纤装置——diolcos。通航河道之间的长途陆运非常普遍。对于这一点，希腊地理学家斯特拉波非常清楚。在描写高卢河流的时候，他详细描述了货物如何经过罗讷河，然后通过陆地到达塞纳河，"从纳巴达，货物通过奥得河短途运输进入内陆，然后是一段长距离的陆地运输，最

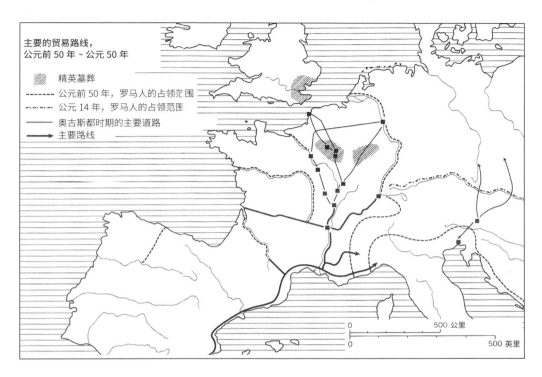

主要的贸易路线，
公元前 50 年～公元 50 年

- 精英墓葬
- 公元前 50 年，罗马人的占领范围
- 公元 14 年，罗马人的占领范围
- 奥古斯都时期的主要道路
- 主要路线

0 ～ 500 公里
0 ～ 500 英里

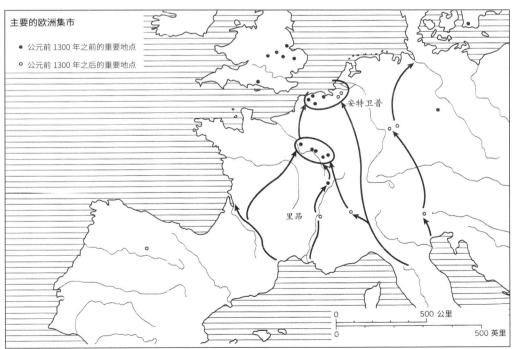

主要的欧洲集市

- 公元前 1300 年之前的重要地点
- 公元前 1300 年之后的重要地点

安特卫普

里昂

0 ～ 500 公里
0 ～ 500 英里

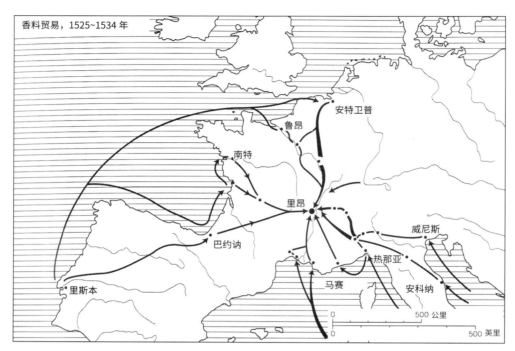

2.8-2.10 这三张地图显示了不同时期，穿过罗讷河流域的跨半岛航线的重要性。主要的路线能够跨越文化和年代。

后到达加仑河"。从这里河流将货物运往大西洋。另外一位希腊作家，西西里的狄奥多罗斯描述了锡的贸易，从英国西南部通过船运到达高卢，"在陆地上走了大约 30 天后，他们终于把货物用马运抵罗讷河河口"。狄奥多罗斯没有详细记载这一路线，很有可能在这一过程中，或者要经过塞纳河，或者要经过卢瓦尔河才能够抵达罗讷河。

逆流而行并非不可想象，特别是对于装备船帆的船只更是如此，它可以在顺风的情况下，借助河边的静水。同样，我们也不应该忽视浅吃水船，以及那些人力拉动的竹筏。罗马统治时期，竹筏匠人（utricularii）协会在阿尔勒的成立，已经充分说明了罗讷河竹筏的重要性。

欧洲半岛上纵横交错的大河提供了把大洋和内陆连接起来的交通网络，促进了欧洲的人口和货物流动，对于欧洲历史产生了至关重要的影响。

观 测 河 流 的 另 一 种 方 式

最为重要的是，河流提供了进出海洋的便捷通道，当然海洋也是把河流连接 47
在一起的重要方式。连接港口和港口、河口与河口的沿岸航运是海洋生活的重要
组成部分。因此，由于海洋与河流的存在，这些地区之间就有了一种内在的连贯
性。验证这一说法的简单方法就是绘制欧洲主要河流的流域图。图 2.11 揭示的
不仅是欧洲周边的海洋所辖的流域的巨大差异。当然，这些"流域"仅仅是地理
上的建构，但是也能反映出文化上的连续性。深入探讨这个观点，运用一些考古
学上的证据，我们就会发现文化区域与海洋有着非常密切的、直接的联系。这种
概括虽然有些粗略，但也的确提供了关于欧洲半岛认知地理学的另外的视角。两
件事情尤其值得注意：相比于大西洋、北海和波罗的海区域，地中海和黑海的文
化带相对比较狭窄；欧洲大陆相当可观的一部分区域受到了海洋的直接影响。这
些海洋区域和欧洲中心之间的关系是反复出现的主题。

海 洋 的 特 征

每一个环绕欧洲半岛的海洋都具有自己鲜明的特征。其中，最为著名的是地 48
中海，它可以大致被看成是由六个相互关联的海洋组成，它们被间或出现的陆地
分割。其面积十分庞大，大约有 250 万平方公里（100 万平方英里），温度极高，
使其蒸发率很高，于是创造出一个高盐度的海洋。流入地中海的大河（除了埃布
罗河、罗讷河、波河和尼罗河）相对较少，蒸发造成的水分损失被大西洋和黑海
的流入弥补。流经这些狭窄水道的水流，因风势而增强，形成了海洋内部主要的
洋流模式。基本的流向是逆时针的，紧靠着海岸。而一股不间断的洋流可以把一
艘船沿北非海岸从直布罗陀带到塞得港，途中几乎没有什么障碍。而欧洲一侧的
海岸，那些突出的陆地和岛屿则改变了从东向西的洋流，每隔一段时间就会掀起
横流，从而使船只越过宽阔的海洋。于是，虽然构成地中海的每个海都有自己的 49

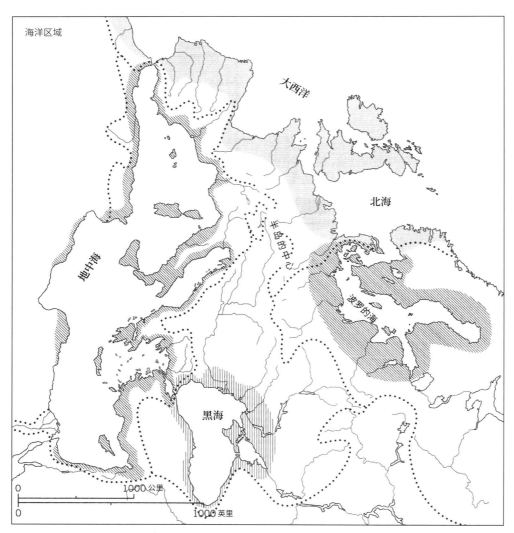

2.11　地图呈现出欧洲的海洋区域。欧洲望向周边的海洋。海洋提供了把各大洋区域连接在一起的便捷方式。河流则把海岸地区和内陆地区联系在一起。虚线表示流入不同大洋的河流系统。

旋转洋流，但是如果沿岸细心行驶，还是能够比较舒适地从一个地点抵达另一个地点。

　　尽管洋流为海洋提供潜在的旋律，但是洋流的速度只有 1 至 2 节，与风力相比相形见绌，因为后者的速度有时能够达到 30 节。风向极为复杂，变化多端，它们或者受到地中海盆地的影响，或者受到大西洋或者撒哈拉的影响。总体而言，其影响是离岸影响。每股风都有自己的名字，例如又热又带有灰尘的"西洛可风"（Scirocco）来自北非沙漠，冰冷的布拉风（Bora）来自亚得里亚海源头，潮湿的密史脱拉风（Mistral）来自大西洋，居住在西北海岸的人们会因此觉得极为不适。季节变化，不同的风吹过，形成不同的微气候。最猛烈的风吹向利翁湾、亚得里亚海源头和爱琴海北部，而北非海岸，特别是其最东端，是最为平静的地区。

在蒸汽动力使用前，风和潮汐共同决定航行路线的条件。3、4月份的大风一减弱，航行就开始了，并将持续到9月份。尽管罗马时期淡季航行也是存在的。对于大多数的船主而言，停留在他们熟悉的水域是比较惬意的事情，这通常意味着要停留在本地的海域。这艘公元前15世纪沉没在土耳其南部海岸附近的卡什（Kaş）深水里的小帆船，根据其货物进行判断，它当时正沿着地中海东部的海岸航行，沿着洋流逆时针方向航行，也就是从尼罗河三角洲沿着黎凡特海岸向上，穿过塞浦路斯，遥过土耳其海岸，到达基克拉泽斯群岛和克里特岛。从这里，船只应该一直向南，充分利用了当地的风向和洋流，到达北非海岸，然后向东转向尼罗河。航行过程中在沿岸不断交换货物。在当时那有限的航行时间里，进行这样的往返旅行是非常典型的——因为路线熟悉，所以让人安心。

几个世纪之后，来自黎凡特的腓尼基城镇，更主要是来自泰尔和西顿的具有冒险精神的水手们开始了漫长的航行，为了从伊比利亚西部获得银、锡和铜，他们的航行遍及整个地中海。船只航行的北部路线途经塞浦路斯、土耳其和克里特的南部海岸，到达西西里岛的腓尼基人定居点。从这里出发，前往南撒丁岛、伊维萨岛（Ibiza）和安达卢西亚海岸，如果条件适宜的话，接着向西航行，穿过直布罗陀海峡，到达大西洋的加的斯贸易港。回程则一直向东，沿着北非海岸行驶，沿着通常是比较缓慢的水流，安全抵达家乡。整个旅程的时间大概是一个航行季节。

因为冒险家的存在，海洋显得生机勃勃。希罗多德写到了福西亚人，他们的家乡离土耳其爱琴海岸不远的岛屿上，他们驾驶快速、线条优美的战舰开到了亚得里亚海和西地中海的北部海岸。正是这些人，约公元前600年在马赛建立了殖民地。这些探险者的行为其实与海盗的行径并无二致——就像16世纪时葡萄牙人发现印度洋一样。

51

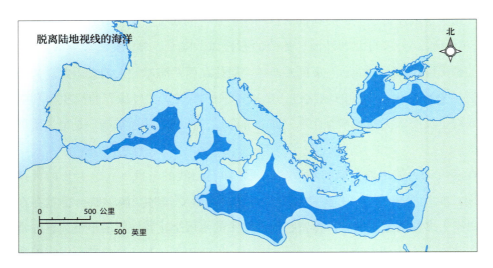

2.12 对于当时的航海家来说，地中海的环境极具挑战性。他们更愿意在陆地视线可达的范围内，并借助海岸洋流的帮助，但是离岸的风向也必须是适宜的。

希罗多德还讲述了一个听起来不大可能的故事，这个故事的主人公是船长卡莱斯（Kalaios）——大约在公元前 630 年，他从爱琴海的萨摩斯岛出发，前往尼罗河三角洲。由于风向的作用，他的船只偏离了既定的航线，其旅程结束于伊比利亚南部的塔特索斯。于是，他得以把那里的大量货物装载上船，并因此发家致富。对卡莱斯来说，成为直面大风和其他危险的航海家似乎不大可能：这听起来像是一个冒险家秘密进行的远征，借助偶然在尼罗河三角洲的瑙克拉提斯（Naucratis）听说的情报，因为那里是各地贸易商的集散地。

地中海并非没有危险。在毫无征兆的情况下，可能就会出现暴风雨天气，风也可能转向，迫使船只驶向下风岸，就如前文提到的卡什附近沉没的船只。从公元前 2 世纪到公元 2 世纪，即使是相对安全的利翁湾，也到处可见残破的船只。圣保罗《使徒行传》运用第一手的资料，记载了他穿越地中海中部的旅程和遭遇的马耳他海难，描述了航行者所面临的危险。

黑海则是一个迷你版的地中海，尽管它要小得多，只有 423000 平方公里的面积（163000 平方海里）。起初它是一个淡水湖，和里海一样，最初它们是联系在一起的，其湖水都来自斯堪的纳维亚的冰川。希腊人坚信，黑海不断加深，直到溢出流入地中海，通过博斯普鲁斯和达达尼尔海峡提供的通道相连。事实上，情况正好相反。地中海水位不断上升，溢出到黑海淡水湖，时间大概是公元前 5500 年，当时，湖面的水位大概比现在的海平面低大约 150 米（500 英尺），尽管地中海的海面当时也比现在低，但是两者之间的差仍然非常明显。当地中海水位升高之后，冲刷着博斯普鲁斯海峡的溢出水流转变成急流，深深侵蚀着岩石。对黑海沉积物进行的岩心研究表明，淡水湖突然变成了盐水湖。关于这一问题仍然存在争论，当时黑海的水位每天上升 15 厘米。如果真是如此，那么也就意味着海水向低洼的北部海岸的流速能够达到每天 1000 米（超过半英里）。这样的变化速度能够在短短一代人的时间里彻底改变沿海地区的地理状况，也在人们记忆中留下了持久的灾难印象。

从东欧大河涌入的水流，以及地中海的高蒸发率意味着黑海成为地中海水域的供给者，但确切的关系并不像公元 6 世纪的历史学家普罗科匹厄斯（Procopius）所意识到的那样简单明了。他记载到，当人们在博斯普鲁斯海峡撒网捕鱼，渔网上半部漂向地中海，下半部则被一股很深的逆流拽回黑海。解释这一现象非

52

53

2.13　在欧洲和亚洲之间，在地中海和黑海之间，达达尼尔海峡和博斯普鲁斯海峡形成了一个对于欧洲历史至关重要的十字路口。

常容易：从黑海流出的海水寒冷且盐度很高，因此，它在从地中海流入的浓度更高、比较温暖的下层洋流上。

盐分的这种分离状态持续到海洋里，产生了非常戏剧化的效果。上面的 200米含有氧气和水生生物，但是在这一深度以下，90% 的海洋是缺氧的，因此没有生命存在，除了少数几种简单的细菌。有机物受到河水的冲刷，落入生机勃勃的海洋，沉积在可以分解的黑色淤泥里面，释放出有毒的气体硫化氢，被保留在一定的深度之内并形成致命的储层。这种恶劣环境的一个好处在于，许多深海沉没

2.14　从这张卫星拍摄的爱琴海密集分布的岛屿和蜿蜒的半岛照片可以很容易看出，海洋在人们的生活中扮演了非常重要的角色。从爱琴海的东北角，穿过达达尼尔海峡、马尔马拉海和博斯普鲁斯海峡，有可能抵达黑海。无论谁控制了连接三大海洋的两个狭窄海道，谁就能控制船运。达达尼尔海峡和博斯普鲁斯海峡在历史上都特色鲜明。

的古代船只能够被保存得非常完好。

　　黑海的名字最早是"Axeinos"，是一个希腊词语，意思是"黑暗"，很快它又增加了"不友好的"含义，主要指突如其来的暴风雨和大雾。那是最初不太熟悉这一区域的人们作出的价值判断，就如同几个世纪之后的阿拉伯人把大西洋称作是"永远黑暗的海洋"。但是，到公元5世纪，希腊殖民者开始在海边定居，发掘其贸易潜力，人们对海的态度开始发生明显的变化。此时，它被称为"好客的海洋"，变化的原因可能在于其邻近的陆地盛产谷物和木材，浅滩上还有大量的凤尾鱼、金枪鱼和鲱鱼。

　　海洋时常被浓雾笼罩，天气骤变的情况也时有发生，但是总体而言洋流和离

55

2.15　博斯普鲁斯海峡——连接黑海（顶端）和地中海（底端）的狭窄海道。君士坦丁堡（现在的伊斯坦布尔）占据了地中海末端的海岬，它的北面被更为狭窄的金角湾（Golden Horn）界定。博斯普鲁斯海峡把亚洲和欧洲分割开来。

2.16　拜占庭要塞安纳托利亚控制站（Anadolu Kavagi）的遗址，占据了博斯普鲁斯海峡的北端和通往黑海的入口。它是一个收费站和海关管制站，公元14世纪，它被热那亚贸易者接管。

岸的风向还是有利于航行的。如同地中海一样，黑海沿岸的洋流是逆时针方向流动，从而使得海上殖民地保持方便的联系，而克里米亚突出的岬角使南北洋流都发生偏转，在同一片海汇中形成了两个独立的环流系统。

连接地中海和黑海的通道需要航行经过达达尼尔海峡，它70公里（44英里）长，最狭窄的地方只有1.8公里（1英里）宽，然后再穿过马尔马拉海，最后沿着博斯普鲁斯海峡进入黑海。博斯普鲁斯海峡长32.5公里（20英里），南端约2.5公里（1.5英里）宽，逐渐收窄至0.5公里（0.75英里）。由于洋流不断地流向地

56

中海，再加上来自地中海的适宜微风，穿越这两个海峡的旅程并非那么危险。但是如果遭遇了来自北方的速度达 50 节的寒风，那么旅程就无法继续，船只只能停靠下来，等待适宜的气候再继续航行。达达尼尔海峡的入口，其亚洲海岸边上有一个非常方便的、良好的避风海湾，这曾经是特洛伊延伸出来的内陆，长达 4 公里（2.5 英里）。在那里等待风向转变的时间可能是几天，也可能是几个星期。特洛伊城的早期声望很大程度上要归功于它对这一有利位置的控制。在古老的拜占庭（不同时期被称为君士坦丁堡、伊斯坦布尔）的背风处，金角湾作为相对隐蔽的锚地，也提供了从南方靠近博斯普鲁斯海峡的门径。在这里，船只可以抛锚停泊，直到风向适宜，尽管它并不一直都是自己名字"金角"所暗示的那种适宜的避风港。法国作家皮埃尔·洛蒂（Pierre Loti），非常熟悉伊斯坦布尔，在他的小说《迷醉》（*Les désenchantées*）中把这座城市描绘为"笼罩着邪恶的走廊，铅色的天空，来自俄罗斯的寒风不断咆哮，两洋交接的地方水流湍急危险"。

地中海的尽头通往大西洋处正是赫拉克勒斯之柱的所在，它是以摩洛哥海岸对面海洋的标志——直布罗陀（Mons Calpe，Gibraltar）和猿山（Mons Abyla，Apes Hill）而命名的。这些共同创造了一个门户，是狭窄海域开始的航行标志，也就是我们今天所知的直接通向外洋的直布罗陀海峡。尽管腓尼基人在公元前 1 000 年可能已经航行到了大西洋，并于公元前 800 年定居在离岸的加的斯岛，且向北和向南分别探索了欧洲和非洲海岸，但是在希腊人和罗马人的世界观中，外面的世界仍然非常恐怖，赫拉克勒斯之柱对他们来说是通往未知世界的入口。希腊诗人品达（Pindar）在公元前 5 世纪的作品中发出了这样的警告："它后面的世界是无法进入的，不管明智也好，愚钝也罢，人们不能从加的斯进入黑暗的西方世界。调转方向吧，驶向欧洲干旱的陆地。"

海峡非常开阔——大约有 9 海里（14 公里）——但是旅途的舒适度取决于风力和洋流。风或者来自东部，或者来自西部，都是径直吹过来的，有一定的规律，3 月、7～9 月、12 月东风气流占主导地位，其余时间则是西风气流占据优势。在正常的年份里，船主只要了解这一规律，就可以进行运输规划，但天气变化莫测，有时只能在加的斯等待适宜的西风，或者在安达卢西亚海岸的马拉加等待适宜的东风。一份传统的资料显示，如果逆风，那么可以选择岸上的旅程，从马拉加到达塔特索斯只需要 9 天的时间，当然，开始这一征程之前，首先要对众

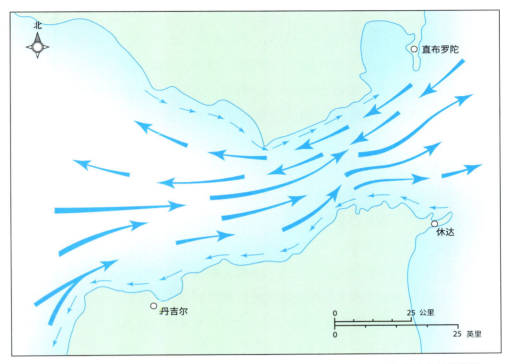

2.17 直布罗陀海峡相对比较宽阔，但是地图上显示的洋流和风向非常复杂，限制了航海船只的航行。

神进行献祭。

洋流非常复杂，但并没有带来太多的麻烦。和博斯普鲁斯海峡一样，这里的海水也是分层的，冷水以5～6节的速度从大西洋洋流表面100米（330英尺）以下流入，而温暖的浓盐水则从地中海不断流出。但是，对于水手而言，只有表面的洋流才是至关重要的，而海峡的宽度则允许复杂模式的存在。流入地中海的水流占据了海峡的大部分水域，但它的北面正好有一股逆流从地中海流出，于是在风向适宜的情况下提供了一条通往大西洋的便捷路线。还有两条较小的、紧紧贴着海岸的洋流，一个沿着西班牙海岸流入地中海，另一个沿着非洲海岸抵达大西洋，但是这条路线需要尽量避免，因为临近的海岸线岩石密布，比较危险。因此，洋流允许船只随时朝两个方向通行，安全的旅程完全依赖于风力和风向。如果顺风而行，那么旅程必然安全快捷，但是一年之中的确有很多时间是逆风，从而容易带来危险和混乱。这时，只能把船停靠在温暖的海湾，并且祈祷众神的

58

恩赐。

对于地中海的水手来说，一旦进入了大西洋，就等于把命运交给了未知力量。最戏剧性的变化便是海洋潮汐。尽管地中海也有潮汐变化，但是非常轻微，几乎察觉不到。然而，沿着欧洲的大西洋海岸，人们一定会感受到海洋水流位移的变化，布列塔尼北部海岸的海浪最高可以达到 14 米（46 英尺）。随着潮汐的变化，洋流会突然发生变化。对于熟悉这些现象的人而言，海洋提供了非常便捷的旅行模式。如果具备一些在观测基础之上的知识，那么任何方向的旅行都可以进行。变量是风力。频繁的岸上风会给船只航行带来危险，只能停泊在避风港湾。有经验的水手在出海的时候会把这些因素考虑在内，但总有一些难以绕过的海岬，有些事情无法预测。

如果深入到大西洋西北部，还有两条海上路线。西行的航线通过圣乔治海峡（St George's Channel）和北海峡连接不列颠和爱尔兰。圣乔治海峡位于康索尔角（Carnsbre Point）和圣戴维角（St David）之间，北海峡的费尔角（Fair Head）和金泰尔（Kintyre）半岛之间最窄的地方仅仅 20 公里（12.5 英里），之后进入赫布里底群岛周边比较危险的水域，以及苏格兰的西海岸。第二条航线是英吉利海峡，逐渐变窄直到多佛尔海峡，在抵达开阔的北海之前，海峡的宽度只有 30 公里（19 海里）。这两条路线，虽然仍有潮汐变化，但是对于那些熟悉海水规律的人来说，还是比较容易航行的路线。

不列颠岛是一个明显的分界线，它的西部海岸属于大西洋，这不仅仅是因为它直接面临大西洋的天气系统，而且也是因为其犬牙交错的海岸及对它起到了保护作用的由古老的坚硬岩石雕刻而成的爱尔兰的海岸与布列塔尼和伊比利亚的海岸线非常相似。这一海岸崎岖不平，经常面临狂风暴雨的冲击。不列颠东部面临的北海则完全不同，它与对岸的岛屿非常相似，即与法国、低地国家、德国和丹麦非常相似，这里所指的都是其面向海洋的部分。除了苏格兰和挪威北部的山区，它是由河口、沙洲和沼泽地组成的低洼景观。不列颠的海岸对于水手们来说是非常重要的海上标志，欧洲的海岸则不具备这样的特征，其海岸千篇一律，非常单调，只有仔细观察才能加以辨别。欧洲海岸的吸引力主要在于其提供了通向内部的便捷通道，可以沿着莱茵河、默兹河（Meuse）、斯海尔德河（Sheldt），或者更北一些的埃姆斯河、威悉河与易北河行进，而且在德国湾附近可以发现充

59

2.18　波罗的海和北海之间的通道受限于岛屿、浅滩、潮汐和大风。对于沿海社群而言，控制海洋交通相对比较容易。

足的琥珀。海洋本身也盛产各种鱼类，不仅仅有鲱鱼，当时鲱鱼已经是中世纪食谱上的主菜。

最后说说波罗的海。公元 11 世纪不来梅（Bremen）的亚当最早使用这一名称。从北海到达这里需要经过斯卡格拉克海峡（Skagerrak）和卡特加特海峡（Kattegat），这是一条宽广且连续的水域，连接日德兰半岛低洼地区与挪威和瑞典南部更为犬牙交错的每岸。一旦经过这里，面向南方，水手们将面对一片令人眼花缭乱的岛屿群（大概有 474 个小岛），穿过它们有三条可用的通道，分别是厄勒海峡（Sound）、大贝尔特海峡（Great Belt）和小贝尔特海峡（Little Belt）。

三条路线都可以航行，但是后两条路线到处都是浅滩。厄勒海峡虽然深度只有 8 米（26 英尺），却是最安全的选择。最狭窄的地方，只有 5 公里（3 英里）宽，把瑞典斯堪尼亚的赫尔辛堡（Helsingborg）与丹麦西兰岛的赫尔辛格（Helsing-ar）隔离开来。穿过丹麦海峡的水流非常复杂，表层的微盐水不断涌入北海，而下层的盐水则流向相反的方向流动，正好形成一个完整的逆时针方向的循环。但这流入的洋流可以忽略不计。

波罗的海相对比较小，水面面积只有 377000 平方公里（145500 平方英里），诸多河流携泥沙的盐水使其盐分增加，而随着陆地的上升，其面积还在不断缩小。冬季的时候，45% 的海面会结冰，当然主要是北部海面，也就是波的尼亚湾（Gulf of Bothnia）、芬兰和里加地区。对于这一地区稀疏的人口来说，海面冰冻具有某种天然的优势，因为海豹是那里的人们获取油脂的重要来源，海豹喜欢在冰冻的海面上繁殖，比较容易被捕捉。水面的相对平静，海洋的狭窄，散布的岛屿——奥兰岛、哥得兰岛、厄兰岛和博恩霍尔姆岛（Bornholm），都催生了人们对于海洋的热情。从很早的时候开始，对于海岸边的居民来说，海洋就是陆地的自然延伸，波罗的海南部是海洋技术发展的重要基地。

海洋及其周边的岛屿资源极为丰富。波罗的海南部的琥珀需求量极大，史前时期就在整个欧洲进行了广泛的贸易。西南部山毛榉树林和北部的云杉落叶林为建造船只提供了充足的木材，同时树脂能够填补船板缝隙使其不漏水。森林也是皮毛的重要来源，而皮毛在南部的需求量很大。这些都来自北方的偏远之地，通过贸易交换网络能够到达南部。公元 9 世纪，一位名叫奥特（Ottar）的挪威人向英国国王阿尔弗雷德（Alfred）描绘了他接受的来自北部狩猎部落萨米（Saami）的贡品，他们居住在宜居地域的最北端。关于贡品，

> 由动物的毛皮、鸟类的羽毛、鲸鱼的骨头，以及用海象皮和海豹皮制造的船绳组成……最高级别的礼品是 15 张貂皮，5 张驯鹿皮，1 张熊皮，10 份羽毛，一件熊皮或水獭皮的夹克，还有两条船绳。每条都有 60 尺长，一条用海象皮制成，另外一条用海豹皮制成。

这些贡品大部分在斯堪的纳维亚南部半岛和英格兰的市场上出售。在史前时

期的贸易体系中，这些商品的大部分构成了与欧洲心脏地带进行贸易的主体。

欧洲的四大海洋，当然如果我们把北海从大西洋分离出来，就是五大海洋，都是独立的地理实体，每一个海洋都有自己的生命节律，将海岸与内部的河流社会连接在一起。沿海区域很受人欢迎，因为其能源丰富，交通便利。这一地区生活也比较健康，比较容易获得盐、碘和鱼油，这些是当时人们菜谱的自然组成部分。难怪长期以来人类更喜爱居住在海边，正如苏格拉底所说的，"蚂蚁和青蛙围着池塘转"。

61

第
三
章　收集的食物

自最后一个冰川时代末期（约公元前 12700 年）开始，直到形成和今天大体62相似的温和气候的约公元前 9600 年，大概三千年的时光里，欧洲的形状发生了戏剧性的变化。为了能够在新的栖息地更好地生存，也为了应对非常极端的生活环境，人类的祖先移居到欧洲南部更适宜生存的地区，并调整他们的生活方式，在某些地域，他们调整迅速。气候推动了社会变化的步伐。

全球温度的大范围变化，应该归因于地球轨道与倾斜度的周期性变化，并因此导致其与太阳关系的变化。大约每隔 95800 年，轨道就会从近乎圆形偏离为椭圆形。结果，北半球出现了四季分明的天气特征，北部冰盖也随之扩张。另一个周期，大概是 41000 年，地球的倾斜度会变化 3 度左右，这加剧了季节之间的差异。而且，令事情更为复杂的是，每隔 21700 年，地球的轴心就会发生一次摆动，使得北半球距离太阳的远近发生变化，从而对气候产生非常直接的影响。这些现象自身还不足以令化石记录发生非常快速的变化，但它们引发了系统中的其63他变化，从而放大了它们的影响。所有这一切产生的最终结果就是，每隔 10000年就会出现从严寒到相对温暖再到严寒的周期性天气变化。

在最后一个冰川极盛期达到最高点的时候，也就是公元前 20000 年前后，陆地的温度大概比现在低 20℃，影响遍及欧洲北部的大部分地区，从爱尔兰到俄罗斯都是如此。而且，在北美洲的大部分地区，冰川的厚度超过 4 公里（2.5 英里），冰川锁住了地球上很多的水分，海平面比现在要低 100 米，地球上大部分地区都是沙漠地带。大约在公元前 13000 年前后才开始逐步变暖的过程。

不断变化的欧洲海岸

各地冰川的消退并不是同时发生的。到公元前 12700 年，温度迅速上升，仅仅在 1 000 年的时间里，气温已经不低于今天的水平了，随后温度又开始迅速下降，在公元前 10000 年达到了一个新的低点。气温的突然下降显示出气候的调整是多么平衡。看起来，随着温度的回升，大西洋的洋流也进行了调整，从而产生了温暖的墨西哥湾流。大量的冰川融水涌入大洋，速度之快使得墨西哥湾流变得

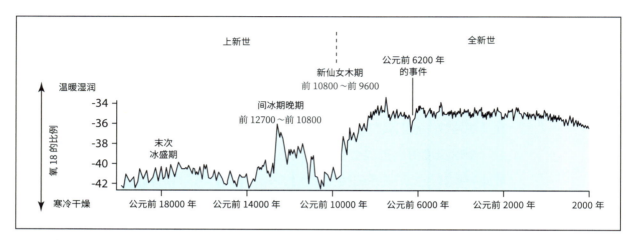

3.1   通过研究在格陵兰冰盖中发现的岩芯中的氧同位素的比值，有可能记录过去 20000 年里气温的微小变化。这张图显示出在冰川阶段的后期气候温暖，新仙女木期气候重回寒冷，以及全新世初期突然建立起稳定的温暖环境。

不稳定，甚至可能使其完全停止。结果，欧洲开始冰冻。这一最后的寒冷符咒就是新仙女木期（the Younger Dryas），持续时间很短，只有大约 1200 年。随着湾流的恢复，气候开始再度变暖。公元前 9600 年，寒流周期结束，公元前 8000 年，气温与今天基本相同。新仙女木期产生的影响就是驱动人类社会的南移，但是随着天气状况的改善，人类很快就开始了再度拓殖的进程。

随着冰盖的融化，海平面开始增高。海平面升降的变化影响所有接收冰川融水的大洋，变化的速度大概是每 500 年上升 1 米，结果导致大西洋沿岸的大片地区被淹没。上升的海平面同样对地中海产生了影响。埃布罗河、罗讷河、波河和尼罗河河口的低地地区，陆地损失最为严重。科西嘉岛 / 撒丁岛的陆地变成两个独立的岛屿，爱琴海地区洪水导致很多小岛分离。大约在公元前 5600 年，地中海的水平面迅速上升，淹没陆地，流入黑海，正如我们看到的，在非常短的时期之内就淹没了黑海地势低洼、土地肥沃的地区。

64   在北方，另一个相反的进程也在进行。大面积的冰川以其绝对重量覆盖着土地，使得地壳变形超过 200 米（650 英尺），最严重的地方就是现在的波的尼亚湾。随着冰川融化，地壳开始上升，恢复其本来的形态。这种地壳的重新调整，发生于现在的斯堪的纳维亚和苏格兰，与海平面的上升趋势相反。这两个进程

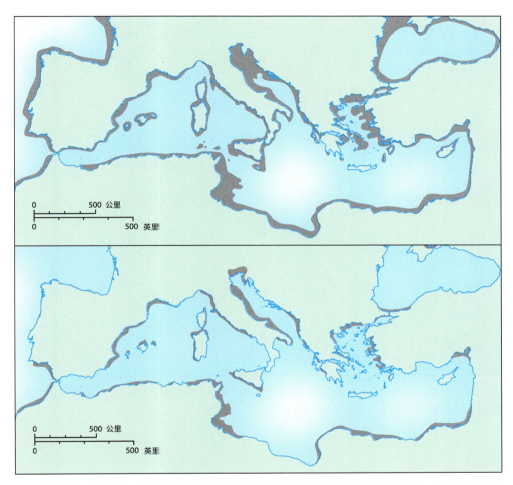

3.2 在冰川作用极盛期，地中每的海平面比现在的水平（上图）低120米（395英尺），全新世早期海平面迅速上升至比现在低35米（115英尺）的水平（下图），从而形成了和今天差不多的海岸线。

今天仍然在持续。冰川最厚的地方，位于波的尼亚湾的北端，陆地以每年9毫米（1/3英寸）的速度上升 而在苏格兰高地，上面的冰盖曾经很薄，上升的速度是每年3毫米（1/8英寸）。

正是在斯堪的纳维亚地区，陆地和海洋上升的相互作用现象是最为复杂的。波罗的海有时是一个冰堰湖，有时又是与外海相连的海。最终，大约在公元前5000年，大陆桥被破坏，形成了我们今天所知道的波罗的海。但是波罗的海并不稳定，调整一直在不断地进行，其北部的面积越来越小。

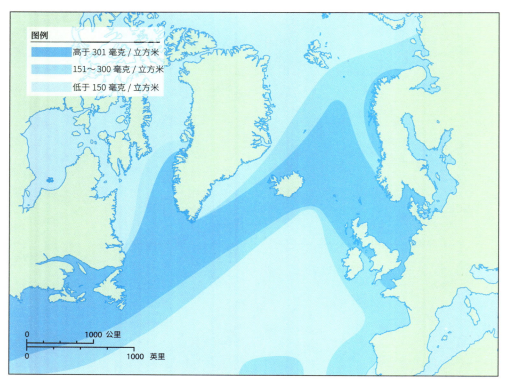

3.3 大西洋的浮游生物为鱼类提供了丰富的营养，因此这里也是最丰富的渔场。这张图显示了欧洲富饶的大西洋沿岸与生物相对较少的地中海的对比。

65 　　陆地和海洋复杂的相互作用主要发生在逐渐缩小的冰盖边缘地带，类似的情形也发生在西部地区，最终导致爱尔兰和不列颠的出现。大约在公元前 15000 年，斯堪的纳维亚冰川的消融，不列颠的冰川带缩小到只在苏格兰高地和岛屿上还有一小部分。一块地势低洼的陆地一直向北延伸到设德兰群岛和卑尔根市（Bergen）所在纬度地区。一个宽阔的深水入口被称为挪威海沟，引导着这片陆地上的河水流出注入大西洋。它的河口距离卑尔根市西部并不远。海平面上升的速度很快超过了陆地的上升速度，只有苏格兰冰盖下的一小块地方除外，结果导致大片陆地逐渐被海洋吞没，北海形成了。公元前 8000 年，爱尔兰脱离了欧洲的其他部分，公元前 6500 年，不列颠成为岛屿。以前的陆地残余部分成为北海里的岛屿，但是到了公元前 4000 年，大部分也消失在海浪之下。多格滩（Dog-ger Bank）是仅存的陆地。

还有一个需要考虑的因素。西欧受益于围绕北大西洋顺时针方向流动的洋流所带来的良性影响。温暖的洋流，称为墨西哥湾流，发端于墨西哥湾，穿过佛罗里达海峡，沿美洲海岸向北流动，在纽芬兰附近遭遇到寒冷的拉布拉多洋流，于是向东转向欧洲大陆，并且分成两支，向北的挪威洋流和向南的加那利洋流。在墨西哥湾流从佛罗里达海峡流出的地方，水流大概有 40 公里（25 英里）宽，但是经过纽芬兰之后，它变成大片缓慢流动的温暖水流，被人们称为北大西洋暖流。它的重要性在于，它把温暖的海水带到了比其他海洋纬度都高的地区，而且水流的温度明显高于周边的海洋，3 月它的温度是 8 摄氏度左右，而周边海水的温度则是 2 ～ 6 摄氏度　正是它创造了西欧大部分国家所喜爱的湿润的海洋性气候。不列颠与拉布拉多的纬度基本相同，如果没有湾流，也会面临极为恶劣的气候。新仙女木事件带来的突然降温，可能就是因为湾流的突然中断而引起的，而湾流的突然中断则是由于解冻的冰川融水造成的。一些人认为，今天全球气候变暖可能会产生同样的效果。

北大西洋暖流给大西洋沿岸的欧洲带来的另一个好处是浮游生物丰富，每立方米的生物质超过 300 毫克。这部分是因为其气候温暖，部分是因为水流的混合导致海底的营养物质不断上涌。当接近欧洲的洋流流经大陆架上方时，营养成分的含量不断提高。这些营养物质与温暖的水域表面一起，促进了浮游植物和动物的生长，从而给鱼类提供了丰富的营养。北大西洋暖流带来的浮游生物高密度区，创造了一些世界上最著名的渔场，其中包括纽芬兰海岸、冰岛周边海域以及北海附近。

有时，波罗的海和北海之间有一条宽阔的水道相连，富含浮游生物的海水流到了西部。而且，即使在水道受限的情形下，就像现在一样，河流携带融雪之中的营养物质促进了浮游植物的生长和鱼类的供应。

从卑尔根到菲尼斯泰尔，以及不列颠和爱尔兰海岸的居民都享受到了北大西洋湾流所带来的益处。这些宜居区域的海洋，在多样性方面已经超过了地中海和黑海。

在古典时期，地中海和黑海因为浅滩的金枪鱼和鲱鱼而闻名。但是在地中海，由于海岸的狭窄，以及缺乏明显的潮汐变化，不利于浮游植物以及依赖于浮游植物而生存的更高生命形态的成长，其结果是海岸边的生命形态与大西洋相比

67　要贫乏得多。冰川时代后期结束不久，埃布罗河、罗讷河和波河的三角洲拥有更易于食物生长的环境，然而随着海平面的升高，高产的低地区域迅速被淹没，面积迅速减少。在很多方面，黑海也是如此。环绕黑海的诸多山脉延伸到海水里面，西部则是面积一度非常庞大的多瑙河三角洲。公元前第六个千年中期的洪水突然吞没了数万平方公里高产的冲积平原。

　　当这些区域摆脱了最后一个冰川时代的控制之后，欧洲半岛的沿海土地发生了转变，陆地和海洋的某些调整非常迅速。这种转变使天平发生了倾斜。迄今为止，非常荒凉的北部，也就是波罗的海和北海海岸开始渐趋一致，为当时拓殖欧洲大陆北部的狩猎采集者创造了良好的环境。而在南部的地中海和黑海区域，随着海平面的升高，多产的海岸区域变得更为狭小。大西洋沿岸，特别是法国海岸和伊比利亚海岸，从阿申特岛（Ushant）到圣维森特角（Cape St Vincent）的地区，也是非常适宜的区域。这得益于北大西洋湾流，以及更南纬度的温暖气候，从卢瓦尔河到瓜达尔基维尔河的大河三角洲，欧洲的大西洋部分为早期的渔猎者提供了最为适宜的条件，并发展起一种非常舒服的、自给自足的生活方式。

欧 洲 面 貌 的 改 变 ───────────

　　公元前 10000 年到公元前 6000 年，随着气候的变化，植被带逐渐向北推进。不同的物种不断渗透到新的地理环境，气候一年比一年更加温暖，为不断变化的动物群创造新的生长环境。人类社会，其实仅仅是生态系统的一小部分，为了生存，他们必须学会适应。

　　在最后一个冰川纪的高峰时期，也就是公元前 18000 年到公元前 16000 年之间，当时的温度比现在低 10℃左右，从爱尔兰到斯堪的纳维亚半岛北部以及阿尔卑斯山脉和比利牛斯山脉的广大区域，全部都被冰川覆盖。而且，因为没有北大西洋湾流来改善大西洋地区的严酷环境，欧洲是最不适合居住的地区。漫长的冬季，气温可能会骤降至 -10℃，持续好几个星期，并伴有暴雪，而夏季的温度则和现在差不太多。这是一种极端的气候。此时欧洲的大部分地区是旷野，从冰

3.4 比如西伯利亚拓殖的白桦树。白桦树、柳树、杜松和山杨都是耐寒的树木，随着冰川时代末期温度的升高，它们是最先入侵苔藓地带的树种。

盖边缘的冻土带，到苔原和南部的草原，没有树木的土地上生长着苔藓、草和草本植物。只是在地中海周边地区、黑海的南部海岸和大西洋的伊比利亚半岛，才有零星的树木生长。这片开阔的土地养活了驯鹿、马、野牛、披毛犀和猛犸象，它们沿着固定的路线随着季节进行迁徙。对于旧石器时代晚期的生活在从坎塔布连到俄罗斯南部的广大宜居地区人类社群而言，这些动物比较容易捕捉。正是这些捕捉大型动物的人，创造了令人震惊的女性形体的立体雕刻和闻名的洞穴绘画。

随着新温期的到来，景观开始发生变化，森林不断向北延伸，从地中海地区开始，逐渐蔓延到开阔的大草原和冻土地带。最早渗入的是耐寒的树种，如桦树、柳树、杜松和山杨，随后是松树，最后是榛子树。随着气候的不断变暖，以榆树、酸橙、橡树和桤木为主的阔叶树迁入。于是，随着冰川的消融，各个品种

69   的树木都开始北移，到公元前 4000 年，已经覆盖欧洲，除了最北端。在地中海周边，很多树木在冰川时期的极端条件下得以生存，林地不断扩展，松树在高纬度的区域占据主导地位，而落叶的橡树则占据了其余地盘。

新的植被带来了不同的动物。冰川时代晚期的食草动物，例如驯鹿和麋鹿，都在向北迁移，而其他的动物，包括猛犸和披毛犀则灭绝了，取而代之的是更小型的动物，如马鹿、狍子、麋鹿、野猪和欧洲野牛。在非常舒适的林地环境之中，人类社群不再像祖先那样频繁移动，开始定居下来，不过社群规模较小，分布也非常零散。这些森林动物仅是之前冻土地带生活的食草动物总数的 20%—30%。这种戏剧性的变化迫使人类社会寻找新的食物。一些群体迁徙到了森林的前面，继续捕猎北欧大平原上的驯鹿和野马，而其他人则迫使自己适应新的环境，然而已知的适合居住的区域越来越少，人口总数处于下降态势。

森林的分布并非整齐划一。纬度和地理面貌的差异导致树木植被有所不同，而河流、湖泊和沼泽会在冠盖上形成缺口，从而形成各具特点的微环境。森林的非常重要的特征是暴露的树叶能够充分享受阳光的照射，并且通过光合作用转换成碳水化合物，这些碳水化合物可以供较高营养层的生物作为食物。但是，随着营养链的上升，投入在逐步减少。作为杂食者的人类，动植物的种类都能使其受益，因此能够对这些资源加以充分利用，依据能够获得的资源，不断调整自己的食谱。

不同类型的森林提供的资源也不尽相同。温带的落叶林最为高产，每年每平方米能够产出 3000 千克的食物（6.6 磅 /1.2 平方码）。地中海的混合林地产量最低，不超过 2000 千克。森林地带，特别是落叶林的最大缺陷就是一年中有好几个月处于休眠状态，这个时段很难搜集到食物。为了适应森林环境，人类需要最大限度地利用植物资源，以弥补动物稀少带来的不足，而且还要建立储存的机制，储存坚果、干果和干草，还有熏鱼等，从而度过冬季食物匮乏的时期。这些

70   限制条件，以及即使在森林生物量最充沛的时期，总体而言食物也是有限的，意味着狩猎采集部落的规模都比较小，而且呈现出较为分散的状态，每平方公里不会超过 0.5 人（6.25 人 / 平方英里），在某些地区，甚至可能是这个数字的百分之一。

潜在的食物来源越是多样化，生存的概率就越高。大片的不间断森林缺乏多

样性。然而在河岸、湖边、低洼的沼泽地带，物种比较丰富，包括鱼和鳗鱼，候鸟，还有大量营养丰富可供人们采集的植物，包括豆瓣菜、菱角、睡莲，以及各种灯芯草和芦苇。一种特别有营养的植物叫沼生水葱，它的根、茎和种子都可以食用。它在自然状态下生长速度非常惊人，比大多数的谷物都更高产。

所有主要河流的三角洲区域的动植物的种类都丰富多样，因为支流的水流非常迟缓，并从周边的陆地携带了大量的营养成分，而且三角洲边缘富于盐分。广阔的沼泽地、开阔的淡水区、丰富的水草和芦苇，吸引了大量的候鸟。对于人类而言，这增加了他们的捕猎对象，他们的食谱也更加多样。

接着就是海岸。诸如波罗的海北部和苏格兰北部海岸呈上升趋势，但欧洲沿岸大部分呈下降趋势。其共性就体现在生物的多样性方面。我们已经提到了沼泽的边缘、河口和三角洲，这里还要涉及沿海地带。海洋和陆地交界地带有着多种多样的植物群和动物群，涨潮时有可以食用的海甘蓝根茎、海萝卜、海洋防风草和海白菜。沿着海岸下行有很多的软体动物，特别是大西洋海岸，盛产甲壳类和软体动物，帽贝、贻贝、玉黍螺和鸟蛤，还有各种可以食用的海藻，如角叉菜、海莴苣，它们在今天的苏格兰和爱尔兰食谱中仍然占有一席之地。海洋本身还提供了丰富的鱼类资源，在更北的地区，还有海豹、海象等哺乳动物，偶尔还有搁浅的鲸鱼。所有这些加上悬崖峭壁上和林地的鸟巢，于是海岸边受早期的狩猎采集者欢迎便不言而喻。

海岸不仅提供丰富的动植物刺激人类的味蕾，改变了只有驯鹿的单一饮食，关键在于能够全年提供食物。即使是年幼的和体弱的人也可以轻而易举地获得这些食物。对于那些海岸拾荒者而言，另一个优势可能没有那么明显，那就是他们的饮食中，富含碘（有助于提高人类的生育能力）以及对人体健康非常重要的鱼油。优质丰富的海产品促进了人口的快速增长，使得他们采取了定栖的生活方式。

71

沿海的生活方式————————————————

地中海

对于狩猎采集的人群来说，第一眼看到的地中海是非常适宜居住的地方，当然这一地区既存在有利的条件，也存在不利于生存的因素。它比较好的方面得益于它的纬度，那里享有很多的日照时光，霜冻很少，有利于不同植物的生长。地形方面的特征也创造了很多的便利条件，特有的山地及丘陵从狭窄的沿海平原突然隆起，提供了各种各样的生态带，且这些生态带间隔距离短，变化迅速。当然，地中海北部海岸也存在不利条件，沿海的区域非常狭窄，缺乏潮汐变化，海洋带来的能量非常小，导致这一地区比较低产。

考虑到地中海北部海岸的状况，中石器时代的狩猎采集者的居住点出奇地少。部分原因在于海平面的升起会淹没早期的海岸定居点，但即便如此，也暗示这一地区的人口分布稀疏。但是，也有适合居住的区域。其中最为著名的要数伯罗奔尼撒半岛上阿尔戈利斯湾的弗朗西（Franchthi）洞穴。考古发掘显示，该洞穴从旧石器时代晚期就开始使用，也就是大约从公元前 18000 年开始，一直持续到新石器时期。在此期间，海平面升高，海岸距离洞穴越来越近，公元前 7500 年，到海岸边只需要走两个小时。这个洞穴的存储物品显示出洞穴里生活的人类的食物越来越依赖于海边：首先是甲壳类动物，特别是帽贝和玉黍螺，后来是从开阔水域捕捞的金枪鱼等深海鱼。菜单上还加入了植物食物，饮食更加平衡。随着部落在出海捕鱼方面变得越来越自信，他们也变得更加富有冒险精神。到了公元前 11000 年，他们的海上航行之旅已经抵达 120 公里（75 英里）之外的米洛斯岛，并且带回了闪闪发光的、供不应求的黑曜石（一种火山玻璃），人们用它制作非常时尚的工具。航行很可能是通过跳岛完成的，即便如此，也需要穿过大约 15 公里（9 英里）的海洋。沿海的狩猎采集者完全是受到丰富多样的鱼类的吸引，但他们很快成为探险家、贸易商，甚至是殖民者。

72 　　对地中海地区岛屿的殖民一定涉及海上航行。第勒尼安海（Tyrrhenian）的科西嘉和撒丁岛提供了充分证据。即使在冰川最活跃的时期，这些后来连在一起的岛屿，与意大利大陆之间隔着一条大约 50 公里宽的海峡。一直到全新世早期，这些岛屿一直是离散的，其海岸线和现在截然不同。最早有着明确记录的人类（大约公元前 9000 年到公元前 8000 年）出现在靠近海岸边的岩石掩体和小洞穴里。这些定居点长期存在，某些地方大约持续了 500 年的时间，但并非一直连续，这表明这些部落可能过着游牧生活。证明一个居住地的废止并不容易，但是一个很简单的办法可以看出人类缺席，即当地的小鹰（Bubo insularis）在岩石掩体中筑巢，它们的粪便形成了独特的地层。这也是考古解释的复杂性所在。

中石器时代的采集群体在沿海地区的居住点附近依靠采集、设陷阱捕猎和捕鱼为生。当时有许多类似现在的野兔的动物，即意大利鼠兔。其中一处遗址，在 500 年里有 100000 块动物的化石。其他的肉类来源包括大老鼠、田鼠，偶尔有大鸨、鹅、鸭子、海豹和海豚，还收集到贝类和小鱼，比如鳗鱼和沙丁鱼。尽管在菜单上，鱼类只提供了少量的蛋白质，但是因为可以被晒干和熏制，从而能够保存较长时间，所以仍然是当时非常主要的食物。已有的考古研究发现，在被废弃的定居点，鱼头非常罕见，这也可能意味着食物加工处理工作是在另外的地点进行的。

大约在公元前 9000 年，早期的殖民者从意大利的大陆航行到这些岛屿，确立了自己在海岸地区的生活模式，发展起独具特色的经济。他们是否在海边迁徙，这一点还不清楚，但是他们有限的物质文化表明，远距离的联系并非他们生活中的常态。

大西洋

一旦穿过直布罗陀海峡，我们就进入了一个完全不同的环境，即大西洋及其宽阔的沿海地带。不断上涌的营养丰富的深海水、温暖的湾流和充沛的河口一起创造出世界上最为多样化的海岸地区。它跨越多个纬度，从直布罗陀海峡的北纬 36° 到设德兰群岛的北纬 61°，这意味着从南到北温度有很大的变化。葡萄牙海岸结合了大西洋的环境和地中海的气候的精华。因此，令人丝毫不感到意外的是，中石器时代晚期的人们选择集中在三条主要的南部河流：塔霍河（Tagus）、萨杜河（Sado）和米拉河（Mira）形成的河谷生活。

73

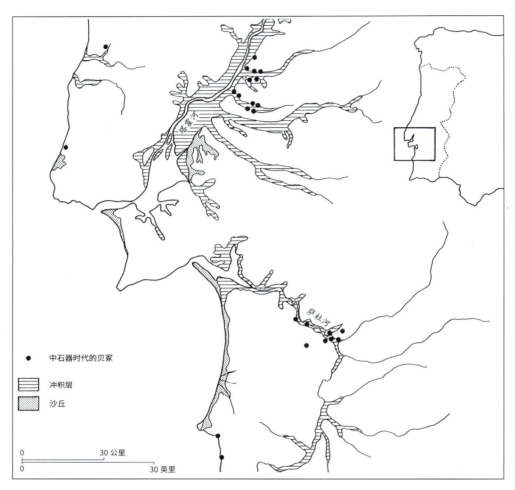

3.5 塔霍河和萨杜河的河谷提供了丰富又不同的环境，这也是中石器时代的狩猎采集者定居点比较集中的地方。

　　在塔霍河的河谷，定居点分布在穆日镇（Muge）附近大约30公里（19英里）范围内。每一个地方都有标志性的贝冢，贝冢高几米，宽达100米（330英尺），这些碎片主要是河口的贝壳，经过数百年堆积而成。大多数情况下，贝冢占据塔霍河向东流淌的支流的边缘，正好位于冲击河谷的底部，这也是中石器时期的潮汐带。贝冢的大小，以及它们也是墓地的事实，挖掘出大约300具尸体，都说明它们是社群的根基所在，当然这并不一定意味着它们被整个社群长期占据。定居点的位置是经过仔细选择的，提供了各种资源，河谷的淡水地带、远处的盐水沼

泽和树木稀少的腹地，这些夹杂在一起产生了丰富的食物，包括贝类、鱼类、甲 74
壳类、候鸟、野猪、麋鹿和野牛。

这些贝冢之中较小的一个——塞巴斯蒂昂（Moita do Sebastião），已经被细致地挖掘，该空间是一个精心组织的区域，很可能仅仅是一个家族生活在这里。这里被划分为居住区，还留出来一块单独的成人墓地——葬有 59 人。8 名 1 ～ 7 岁的孩子被埋葬在居住区，这似乎寓意着他们继续在活人的世界里扮演着角色。相对来说，塞巴斯蒂昂的社会结构比较简单。

这些位于穆日的贝冢反映了定居点的稳定性。人们很容易把它们看作永久存在的声明——寄托着祖先灵魂的地方，还可视作这个团体拥有土地所有权的声明。这种长期居住的基地，似乎只在那些具有多样化生态特征的地区才能够形成，因为只有这样的地区才能够稳定地提供整年的食物。

第二组贝冢定居点要向南一些，集中在萨杜河下游地区。每个社群似乎都有两个基地，一个是秋冬季使用，一个是春夏季使用。因此，通向河口下游的基地有大量的鱼类，特别是白姑鱼和金头鲷 4 ～ 8 月出现在河口，这也暗示着他们在春夏两季的居住地点。另外一个场地位于距离河口较远的地方，那些被杀死的野猪显示那里是 9 ～ 12 月的居住地，季节性的流动可以看作是稳定的标志，各个社群尊重公认的领土模式。这种食物采集模式很有可能在一年中把不同的社群固定时间聚集在一起，彼此之间进行交换、竞争和通婚。

法国西北部和英国南部海岸的海平面变化，淹没了大片沿海地带，留下了一个非常不完整的中石器时代群落模式，但也有很多迹象表明，他们高度依赖于海岸边的资源，而这在他们与内陆的复杂的交互作用中是影响因素之一。在英国的南部海岸，坐落在波特兰的石灰岩海角的以狩猎和采集为生的社群在公元前 6000 年用石灰石板在卡尔弗里尔建立定居点，从附近的海岸收集贝类，并且花费时间开采燧石（一种硅质石）。波特兰燧石是重要的交换品，但只有在距离此地几百公里的内陆地区才有。沉动性非常明显，但这并不意味着波特兰的社群在不断地进行季节性迁徙。这里的环境千变万化，足以全年居住。很有可能的情况是：居 75
住在内陆地区的人群随着季节的变化定期来到海边。

如果仅靠考古证据，这些问题则难以解释，但是最近科技的进步提供了可靠的手段，可以给解决问题提供新的思路，特别是那些能够找到人类骨骼进行研究

3.6 布列塔尼南部海岸基伯龙湾的霍迪克岛有公元前第五个千年的中石器时代的墓地遗址。这是一个女性和孩子的墓葬。成年人的头部被马鹿的鹿角包围，身体上覆盖的是贝壳。

的地区。布列塔尼的南部海岸就是这样的地区。1920 年代和 1930 年代，距莫尔比昂不远的特维克（Téviec）和霍迪克岛（Hoëdic）都发现了密集的贝冢。大概可以追溯到公元前 5500 年到前 4500 年，而且很明显，这里曾经是海边的定居地。两处贝冢都有祖先的坟墓，在特维克，10 个坟墓掩埋了 23 个人，而在霍迪克岛，9 个坟墓中埋葬了 14 个人。对提取出来的骨胶原进行稳定的同位素分析，特别是碳同位素 ^{13}C 和氮同位素 ^{15}N，这些都可以用来分析早期人类生活中食品的蛋白质含量。这两种蛋白质的比例使我们能够非常清晰地区分从海洋还是陆地摄入蛋白质。结果在人们的预料之中，当时的人类高度依赖于海洋食物。特维克岛居民的食物 70% ～ 80% 都来源于海边，霍迪克岛居民的食物则 50% ～ 70% 来源于海边。研究的结果也表明，女性对于海洋食物的依赖要少一些。这也许是当地禁忌的结果，很有可能的情况是，很多女性来自内陆地区，与海边的男人通婚。通婚状况的存在使得海岸边和内陆人群分享着特定资源。

76

波罗的海

欧洲西部和南部海岸线周围的大部分地区，因为海平面的升高而出现了海岸边特有的生活模式，过云对这种生活方式的了解缺少证据，但因丹麦和瑞典南部所发现的丰富材料，让原有的不足在一定程度上得到了弥补。在那里，海平面的升高，与冰雪融化导致的陆地增高形成了平衡。到了中石器晚期，也就是以厄特伯勒（Ertebølle，公元前 4600 年到前 3800 年）命名的贝冢时期，人口总量增加迅速，在专门针对特定资源而设的临时营地网络的支持下，已经建立起更为永久的定居点。社群只是断断续续地使用这些营地，他们经常返回海岸边的大型定居点，那里适合全年生活。

海岸边贝冢所在地一般都是捕鱼资源比较丰富的地方。而且，正是由于鱼类资源的多种多样，整年都能够为人类提供充足的食物来源，这样才足以支撑一个常年的居住点。许多这样的定居点发展迅速，很快达到了非常可观的规模。日德兰半岛北部利姆海峡上的厄特伯勒定居点的贝冢大约 2 米（6.5 英尺）高，沿着当时的海岸线绵延 140 米（460 英尺），宽度平均达到 20 米（66 英尺）。临近的博恩霍尔姆要更大一些，长度达到 250 米（820 英尺），宽度为 50 米（164 英尺）。放射性的碳元素数据显示，这些定居点很可能连续使用了 800 到 1000 年。

厄特伯勒定居点显著的稳定性取决于其海边的位置可以获得非常可靠的食物资源。最为典型的食物是牡蛎、帽贝、鸟蛤、贻贝和玉黍螺，这些食物在贝冢的生活中占有很大的比重。但是，付出的收集努力和获得的热量相比，不成比例。一只马鹿相当于 5 万只牡蛎的热量！这也意味着，贝类的价值在于它们获得非常容易，在其他食物枯竭的时候，很容易成为替代性食物。

鱼类也非常重要。在这里，最为重要的是可以使用钓钩、渔网或捕鱼器抓住比较小的近海鱼类。捕捞也依赖于当地的条件和偏好。在利姆海峡附近，以鳗鱼为主，还有斜齿鳊鱼，两者都是淡水鱼。在东部的日德兰半岛，比目鱼是主要的鱼类，在菲英岛则是鳕鱼，在西兰岛东部是牙鳕、绿鳕、黑鳕、鲽鱼和比目鱼。

海边到处都可以抓捕到哺乳类动物，特别是灰海豹唾手可得，记载中还有其他类型的海豹、虎鲸、宽吻海豚和白啄斑顶海豚，以及搁浅的鲸鱼。海上哺乳动物的数量不是很多，但是灰海豹的存在说明动物仍然是脂肪的一个主要来源。

3.7 一种由芦苇捆扎的小木头制成的捕鱼器，发现于丹麦西兰岛里尔·克纳布斯特鲁普（Lille Knabstrup）的厄特伯勒遗址。

海边的鸟类和其他候鸟也在捕食的范围内。人们很容易就发现天鹅、鸭子和雁，银鸥、鸬鹚、体型较大的海雀、海鸠、塘鹅和白尾海雕数量较少。捕捉这样的鸟类需要狩猎的技巧、适宜的季节和特殊的营地。最后，我们应该记住的是，海边还可以取得其他的食物：鸟蛋、可以食用的海藻，以及各种各样的根、种子、浆果，还有坚果。

猎捕各种各样动物的技巧也逐步发展起来，使用的都是随处可见的材料，特别是骨头、鹿角、木头和纤维。正是使用这些材料，人类制造出了捕鱼器、渔网、鱼钩、矛和鱼叉，还有独木舟、船桨以及钓鱼台。在丹麦菲英岛西边的曲布林湾（Tybrind Vig），挖掘出了各种各样的捕鱼装备。这个定居点占据了海岸边缘的陆地，其产生的鱼类残骸被扔在水边的芦苇区。海平面的不断上涨淹没了这

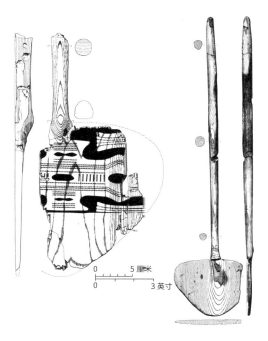

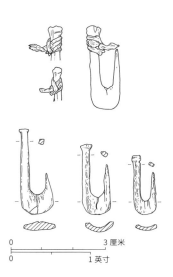

3.8　丹麦中石器时代曲布林湾遗址的骨头鱼钩，不仅表明了捕鱼的重要性，而且表明了潜在的捕鱼规模。

3.9　丹麦中石器时代晚期曲布林湾遗址发现大量保存在浸水的沉积物里面的有机材料。这两个桨都是用劈开的白蜡树树干制成的，反映了造船者的技能，以及他们装饰人工制品的愿望，即便日常用品也是如此。

个定居点，该定居点现在位于海平面 3 米（10 英尺）以下的地方。因为从定居点扔出的垃圾浸满了水，使得有机物被很好地保存下来。骨头制作的鱼钩就是很好的代表，有些还连接着鱼线。那里还有木头制成的捕鱼器、残存的鱼梁、植物纤维制成的渔网、木头制成的鱼标、骨质的分鱼叉，还有捕鱼的矛。特别引人注目的是三艘独木舟，都是由椴木制成的，其中一个大约 9.5 米（30 英尺）长。两个在船尾有黏土制造的"火炉"，这也许意味着当时的船只要在水上漂泊很多个小时，而且很有可能是晚上航行。那里还复原了 10 到 15 个船桨，是白蜡树做成的，心形的桨片，柄长运到了 1 米（3 英尺）。

　　到了公元前第五个千年的末期，丹麦和瑞典南部的中石器社会都密切关注海边环境的探索。资源的三富性、来源的可持续性使得稳定的部落社会得以建立，当时的地理条件和环境比较有利于人口的增长。他们的独木舟可以在峡湾和沿海水域行驶，但是没有充足的证据表明他们能够进行远距离的航行。

79

半岛的心脏地带

　　到目前为止，我们关注的都是欧洲海岸边的狩猎采集社会。但是那些广阔的内陆地区——因河流和湖泊而灵动的单调森林——那些全然不了解大海的社群是如何生存的呢？成群的狩猎部落遍布欧洲大部分地区的时候，人口的分布比较稀疏，比海岸边的部落呈现出更大的流动性。但是，的确也存在例外，尤其是那些聚集在大河旁的部落，河流本身提供了不可估量的资源，为脆弱的经济增加了稳定性。

3.10　铁门——多瑙河切断喀尔巴阡山脉南端形成的峡谷——在多瑙河下游平原与喀尔巴阡盆地之间形成了一条重要的狭长地带。

3.11 位于铁门峡谷多瑙河边的莱潘斯基维尔定居点控制着河流的通道。这一资源丰富的环境，尤其是丰富的河鱼，使得狩猎采集群落能够长期定居下来。

铁门附近的一系列定居点便是证明，它们位于多瑙河穿过现在塞尔维亚地区 80
的喀尔巴阡山脉所形成的壮观峡谷附近。这段河流，非常开阔，水流湍急，在该地区占据主导地位。沿着河岸，莱潘斯基维尔（Lepenski Vir）等群落发展起来。即便在最后一个冰川时期，这里的树木仍然能够生存，为不断流动的旧石器时代民众提供了狩猎场地。随着气候状况的日益好转，植被越来越密集，越来越多样化，为越来越多的动物提供栖息地。曾经的夏季定居点呈现更持久的面貌，到了公元前 6500 年，河岸边已经形成了真正的村庄。

在莱潘斯基维尔，家族居住在建造精良的梯形房屋里，压实的地面中部建有灶台。地面嵌有石板，屋顶是木制的，向中央的屋脊倾斜。房子之间有小路，通往面向河流的中央开阔地带。因为这些房子是按照顺序建立起来的，于是强加的

3.12 来自莱潘斯基维尔定居点的石雕头部。这些头像告诉人们该定居点的经济依赖于鱼类。也有其他人认为这是肖像。这样的雕刻经常与房子联系在一起，被嵌入到房基里面。公正地说，这些神奇的头像是欧洲第一批不朽的雕塑。

社会秩序得以代代相传保持下来。

81　　　定居点能保持长期的稳定性，因为它所在地点资源丰富，生态环境多种多样。峡谷边森林密布的山丘带来丰富的猎物——马鹿、野猪、欧洲野牛、水獭、海狸、鸭子和雁。这里还有充沛的植物资源，而且更为重要的是，河流本身也能提供充足的鱼类。大量的大鳇鱼每年春天都逆流而上，进行产卵，对于当地人来说，这是非常值得期盼的事，在冬天单调的饮食过后，人们一直期盼这样的盛宴。河流对于人们生活产生的巨大影响，定居点发现的石雕体现得非常明显。这些石雕栩栩如生，融合了人和鱼的特征。人们很容易将石雕视为人类和鱼群联系在一起的标志，而鱼群对维持整个群落的生存至关重要：也许这样的雕塑就是想祈愿鱼类每年都能够返回这里。

　　　铁门峡谷附近的狩猎采集定居点在欧洲内陆是个例外。更为普遍的状况是：定居点是季节性的，庇护所少得多。极高的流动性和人口分布的稀疏性使得当时的社群很难发展到莱潘斯基维尔、大西洋沿岸、北海和波罗的海沿岸定居点那样复杂的程度。

人口、复杂性和侵略性

对于旧石器时代晚期和中石器时代的欧洲大部分地区而言，人口稀少是生存的潜在威胁。一个群体，必须有一定数量的人口繁衍，才能持续发展下去。当时婚姻多是外族通婚，这也就是说，配偶，通常是女性，来自外部的群体。同时，通婚的网络必须足够庞大，成年的成员才能够找到繁衍对象。那些人口密度下降到一定程度的地区，往往是因为环境无法容纳足够的人口，无法形成庞大的通婚网络，于是就会导致总人口的下降。很有可能是，单调的森林地区，人口非常稀少，而自然资源丰富的地区，人口增长很快，这就会导致复杂的社会体系的形成。

定居的一种复杂形式是部落选择定居在某个地点，部落中的大部分成员整年居住在那里。丹麦和瑞典南部的厄特伯勒定居点，塔霍河、萨杜河、霍迪克岛的贝冢，还有铁门地区的定居点，都是典型的案例。这种定居并不排除群体的一部分成员在一年中的某些时间前往更为遥远的狩猎场所，但是捕获的成果会被带回"家园"食用或者存储。实际上，存储可能是家园基地最为重要的功能之一。在这里，鱼类和肉类可以熏制或者晒干，坚果和干果也被储藏起来，能够食用的根部也在地下的筒仓里存储起来。一个自己存储食物的定居社会，逐渐发展起更为复杂的行为模式，从而加剧了社会的不平等。因此，毫不奇怪的是，定居点的墓穴中随葬物品的不同反映出墓穴主人等级的差异。

在瑞典最南部的斯卡特霍尔姆（Skateholm），考古人员发掘出了两个不同时期的墓穴。二者呈现出不同的埋葬仪式。2 号墓地的两个例子足以让我们对相关行为有所了解。6 号墓穴是一个年轻的成年男性，仰卧位。他的小腿下面，堆放了大量的马鹿角，可能标志着他作为猎人的社会地位。另外一个墓穴，也就是 8 号墓穴，一个女人以坐姿被放在那里，她的腰带上装饰着上百颗马鹿的牙齿，脚下则是一只狗的身体。这里的墓穴用牙齿来装饰帽子和衣服是非常普遍的现象，无论男性或是女性的墓穴都是如此，用狗进行陪葬也屡见不鲜。优秀的猎犬是非常值得骄傲的财产，事实上，在某些地区，狗的地位很高，要与人分开进行埋葬。狗的陪葬品也包括马鹿的鹿角，这也许预示着其超凡的捕猎技能。其他在墓葬中发现的物品有骨头、燧石刀片和穿孔的琥珀。如果说陪葬的物品标志着社会地位的话，那么来自斯卡特霍尔姆和其他地区的证据则表明当时社会的不平等现象已经非常普遍。这也可以在特维克和霍迪克岛的墓穴中看出来，那里的儿童也有陪葬的物品。因为这些婴幼儿在其短暂的一生中很难赢得社会地位，我们推断其地位很可能是继承来的。

83   有差异又非常复杂的安葬仪式本身充分体现了社会的复杂性。在莱潘斯基维尔，儿童被埋葬在房屋的地板下或石头灶台内，而成人通常都被埋葬在两个房子之间，头部朝向河流的下游，这也许反映出人同统领一切的河流的关系。在塔霍河谷的塞巴斯蒂昂地区，我们也发现了类似的现象，儿童们被埋葬在房子周围。而在特维克和霍迪克岛，埋葬是多层的，后来的墓葬覆盖住了早期的。特维克的墓穴与许多场合使用的灶台联系在一起，墓穴中葬有六具尸体。这一令人震惊的复杂的集体安葬开启了一个传统：在接下来的两千年里，此传统在这一地区日益繁荣，后来出现在巨石墓中。

墓葬习俗背后的信仰模式是社会日益复杂的体现。与此相关的是，仪式行为不断发展，日益复杂，越来越呈现"艺术"的特征，也越来越呈现非家庭的纪念性特征。最为典型的是莱潘斯基维尔的大圆石雕塑，很明显能联想到鱼类。村子里有一个大型建筑，比其他的建筑物都大，位于中心位置，在里面发现了一些骨头制作的臂饰和长笛。这都可以被理解为举行"仪式"的场所，当然也可能是村落首领居住的地方，或者举行公众集会的场所。

更为引人注目的是一个神秘莫测的结构，发现于巨石阵停车场的下面，目前只发掘了一小部分。它包括一排三个直径大约是 1.5 ～ 2 米（5 ～ 6.5 英尺），深度大概是 1.3 米（4.25 英尺）的坑。每一个坑里都竖立着结实的木材，直径为 0.7 米（2.33 英尺），竖起来可能会相当高。放射性碳元素表明，这种结构可以追溯到公元前第八个千年的后半段，一项对于相关花粉的研究表明，它的周围是一片桦木林和松树林。这个非凡的遗迹——它的范围，以及木材是否被刻成图腾柱——的确切性质还远未被理解，但是它的存在本身表明，威塞克斯的狩猎采集部落的发展程度非常复杂，且非常协调一致。

莱潘斯基维尔的巨石雕塑和巨石阵停车场的雕塑，都在提示我们，对于中石器时代的仪式知之甚少。那些比较复杂的成熟社会，木制纪念碑非常普及，木制

3.13 橡木雕像，12.5 厘米（5 英寸）高，可以追溯到公元前 5300 年，是在荷兰威廉斯塔德附近修建船闸时发现的。

的小雕像也随处可见。在荷兰的威廉斯塔德（Willemstad）海湾发现的一个非常小的橡树雕像，可以追溯到约公元前 5300 年。它能够保存下来完全得益于它埋葬的地点遭遇了涝灾。对于那些居住在森林里的部落来说，木材是唾手可得的天然资源。其他的都在等待挖掘，但是大多数已经腐烂了。

社会的复杂性也带来了其他的后果。人口数量大幅度增加，需要社群之间互动交往更完善，不仅是减少敌意的风险。这样的交往包括商品的互惠交换，但在考古记录之中很难发现。然而，这些网络在石器的分布上可以看出端倪。在铁门地区，发现了一些奇特的物品，包括来自匈牙利的黑曜石，来自峡谷北部和西部的火石和棕色燧石，还有来自保加利亚的黄色燧石。甚至有从更遥远的地区，即地中海岸边来的海洋贝类。非常显而易见的是，铁门峡谷的焦点区域是主要的交通节点，其居民能够从这个四通八达的交换网络之中受益。整个欧洲几乎到处都可以发现这种长距离的石头交换痕迹。一块来自立陶宛的白垩纪的燧石，以石刃和岩核的形式进行交换，行程大约是 600 公里（375 英里），直抵拉脱维亚、爱沙尼亚和芬兰的腹地。在那里，用同样的燧石制作的工具最远到达伏尔加河上游地区。在不列颠南部，板岩和鹅卵石器具主要是用于碾压某些东西，从德文郡和康沃尔郡向东运送了同样距离。更为引人注目的是，斯堪的纳维亚南部的燧石片最远到达了瑞典北部 1000 公里（625 英里）的地方。

很多的社会机制用于保证这些材料的运输。这些材料可能是由那些随季节周期性变迁而流动的觅食部落收集的，也可能由专门为此目的而派出的队伍搜集，但是最为普遍的情形很可能是，边界彼此交接的部落间的互惠交换。这种交换有助于他们保持和谐状态。随着人口的增长，一些群体采取了定居的生活方式，交换频率不断提高，与邻居的交往更加频繁。但是，这些都是孕育着内在冲突的因素。

中石器时代，战争普遍存在。在丹麦发现的骸骨 45% 都有外伤。在瑞典和法国，这一比例大概是 20% 以下，尽管如此，也是比较令人震惊的数字，并且表明战争具有地域性的特征。除了棍棒击打的伤痕，还有充足的证据显示出箭伤的痕迹。在莫尔比昂特维克遗址，一位年轻人的脊椎骨里发现两个箭头。他的遗体做了特殊的处理，墓穴里铺满石板，以后下葬时人们小心翼翼，不惊动他的遗体。
85 在瑞典斯卡特霍尔姆的 2 号墓穴，一具尸体胃部带有箭伤，另一具则是胸部带有箭伤。同一地点还发现了四具头骨凹陷性骨折的尸体，这很可能是致命的。巴伐利亚的奥夫内洞穴（Ofnet）提供了关于暴力的不同视角，1908 年，在坑内发现了两个密集的头骨群，一组是 6 个，另一组是 31 个。包括男人、女人和儿童：他们大多数在被砍下脑袋前就遭大棒重击而死。这一事件大约发生在公元前 6400 年。

尽管可以用故事或仪式对每个案例进行解释，但是最简单的解释就是：到了中石器时代晚期，战争已经成为普遍的现象。也许，战争的原因在于对于资源的不断竞争。随着狩猎采集部落的不断增加，某些地区的人口可能已经达到了最大容量。在海边地区，特别是北海和波罗的海周围，由于海平面的上涨，驱使人们从传统的居住区转移，这一问题变得非常尖锐。另外一个导致社会关系紧张的因素可能在于深入欧洲心脏地带的人们开始采用定居的生活方式，这与新石器时代生产食物的经济紧密相连。不论原因如何，对于中石器时代后期的觅食社会来说，战争已经成为事实。

与 海 洋 打 交 道 ————————————

在观察欧洲中石器时代的社会时，我们强调了沿海地区的部落。部分原因在于欧洲海洋交界处的重要性正是本书的主题之一，但很大程度上也是因为目前能够掌握的数据集中于此。目前最好的数据多是源于欧洲沿海地区，因为这里资源富饶，狩猎采集部落选择在这里定居、聚集，发展起了复杂的定居生活模式。

虽然我们永远不可能真正了解早期觅食部落人们的思维，但他们对于世界的构想究竟如何，是非常值得探究的问题。那些在欧洲的阴暗森林中度过一生的人们对于世界的看法肯定与大洋边望向闪耀光芒的海洋的人们不同。内陆社群可能对于季节变换有着更好的认识，对于天气的变迁也非常敏感，但是面对大海的人视角更为复杂，需要将不同的节奏融入他们的概念体系——潮汐与月相的关系，对于某些人来说，海洋在无情地吞噬着陆地。海岸边的群体，对于大洋的凶猛有着更为清晰的认识，也更加了解暴风雨的威力。一些人甚至经历过北海海岸爆发的海啸那样的大灾难。这场海啸发生在大约公元前 7000 年，海浪高达 8 米（26 英尺），横扫苏格兰东海岸的大量沉积物，淹没了多格兰（现在位于北海海平面以下）大面积的低地地区。西北欧民间传说中有关于土地被淹没的故事，存在关于这件事情的遥远记忆。

当时的人们，如何看待海洋，这还有待进一步发掘。人们能够并且愿意乘船出海进行长途旅行，这一点从希腊的弗朗西洞穴发现来自米洛斯的黑曜石就可以看出。欧洲西北部的原木小船适合在沿海水域航行，除非装有舷外支架，否则很难应对远洋探险，但没有证据证明这一点。然而，仍然有很大的可能性使用皮艇，由轻质的板条框架构成，大西洋和北海的觅食社群能制作这样的船只，这种皮艇成为大西洋的特色之一，从铁器时代一直延续使用到今天。克勒克艇（Currachs），目前仍然在爱尔兰西部的阿伦群岛使用，这证明了它们一直都是海洋的主人。

中石器时代的冒险者究竟深入海洋有多远呢？这点目前我们还不知道。船只可能跟随鱼群进入开阔水域，就像猎人追逐鹿群一样，他们离家很长时间，甚至夜晚也可能是在海上度过的。这种类型的旅程，使得距离遥远的部落彼此发生密

86

切的联系。这需要建立在对星象比较了解的基础之上的航海技术，而星象知识对于祖先习惯于在欧洲森林中觅食狩猎的人来说司空见惯。海上觅食必然导致社会网络的建立，通过这种方式，观念和信仰的体系得到传播。在这样的网络之中，联系开始制度化，而且是以年为单位。北美西北部海岸的印第安人就有这种实践，存在足够的人种学证据。19 世纪早期有记载的礼节性拜访的海上行程达到了 500 公里（300 英里）。我们没有理由质疑欧洲海岸的居民具有冒险精神。

87 　　靠近大海，这里的居民于是有了很多内陆居民不可想象的机会。这是否创造了不同的世界观呢？那些位于丹麦、布列塔尼和葡萄牙海岸和河口高水位地区的巨大贝冢，它们的纪念性由于古代的埋葬方式而得以强化，这些都是与海洋发生联系的明显证据——也许是对流入海水的反抗？所有的这些问题都没有答案，但是那些居住在沿海地区的居民，并没有充分意识到展现在他们面前的海洋的力量，以及海洋的无限可能性。

第四章

第一批农耕者：

从新月沃地到多瑙河流域

（公元前 7500 年 ~ 公元前 5000 年）

88　　到公元前7000年，欧洲已经有了依赖收集食物来满足基本生存需求的社群。居住在森林里的是流动的狩猎采集者，跟随食物进行狩猎，而这受制于季节的变换；其他的部落则居住于草木繁盛、环境多姿多彩的河谷区域。河口和海岸地区的人们过着定居的生活。到了公元前4000年，所有的一切都发生了变化。除了欧洲最北部和最东部以外的所有地区，部落已经成为食物的制造者，它们播种谷物，放牧被驯养的动物——这些行为都要求建立更为固定的生活模式，于是影响后来很多代的农耕生活方式开始出现。这是颇为戏剧性的转变。中石器时代的狩猎采集者逐渐被新石器时代的食物生产者所取代，随着这种新模式的到来，"新石器时代的组合"开始出现——磨石工具、陶器、矩形的木结构建筑，还有驯养的绵羊、山羊、猪，以及耕种的谷物。

　　20世纪中叶的考古学家把这种变化比喻为"新石器时代的革命"，并且用一波又一波的人来解释这种现象，来自安纳托利亚或者近东地区的先驱农民，穿越次大陆，带着食物生产的便利，逐渐分布到整个欧洲地区，当地的狩猎采集者逐渐消亡或者被吸收。该模式也带来了人口的变化，一些人认为这正是印欧语系被引进到欧洲的时期。某些考古学家的态度则更为谨慎，他们认为"新石器时代的组合"是在中石器时代的人们中土生土长而形成的，并不是来自外来人群的典型向内迁移。随着来自考古挖掘和基因研究的更多数据累积，一种更为微妙的图景开始出现。随着争论的继续，更多的人开始认为情况非常复杂，现实中两种情形交织在一起，只不过在欧洲的大部分地区，交织的程度并不相同。

　　现代欧洲人口的基因构成一直被用来模拟史前时期的人口流动情况。解释这
89 些数据并不容易，现在达成一致的是，通过女性遗传的线粒体DNA表明来自东部的人口不超过人口总数的20%。而通过男性遗传的Y染色体的DNA，则呈现一幅更为复杂的画面。在希腊和东南欧地区，大约85%的男性人口基因来自更遥远的东方。在法国、德国和西班牙东北部，比例迅速下降到15%～30%。该结果能够支持这样的论点：新石器时代生活方式主要是由男性为主导的移民引入希腊的，他们带来一部分女性，但也从当地居民中娶妻生子。这种解释与考古发掘的证据是一致的，但仍然存在一些不确定性。更为有利的工具是古代DNA的研究，这种研究仍然处在起步时期，但是德国公元前第六个千年的新石器时代的墓葬显示那里新石器时代的居民主要是当地狩猎采集者的后裔。

旧世界的新石器经济是以绵羊、山羊、牛和猪的驯养，以及小麦和大麦的种植为基础的。虽然牛和猪在欧洲的野外是存在的，但其他被驯养或栽培的生物却并没有。它们的自然栖息地是近东（从土耳其到伊拉克地区），正是在这个地区，通过人类的运作，野生匄状态得以转变，后来被引进到欧洲。因为欧洲的大部分地区与近东地区都位于同一纬度，气候条件类似，这种引进几乎没有什么生物学上的问题。

中石器时代的居民　已经开始驯化他们的动物和植物资源。狗的驯养已经进行了很长时间，斯卡特霍尔姆地区的墓地，对狗的埋葬非常隆重，这已经充分

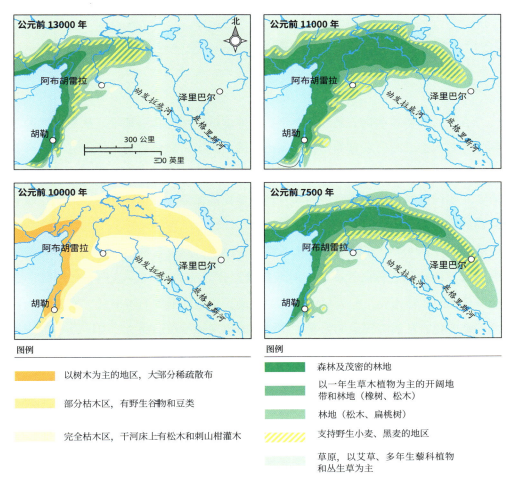

4.1　这张地图覆盖了近东的关键区域，在那里，谷物的种植和动物的驯养，展现了自约公元前 13000 年末次冰盛期末期到约公元前 7500 年全新世初期的环境变化。

说明了这一点。驯养狗并不困难，因为狗的祖先狼经过几代人调教已经接受人类训导。杂食动物和食草动物很不容易控制，但是人们故意改善它们赖以生存的植被。人们烧毁林地，从而吸引鹿群到特定区域，以便进行捕捉。同样，也可以通过在固定的地点投放内脏和其他动物粪便来实现对野猪的控制。通过清除竞争性的植物，选定的可食用植物的产量可以扩大。榛树在林地烧毁后最先生长，榛子营养非常丰富，这在考古记录里得到了很好的证明，它提供了主要的食物储备。因此，到公元前 7000 年，欧洲的中石器时期的社群已经为生产的利益操控动植物品种。新的驯养和耕种并不是完全的外来概念。

起始之地：丘陵的侧翼

90   谷物的种植和动物的驯养开始于西南亚地区广阔的弧形地带，从黎巴嫩南部到土耳其南部，并向东延伸到托罗斯山脉的山脚下，然后再到达伊拉克的扎格罗斯山脉。这一地区位于富饶的新月形地带的边缘，也是后来滋养埃及和美索不达米亚文明的区域，被称为富饶的新月地带的丘陵侧翼。正是在这里，人们发现了驯养的动物和可耕种的谷物的野生祖先。

约公元前 18000 年的最后一个冰盛期的结束，标志着从旧石器时代晚期转型到西南亚的晚旧石器时代，这一时期持续到公元前 9600 年。晚旧石器时代也以
91   公元前 12000 年为界，分为早期和晚期阶段。正是在晚旧石器时代，发生了一系列关键变化，从而为稳定的粮食生产经济的出现铺平了道路。

公元前 18000 年之后，气候条件逐渐改善。到了公元前 12000 年，浓密的森林逐渐覆盖了丘陵侧翼的大部分地区，而森林的边缘则让位给更加开阔的区域，野生的小麦和黑麦开始茂密地生长起来。随后，温度发生了突然转变——新仙女木事件——从公元前 10800 年持续到公元前 9600 年。在近东地区，这是一个更为干燥、更为寒冷的时期。树木的覆盖开始变得更为稀少，在很多地区，大部分树木都死了，留下孤零零的树木，野生的谷物和豆科植物遍布其间。公元前 9600 年之后，天气状况迅速好转，森林再度扩张，低密度林地和野生的谷物延

伸到现在的扎格罗斯山脉。

在晚旧石器时代早期（公元前 18000 年到前 12000 年），近东地区正在向规模更大、更为定居的社会转型。人群可能随着季节进行迁移和放牧，根据季节的需要在高地和低地之间来回移动。更多的植物被开发出来，包括野生的二粒小麦、大麦、蔬菜和橡树子，还包括对于羚羊、黇鹿和野兔的狩猎活动。为了维系大规模的社群，食物需要妥善储存——这是战略性的需要，要求更具有远见的计划和更高的集体许可，这也意味着强制性权威的出现。

在晚旧石器时代晚期（公元前 12000 年到前 9600 年），定居的社群和更为复杂的社会组织形式发展起来，最引人注目的是黎凡特地区，当代称之纳图芬人（Natufian）文化。到了这一时期，整年居住的长期定居点广泛分布，更为密集的交换网络开始运作，从土耳其中部引入黑曜石制作片状工具，黑色陶器研磨种子，还有来自地中海的贝壳制作的装饰品。再向东一些，在扎格罗斯山脉，以石

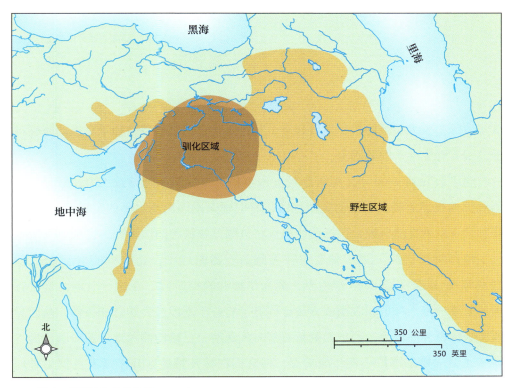

4.2　最早开始驯养绵羊的地区。

4.3　在无陶新石器时代的早期，非常宜人的耶利哥（Jericho）定居点被防御性的城墙所包围。贴墙壁内侧有一座建在泥地上面的石塔。这里可以看到深度考古挖掘出的台形土墩底部。该塔表明部落重视纪念性建筑。

头建造的小屋为特征的村庄发展起来，其经济建立在收集谷物和干豆类的坚硬种子、驯养野生绵羊的基础上。

　　到了公元前 9600 年，尽管新仙女木事件带来气温下降导致压力，但是丘陵侧翼仍然布满了较高水平的定居部落，它们逐渐发展出高水平的定居生活模式，开发了一系列自然资源，包括那些很快将被驯养和耕种的诸多野生物种。

　　粮作物生产的关键步骤发生在无陶新石器时代（公元前 9600 年到公元前 6900 年），以公元前 8800 年为界，分为早期和晚期阶段。在这一时期，野生谷物的采集加强，种植和收割的方法也创造了有益于基因改良的选择条件，从而导致了驯化物种的出现。到了无陶新石器时代晚期，丘陵的侧翼地带遍布驯化的谷物。北部主要是单粒小麦和鹰嘴豆，但它们在黎凡特地区几乎没有占据主导地位。与此并行的是，以前需要狩猎的动物品种，逐渐被驯养。在丘陵侧翼发现了家养的绵羊和山羊，家养的猪和牛出现在更多地区。

　　究竟是哪些因素引发了驯养模式的变化，仍然是极具争议性的问题。这种转变与新仙女木事件之后的气候改善是一致的，也与人口增加紧密联系在一起。一种观点认为，随着气候改善，出现了更为大型的社群定居模式，出生率提高，人口大幅度增长。因此，转向粮食生产可以看作是提高环境的容纳能力的结果。这存在一种比较清晰的逻辑，但是还存在其他可能性。也许转向驯养是晚旧石器时代早期已经确立起来的过程的结果，受到更为有保证的食物供应的影响，更多人群居住在一起成为可能。从而造成人口爆炸。这是两种极端的解释——在现实中，可能是两种情况的混合创造出新的动力。

　　无陶新石器时代最为明显的特征就是复杂定居点的戏剧性增长，有些定居点扩展到了非常庞大的规模。在黎凡特地区的耶利哥，大约公元前 8000 年的早期定居点占地 2.5 公顷（6 英亩），周围是建筑在泥地里面的石头墙，前面是岩石开凿出来的壕沟。更令人印象深刻的是，土耳其中部地区的恰塔霍裕克（Catalhoyuk）定居点遗址，面积达 13 公顷（32 英亩），由一大堆矩形的房子组成。许多村庄散落在该地区，其建筑物呈现不同的精细化程度。仪式建筑和表现宗教艺术的小雕像与壁画是社会复杂性的证据。到了无陶新石器时代的后期，纳图芬人的交换网络将整个丘陵地带整合成为一个互动网络，通过这一网络不仅仅传播黑曜石和贝壳等物品，也传播思想和信仰。

　　但这并不是最终的结果：从公元前 6900 年到公元前 6000 年的几百年，由于对环境的过度开采引起了变化，或者说是加速了变化。对土地的长期耕作导致了土壤肥力下降，为了获取木材和燃料而砍伐树木，连同山羊的放牧，进一步加剧了环境灾难。因此，快速的人口增长带来的需求进一步损害了脆弱的生态系统，使其无法维系大规模的定居社会。在诸如黎凡特和约旦北部地区，大规模的定居点开始终结，社群逐渐演变成为分散的小村庄，其中一些依赖于游牧生活而不是耕作。同样地，在土耳其中部地区，恰塔霍裕克在公元前 6200 年被遗弃，之后只发现了一些小型的散居点。成群的农民现在转移到了新的生态地区，以支撑其农业系统。在伊拉克，托罗斯山脉的定居点也被遗弃，新的定居点出现在更远的南方，在幼发拉底河和底格里斯河之间的平原地带。在更远一点的东方，在伊朗西南部，新的村庄在冲积平原的东部边缘出现，在叙利亚也出现了类似的迁徙，从幼发拉底河上游向西到达地中海沿岸。

公元前第七个千年是西南亚的变化时期——农业社会迁移寻找新的土地，为其不断增长的人口提供食物和空间。

出 海

大约在公元前 7000 年，克里特岛建立起新石器时代的经济。500 年之后，希腊的色萨利平原很快被农业社会覆盖。尽管这些定居点的证据已经足够清晰，这些戏剧性的变化进程仍然模糊不清。但是，毫无疑问的是，海上航行扮演了非常重要的角色。

我们已经看到，大约在公元前 10000 年，阿尔戈利斯地区的弗朗西洞穴的居民从米洛斯岛获取黑曜石，从希腊北部的东海岸捕捉金枪鱼。很明显，爱琴海地区很早便具备海上能力。随着海平面的升高，爱琴海地区的大片陆地被分割，创造出更多的岛屿，对于沿海地区的觅食群体来说，坐船航行变得越来越重要。

塞浦路斯在早期的航海网络中占据非常关键的位置，它距离小亚细亚的海岸只有 80 公里（50 英里），距离黎凡特只有 100 公里（60 英里），距离新石器时代经济发展的心脏地带很近，比较容易抵达。大约在公元前 10500 年，生活在岛屿上的狩猎采集者屠杀了成群的当地倭河马，他们只能乘坐船只抵达那里。稍晚些时候，即公元前第九个千年中期至公元前第八个千年，早期的农民在岛上定居。这些部落种植谷物和豆类，并且获得了驯养的绵羊、山羊、牛、猪和成群的黇鹿。这些动物被大批量地通过大海运输到岛屿上，以满足人口增长的需要，这也意味着出现了坚固的船只和稳定的航海技术。模式一旦固定下来，这些拓荒农民就与大陆保持着非常密切的联系。

大约在公元前 7000 年，农业被引进到克里特岛。关键的数据来自青铜时代的克诺索斯宫（Knossos）院子中央挖掘的深入基岩的沟渠。基岩上最底层的堆积物中没有发现陶器，但无疑是新石器时代的，其中有驯养的绵羊、山羊、猪和牛的骨头，以及制作面包的麦子。克里特岛开荒的农民带来了"新石器时代的组合"，这意味着殖民运动计划周密，雇佣的船队大概是从小亚细亚出发，支撑这些事实的原始 论据在于，面包小麦是安纳托利亚地区最受欢迎的农作物。如果起点在克尼多斯半岛附近，跨岛路线则把罗得岛、喀帕苏斯岛和卡索斯岛连接起来，从而形成了从大陆到达克诺索斯宫的 185 公里（115 英里）的旅程。

对殖民活动规模的任何评估都和猜测差不多，能够自给自足的最小人口规模应该是约 40 个人组成的群体。考虑到 10 ～ 20 头猪、牛、绵羊或者山羊，还有充足的谷物种子，最小负荷要在 15000 ～ 20000 公斤之间（33000 ～ 44000 磅），每艘船只的载重量达到 1 到 2 吨，这意味着需要一支由 10 到 15 只小船组成的船队。这种计算方式只是大致的，但是能让我们对冒险的规模有大概的了解。

公元前 7000 年，拓荒者在塞浦路斯和克里特岛定居是接下来 500 年左右的

4.4　皮尼奥斯河（Pinios）河谷，在这里穿过壮观的卡兰巴卡附近的迈泰奥拉，从希腊的脊梁——品都斯山脉一直延伸到肥沃的色萨利平原。

时间里农业在希腊大陆确立这一进程的第一步。特别是在色萨利平原地区——这里具有定居的宜人的条件。

爱琴海上已经存在的海上网络促进了农业社群从小亚细亚和黎凡特出发的流动。克里特岛定居点是探险的第一阶段，但这种模式没有继续下去，可能是由于，一旦获取希腊大陆的潜力，希腊东部沿海地区提供的宜人生态条件就更具有竞争力了。

96   希腊最早的新石器时代遗址经放射性碳测定集中在公元前 7500 年到前 6500 年。这与亚洲西南部的无陶新石器时代（公元前 7600 年到公元前 6900 年）的晚期阶段高度一致，最初的农业社会开始走出原来的家园，在安纳托利亚中部的托罗斯山脉和黎凡特的地中海沿岸地区建立起定居点。克里特岛和希腊东部最初的殖民化可被视作这次大迁移的一部分。

第 一 批 欧 洲 农 民

希腊新石器时代定居的初级阶段发生在公元前第八个千年后期和第七个千年早期。在这个阶段，社群基本处于没有陶器的状态，但是到了大约公元前 6500 年，陶器的制作已经非常普遍，考古学家明确把其界定为新石器时代早期，该时期一直持续到公元前 6000 年。新石器早期时代的定居点数量激增，在希腊地区东部已经确认了 250～300 个定居点，还有很多有待于进一步发掘。这一时期普遍的定居模式就是村庄，由若干间距很近的矩形房屋构成，占地 1～3 公

97   顷（2.5～7.5 英亩）。人口估算是比较困难的，每公顷（或者 2.5 英亩）大约生活 100 人是合理的量级。房屋通常是一间房的结构，由树枝、灰泥或者泥砖建成，通常是建在干石质地基上。马其顿平原新尼科米德亚一个较完整发掘的村庄

98   里面，已经辨别出建筑物发展的三个不同阶段，在头两个阶段里面，房子是围绕着一个大的建筑物建造起来的，那个大的建筑显然就是某种形式的公共建筑。

在整个希腊东部地区，新石器时代早期定居点的密度大不相同。早期农民选择了赖以生存的适合混合耕作策略的生态区。其中最适合的地区是东部的色萨

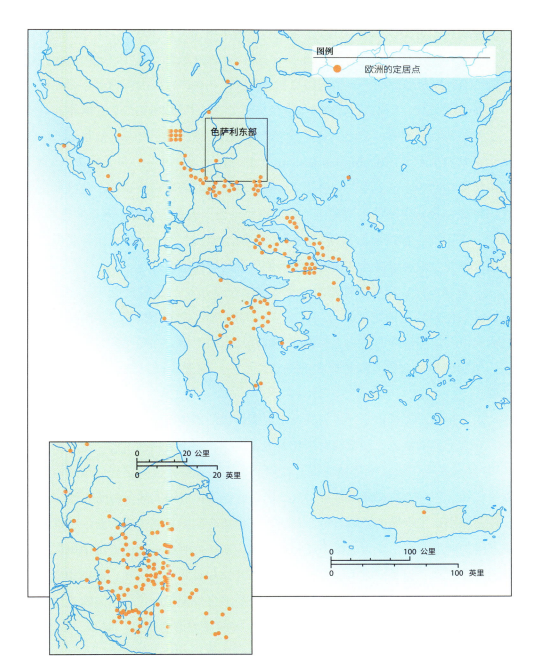

4.5 希腊和巴尔干半岛南部已知的新石器时代早期定居点的范围。色萨利和面对爱琴海的其他平原上的定居点分布密度，暗示了爱琴海航线在早期殖民时期的重要性。

利，在大约 1150 平方公里（450 平方英里）的土地上，已经勘明 117 个村庄，每个村庄平均面积是 10 平方公里（4 平方英里）。永久定居点之间较近的间距，意味着社会网络足够健康，有利于保持和平关系，并允许村庄之间的合作。

新石器时代早期的定居者的自给经济建立在农作物种植和家畜饲养的基础上，狩猎所占的比重非常小。最受欢迎的作物是二粒小麦（Triticum dicoccum），其次是单粒小麦（Triticum monococcum）和六排大麦（Hordeum vulgare）。克诺索斯早期常见的面包小麦在希腊非常罕见，这也意味着定居在这两个地区的拓荒农民可能来自西南亚的不同地区。豆类也很重要，尤其是扁豆、豌豆和苦豌豆。维持一个人的生存需要一公顷（2.5 英亩）的土地。容纳 200～300 名居民的村庄周围需要充足的可耕地，这也就是我们所说的居住密度。

基于家畜饲养和谷物种植的食物生产系统从最初的定居阶段就牢固建立起来，并且使得稳定的定居社会快速建立，人们几乎不依赖野生资源而生存。拓荒农民带着他们驯养的动物、谷物种子和几代人的经验，在陌生的环境中定居下来。他们选择适合已有种植经验的生态环境，其地理知识只能来自不断摸索的过程。

这些拓荒农耕者带来一系列的技术，而后继的团体能在他们新的家园不断发展。石制工具的制造，硬石的磨削和抛光，纺织，制陶，用黏土制作塑像和"印章"，这些在考古记录中都体现得非常明显。连同农业和永久定居，这些"新石器时代组合"标志的用品一旦被引入欧洲，就迅速扩展到大陆上的所有地区。

诸如来自米洛斯的黑曜石等原材料，非常适合制造石器，它的获取引发了非常有趣的问题。在伯罗奔尼撒半岛和色萨利，新石器时代早期的遗址中黑曜石的数量非常可观，但是同时期的希腊西部和马其顿却对此一无所知。这种非常奇怪的分布意味着，东部希腊社会的需求在中间商那里得到了满足，中间商来往于原料丰富的米洛斯岛，但他们在陆地和海洋之间的旅程非常艰难。那么，在当时，谁可以被称为是真正的海洋专家呢？难道他们是中石器时代土著的后裔，几个世纪以来一直进行这样的旅行，并且已经习惯在近海水域捕捞金枪鱼？这种假设是合理的，并提出了一种有趣的可能性，即这些土著沿海社群可能是最初的拓荒农耕者的运送者。

与海洋的深入联系还表现在贝壳被用来制作手镯和小珠子，特别是起源于爱

4.6　火山玻璃，也就是众所周知的黑曜石，来自米洛斯岛，用以创造工具，广泛分布于希腊东部地区。又长又窄的薄片（上图右侧）是从岩心（左边）刮下来的，经精细压制加工之后制造成刀具和其他工具。

琴海的海菊蛤，常见于内陆地区的社群中。很有可能的情况是，这些小珠子和其他的贝壳装饰品像黑曜石一样，都是沿岸的社群生产出来用以与岛屿进行贸易的商品。贝壳的受欢迎程度可能反映了早期农民的记忆中留有的浓厚的海洋印记。

　　除了黑曜石和海贝壳，几乎没有证据表明社群之间存在广泛的交换网络，尽管这种交换可能发生在没有留下考古痕迹的材料中，如梭织物和活着的动物。现有证据表明这些村庄很大程度上是自给自足的，只和最为临近的部落发生极为有限的联系。

　　村庄出土的用品中，陶器是最具特色的。一些关于陶器的有限知识可能是随早期的拓荒者一起到来的。但是，直到新石器时代早期，陶器制作才开始变得普遍起来。容器使用当地的泥土手工制作，通常使用小钳子进行烧制，但是其生产从来没有达到大规模的程度。在整个新石器时代早期，陶器仅仅限定于非常简单的碗、罐子，偶尔也有带把的壶。大多数是单色的，也有一些是彩色的，绘制着白色或者氧化铁的那种红色的锯齿形图案，在形式和装饰上也具有一定的地方特色，随着时间的推移，这种特征越来越明显。虽然这些陶器非常简单，甚至可以说是极其粗糙，但它具有一种深深的魅力，代表了欧洲社会使用火创造一种全新物质的尝试。

100

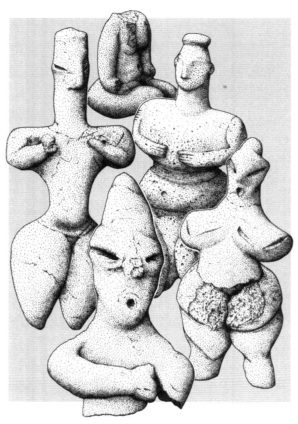

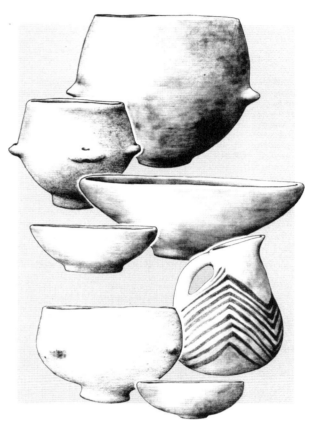

4.7　来自希腊新石器时代早期遗址的黏土和大理石的人像。

4.8　希腊新石器时代早期遗址的陶器——欧洲的第一批陶器。

　　另外一种对于社群具有潜在重要性的产品是家用纺织品，螺纹纺锤和织机配重便是证明。无法确定的是，在驯化的早期阶段，绵羊能否生产羊毛，山羊毛、亚麻和其他植物纤维是否已经被用来纺线。在公元前第八个千年的西南亚地区，亚麻已经被用来生产纺织品，在希腊早期新石器时代的遗址中还发现了亚麻籽。在早期阶段，织机配重有多种功能，而不仅仅是证明重锤织机的存在。在西南亚，已经存在简单的地织机，希腊新石器时代早期的社会可能就是在这样的结构上制造出纤维织物的。

　　新石器时代早期遗址中发现的其他物质文化还包括小雕像，通常用黏土制作，但有时也用石头雕刻。雕像大部分是拟人化的，特别强调女性的特征和形态，但是也有雄性和动物形态。除了这些还有胸针、石制耳饰和精心装饰的"印章"——多数用黏土制作，很少一部分用石头雕刻。打磨抛光的石头也被用来制造斧头、碗和盆。这些不同的物品，虽然很明显是希腊制造的，但与发现于安纳托利亚和黎凡特的物品有相似之处，都处于新石器时代陶器背景下。无论如何，在希腊发现的这些材料都不能与安纳托利亚或黎凡特的遗址中发现的直接相提并论。这可能是考古记录不完整的一个因素，但是它也反映了这些开拓者群体的本质。也许我们是在和来自不同地理区域的冒险家们打交道，他们有不同的文化传统，一起去西方旅行。一旦定居下来，这些异质的社群就会利用共同的文化体验创造出一种新型的先锋文化。这种文化有对旧文化的回应，但是在新的家园进行了新配置，现在明显是欧洲的。

巩固和扩大

考古文献对希腊新石器时代早期定居的证据的解释存在很多争议。一些学者倾向于将其视为"涵化"的结果，是中石器时代的本土社群与来自东方的思想的结合；另一些人则认为是大量人口涌入造成的。考古证据现在强烈支持后者，最近的 DNA 研究提供了额外的支持。

那么，如果我们接受了普遍假设，也就是在公元前 7500 年到前 6500 年的大迁徙时期，先驱社群从亚洲西南部的丘陵地带移出，在希腊东部建立了适宜生活的区域，这将带来很多问题。是否存在更多的涌入？是否有部分后代继续殖民欧洲的新区域？欧洲新石器时代的民族迁徙究竟有多么重要？这些都是本章和下一章即将探讨的问题，也都是非常有趣的问题。

希腊东部经历了新石器时代人口的快速增长，随后是一段长期的稳定时期，在此期间，村庄多次重建，堆积层形成了数米高的台形土墩。人口显然能够自给自足，没有显示出人口增加带来的压力。换句话说，似乎没有动力驱使这些新的团体移出希腊去寻找新家园，但是到了公元前 5500 年，新石器时代的生活方式已经在北至现代匈牙利——距离色萨利北部 1000 公里（625 英里），东至保加利亚中部的广大区域内确立起来。

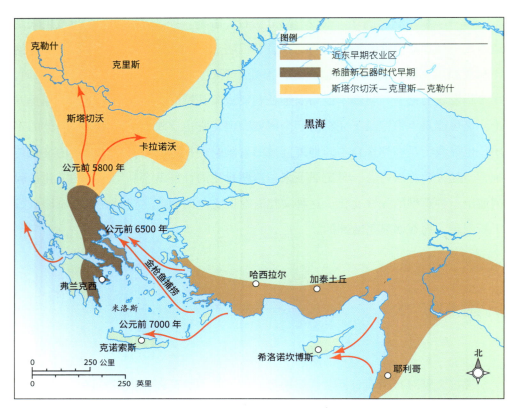

4.9 新石器时代经济最初从近东和安纳托利亚南部传入欧洲势必包括到塞浦路斯、克里特岛和希腊的海上航行。已有的中石器时代的网络，涉及金枪鱼的捕捞和从米洛斯岛获取黑曜石，很可能在人员、动物和粮食的运输中起到了重要作用。

102　　　　这片广袤多元的土地上可以看到一系列不同的新石器时代早期的文化，每一个都以典型的地点或地区命名。于是，我们有了保加利亚南部的卡拉诺沃（Karanovo）Ⅰ文化，保加利亚西部和马其顿的克雷米科夫奇（Kremikovci）文化，塞尔维亚和波斯尼亚的斯塔切沃（Starčevo）文化，匈牙利南部和罗马尼亚西南部的克勒什（Körös）文化，以及罗马尼亚其余部分的克里斯（Criş）文化。我们将把它们简单地称为东南欧早期新石器时代，因为整个地区在物质文化方面都有惊人的相似之处，体现在房屋形制、陶器和其他手工制品上。地区差异主要体现在定居点的自然状况、地理位置和基本的经济状况上。

　　　　在探讨东南欧新石器时代早期的社群之前，有必要探索"新石器时代的组

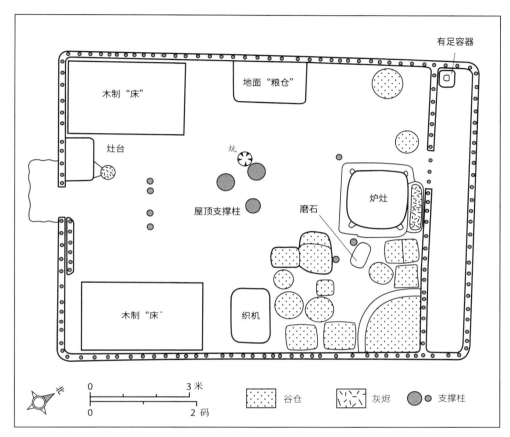

4.10 位于保加利亚西部斯拉蒂纳（Slatina）的新石器时代的房屋，用小块木料和泥土建造。

合"表征这一观念从爱琴海向北传播的路径。最重要的是瓦尔达尔河河谷形成的走廊，瓦尔达尔河一直向南部流入塞尔迈湾；还有摩拉瓦河，向北流淌至多瑙河的交汇处，离现在贝尔格莱德的下游约100公里（60英里）。这两条河流共同创造了一条比较方便的路线，连接北爱琴海和多瑙河，沿岸有很多新石器时代的定居点。从多瑙河向北沿着蒂萨河可以很容易地穿过匈牙利大平原，沿着萨瓦河和德拉瓦河向西深入特兰西瓦尼亚。顺流而下只需要很短时间就能到达铁门峡谷和由莱潘斯基维尔主导的口石器时代村落群。其他河流也能够通往保加利亚的心脏地带。

一旦离开了爱琴海腹地，穿过山区，就会出现非常明显的变化，从非常温暖的能够享受炎热夏季的地中海气候，变为多雨的温带气候，生长季节很短，冬天也更为寒冷。差异非常明显，以至于随着向北的迁移，农业必须进行相应的调整和适应。

在保加利亚中南部地区，靠近新扎戈拉（Nova Zagora）的阿兹马克（Az-mak）河谷分布着卡拉诺沃遗址。卡拉诺沃是一个占地大约 4 公顷（10 英亩）的台形土墩定居点。随着黏土和木结构建筑相继被拆除，新的建筑在废墟的基础上建造起来，高度增加到 12 米（40 英尺）。这种几代人都希望扎根同一地点，可以被视作有意追求社会稳定。土墩及其顶部的村庄象征着整个社群的长久性与合法性。早期的房屋是单个房间的结构，每个都有自己的内部灶台和储藏空间，墙壁是用泥浆和黏土涂抹在小的垂直的柱子的框架周围。它们建造得非常紧密，彼此之间仅仅隔着狭窄的小巷子。支撑这些村庄的稳定经济作物是二粒小麦和少量的单粒小麦，以及成群的绵羊、山羊、牛和猪。在附近的斯塔拉山脉发现了同时期的洞穴遗址，那里发现的动物骨骼残骸一半来自野生动物，马鹿特别受欢迎。这些地点很可能是牧民在夏季高地牧场上放牧羊群和牛群时的临时营地。这种时候有足够的狩猎机会来补充饮食。

再往西北，在塞尔维亚和匈牙利南部，定居点并没有不断堆积发展成为台形土墩，但这并不意味着它们的存在非常短暂。在一些例子中，它是横向发展，通常是沿着梯田的边缘，延伸数百米，这也表明连续重建都是挨着早期的定居点展开的。房子本身并没有被很好地记录下来，但是它们一般都是方形或者长方形，有用柱子或木桩构筑的泥墙，室内地面通常都低于地平面。

这些更靠北的定居点的特征之一就是对于野生资源的依赖。在最为典型的斯塔切沃，除了常见的驯养动物，还有马鹿、狍子、野牛、猪和马，以及海狸、狐狸、狼、熊、獾、水獭和野猫。捕获的鸭子、雁、天鹅和猛禽，还有河流里丰富的鱼类反映出他们选择的地点接近主要的河流。植物类食物中，单粒小麦和二粒小麦占据主导地位，但也有谷子、橡子和山毛榉坚果的记录。驯养动物占定居点骨骼沉积物的四分之三，绵羊和山羊数量最多，但是与希腊遗址的样本相比，它们的体形都小了很多。可能是由于在河边，经常被水浸泡，周围的环境不利于它们的生长和繁殖。

定居点选择的多样性，以及不同的生态带被充分开发利用的模式令人印象深刻。这与新石器时代早期希腊东部的对比非常具有戏剧性。在希腊，西南亚地区的"新石器时代的组合"被完全采用，虽然也的确存在一些重新安排。而在欧洲东南部，尽管耕种谷物和驯养动物成为食物的一部分，允许定居模式存在，陶器的制作、地面的石雕和泥塑构成物质文化的一部分，但存在更多的文化选择和地域特征。所有这一切意味着"新石器时代的组合"的传播过程必然要比简单的殖民更复杂。

农耕拓荒者并没有从希腊东部最初的定居区域一路不懈地向北和向东推进。沿着主要的走廊，如瓦尔达尔河谷 / 莫拉瓦河谷可能存在有限的开拓活动，但每个阶段都会与当地的觅食群体进行互动。最初，互动是合作型的，通过在简单的互惠系统中进行交易来维持。因此，磨光的石头，或者是驯养的牛和羊，可能会被用来交换皮毛、琥珀或者蜂蜜。但也可能存在更具竞争性和对抗性的关系，这些农耕者从觅食群体中夺得土地和妇女。在这种情况下，可能会发生冲突，一些觅食群体可能采用新石器时代的生活方式来留住他们的女性。这样一来，"新石器时代的组合"会被有选择地接受，反之亦然。随着农耕社群进入到野生资源非常丰富的新生态带，可能就会出现减少食物生产的投入，而更多地依赖于狩猎的倾向。

通过不同的殖民化和涵化的过程，从公元前 6500 年到公元前 5500 年，新石器时代的生活方式传遍了欧洲东南部和匈牙利大平原，野蛮的欧洲正在被驯服。

深入欧洲的温带森林

与欧洲东南部的农业社会形成对比的是，最早进入中欧温带森林的农民从匈牙利西部延伸到塞纳河流域，呈现出惊人的文化相似性。定居的决定性因素似乎是因为喜爱阳光和容易耕作的黄土——风积而成的细粉质黏土。这些早期农民被称为线纹陶群体或者线纹陶文化（LBK）——指他们喜欢用线纹雕刻装饰他们的陶器。

最早的线纹陶文化遗址广泛分布于匈牙利北部和奥地利，通过斯洛伐克和捷克共和国，到达莱茵河中部。这种定居模式大约发生在公元前 5500 年到公元前

105

106

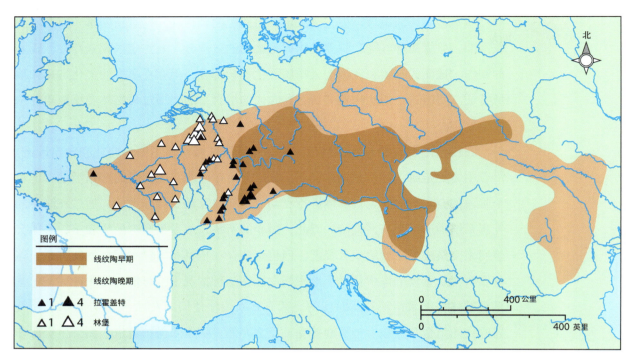

4.11　公元前 5300 年新石器时代早期线纹陶文化在欧洲的分布。"西方新石器时代"的特征体现在来自拉霍盖特（La Hoguette）和林堡的陶器，它们大致是同时代的，很可能都脱胎于地中海西部的独立迁徙。

5300 年之间。中期这一地区经历了两个世纪的巩固和填充。之后晚期阶段的扩张期，即公元前 5100 年到公元前 5000 年，移民们向西迁移到比利时东部和巴黎盆地，向北进入波兰中部。在接下来的一千年左右时间里，若干区域集团发展起来，它们的陶器风格和房屋形制非常明显，很容易识别，但是没有明显的领土扩展。新石器时代的社群也在开拓欧洲的森林，以每五百年 1500 公里（940 英里）的速度，这激发了考古学家的想象力。我们稍后给出可能的解释。

　　早期的农民把他们的殖民限制在非常独特的生态环境区域。最受欢迎的定居区是横跨欧洲中部的落叶林带，介于阿尔卑斯山麓和不那么肥沃的冰川冰水沉积的北欧平原之间。在他们选中的环境里面，早期的农民喜欢有小溪流经的黄土谷地。其定居点确实也在向北延伸，穿过平原，在那里可以找到水资源丰富、土壤肥沃的栖息地。他们定居的大多数区域，不是在河流的两岸，而是沿着洪泛平原的边缘，那里的土地因为洪水和营养丰富的地下水而非常肥沃。

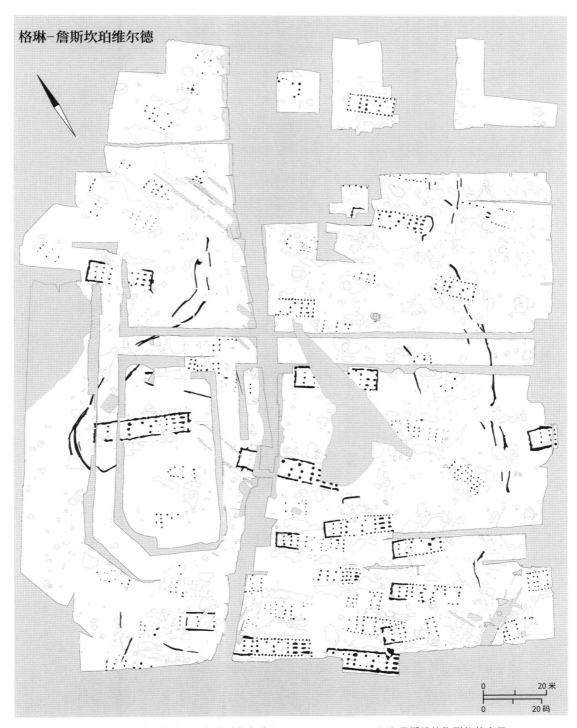

格琳-詹斯坎珀维尔德

4.12 1991 年考古挖掘的荷兰格琳 - 詹斯坎珀维尔德（Geleen-Janskamperveld）早期线纹陶群体的定居点的平面图。经考证，整个定居点三四代人居住。

线纹陶群体的定居点给人的印象似乎就是规模很大的村庄，但是当把平面图分成不同的阶段时，我们通常发现任何时段都被使用的建筑物只占少数。换句话说，有些村庄事实上只是比较大的房子聚集在一起，经过多次重建而已。

线纹陶群体的房子非常独特，它们巨大的长屋，30～40 米（100～130 英尺）长，5 米（16 英尺）宽。它是围绕着垂直放置在各个立柱孔或者墙槽（较少见）上的立柱框架建造的。墙壁由树枝和灰泥做成，屋顶铺芦苇草。内部空间通常被支撑房顶的三排立柱隔开。这些并非简陋的棚屋，结构比较复杂，涉及相当多的木工技术和空间概念。这类长屋的建筑要求劳动力之间的协调合作，因此表明它是由大家庭共同建造并居住的。

基本生活依靠农业。农作物包括二粒小麦、单粒小麦、大麦、豌豆和亚麻。罂粟籽似乎也是人们有意种植的，但这可能是西部定居点的特征。在驯养的动物中，牛占据主导地位，绵羊和山羊的数量少一些，更令人惊讶的是还有少量的猪。牛群被非常细心地打理，以提供牛奶、黄油和奶酪，也许还有血液，这是在不伤害动物的前提下从静脉血管获得。到了合适的时间，牲畜被有选择的宰杀，肉可以大家一起食用，同时还能够获得有价值的副产品，如皮革、角和骨头（用于制作工具和胶水）。由于牛是天生的森林食草动物，所以它们在森林里生活得非常好。

线纹陶文化遗址的物质文化在整个地区基本相似。最具特色的是线形纹装饰的陶器，主要是窄口的、带有线形装饰的简朴的碗。

石制工具或是经凿削制作刀具和箭镞，或是经打磨抛光而成各种各样的斧头，包括非常具有特点的"鞋楦子"，这是一种细而长的类似凿子的工具，其方形的横截面可能用于木工。原材料经过人们仔细挑选，某些类型的受偏爱的石头，从大约 200 公里（125 英里）以外的地方被运过来。虽然置身林地处于明显的孤立状态，但是线纹陶群体通过交换网络与其他地区联系起来，扩大了活动范围。

线纹陶文化现象的迅速蔓延，究竟是殖民的结果还是土著居民涵化的结果？殖民模式最有力的论据来自这样的事实："新石器时代组合"在较短的时期内被广泛采用，但是分散的群体仍保持独特的身份。作为线纹陶文化特色的长屋在这一地区并没有前身出现，陶器和磨石的工具在该地区也是首次出现，而谷物、绵

4.13　德国梅尔茨巴赫（Merzbach）河谷一个定居点的线纹陶器。

羊和山羊在线纹陶文化区域也没有呈现野生的形态。更重要的是，森林带中石器时代的土著群体明显稀少。的确有证据表明觅食的人口在减少。狩猎似乎在线纹陶文化的经济中扮演了无足轻重的角色，而磨制的石制工具组合似乎也没有从中石器时代那里借鉴什么。因此，人们认为殖民者轻松快捷地穿过森林地带，没有遇到什么阻力，也几乎没有接触到当地的居民。

那些持涵化论的人指出，觅食群体中已经出现了非常复杂的交换网络，这提供了一种机制，使得理想的商品和创新能够迅速传播。也有人认为，线纹陶文化最早期的小型定居点的明显流动性更类似早期觅食者的行为，且对于野生动物有很大的依赖性。此外，一些考古学家声称，在线纹陶文化最早的燧石工具中可以看到中石器时代技术的明显痕迹。还有一点可能与之相关，那就是绵羊、山羊和制陶很早就在西方出现，它们充分体现了拉霍盖特文化的特色，反映了当地的觅食者有选择地采用从地中海经由罗讷河谷传播的新石器时代的方式（参见 136 页）。

关于平衡，殖民假说似乎更有说服力，但是外来人口与土著的关系不应该被低估。在德国，有充足的证据显示，一些中石器时代晚期的群体与新石器时代的农耕团体共存，并通过交换得到打磨抛光的石斧和磨石。可以想象，作为回报，农民们能够得到狩猎的肉类和皮毛。很有可能的情况是，觅食的人群处于流动状态，特别是女性，他们愿意甚至渴望加入更为精英的农耕群体。这两个群体究竟比邻而居了多长时间，这一点目前还不清楚，但是没有任何理由证明同化过程是非常迅速的。

匈牙利西部最早的线纹陶文化源于欧洲东南部新石器时代的斯塔切沃－克勒什亚群。从那里，农耕部落沿着多瑙河向西扩散，从多瑙河谷向北渗透到森林覆盖的山丘，这一点相当清楚。然而，仍然存在这样的问题：是什么推动了这样的运动？一种观点认为，定居点周围的密集耕作很快耗尽了土地肥力，迫使社群继续拓展。然而，这似乎并不成立。不仅有证据表明，欧洲中部河谷肥沃的、灌溉良好的土壤能够长时间维持农作物生长，现在人们还知道很多的线纹陶文化的定居点被多代人居住过，使用甚至长达几个世纪的时间。另一种观点认为，定居的生活方式刺激了人口增长。的确存在这种可能性，但是仅仅人口增长是否能够引发农耕拓荒者的拓展仍然存疑。最近的调查显示，最初的垦殖之后仍然有很多肥沃的土地，直到后来才填充。

于是，我们不得不接受这样一个事实，社群有必要继续拓展探索未知区域。它究竟是怎么回事？如果我们承认人口增加是真正的动力，那么就要求每一代年轻人远离家庭、自力更生。这就要求整个社会创造的价值体系，使人们愿意在远离家乡的地方建立新的定居点，确立有利于向外拓殖的趋势。为了在竞争的环境下获得更高的地位，距离成为衡量能力的标准。当然，这纯属猜测，但没有理由认为"先锋精神"是最近社会才具备的特征。下面，我们用一些数据进行推测：20 年一代人，需要在平均距离家园 60 公里（37 英里）的地方建造新的定居点，这样才能在五百年的时间里跨越 1500 公里。从祖先的家园跋涉 3 天仍可以保持社会网络。

一旦达到拓殖的极限，内部拓殖成为应对人口增长的唯一策略，随之而来的是社会制度的重新调整。具有特色陶器风格的不同区域群落的发展，防御性的围墙的出现，似乎预示着增强的身份认同感和对于场所的依赖性。社会紧张，甚至

4.14 德国西南部塔尔海姆（Telheim）的线纹陶文化遗址发现的"死亡之坑"，里面有 34 具尸体，其中 16 个是孩子。大多数尸体都显示暴力的迹象，主要是后脑遭斧头击打。其中三名成年人被燧石箭镞从后面射中。毫无疑问坑里的尸体遭署杀身亡的。

周期性爆发战争可能已经司空见惯。线纹陶文化时代晚期的一个发现可能就是这种现象的反映。内卡河谷塔尔海姆一个大约 3 米（10 英尺）长的坑挖掘出大约 30 具尸体，包括男人、女人和孩子们的尸体堆放在一起。两个成人的头部被燧石箭镞击中，而包括儿童在内的 20 个人被石斧、小锛子和其他重型器械击打头部。对这一可怕发现的解释是多样化的，暴力化的程度显示出社会正处于巨大的压力下。在这里，我们看到的可能是村庄之间的一场暴力冲突。

从丘陵侧翼到温带森林

在公元前 7000 年到公元前 5000 年，新石器时代生活方式的最初传播，从它在西南亚丘陵侧翼的起源地开始，到北海和波罗的海区域，一切都以闪电般的速度发生。显然，这是非常复杂的进程，在构成考古记录的大量碎屑中，只能依稀辨认。这场运动始于一船一船的农耕者从小亚细亚和黎凡特到克里特和希腊东部寻找新的可与他们的故乡相媲美的生态带，传统的农耕方法可以移植过来。随之而来的是一段巩固时期，也是农耕东进到保加利亚和向北扩展到匈牙利大平原的时期。这是合理的假设，在截然不同的环境中，新的农耕社群之所以能够发展起来，应该归功于当地的觅食人群，而且很可能的情况是，希腊东部拓荒者的实际遗传贡献相对较小。最后，在匈牙利西部地区的这些新的农耕群体中，形成了充满活力的开拓精神，一种非常独特的文化信仰和习俗在中欧北部的森林中迅速传播。这两千年的变化规模不能被过高估计。中欧地区农耕的传播涉及人群的流动，而流动的规模才是最具特色的部分。某些时段，某些地点，好像存在竞争似的，继续前进，看看还有什么。也许，在人烟相对稀少的地方，这是人类自然的反应。

然而，这只是故事的一部分。在欧洲的沿海地带，类似的变革也在进行，只不过存在其自身的动力。这将成为我们下一章探讨的主题。

第
五
章 | 沿海区域的同化

（公元前 6000 年～公元前 3800 年）

113   新石器时代生活方式在欧洲半岛的传播从公元前 7000 年希腊东部平原上出现农业社群定居点扩展到巴黎盆地最西端茂密的落叶林地区用了不到两千年的时间。这一现象引发了诸多热议，讨论的焦点在于这种传播是"扩散"，即群体迁徙的结果，还是"涵化"的结果——土生土长的觅食社群采纳了新石器时代生活方式的元素。因为这两个过程并非相互排斥，于是论证成为重点问题之一。我们的研究涉及实际的人员流动，不是深入的探索和开发，而是一代又一代的人在内心的开拓性道德驱动下的渐进式行动。随着新石器时代的边界拓展，与土著通婚持续不断地扩充基因库，稀释了来自西南亚定居者的基因——他们是最早登陆希腊东部海岸的人。

      中欧地区新石器时代化进程中最为明显的特征就是，社群如何把新石器时代的生活方式运用于新环境，从希腊平原到水源充沛的匈牙利大平原的草原地带，然后是茂密的欧洲森林。现在，我们必须沿着半岛的海洋边缘地带，追溯"新石器时代的组合"传播到更为多样化的生态带的过程。

      面向海洋的区域可以分为两个部分：地中海连同葡萄牙南部，后者从气候上来看属于地中海区域；大西洋、北海、波罗的海沿岸，从加利西亚到格但斯克海湾，包括不列颠和爱尔兰。到公元前 5400 年，新石器时代的经济已经蔓延到整个南部区域，但在北部区域，新石器时代的进程直到公元前 4100 年才开始出现。地中海区域拓荒社群的中石器时代定居点多是零散的，那里体现的流动性与北方海岸觅食群体的稳定的确有所不同，但也有其他因素需要考虑进去，尤其是公元

114 前 4000 年前后的气候波动很有可能引发北方的变化。而且，同以前一样，重大变化的背后正是错综复杂的局部场景，每个局部场景都为多样性做出了自己的贡献。

关于地中海：概述

      从亚得里亚海东部海岸到葡萄牙南部的大西洋海岸，新石器时代生活方式的生根发芽只花了六百年（公元前 6000 年～前 5400 年）的时间。人们对于这种非

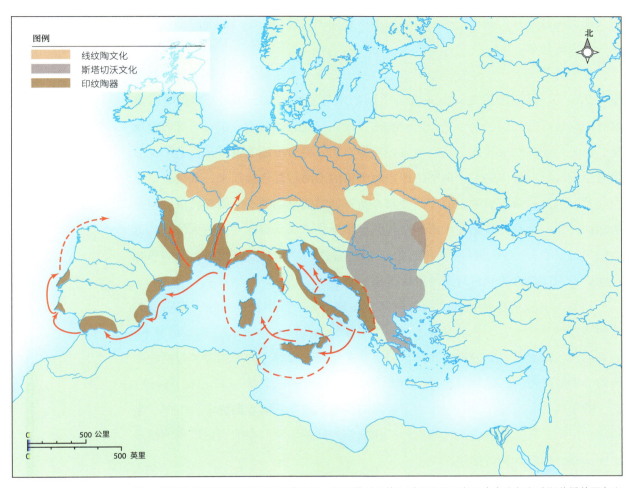

5.1 公元前 5500 年到前 4100 年的欧洲。新石器时代的生活方式从巴尔干半岛南部向欧洲传播的两条主要路线：通过多瑙河和北欧大平原的陆路传播；通过海洋最终到达大西洋伊比利亚沿岸的地中海路线。

同寻常的现象提出了一些可能的解释。最为简单的观点就是，农耕的拓荒团体沿着海岸不断跳跃式发展，在中石器时代人烟稀少的地区建立起农业飞地，依托这些先进的农业基地，新石器时代的思想被传播给当地的土著，这些土著很快接受了新的生活方式。或者，也有可能，中石器时代的土著社群是主导因素，他们通过海上网络接受"新石器时代组合"的元素。例如，你可以想象，家养绵羊的出现为宴会提供了一种可能的选择，羊肉代表着声望，而磨制的石斧则成为精英之间交换的理想物品。通过这种方式，驯养的绵羊和牛、种植的谷物、陶器制作和石头碾磨的技术开始被广泛采用。无论哪种解释更为合理，海洋都明显地扮演了至关重要的角色。

在公元前第五个千年初，海上长途贸易的证据非常明显，产于撒丁岛、利帕里（Lipari）、潘泰莱里亚（Pantelleria）和帕尔马罗拉（Palmarola）的黑曜石都是远距离进行交易的。至于是如何分发的，我们只能进行猜测，很有可能的情况是，作为远征的结果，人们从产地直接获得石头，更有可能的情况是，它涉及非常复杂的礼物交换网络，该网络把地中海中部的沿海社群连接起来，最终到达某个非常遥远的村落。黑曜石的广泛分布是新石器时代早期的一个明显特征，但是运输的交换网络很可能早在中石器时代的狩猎采集者探索海洋并对更大的岛屿进行殖民的几百年前就已经形成。正是通过这些网络，"新石器时代组合"的思想观念以及相伴而来的原材料开始得以传播开来。

新石器时代最具特色的文物是陶器，在整个地中海中部和西部，新石器时代的陶器都非常流行，它们被称为"印纹陶器"（Impressed Ware）。通常情况下，器皿的外表面在火烧之前进行装饰，黏土非常坚硬，带着不同的图案，包括地中海的心形贝壳图案，这种特殊类型的陶器被称为"卡迪尔陶器"（Cardial Ware）。

除了陶器和磨石工具，还发现了种植的小麦、大麦，家养的绵羊、山羊、牛和猪。但是，并非所有的遗址都有种植和驯养的品种。我们在回到更广阔的图景之前，必须探索这种多样性。

亚得里亚海、意大利南部和西西里岛

对新石器时代早期遗址出土的令人印象深刻的陶器进行放射性碳元素的测定，我们能够描绘亚得里亚海中部和南部新石器时代定居点的发展。最早的遗址可追溯到公元前 6400 年到前 6200 年，位于伊庇鲁斯（Epirus）和科孚岛（Corfu）。然后是阿尔巴尼亚和达尔马提亚（Dalmatia）的定居点，时间在公元前 6100年到公元前 5900 年。意大利东南部的定居点大约是公元前 6000 年。这种模式显示传播途径是从希腊西海岸向北延伸到亚得里亚海，西至意大利半岛。在一两个

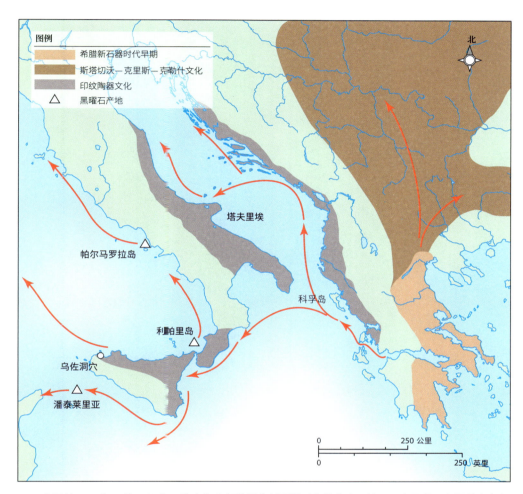

图例
- 希腊新石器时代早期
- 斯塔切沃—克里斯—克勒什文化
- 印纹陶器文化
- △ 黑曜石产地

北

塔夫里埃

帕尔马罗拉岛

利帕里岛

乌佐洞穴

潘泰莱里亚

科孚岛

0　　　　250 公里
0　　　　250 英里

5.2　公元前 6000 年～前 5700 年，地中海中部最早的新石器时代的海上网络。因为黑曜石主要是在小岛上发现的，对黑曜石的渴望促使人们使用海上航线。

世纪的时间里，印纹陶器定居点已经蔓延到亚得里亚海北端，延伸到整个翁布里亚（Umbria），进入波河流域和克罗地亚的北部海岸。

意大利东南部的塔夫里埃（Tavoliere）是一个起伏不平的高原，介于加尔加诺（Gargano）山地（它在意大利脚跟上方形成了"马刺"）和亚平宁山脉之间。在这个相对受限的区域内，面积约 50 公里 × 80 公里（30 英里 × 50 英里）的地方，发现了超过 500 个封闭定居点，最早的定居点建立于公元前 6000 年到前 5750 年，那是"新石器时代的组合"第一次被引入该地区。

5.3　新石器时代定居点的鸟瞰图。位于意大利南部阿普利亚（Apulia）的塔夫里埃平原上。

117　　　毫无疑问，新石器时代经济的基本元素——驯养和耕种及相关的技术，从希腊大陆通过海洋引进到塔夫里埃，但是其卷入拓殖者定居点的程度还不是特别清晰。可以想象的是，当地的觅食人群，通过海上旅行到达巴尔干海岸，带回了新的思想，把它们融入自己的体系之中。但是，全面发展起来的新石器时代系统在地中海中部和西部的传播速度表明，殖民化或者可以用一个不那么情绪化的词语——扩散更合适。

　　　　新石器时代经济向西传播到卡拉布里亚（Calabria，意大利的脚趾），公元前6000 年之后不久传到西西里岛东部。在西西里岛，当地居民已形成良好的觅食

5.4 西西里岛的乌佐洞穴（Grotta dell'Uzzo），从公元前第八个千年到公元前第五个千年一直被人类占用，在此期间，人们从狩猎采集者发展到依赖于驯养的绵羊和牛群的牧民。

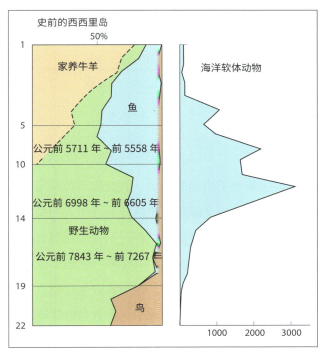

5.5 乌佐洞穴里的动物骨骼和贝壳是三千多年社会经济基础发生变化的有力证据。

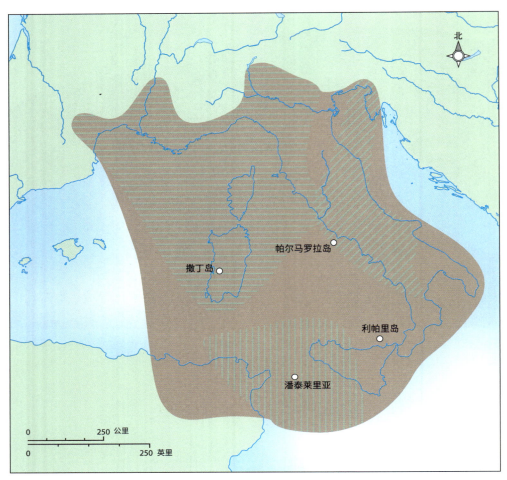

5.6 地中海中部地区对火山玻璃，也就是黑曜石有很大的需求，主要用以制造工具。因为不同产地的黑曜石的化学成分不同，于是有可能追踪其长途运输的交换网络。

生活模式，新石器时代的生活方式很快融入了当地的生活，创建出一种新的体制模式，即混合和流动耕作的新模式。在该岛西北部角落的乌佐洞穴中人们发现了保存完好的大量沉积物便是最明显的证明之一。在这里，在一系列中石器时代的沉积物上面，新石器时代经济的证据出现在大约公元前 5700 年。此地发现了各种各样的小麦，还有大麦、扁豆、香豌豆、黄豆和豌豆。鱼类和野生动物，特别是鹿，继续被猎杀，但是牛、绵羊、山羊和家养的猪出现了，并且与野生动物相比数量不断提高。在经济基础转换之后不久，当地的印纹陶器出现在洞穴的沉积物之中。

新石器时代的生活方式传播到西西里岛只需要从卡拉布里亚穿过墨西拿海峡几公里的短途海上航行。新石器时代早期的定居点主要分布在沿海地区，这表明人们频繁使用环绕海岛的海上航线。这是一个探索、航海和岛屿殖民的时代。利帕里岛位于埃奥利群岛（Aeolian Islands）的中心，这一时期最早有人定居。从西西里岛的东北海岸可以很容易地看到这个岛，到访该岛屿带回黑曜石的中石器时代的觅食者，早已熟知这一岛屿。更令人印象深刻的是，大约在公元前6000年末期，人们向南航行，发现了马耳他、潘泰莱里亚和兰佩杜萨岛（Lampedusa）并定居。潘泰莱里亚是黑曜石的来源地之一，新石器时代，黑曜石在这一地区广泛分布。也许正是从潘泰莱里亚岛，人们才开始探索突尼斯的海岸并定居下来。最初的探索和随后维护广泛的海上网络，将岛屿与欧洲大陆和北非联系起来，这些都证明了新石器时代早期定居者的航海技术以及探索热情。

撒丁岛、科西嘉岛和意大利西北部海岸

第勒尼安海北部的陆地和岛屿上的定居人群很可能是沿着卡拉布里亚和西西里岛的海上航线而来。撒丁岛和科西嘉岛可能是人类最先到达的地方。在中石器时代，觅食的人群已经开始在这两个岛屿居住，但当地的人口似乎极为稀少，新石器时代的定居者正是在公元前6000年前后渗透到这些人迹罕至的地方。撒丁岛原来只有一种土生土长的类似野兔的动物，即意大利鼠兔——新定居者不仅引进了驯养的牛、绵羊、山羊和猪，还引进了马鹿，据推测是为了给人类提供猎物补充饮食。科西嘉岛的情况不太清楚。绵羊和猪都有记录，但根据目前的证据，最早的定居点里似乎没有牛。新石器时代的定居者也引进了无处不在的印纹陶器，目前，这两个岛屿的很多遗址中都发现了。

撒丁岛阿尔奇山（Monte Arci）上的黑曜石资源被开发利用正是从这里开始，非常受欢迎的石头被运输到科西嘉岛、意大利中部和北部海岸，向北抵达利古里亚和法国南部。这种分布网络反映了社会的互动程度，把更为广泛的社会紧密地

119

120

联系在一起。

虽然这个地区的考古证据比较稀少，也没有确立起较为严格的年代表，但是从亚得里亚海到西西里岛，再到第勒尼安海和北方的利古里亚海，在不到两百年的时间里，新石器时代经济以惊人的速度传播。单是速度问题本身就已经说明，我们正在处理的是人口的流动问题，每一代人中一部分人口去发现新的农业拓殖地，一部分在原始的领域内进行扩张。正是海洋决定了这样的速度。

从利翁湾到蒙德古河口

新石器时代经济的最初扩张是沿着地中海在罗讷河河口和直布罗陀海峡之间的北部海岸，这一点通过绘制印纹陶器的分布图清晰可见。目前可知四个主要地点——朗格多克（Languedoc）、加泰罗尼亚、巴伦西亚和安达卢西亚——之间的广大区域并没有印纹陶器的痕迹。这种模式被解释为殖民飞地的例子：也就是说，新石器时代的农耕小团体沿海岸跳跃式寻找适合自己生存的区域。如果这种

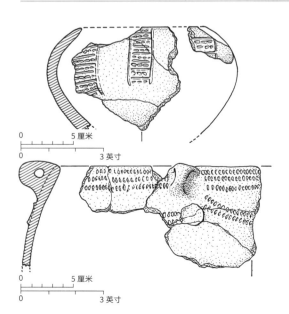

5.7　葡萄牙托马尔的大锅洞（Gruta do Caldeirao）遗址出土的卡迪尔风格的容器。

5.8　西班牙阿利坎特的科瓦德奥尔遗址（Cova de l'Or）出土的卡迪尔风格的陶器。

解释是正确的，那么发现的殖民定居点的结构和经济就会与中石器时代的土著体系截然不同，事实的确如此。加泰罗尼亚附近的拉德拉加（La Draga）湖滨定居点便是一例。那里的石砌平台和木结构带灶台房屋，表明是长期的定居点，放射性碳测定法表明它始于公元前 5900 年，持续了一千年的时间。动物骨骼分析显示 93% 的动物（绵羊、山羊、牛和猪）都是被驯养的。还发现了大量谷物，主要是小麦和大麦，也有一些豆科的植物。而在被发现的文物中有抛光的石斧和一个精致打磨的圆柱形器皿。所有这些标志着与当地中石器时代文化的决裂，人们必须接受拉德拉加是先驱农业定居点。

　　像拉德拉加这样的露天遗址很少见，大多数已知的沿海地区的早期印纹陶器遗址都是洞穴，其中一些位于高海拔地区，远远超出以农业和畜牧活动为中心的定居点。许多外围的地点可能是那些从事放牧和狩猎之人的季节性庇护所。如果是这样，垃圾堆积物中的食物残渣和人造制品将具有季节性特征，并且具备特殊功能。

　　越过直布罗陀海峡，人们进入一个完全不同的世界，海洋占据统治地位，潮汐赋予生命以新的节奏。景观和纬度共同创造了类似于地中海的环境。正是在这一地区，阿尔加维（Algarve）和蒙德古河（Mondego）河口之间，殖民飞地已经开始出现。

122　　我们已经讨论过在塔霍河、萨杜河和米拉河流域定居的狩猎采集者社群，享受河流泛滥的平原、河口的丰富资源，并在永久定居点周围形成大量的贝冢（见边码 72～74 页）。对这些地点的放射性碳年代测定表明，米拉河和萨达河流域的贝冢一直持续使用到公元前 4850 年，而塔霍河流域的则结束得更早一些，大约是公元前 5300 年。在公元前 5500 年～前 5250 年，两个新石器时代的聚居地出现在该地区。一个在埃斯特雷马杜拉（Estremadura）的石灰岩地块上发展，该地位于塔霍河和蒙德古河之间。另一个则占据了阿尔加维的西南端。在接下来的五百年左右时间里，"新石器时代的组合"遍布葡萄牙西南部的大部分地区，建立已久的贝冢被抛弃。飞地殖民理论的倡导者认为，最好的解释是，新石器时代的农民从西班牙东南部乘船到埃斯特雷马杜拉，后来的移民占领了阿连特茹

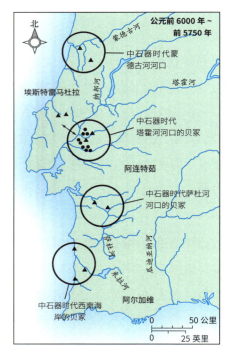
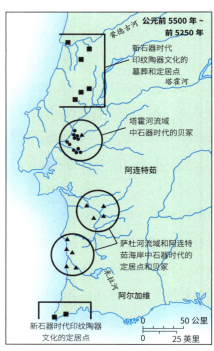
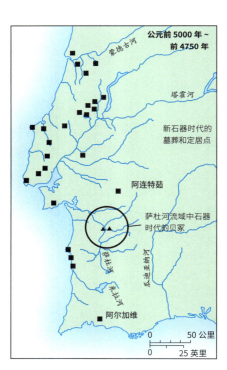

5.9　这三幅地图显示葡萄牙南部，在至关重要的两千年时光里，新石器时代的经济取代了中石器时代的狩猎采集经济。公元前 5500 年到前 5250 年，来自地中海的定居者在大西洋沿岸建立起两块飞地，新石器时代的生活方式随后得以蔓延开来。

（Alentejo）的中间区域。

这里的人很可能喜欢陆地上的饮食，这与中石器时代塔霍河流域贝冢里面的人形成了鲜明对比，其饮食主要基于水生资源。这两组人是同时代的，但面临的是两种不同的物质经济。埋葬仪式的鲜明对比进一步证明了这种差异。中石器时代的人们在埋葬死者时，除了贝壳珠子，很少有陪葬物品；而新石器时代的社会实行集体埋葬，将抛光的石制工具和陶器作为祭品。

综上所述，这些证据充分证明了新石器时代的农民通过海洋来到面对大西洋的伊比利亚，时间大约在公元前 5500 年，在接下来的 700 年左右时间里，逐渐与当地的中石器时代的觅食者融合在一起。

简洁的地中海视角

那么，对于整个地中海地区引入粮食生产制度我们可以得出什么结论？一个不可回避的事实是，"新石器时代的组合"从希腊传到葡萄牙仅用了 500 年。它的传播速度与当时线纹陶文化穿越欧洲中部落叶林地带的速度一样快，但是，所经过的直线距离几乎是它的两倍，约 2500 公里（1500 英里）。推进速度如此之快是海洋运输的本质决定的。

我认为，最符合所有证据的模型是殖民飞地。这一理论认为，每个定居点都会有一小群人逐渐成长起来，去建立新的农业殖民地。驱动因素究竟是什么，这一点并不明确。但是每一代及其后代都保留了不断进取的传统。也许年轻人被要求必须出海航行，作为他们进入成年的一部分。通过这种方式，开拓性的道德准则就牢牢地嵌入社会。而且，看起来很有可能的情况是，这些事业是由男性驱动，那么一定也存在从新开拓地区的土著中寻找妻子的愿望和动力。这是很重要的实践，鼓励其与当地的觅食者迅速发展起经济和社会互动。不同程度的同化创造了复杂的经济体制。幸存下来并逐渐占据主导地位的是农耕技术，以及制陶和石器磨制技术。通过这种方式，地中海地区的居民变成了新石器时代的人。

推进到腹地：加仑河与罗讷河

利翁湾周围的土地——现在的普罗旺斯和朗格多克——为采集者和农民提供了丰富的资源，正是在这里，早期的农业社会在公元前第六个千年的开端得以迅速确立起来。也正是这一宜人的地区有两条路线通向腹地，一条沿着罗讷河和索恩河流域，向北进入中欧西部的心脏地带。另一条经由奥德河和卡尔卡松，通向加伦河流域和大西洋。中石器时代有证据显示，这两条走廊上的社交网络连接了狩猎采集者社群，创造出思想和物质可以传播的系统。这些网络也提供了新石器时代生活方式得以传播的系统。

法国西部一些地方发现了印纹陶器，主要聚集在夏朗德河口（Charente）北部的海岸和岛屿周围。法国西部的新石器时代化可能是中石器时代觅食群体涵化的结果，其动力来自地中海沿岸，但仍有可能存在来自葡萄牙的海上殖民活动。

无论传播的手段是什么，当地的狩猎采集者吸纳了"新石器时代的组合"可以通过奥德河和加仑河的交换网络获得商品。

通过一个独特的装饰陶器，也可以获得同样的结论，该陶器出现在公元前5500 年的中欧，以拉霍盖特遗址而得名。这种陶器在装饰和构造上都与法国南部的印纹陶器有相似之处，但是和在同一地区发现的线纹陶器大不相同。在法国东北部的一些遗址，拉霍盖特陶器与中石器时代晚期的燧石制品、驯服的山羊和绵羊一起被发现。最简单的解释就是，当地中石器时代的群体从"新石器时代的组合"中选取一些元素，而且他们可以通过沿着索恩河和罗讷河的交换网络获得这一切。正是通过这一路线，地中海西部的贝壳沿着上多瑙河抵达了中石器时代晚期的社会，也可能是通过同样的网络，西部线纹陶文化的农民开始接触到罂粟种子，并意识到它在烹调上的益处。

如果这些例子的确反映了新石器时代西欧地中海边缘地区狩猎采集社群的涵化情况，它们也证明了已有的中石器时代交换网络的力量。就像我们随后即将看到的，这些网络为原材料、奢侈品和思想的流动提供了通道，并且持续了数个世纪之久。

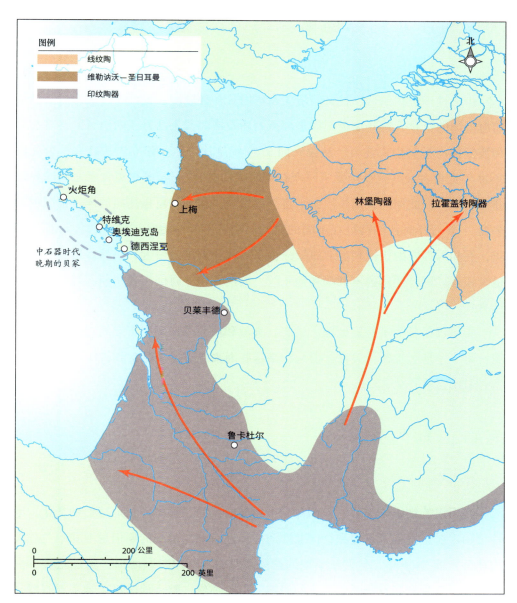

5.10 新石器时代生活方式传入法国仍是一个争议很大的问题，但是两条主要的路线发挥作用：线纹陶的陆路传播和地中海沿岸的卡迪尔陶器飞地传播。

从加利西亚到格但斯克海湾

　　由于地理位置偏远、社会经济体系牢固等种种原因，大西洋、北海以及波罗的海沿岸的觅食人群几个世纪以来都抵制新石器时代生活方式的诱惑。这在北海和波罗的海尤其引人注目，从公元前 5100 年这片土地上建立农耕社会到公元前 3900 年觅食者最终全盘接受了"新石器时代的组合"，农民和觅食者之间的界限非常明显。在此期间，两个社会一直并存发展。布列塔尼再往西的地区情况更加多变。 新石器时代的特征在不同的时间影响着不同的地区。然而到公元前 4100 年，在相对孤立的伊比利亚北海岸，由于沿海平原地处偏远，仍然保留着居民的觅食模式。同样遥远的不列颠和爱尔兰，大约在同一时间接受了新石器时代的生活方式。

126

　　哪怕仅仅是为了探索地理、生态、环境和社会等诸多因素之间迷人的相互作用，每一个地区都值得关注，因为正是这些因素打破了从觅食到耕作的平衡。

厄特伯勒内外

　　在斯堪的纳维亚南部，人们对于中石器时代的了解体现在厄特伯勒文化。厄特伯勒定居点发现于丹麦和德国北部海岸，还有瑞典南部的斯堪尼亚和哈兰。大约在公元前 5400 年，他们从早期的狩猎采集者群体中脱颖而出，到公元前 3900 年一直没有受到新石器时代文化的影响，但是突然，整个地区都采纳了新石器时代的生活方式。

　　厄特伯勒社群都是定栖的觅食人群。他们的领地与线纹陶文化的定居区域大约相距 200 公里（125 英里），欧洲北部的冰川黏土、沙砾和碎石形成了两者之间的某种障碍，但不足以阻止交易发生。很有可能的情况是，通过这样的网络，厄特伯勒社群学会了如何打磨石头制作斧头、锛子和其他工具。他们也可能已经掌握陶器制作的技术，从公元前 4600 年开始，尖底和小开口的烹饪器皿被制造出来，当然也可能是作为油灯使用。最令人印象深刻的是，在一千五百年里，也就是两个群体比邻而居的时期，厄特伯勒几乎没有接纳"新石器时代组合"的生活方式。这意味着沿海的觅食群体故意没有采纳农耕模式。关于这一点，我们只能进行猜测。也许原因很简单，他们的经济非常稳定，从事农耕和饲养既不能增加他们的营养来源，也不能提高他们的声望。有一些物品如线纹陶文化的磨制石斧和锛子可以换取琥珀、皮毛和海豹脂肪，但无关紧要。更为值得注意的是，在不到一个世纪的时间里，即公元前 3900 年前后，种植农业遍及整个地区，一直延伸到斯德哥尔摩和卑尔根的北部地区——大概是 800 公里（500 英里）的距离。

粮食生产体系的引进，即众所周知的漏斗颈陶文化（TRB，Trichterrand-becher），见证了沿海定居模式重要性的下降，以及新的内陆定居点的开发，它们通常靠近湖泊和溪流，有足够的新鲜水源以供牛羊饮用。尽管如此，许多已建立的厄特伯勒定居点仍然在使用。新石器时代伊始，两种农业模式都在运行之中：通过清理小片的椴树林来提供牧场，通过烧毁桦木来为谷物种植创造空间。起初，这些空地很少，分散在森林中，但随着农业模式的确立，它们逐渐合并到了一起。

但是，为什么从狩猎到农业的变化如此之快？比较可信的观点是，大约公元前 4000 年，环境的变化增加了海水的盐度，影响了鱼类和贝类，海平面上升使得富饶的沿海环境消失。这些因素，加上人口的增加，造成了压力，可能会导致领导人之间的竞争更加激烈。社会经济体系的平衡很微妙，某个点上的小错位可能会触发整体性的变化。无论任何，处于过渡时期，人们可以看到精英的崛起和更广泛的交换网络的发展。农业的好处在于为新崛起的精英提供了更好的机会。这样一个长期抗拒变革的社会，最终还是拥抱了粮食生产的欢乐和磨难。

北 海 的 边 缘： 荷 兰

荷兰的动态景观，取决于河流和海洋的交互作用，呈现农耕人群和觅食人群的互动。该地区的地貌非常多样。南部是河流梯田和阿登-埃菲尔-绍尔兰山脉

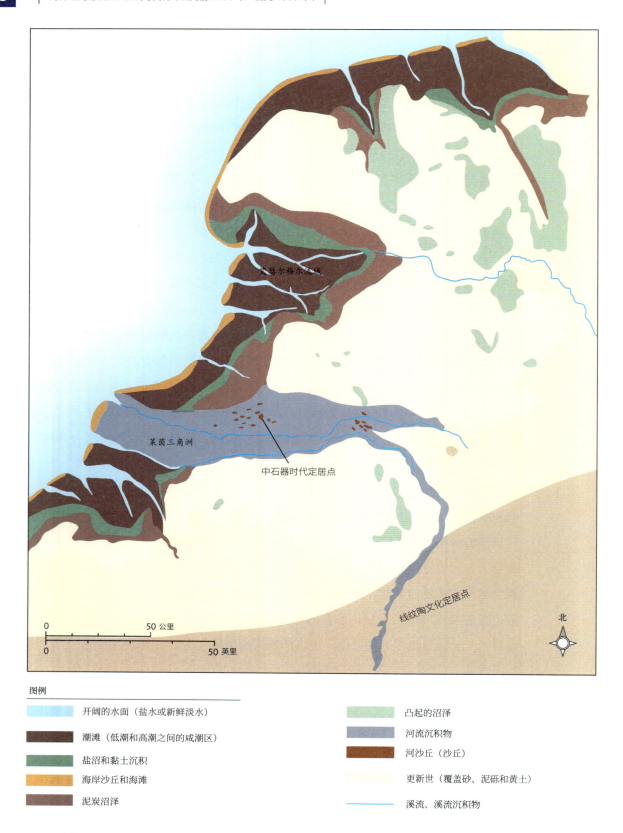

图例

- 开阔的水面（盐水或新鲜淡水）
- 潮滩（低潮和高潮之间的咸潮区）
- 盐沼和黏土沉积
- 海岸沙丘和海滩
- 泥炭沼泽
- 凸起的沼泽
- 河流沉积物
- 河沙丘（沙丘）
- 更新世（覆盖砂、泥砾和黄土）
- 溪流、溪流沉积物

5.11 大约公元前 4200 年，中石器时代的狩猎采集者仍然占据着莱茵河三角洲的岛屿，而线纹陶文化的农民则向南在冰砾泥和黄土上建立了自己的家园。

（Ardennes-Eife1-Sauerland Mountains）的低矮山丘，覆盖着大片不连续的、肥沃的、排水良好的黄土。它们的北部让位给北欧大平原西端的平地风景——层层叠加的冰川冲积砂和砾石。再北是荷兰三角洲的各种沉积物——由莱茵河-默兹河口广阔的洪泛区横切的沼泽、盐沼和滩涂地带——都被一个不连续的屏障保护着，这个屏障由不断移动的海岸沙丘组成，每隔一段距离就有河道穿孔，免受北海的侵蚀。这些不同的海岸景观，不同的栖息地再加上更远一点的内陆，树木繁茂的沙质低地，为觅食人群提供了富饶的环境，而山麓边缘的黄土则提供了非常适宜的肥沃土壤，这是线纹陶文化的农民一直孜孜以求的场所。

黄土地的第一批农民属于拉霍盖特群体，他们可能是当地的觅食群体，从南部开始采用了农业耕作方式，但是在公元前 5300 年前后，被来自东部的线纹陶文化群体所取代，线纹陶文化群体在沙地低地和南部的多山地区之间开荒垦殖。这些农耕社群经几个世纪发展而来。

与此同时，在沙地、沼泽和河口，沿海地区居民的生活基本上不受农耕邻居的影响，尽管这两类社群通过不断发展的交换网络互动交流。　128

最近在莱茵河、默兹河三角洲的哈丁克斯费尔德（Hardinxveld）的挖掘生动说明了两个完全不同世界之间的关系。在这里，两个开始于公元前 5500 年的中　129
石器时代的定居点被仔细调研。它们占据了被称为"黑暗"的（donken）晚期冰川沙丘的顶部，突出于河床之上，大约有 12 公里（7.12 英里）宽。主要的定居点位于最高点，但是垃圾被扔进芦苇和紧邻干燥陆地的水面。事实是，整个遗址都被水淹过，后来被几米厚的冲积黏土封住。这意味着考古证据——特别是有机残留物——被很好地保留下来。

高品质的保存和细致的挖掘结合在一起，给我们提供了特别详细的居住在沙丘地区的觅食人群生活的场景。他们的主要活动是捕鱼。梭子鱼是他们最主要的猎物，辅以斜齿鳊、鲤科鱼、丁鲷和鳝鱼等。水獭和海狸被诱捕，沙地低地的林地有野猪、马鹿、狍子、麇鹿和野牛，以及许多不同种类的小型毛皮哺乳动物。禽鸟主要集中在鸭和其他水禽上，偶尔还有海豹闯入沿岸区域，使他们的饮食变得更加多样化。

他们与南方农耕社群的联系有充分的记录。公元前 5000 年，除了陶器的出　130
现，觅食的人群还从距离克霍尔特（Rijckholt）东南大约 150 公里（95 英里）的

5.12 莱茵河三角洲的沙丘为中石器时代的狩猎采集者提供了理想的定居地点。在哈丁克斯费尔德-波尔德韦格（Polderweg），发掘人员必须清除很深的黏土和淤泥才能达到沙丘表面。

燧石矿中获得燧石刀片。公元前 4600 年，第一批被驯养的动物开始小规模出现。特别有趣的是，除了猪，其他动物只有四肢的骨骼，这表明食草动物的肉经过仔细选择被带到这一地区，这也许是礼物交换的结果。没有发现任何谷物的痕迹。

哈丁克斯费尔德的遗址还提供了分析觅食人群与农民之间关系的非常有趣的视角。觅食人群用毛皮、干鱼或者熏鱼以及海豹脂肪等他们沼泽地里的众多物产交换肉和高质量燧石。

荷兰沿海居民的新石器时代化的过程是一个渐进的过程，持续了大约 1400 年（公元前 5000 年到公元前 3600 年），觅食人群逐渐接受驯养动物和谷物种植经济。这与位于北方的厄特伯勒群体形成了鲜明对比，在那里，一直到公元前 3900 年，新石器时代的模式一直遭受抵制，表明两个觅食者群体具有不同的信仰和态度。地理因素也许发挥了一定的作用。厄特伯勒面临的是比较和谐的海洋，数量众多的入口和岛屿一直在向北部无限延伸，北部对于他们是开放的世界，吸引着他们，他们背对着南部荒凉的沙质冰碛石。荷兰大河及河口的觅食群体存在不同的地理认知。对他们来说，世界的尽头是海岸沙丘，还有远处汹涌的北海。它向内眺望欧洲群山，近邻是农民。也许，认知地理比考古学家迄今为止所了解的更为重要。

阿莫里凯：面对大海

　　阿莫里凯半岛（Armorican，也就是现在的布列塔尼）属于海洋，它三面临海，它的海岸线因隐蔽的河口而犬牙交错，沿海区域一直为人类定居提供适宜的场所。在整个史前时期，人口都倾向于离开荒原和空旷的、很少开发的森林地带，而向沿海地区迁移。

　　中石器时代，南海岸是海边觅食人群的领地。他们的定居或者半定居生活方式产生了大型的贝冢。莫尔比昂省的放射性碳测定表明，这些定居点的主要使用阶段涵盖从公元前 5500 年到公元前 4500 年的一千年，但是特维克和霍迪克岛的最新数据表明，这些地点直到公元前 4000 年或者稍晚一些时候仍在被继续使用。这特别有趣，因为新石器时代的坟墓当时建在附近的大陆上。如果后来的日期是可靠的，那么这就意味着在新的生活方式和信仰体系建立很久之后，一些偏远的贝冢仍然被用于传统的埋葬方式。

　　携带"新石器时代的组合"的人从南部和东部来到阿莫里凯半岛。在公元前 5500 至公元前 4500 年，新石器时代社群使用的印纹陶器在法国西部吉伦特和卢瓦尔河之间的沿海地区出现。也就是说，与莫尔比昂贝冢同时期。从这里开始，关于驯养和耕种的知识可能通过海岸地区的网络向北传播到布列塔尼的南部海岸。

　　阿莫里凯东部地区的新石器时代化更加广为人知。公元前 5300 年，线纹陶文化最初向西推进到达巴黎盆地的东部和南部，最西端的边界大致接近巴黎区域。此后，内部发展逐渐导致物质形态、房屋类型和居住方式等方面的变化。

在公元前 5000 年之后的三四个世纪里，农民先驱团体从巴黎盆地向西扩散，从海峡海岸到卢瓦尔河流域建立起独特的文化飞地，西至卢瓦尔河畔的索米尔附近和现在的布列塔尼与诺曼底边界。在那里，在上梅（ Le Haut Mée），人们发现一个西进的孤立农场。放射性碳年代测定法把它界定在公元前 5000 年～前 4700 年。最近在根西岛（Guernsey）的考古工作显示，这一时期的拓荒者也开始在近海岛屿探险。

农业团体的土地很少。他们在土著狩猎采集者之间建立了小型的、分散的定居点，开始参与当地的互动网络。由片岩制作的石头灶盘只在布列塔尼的农业社群发现，它代表着互惠交换系统的某个方面，农产品经此系统进入土著觅食者群体。在之后的几个世纪里，农民和觅食群体融合，每个群体都失去了自己独特的身份，从而创造出更加多元的文化，其坚实基础是食品生产。公元前 4700 年，阿莫里凯半岛面向陆地的部分很快通过拓荒群体的定居和涵化而进入新石器时代。随后，半岛上或者更精确地说是它的海洋边缘变化迅速，不仅突然接受了"新石器时代的组合"，而且几乎与此同时，一种新的意识形态以立石和墓碑的形式开始显现。

132　　这一戏剧性发展的确切年代仍然有待界定，但是在南部，在莫尔比昂，可以辨识出两个明显的阶段。在第一个阶段，新的纪念碑包括竖立的石头，有时是单个的，有时是成组的。这些立石大小不一。最大的是位于洛克马里亚克（Locmariaquer）的著名的大立石纪念碑（Grand Menhir Brisé），现在已经碎成四块，横躺在地面上。它重达 348 吨，高度曾经超过 20 米（66 英尺）。这块巨石从它出土的地方被拖拽了 4 公里（21 英里）。挖掘表明，大立石可能是体积逐渐增大的一组巨石中的最后一块。挖掘中发现了 18 个承插孔。如果 18 个都嵌入了石头，劳力的消耗非常巨大：它意味着这个社会在某种强制性领导下，能够动员前所未有的

133　　力量。卡尔纳克地区的立石不仅规整，而且相当一部分的表面嵌有图案。一些图案能够辨认出来是牛，另一些则是带柄的斧子和钩状物，也有神秘的图案，被称为"斧头犁"或者"鲸"。遗憾的是，这究竟意味着什么还不得而知，对此存在各种非常有趣的猜测。

立石应该是阿莫里凯最早的纪念性建筑，在兰内尔加杜尔（Lannec er

支石墓

对齐的大立石纪念碑

大立石

```
0          10 米
0          10 码
```

5.13　布列塔尼南部海岸莫尔比昂的洛克马里亚克，一块倒地碎裂的立石，它可能是一组立石中最大的一块，其洞眼已经在挖掘中被界定出来。附近挖出了一个修建稍晚的通道式坟墓。

Gadouer）分层长墓中发现了 4 块立石，大约建造于公元前 4600 年到公元前 4500 年。我们知道，位于卡尔纳克地区的另外两个长土堆遗址 Mané Ty Ec 和马尼奥 II，在建造之前曾放置过小立石。这就提出了关于立石传统起源的问题，它能否追溯到中石器时代，这些遗址是举办连续性仪式活动的场所吗？在这一线索下，霍迪克岛中石器时代的墓葬竖立的小石头可能与此密切相关。

　　新石器时代初期的第二类纪念性建筑是长形的土墩（坟丘）。它们是矩形或

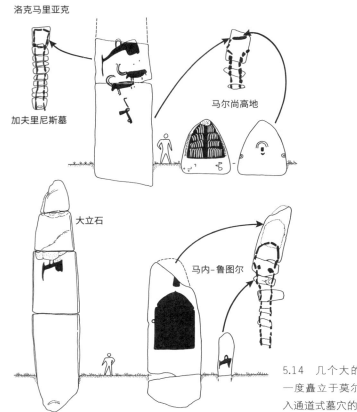

洛克马里亚克

加夫里尼斯墓

马尔尚高地

大立石

马内-鲁图尔

5.14　几个大的立石，许多上面刻有图案，一度矗立于莫尔比昂，但是后来碎了，被嵌入通道式墓穴的墙壁和屋顶。

梯形的土堆，有沟渠、石块或围墙为界。土堆本身被嵌入了各种各样的结构，包括石棺（coffres）。土堆通常包含墓地、灶台和柱子，有时也包括立石纪念碑。这些土墩建造于公元前 4500 年。关于它们的起源，人们有很多推测——是从地区以外引进的，或者是围绕它们聚集的基伯龙湾（Baie de Olriberon）发展起来的。支持后一种观点的提及中石器时代的贝冢，贝冢也是人工建造的土堆——结构基本相同，包括埋葬的石棺以及与之相关的灶台。也可以这样认为，这种长形土堆，就像立石一样，可能是本地的产物，根植于中石器时代。

134　　如果莫尔比昂建造于公元前 4700 年到前 4500 年的第一座纪念碑属于本土现象，那么有待于进一步研究的是，什么促成了它的建造。这是受引入的农业群体的影响，还是卢瓦尔南部印纹陶器定居点接受"新石器时代的组合"，抑或西进到阿莫里凯的巴黎盆地的农耕群体的影响的结果？

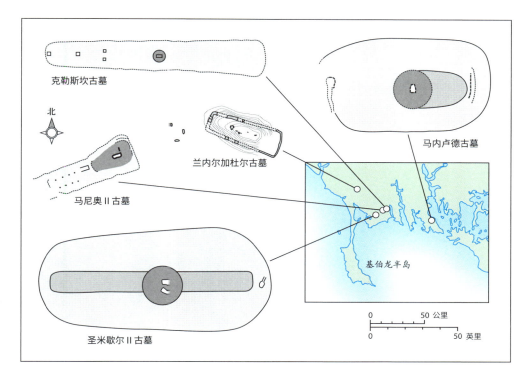

5.15　卖尔比昂的新石器时代的长形土墩，经常包括圆形或者椭圆形墓室。另一些则包括早期立石，暗示了侸用的长期性。

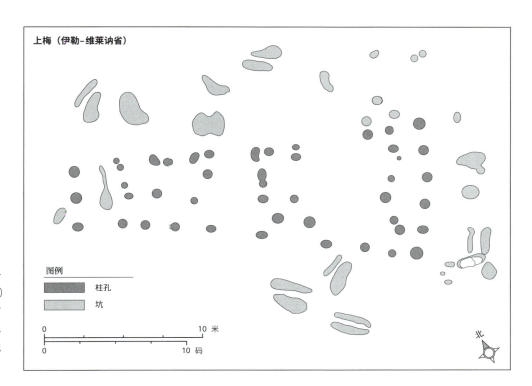

5.16　布列塔尼东部，伊勒–维莱讷省（Ille et Vilaine）上梅新石器时代的房子布局。房子布局类似于在巴黎盆地和更远的地方发现的线纹陶文化的房屋。

5.17　面对比斯开湾的伊比利亚北部海岸是个"不友好"的海岸，那里的山脉迅速向海面下陷，造成交通不便。对于狩猎采集者而言，优势是这片土地提供了一系列不同的生态区供他们开发，但对后来的农民来说，良好的农业用地极为有限。

坎 塔 布 连 海 岸

坎塔布连山脉是巨大的分水岭，位于伊比利亚半岛梅塞塔高原和向北穿过比斯开湾的相对狭窄的沿海地带之间。一位旅行者从大海出发，在相对较短的 50 公里（30 英里）向南的旅行中会途经快速变化的生态区，每个都提供了独特的资源，直到抵达一道由 2000 米（6500 英尺）高的山峰组成的高墙。沿海地区养活了很多中石器时代的狩猎采集者，他们习惯利用农耕提供的资源。

136

新石器时代的经济引入该地区，有许多细节还不是非常清楚。中石器时代的觅食人群在公元前第五个千年的早期接触的陶器有限，更晚些时候才有驯养动物的显著证据。目前，最早出现的绵羊、山羊是在阿雷纳萨（Arenaza）的洞穴里，时间是公元前 4100 年。这里发现的动物骨头中近 80% 是绵羊或者山羊的，表明那时的居民已经既是牧民又是狩猎采集者，他们的传统饮食是森林野味和海鲜。因为驯化的羊群得以丰富，直到后来，才开始种植谷物。

坎塔布连海岸边缘呈现的图景表明，随着时间的推移，成熟的狩猎采集社会逐步适应了环境。他们的生活因为身后的高山和前面的大海而受到限定，这是内向的世界，满足于维持传统的方式。

离 岸 岛 屿 ： 不 列 颠 和 爱 尔 兰

新石器时代思想向不列颠和爱尔兰的传播必须涉及海洋旅行和交通，范围相当广泛，包括饲养家畜——牛、羊、山羊和猪——以及建立可持续农业必需的谷物种子。这究竟是先驱农民自己建立的，还是中石器时代的土著狩猎采集者海上探险带回了新思想很难说清。考古证据太缺乏针对性，但可能是各种各样的进程综合导致了"新石器时代组合"的引进和传播。最为引人注目的也许是这些岛屿的发展速度。新石器时代的经济最初出现于英格兰东部的剑桥郡，时间是公元前 4300 年。公元前 4000 年，抵达了威尔士。一百年之后，出现在北爱尔兰，公

137　元前 3800 年，抵达了苏格兰的很多地方，包括遥远北方的奥克尼群岛和设德兰群岛。无论以任何标准衡量，传播非常迅速——它是如此之快，我们不得不假定新思想及其必要的物质支持主要是通过海洋传播的，而这必将使用不同的海上路线。其中一条必然是短途的海道，即从诺曼底到黄土覆盖的沿海平原苏塞克斯。另一条从法国北部海岸和比利时到东盎格利亚的港口，很容易抵达诺福克的肥沃土壤。这些路线可能吸引了先驱农民前来定居，而新石器时代最早的定居点出现在不列颠东部也许意义重大。其他的航线也是可能的，尤其是从阿莫里凯半岛向北的大西洋航线，将爱尔兰与英格兰、威尔士、苏格兰的西部海岸连接起来。很有可能的情况是，海上的网络已经把这些海岸连接在一起，提供了新思想传播的良好渠道。可能正是通过这一路线，爱尔兰西南部的狩猎采集者，那些住在丁格尔半岛的偏远地区的人们在公元前 4100 年能够获得牛和抛光的石斧。西部海上路线也是新石器时代的观念传播到苏格兰西部海岸、外赫布里底群岛，最后到达奥克尼群岛和设德兰群岛的途径。

　　抛开公元前第五个千年晚期东盎格利亚的定居点不说，英格兰和爱尔兰的其余地区，包括偏远的北方群岛，从公元前 4100 年到公元前 3800 年都开始采纳新石器时代的生活方式，这与丹麦厄特伯勒社群、瑞典南部以及坎塔布连海岸的狩猎采集者开始接受农耕是同一时期。这种同步可能是巧合，但值得思索的问题在于这是否单个因素造成的。

　　最近提出的一种观点是，这些地区新石器时代的生活方式激增，是对一系列科学数据中观察到的气候变化的回应，始于公元前 4100 年，在公元前 3800 年达到高峰，并且一直持续到公元前 3200 年。在这期间，每年的平均气温有明显变化，夏天更热，冬天更冷。这与北大西洋更强的大气子午环流相对应，这导致西部气流减少，冬季降雨减少。综上所述，这些因素使得农作物生长季节延长，提高了欧洲西北部大片地区的农业潜力，从而确保更高的谷物产量。

　　虽然这些科学事实没有争议，英国和斯堪的纳维亚南部谷物的增长很可能刺激了新石器时代经济的传播，究竟是什么促使了这场运动的发生还不是特别清楚。可能仅仅是由于需要长时期的稳定，那些占据着阿莫里凯到莱茵河口的农民

138　在冒险跨海探索新的岛屿之前，建立起稳定的、可持续发展的体系。另外一个不能忽视的因素就是，英格兰和爱尔兰中石器时代狩猎采集者试图改变的意愿。天

气的变化、不断上升的海平面，可能已经摧毁了传统觅食的方式，土著社群被迫接受新的生产方式。文化变革很少只有单一的原因，我们必须承认，不列颠和爱尔兰的新石器时代化的发生是很多当地因素共同作用的结果，他们创造出了复杂社会经济体系的马赛克图景，这一切体现在不完整的考古记录中。

相互交流

欧洲主要的语言群体是紧密联系的，都源于印欧语系。研究印欧语系的起源和传播很大程度上是语言学家的专利，但在最近几年里，这一讨论变得更加活跃，并且因为考古学家有了新的进展，他们试图把语言学理论与实物相结合。公平地说，大部分地区的问题都没有解决，但是一批重要的考古学家达成共识：在欧洲，印欧语系的传入是新石器时代生活方式传播的结果。换句话说，语言起源于亚洲西南部的早期农耕者，随后传遍欧洲。一支沿着巴尔干半岛到匈牙利大平原，然后向西穿过中欧的落叶林带；另一支是向西穿过地中海抵达伊比利亚的大西洋海岸。在这两条路线里面，在公元前第五个千年，印欧语系都是拓殖农民使用的语言。这一早期进步的地区周边是中石器时代人口聚集区，且"新石器时代组合"的元素正逐渐被当地居民所采用。人们认为，在边缘地带，印欧语系能够成为被接受的语言，是通过接触诱发的语言转换，最终通过克里奥尔化（creolization）产生了我们所称的斯拉夫语、波罗的海语、日耳曼语和凯尔特语等印欧语的独特形式。这一过程可以追溯到公元前4000年到前2500年。该理论具有相当大的吸引力，重要的一点是，它与考古证据非常吻合。

结 果

公平地说，在大约两千年的时间里，从来自西南亚的先驱农民在希腊东部鲜花盛开的海岸卸下动物、谷物种子，直到另一艘船的船员在偏远的设得兰群岛登陆，以任何标准加以衡量都堪称在艰苦的边缘环境中建立家园，欧洲社会的基础得以确立。农业是人类存在的支柱，提供了全新的稳定性。社会开始固定下来，沉浸在礼物交换的网络中，这将驱动技术的发展，促使社会越来越复杂。

新石器时代生活方式的传播速度非常惊人。然而，毫无疑问，中石器时代的土著发挥了积极作用，为新兴的农业社会基因库做出了巨大贡献，并提供了流动性的环境。当然，内在的开拓精神也发挥了重要作用，驱使早期的农民向前发展，突破欧洲的极限：在陆地上，穿过北方的落叶林，在海上，从地中海到达大西洋。我们认为，这一动力可能已经嵌入社会价值体系之中，人们相信年轻人只有通过领导殖民探险才能获得地位。还有可能的是，人类背后都有与生俱来的探索未知的欲望，被发现日落的神奇好奇心所吸引来到西方。当然，一切都是猜测。我们不仅要关注定居点和陶器的分布，还要关注有抱负、有希望的真实人类。

第六章

欧洲的无限多样性

（约公元前 4500 年 ~ 公元前 2800 年）

140　　农业最初的快速扩张后，必然涉及小规模频繁的人群流动，另外，两大进程开始出现。在最初的定居区域——落叶林带的黄土区域、地中海的岛屿和岸边——当地的狩猎采集者很快被同化，定居点的数量不断增加，逐步填满了最初探索者之间的空隙。但是，在新石器时代最初的定居区之外，变化的过程更为复杂，从局部的人口增长到土著觅食人群被新石器时代的生活方式所同化。结果便是更多的土地用于农业，并建立起完全混合的基因库。随着这些社群在生态区域安顿下来并建立起自己的领地，文化差异日益突出，社会网络开始把不同的群体联系在一起。于是，欧洲半岛呈现不同"文化"结晶汇聚而成的"万花筒"。

　　在某种程度上，欧洲的两端非常相似。大多数社群种植小麦和大麦，并饲养牲畜，包括成群的牛、绵羊、山羊和猪，只是庄稼和驯养动物之间的比例不尽相同。人们运用打磨的石斧清理土地，最初用锄头耕地，后来用牛在地面犁沟，但没有达到现代犁地的水平。所有的社群都在制作陶器——这是人类的第一种人造物品——对于很多人来说，这种未加烧制的黏土的可塑性提供了创作的多种可能，可以制成各种形状，进行各种装饰。建筑物的结构，定居点的排列，似乎都千篇一律，房子通常都是长方形的，用木材建造而成，在村庄里被安排在一起——但是不同的社会制度导致地域差异，方言也开始出现。

　　过去人们认为，在把新技术和信仰引入欧洲方面，东方的作用至关重要，这141 就是"东方之光"的假设。最近，关于欧洲发展的复杂性已经广为人知，主要是通过放射性碳元素年代测定法和树轮年代学确立起了可靠的绝对年表。现在非常清楚的一点是，很多进展都来自欧洲本土的能量和动力。当然，快速发展的西南亚对其周边地区产生了一定影响。西南亚城市发展的中心位于美索不达米亚，位于底格里斯河和幼发拉底河流域。正是在这里，在公元前 5900 年的欧贝德时期，灌溉农业使得永久定居点出现，社会日益复杂，通过某种神权政治进行控制。在随后的乌鲁克时期（Uruk，公元前 4200 年～前 3000 年），第一批城镇开始出现，其中一些已经具备相当的规模；大约在公元前 3200 年，乌鲁克城就已经达到 100 哈（250 英亩）的规模。到了公元前 2900 年，面积增加了 4 倍。城市文明在这个土地肥沃然而资源贫瘠的地区取得了惊人发展，于是对金属、木材、宝石和其他奢侈品产生了巨大需求。为了满足这些需求，人们开始开发广阔的腹地。美索不达米亚城市消费的一些产品通过贸易网络从欧洲运输进来这也不是完全不可能。

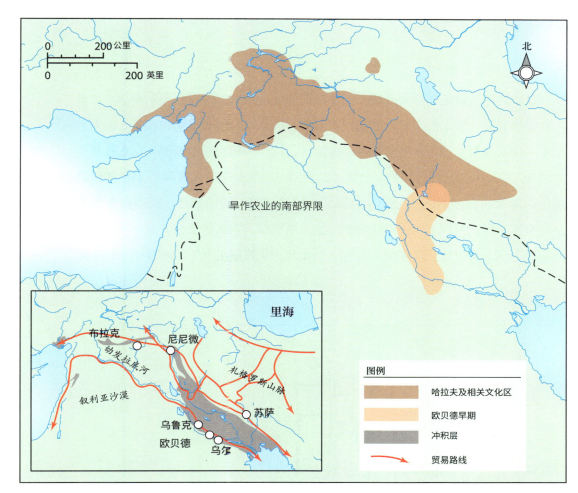

6.1　城邦时期的近东。哈拉夫文化（Halaf culture, 公元前 6000 年～前 5400 年）在地中海区域到海湾的广阔弧形地带得以蔓延。欧贝德文化（Ubaid culture, 公元前 5900 年～前 4200 年）出现在上美索不达米亚。到了早王朝时期（公元前 2900 年～前 2350 年），重心稍微有点偏移，但是仍然集中在底格里斯河与幼发拉底河之间的富饶冲积地带。

核心地带的需求可能刺激了外围地区的生产，但是如果把美索不达米亚的城市化看作欧洲经济社会变化的主要驱动力，这一观点似乎极为荒谬。欧洲社群受到新需求的刺激可能会选择增加产量。欧洲的创新浪潮很大程度上是自发形成的。

居住地的多元化

142　这个时期，最能够体现欧洲多元化特征的就是定居点。在欧洲东南部，即现在的保加利亚，最早的定居点出现在新石器时代开拓阶段的早期，在公元前第六个千年持续发展。最为著名的就是卡拉诺沃，位于保加利亚中南部。在它被使用的两千年间，最初的面积是 10 公顷（25 英亩），由于在前人的废墟上连续建造房屋，后来其高度达到 12 米（40 英尺）。虽然随着时间的变迁，房屋的细节和空间有所不同，但都是正方形或者矩形的，墙壁都是垂直的立柱。房子有时会被分割成 2 ～ 3 个房间。每栋房子都有一个灶台。从挖掘出来的相对较小的样本来

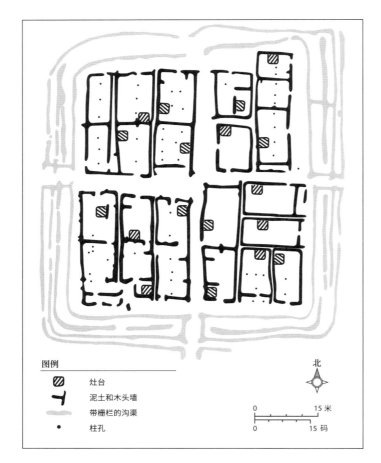

图例

⬚ 灶台

⊐ 泥土和木头墙

〰 带栅栏的沟渠

· 柱孔

北

0   15 米
0   15 码

6.2　保加利亚东北部波利亚尼察（Polyanista）的定居点，建造于公元前 4500 年。这四个紧凑的屋群，也许每一个都代表一支族系，各自都被多个栅栏保护着。

看，整体印象是一个非常大的村庄，房屋密集，没有明显的社会分化。台形土墩令人印象深刻的高度是刻意选择的结果，是居住者有意在过去的遗迹上建造的，也许是为了证明其村庄的持久性，并通过这种方式强化祖先的深厚根基。

再深入东部，在黑海北岸大草原和俄罗斯森林之间的广阔地带，拓荒农民建立了一个农业村庄网络，开拓了一大片肥沃的黑土地。这一群体，在考古学上被称为库库特尼（Cucuteni-Tripolye）文化，他们从喀尔巴阡山脉的东部山麓到第聂伯河流域，拓殖了一大片土地。在公元前第四个千年，一些以南布格河为中心的村庄规模变得非常巨大——达到 400 哈（1000 英亩）——据称，人口多达 1

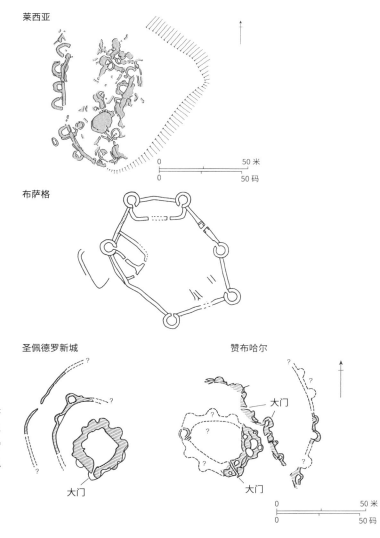

6.3 欧洲南部许多地方的定居点都有石头建造的防御工事，这是青铜时代早期的主要特征。莱西亚（Leceia）、圣佩德罗和赞布哈尔（Zambujal）位于葡萄牙的塔霍河地区；布萨格（Boussargues）位于法国南部。

万！如此惊人的集中度可能是针对内部或外部威胁的防御措施，或许它们代表了从平等主义的部落制度向更为等级化的社会或酋邦的转变。不管什么原因，这一超级中心在同时期的欧洲是规模最庞大的，而且据我们所知，它的布局很合理，一块块的居住区被街道隔开。显然，某种强制力在起作用，以维持如此高水平的秩序。

143

线纹陶文化的第一批农民在该地区的大部分区域定居下来，小村庄继续在建设之中，与线纹陶文化非常典型的长屋不同，后来的房子规模更小，反映出不同区域文化的多样性。房屋面积的整体缩小表明不同社会结构的出现，现在更加强调个体家庭，而不是那些早期生活在长屋里面的家族或世系。

在中欧和北欧地区，从俄罗斯南部到布列塔尼，木材被广泛用于建造房屋。在欧洲南部，虽然很多地区使用木材，但主要使用的还是石头。这一点在葡萄牙、西班牙东南部和法国南部的石砌"防御工事"中得到了最好的体现。在葡萄牙，这些遗址通常指的是维拉诺万文化（Vilanovan），以圣塔伦附近的圣佩德罗新城（Vila Nova de São Pedro）典型遗址命名。圣佩德罗新城大体是环形的建筑，宽大约 35 米（115 英尺），干砌石墙围合而成，带有向前突出的堡垒和唯一的、狭长的入口。外面又有两道弧形的墙，里面的墙是空心的带有堡垒。

类似的石砌防御工事也出现在西班牙东南部的阿尔梅里亚（Almeriá），最著名的位于洛斯米利亚雷斯（Los Millares）。这里是安达拉克斯河（Andarax）和兰布拉德韦沙尔河（Rambla de Huechar）之间的隆起地带，受到三道城墙的保护，

144

它的外围最为广阔，超过 200 米（650 英尺），有 19 个向前突出的"堡垒"和一扇大门。通往该遗址的道路由四个较小的石头堡垒"守护"。在城墙之外，较小的堡垒能够俯瞰一片广阔的墓地，里面有大约 80 个通道墓穴，从公元前第四个千年的末期到公元前第二个千年的末期，这种复杂的建筑和墓地一直都在使用。

虽然描述这些石砌结构很容易，但对它们的功能很难提供令人信服的解释。所有这一切，包括厚重的墙壁、"堡垒"和狭窄的、受到良好保护的入口，很大程度上是出于防御的原因。但其规模和精雕细琢也可能是为了给人留下深刻印象，以展示对这些建筑负责的政体的力量。这些视觉上突出的建筑物也可能是用于集会的，可能是举行宴会和诸神崇拜有关的季节性会议的场所。换句话说，这种类型的遗址，代表了社群受强制性的领导，并且已经实施了某些功能。

6.4 葡萄牙赞布哈尔的定居点已经被大规模发掘。航拍照片显示出带有环形堡垒加强的连续城墙。

上述简要的概括，不能全面客观地体现这一时期欧洲各地的建筑状况。人 145
类已经完全掌握了木材、干石料、抹灰的篱笆墙和密实的泥浆的用法，能够建造
出风格不同的个体建筑，能够很好地进行规划，并且能够把定居点和周边世界分
割开来。我们能够从中看到很多不同的特征，这些特征一起构成了丰富多彩的
欧洲。

陶器：自我表达的媒介

陶器是人们关注的焦点，因为多产——虽然有时并不方便——但在中石器时代之后，陶器变得非常普遍。更重要的是，可塑性极强的黏土被社会用来传递关于自身及其信仰的信息，陶器很快成为重要媒介。选择合适的黏土，使用手工盘筑法制作容器，使用印模、造型和涂画泥釉等各种装饰形式，以及在烧制过程中控制热量和氧气，这些都是新石器时代在希腊确立起来的做法。相关技术是公元前 7000 年从亚洲西南部引进的，大约在公元前 4000 年传播到了欧洲的其余地区。

当地的创造力很快就会发挥作用，创造出一系列令人惊叹的容器，往往具有很高的艺术价值。新石器时代早期西欧许多地方出现的非常简单的圆底碗，其形状是由黏土介质本身决定的。这条线索贯穿了这一时期。由于黏土具有奇妙的柔韧性，它可以被用来模仿其他材料制成的容器——这种现象被称为拟态。在一些组合体中，可以看出藤编或皮革效果，陶工们复制时注重细节。还有一些容器显然受到金属原型的启发。更能够激发人们兴趣的是一些人形陶器，这是在巴尔干半岛经常出现的现象。它不仅仅是好玩的发明而已。也许这些罐子是用来代表个体的。如果是这样的话，它们在人们生活和死亡的社会空间所展示的含义很容易理解。我们从现代人种学的例子中了解到，生活空间中罐子的分组和放置可以传达各种各样的信息。在某个非洲部落里，一个女人放置自己的罐子（代表她）的方式可以让她的性伴侣知道她是否有空。在史前时期，即使是最具想象力的考古学家也猜不到它的含义。

146　　对许多社会来说，陶器是一种表达身份的方式。因此，陶器上复制一组图案是重申群体一致性，并且是区分"我们"与"他们"的一种方式。在另一个层面，采用与信仰系统相关联的特定容器形式，也表明一个人坚持这种信仰。

不是所有的社会都通过陶器来表达他们的身份。在青铜时代早期，公元前147　　2500 年之后，欧洲许多地区的陶器变得更简单、装饰更少。很有可能的原因是，青铜以武器和装饰器物的形式提供了展示群体身份的手段，而陶器的作用开始退化，其作用体现为仅发挥有限的实用功能。

6.5 拟人陶器，来自公元前 4000 年的霍尼察（Hotnica），靠近保加利亚的大特尔诺沃（Veliko Turnova）。这类陶罐很有可能直接代表活着的个体或者祖先。

欧洲早期的陶工极具创造力，作品的形式、空间和颜色令人惊叹，在纯粹的创造力方面，他们可以与现代陶工相媲美。陶器形式和装饰的多样性是欧洲各地当时产生自我认同的文化群体多样性的直接反映。

商品和网络：硬石

某些商品的开发及其流动，往往距离都非常遥远，几乎与人类的历史一样古老。直到公元前 4500 年～前 2500 年，对于稀有资源的开发才有了足够的动力，从而建立起固定连接的交换网络，这些在考古记录中都清晰可见。

顾名思义，界定新石器时代的物质就是石头。不同种类的石头有不同的作用。硅质石头——燧石、黑硅石和黑曜石——在撞击时很容易产生贝壳状断口，特别适合制作需要由薄片和刀片加工的工具。坚硬的、较多颗粒的火成岩和变质岩经粗糙地凿削、雕琢，然后研磨、抛光，可制成粗糙的斧头和扁斧，而色彩和质地纹理异常的石头可以用来制作代表更高声望的物品。整个欧洲有很多开采石头的案例。

黑曜石是黑色的、闪亮的火山玻璃。在地中海及其腹地，黑曜石是很受欢迎的商品。来自基克拉泽斯群岛的米洛斯的黑曜石，早在旧石器时代晚期就已经被开采和分配。来自地中海中部的黑曜石最早是在中石器时代被使用，大约在公元前 5000 年被大量开采和广泛运用，遍布地中海从利古里亚到突尼斯的广泛区域。斯洛伐克东部和匈牙利北部的矿源则以较小的规模开发。黑曜石的吸引力在一定程度上归功于它能轻易被加工成长形的、规则的刀片，且它黑色的闪亮外表让人赏心悦目，使之更有吸引力。

燧石的外观，以及它的力学特性，使其制成品特别受追捧。巧克力火石、蜜糖色的燧石、斑点的燧石和带状燧石在欧洲中北部的不同地区被开采出来。所有的燧石中，来自波兰圣十字山的克热米翁基的带状燧石是分送最为广泛的矿源之一，距源头地最远距离 400 公里（250 英里）。带状燧石以其流动的浅色和深色条纹而有独特的吸引力，特别是打磨成长长的、形状美观的斧头时，这种特征体

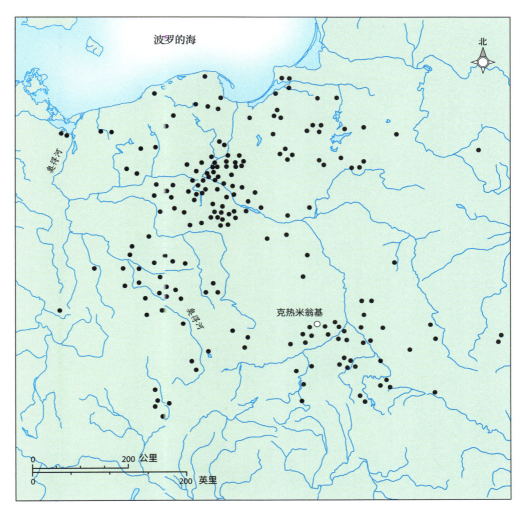

6.6 波兰克热米翁基（Krzemionki）带状燧石的大规模开采，很快就遍及欧洲大平原。

现得更加明显。当矿床层接近地表时，露天挖矿即可；但随着地层的倾斜下移，有必要挖竖井，从底部打通向四周辐射的通道。在整个漏斗颈陶文化时期，即公元前 3900 年至前 3100 年，和双耳细颈椭圆尖底陶器文化（Globular Amphora culture）时期，即公元前 3100 年至前 2700 年，这一资源一直都在被开采。在早期，开采的燧石被带到了单独的大生产区域——克米洛（Cmieló）附近，在那里，它们被加工成斧头，输送到 100 公里（60 英里）远的地方。后来，生产模式发生变化，斧子的制造地点此时是靠近竖井的地方，产品运输的距离达到了 400

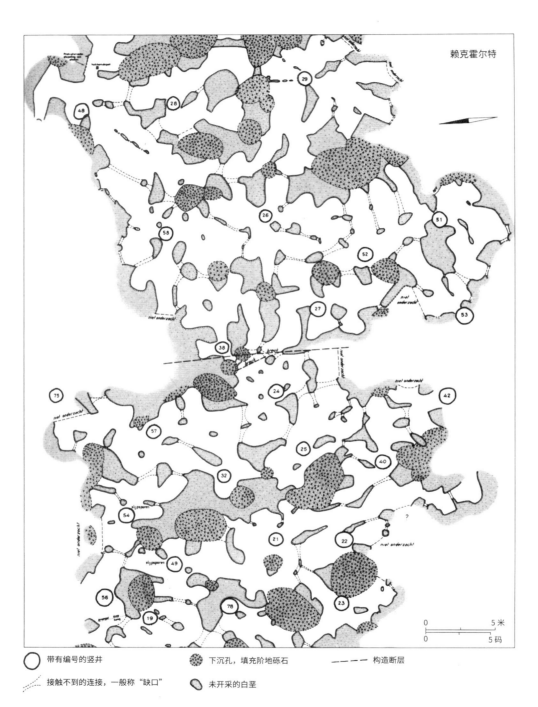

赖克霍尔特

⬤ 带有编号的竖井	⬤ 下沉孔，填充阶地砾石	— — — 构造断层
接触不到的连接，一般称"缺口"	未开采的白垩	

6.7 荷兰赖克霍尔特的燧石矿。良好的燧石层所处的深度，要求矿工先深挖竖井找到接缝，然后再挖出密集的相互连通的通道网络从而最大限度地提取可使用的燧石。

公里（250 英里）。对这些差异存在一种解释：在漏斗颈陶文化时期，那时生产比较集中，斧子直接被送入了交换网络。而在双耳细颈椭圆尖底陶器文化时期，人们从遥远的地方来到矿区工作，工作时间极为有限，开采和打磨他们所需要的石头，然后携带着新斧头回家。在他们的基地，斧头随即进入当地的分配网络。

　　假定后期的生产是直接获取并没有什么不合理的。事实上，人们甚至可以认为这种方法可能已经成了一种规范，资源可能是民众共有，而不仅仅限于当地。很有可能的情况是，采矿季节把不同的部落聚集在一起，举行盛宴、游戏和祭祀等活动。在这种时候，忠诚会得到重申，可以缔结婚姻、交换礼物，可以拓宽网络。换句话说，商品的来源地可能已经变成社会网络的中心。

　　在西欧的白垩（chalklands）地带——不列颠南部、比利时、荷兰和丹麦——燧石开采变得非常普遍。荷兰南部的赖克霍尔特矿区有利于我们更好地了解矿工的技术。由于覆盖层的厚度和所需要燧石带的深度，矿工挖掘的竖井直径达到了 1 ～ 1.5 米（3 ～ 5 英尺），深度为 4 ～ 12 米（13 ～ 40 英尺），具体数字取决于坡度。据估计去有 2000 口竖井。

　　一口矿井大概平均需要三个人花费一个月才能开采出来，在此期间，他们可以挖出 8000 公斤（17500 磅）的燧石。假设存在 2000 个独立的竖井，总产量将非常巨大，但是因为矿井在公元前第四个千年里面一直都在使用，每年的产量都相对适中。赖克霍尔特的燧石深受欢迎，遍布整个荷兰、比利时和德国的西部地区。

　　在不出产天然燧石的地区，火成岩质地的硬石或变质岩经过仔细打磨后被制成斧头。资源丰富的地方被定位为生产中心，被研究最多的是位于布列塔尼中心的靠近普吕叙利安（Plussulien）的塞莱丁（Seledin）采石场，那里盛产细粒辉绿岩。采石场从公元前 4000 年之前开始使用，一直到公元前 2200 年。这段时间里，开采规模非常大，开采面积超过了 100 公顷（250 英亩），而核心区则集中在 1 公顷的范围内。共有 8 ～ 10 万吨的原料被开采，鉴于生产效率低，大约生产了 200 万把粗加工的斧头。如果说这个采石场使用了整两千年，那么每年的产量大概是 1000 吨，平均每天 3 吨。

　　我们还面临采石场的经营模式问题——其经营者是当地的专业人士，还是那些在每年返家之前短暂来此制作斧头的来自四面八方的群体。后者的解释看起

150

151

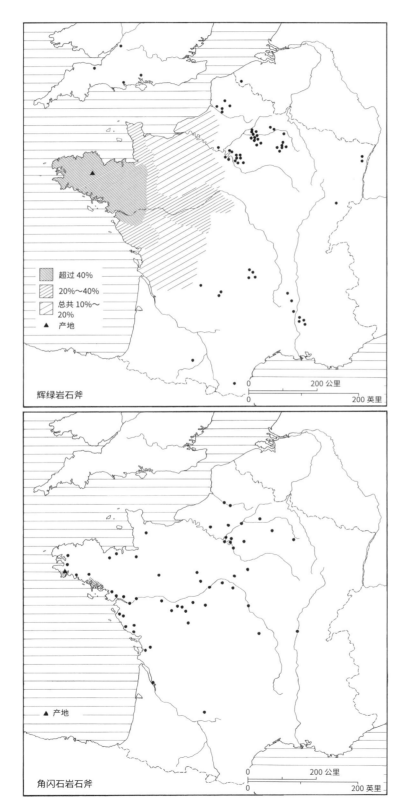

辉绿岩石斧

图例：
超过 40%
20%～40%
总共 10%～20%
▲ 产地

0 ——— 200 公里
0 ——— 200 英里

角闪石岩石斧

▲ 产地

0 ——— 200 公里
0 ——— 200 英里

6.8　这两幅图显示制造斧头的两种不同类型的岩石在布列塔尼的分布情况。辉绿岩用于制造简单的斧头，角闪石岩则用于制造更复杂的带有轴孔的斧头。两张图都显示了其伴随河流分布的密集程度，特别是卢瓦尔河，占有很大比例。

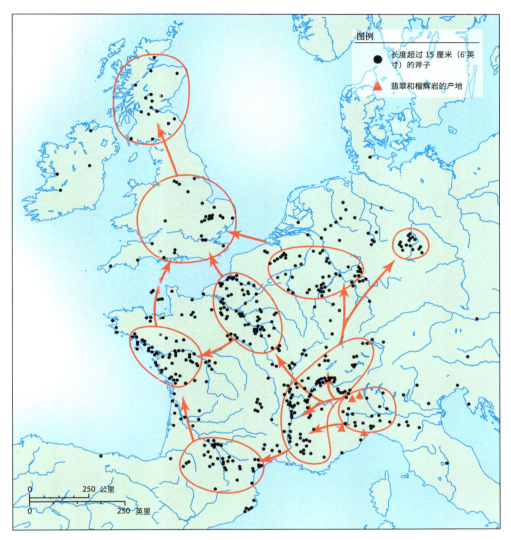

6.9　翡翠斧头从其产地阿尔卑斯山西部遍布欧洲。这一布局清晰地展示出当时的交换网络。

来更加合情合理，因为斧头的生产是季节性活动的一部分。这也能够说明为什么这一资源比其他资源更受喜爱。热衷使用塞莱丁辉绿岩，可能与著名的会面地点直接关联，并非仅仅因为这种石头本身的特性或对生产的垄断。

除了巨大的产量，更为突出的是斧头分布的广大区域，从比利牛斯山脉延伸到英格兰中部地区以西。这是人工制品通过交换网络不断进行交换的生动证明。

也许正是"产地"的重要性，赋予了塞莱丁斧头在拥有者心中的特殊价值。

6.10　阿尔卑斯山西部制作的精美的翡翠斧，通过运输网络遍及整个西欧，最远抵达了苏格兰。这些斧头价值很高，用于仪式。这两把质地良好的斧子出土于苏格兰。

其他类型的石头也可能因非比寻常的品质而更有价值。硬玉可能就是这样，它非常独特，呈绿色，纹理细密，可以进行精细的打磨。通用术语"硬玉"范围很广，包括各种各样的石头——真正的翡翠、暗绿玉和软玉等。但分析表明，欧洲发现的所谓"硬玉"斧大部分都是来自阿尔卑斯地区的沉积物，主要来自意大利的皮埃蒙特和利古里亚。

　　　硬玉主要被用来制造斧头，少数情况也被用来制作戒指。公元前 4700

年～前3800年，斧头广泛地分布于欧洲，主要集中于公元前4500年到前4300年。西欧一共发现了几千个硬玉斧，但其分布非常不均匀。在阿尔卑斯山邻近产地的地区，发现了小斧子，主要是出于实用目的。而更大、更易碎和制作更精美的斧子则在更遥远的地方被发现，从意大利南部延伸到苏格兰北部，这意味着这些是通过精英交换网络分配的更有声望的物品。许多斧子是在多水的环境中发现的，作为献给此地神灵的礼物而存放，而其他的则是在墓地里被发现的，特别是在布列塔尼地区的卡尔纳克的坟墓。显然，硬玉斧是值得尊敬的物品。

欧洲范围内大型翡翠石斧的分布特别有启示作用，反映出那时交换网络的运作。从阿尔卑斯山产地出发，有两条主要路线，其中一条途经下罗讷河流域和朗格多克，经卡尔卡松－加仑河－吉伦特一线，抵达大西洋。斧头从那里主要通过海路，运输到卢瓦尔河流域和南部的阿莫里凯（布列塔尼）。第二条主要的路线是沿罗讷河－索恩河流域，然后分叉，一个分支通向塞纳河流域，另一个分支通向莱茵河－摩泽尔河流域，远至图林根。从塞纳河或者莱茵河口，斧子被运到不列颠的大部分地区，一些抵达了爱尔兰。这种惊人的分布模式第一次比较全面地反映了交换网络，随后将反复出现。 153

到了公元前5000年的中晚期，分散在几百公里范围内的不同群体被连接起来，尽管这是种非常松散的连接，但是他们的商品、想法和信仰，能够通过互惠交换系统迅速地传播开来。我们将在本章后面的部分以及下一章看到这些系统如何进一步巩固，从而在更广泛的地区导致文化趋同化发展。 154

闪亮的金属

人类发现彩色的石头特别具有吸引力。这些从通常的暗色岩石中脱颖而出的铜矿物——亮绿色的孔雀石和艳丽蓝色的蓝铜矿最为引人注目。很容易理解，这些矿物要么是以被拾起的鹅卵石，要么是以活石的碎块被带回家，或是偶然或是有意被放在炉膛中加热。在那样的环境中，矿物很容易就会被还原为金属铜。铜本身就具有显著的特性——它有光泽，能够反光，具有延展性，并且加热就

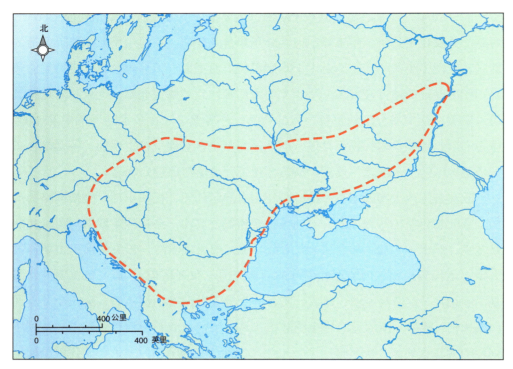

6.11　卡帕索-巴尔干地区冶金区域的分布，显示出公元前第五个千年这两个地区通过交换网络彼此联系。

可以从固体变成液体，降温后便可以复原。

　　有证据显示早在公元前 6000 年，安纳托利亚就开始少量提炼铜，但首次真正大规模地生产铜开始于巴尔干。到目前为止，发现的最早的矿井位于艾布纳尔（Aibunar），靠近保加利亚西北部的新扎格拉（Nova Zagora）小镇。这里的铜矿是从岩石中挖掘出来的，留下长长的、狭窄的壕沟，长达 80 米（260 英尺），3～10 米（10～33 英尺）宽，深达 20 米（66 英尺）。这是大规模的采矿，涉及大量的劳动力。艾布纳尔的矿山可以追溯到公元前 5100 年前后，而且由于使用两件或三件模具铸造轴孔工具所涉及的技术已经非常先进了，更早的工作方式还有待发掘。

　　在艾布纳尔发现的铜工具已经被用于采矿过程，而其他地区，特别是在坟墓里发现的类似文物，几乎没有磨损的痕迹。此外，在埋葬地点还发现了简单的斧子和凿子——事实上，所有常用工具以前都是石头制成的，而现在是用铜制造

6.12 保加利亚黑海西岸，瓦尔纳
（Varna）的精英墓葬。这是一位 40 多
岁的男子的墓葬，有 990 件金器，以及
一系列令人印象深刻的铜制工具和武
器。埋葬时间大约是在公元前 4000 年。

的。然而，在早期阶段，大部分的铜器可能并没有实际用途，而是象征着对原材料和生产它们所需的"综合工作"的控制权。

155　　　卡帕索-巴尔干地区公元前第五个千年的炼铜是引人注目的现象。虽然关于色彩鲜艳的铜矿石的特性，其知识有可能在公元前第六个千年晚期的时候从安纳托利亚传到欧洲，但是巴尔干半岛的发展，无论产品的数量还是种类几乎没有受到外面影响。我们似乎在这里见证了完全本土化发展的过程。推动这一切的因素是什么，我们只能进行猜测。大多数人认为，这可能与精英阶层的崛起有关，他们要求用新的方式来展示他们的权力和血统的崇高性。然而这种超前的生产方式非常短命，只持续到大约公元前 3800 年，之后产量迅速下降，冶金学几乎消失了几个世纪，很久之后才得以重新恢复，专业工匠们制造出不同形式的工具和武器，和公元前第五个千年的样式没有什么关联。

　　　在全盛时期，卡帕索-巴尔干地区的铜矿生产出大量的铜，通过交换网络遍布广大地区，向西延伸到阿尔卑斯山侧翼，向东穿过大草原，经摩尔达维亚和乌克兰，东至伏尔加河。毫无疑问，金属曾被用于相互交换，给这片广阔的区域带来了某种程度的统一。在很大程度上，铜在东欧的分布与阿尔卑斯山翡翠在西欧的分布相似。

156　　　巴尔干地区铜器生产的突然发展可能不是独一无二的。最近，西班牙东南部阿尔梅里亚的塞罗维塔德（Cerro Virtud）遗址发现了一些证据表明，早在公元前第五个千年早期，人们就在这里开采铜。毫不令人奇怪的是，如果金属丰富的伊比利亚地区被证明是另一批自主的铜业中心，那么冶炼工艺就是在当地发展起来的，与巴尔干半岛无关。

　　　公元前 5000 年，巴尔干半岛上出现的第二种引人注目的金属就是黄金，已在冲积沉积物和基岩中发现原生形式的矿脉。在大部分地区，金子主要被用来制作小物品，诸如小珠子和手镯之类，或者以金箔的形式覆盖于其他物品之上，或者作为衣物的配饰使用。关于金子使用最引人注目的例子，来自保加利亚黑海海岸的瓦尔纳，那里挖掘出了 280 座坟墓。超过一半以上的墓葬伴有陪葬物品，其中有 18 座特别富有。最为精致的那座坟墓，其主人是一位 40～50 岁的男性。考古工作者从墓中挖出了大约 1000 件黄金制品，其中大多数是珠子，也包括戒指、手镯和头发、衣服、身体的装饰，还有一个男性生殖器的护套。他的墓葬中还有铜斧和其他工具，以及穿孔石斧形式的权杖。黄金最为奢侈的用法主要是用在身体和服饰上面，但是在两座墓葬中，陶器因为金箔的装饰而显得极为生动。在瓦尔纳墓地，金子的消耗量非常巨大：记录在案的有 3000 个物品，重量超过 6 公斤（13 磅）！附近没有产地，最近的地方是保加利亚中南部。

创造性思维和新技术

公元前第五个千年见证了许多新技术的发展。最引人注目的是火工制造技术的发展，即对火的巧妙控制。火能够将铜从矿石中提炼出来，改变其形状，还可以通过精心控制表面颜色制作高质量的陶瓷。这些都是专业技能，尽管相关人员很可能并不是全职从事这项工作。

伴随着轮式车辆和马的驯养，陆地运输也有了长足的发展。公元前 3500 年，轮式交通工具的证据同时出现于西南亚和北欧。在美索不达米亚，乌鲁克晚期的泥板上发现了代表四轮马车的象形文字，而一两个世纪后，在叙利亚和土耳其也发现了用白垩和黏土制成的实心车轮的模型。欧洲最早的证据包括在靠近基尔的弗林特贝克（Flintbek）发现的一辆巨型手推车下平行的车轮痕和一个来自波兰克拉科夫附近的布罗诺西奇（Bronocice）陶罐上面绘有四轮马车的草图。这两个欧洲发现与乌鲁克的象形文字大体同期。以前我们认为轮子可能是美索不达米亚的发明，但是新发现可能会改变我们的认知。到公元前第三个千年伊始，这一观念已在欧洲和黑海大草原广泛传播。最早的车轮是单片轮盘，很快就变成了两三片组成的复合车轮。

在公元前第三个千年，轮式车辆很快遍及欧洲，许多高边四轮马车的黏土模型在匈牙利大平原和外多瑙河地区被发现，这也是很多地区岩画中反复出现的主题。流动性非常重要。社群驾驭牛车和运输货物的能力为互动和交流创造了新机会，在地形开阔能够通行的地区，大宗的商品此时可以被运输到很远的地方，流动性已经成为生活的显著特征。

与这些变化平行发生的是马的驯化。野马大量游荡在草原上，正是在这个地

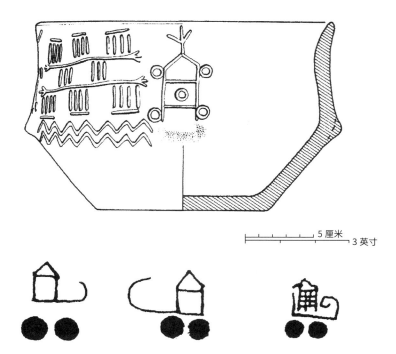

6.13　美索不达米亚乌鲁克晚期（公元前第四个千年的中期）代表四轮马车的象形文字（下图）；波兰克拉科夫附近的布罗诺奇陶罐（上图），时间是公元前 3500 年。

区，人们驯养马匹，后来又率先开始骑马。在公元前第五个千年，一种独特的文化——斯莱德涅斯多格文化（Sredny Stog culture）——出现在第聂伯河下游和顿河的下游区域，分布于从开阔草原到森林草原之间的广大区域。绵羊、山羊、牛和猪被驯养，但是马对部落的生活幸福也至关重要。野马仍然被猎杀，也有证据显示它们被放牧，一些已经被驯服得可以骑行。德里夫卡的一处遗址，位于第聂伯河的支流之上，发现了穿孔的鹿角，可能是简单的缰绳的组成部分。在同一处遗址，一匹种马的牙齿的磨损模式可能是由于摩擦固体造成的。这些零碎的证据表明，骑马运动的起源可以追溯到公元前 4000 年。此后，草原上的后代成为欧洲最精锐的骑士。

骑马的好处显而易见——运动速度大幅提高，快了不止十倍，新的机动性使牛群和羊群能够得到很好的管理。后来，马代替牛来牵引车辆，运输速度也从每天 25 公里（16 英里）提高到 50 至 60 公里（31 至 37 英里）。因此，驯养的马

6.14　匈牙利锡盖特圣马尔通（Szigetszentmárton）四轮马车形陶杯，可以追溯到公元前第三个千年的早期。

提供了许多好处，骑马运动在整个欧洲迅速传播也就不足为奇了，并在公元前第三个千年的末期普及欧洲的大部分地区。训练有素的马可能已经成为很有价值的交换物品。也可能正是通过这种方式，骑乘用的马被引进到匈牙利大平原和外多瑙河地区，以交换巴尔干的铜。在欧洲较西部的地区，当地的野马——旧石器时代聚集欧洲的畜群的后代——是驯养马匹的来源。因此，是关于马具、训练和骑马的知识传播到这些地方，而不是这些动物本身。

　　最后一项需要提及的技术进步是长毛绵羊。最早的绵羊是短毛羊，并非我们所说的长毛羊。产羊毛的绵羊是在公元前第四个千年从近东地区引进欧洲的。人们可以拔去这些动物身上毛茸茸的毛，用来制成内毛毡，或者纺织成细线，从而开辟了一种为欧洲人提供财富的"产业"，并且一直持续至今。

159

欧洲范围内交换网络的出现

随着包括诸如燧石、精磨石、铜、金和驯养的马等"稀有商品"的不断增加，交换不断增多，互动的网络范围不断扩大。通过这种方式，思想和信仰得以传播开来，创造了相当大区域内文化的相似性。思想的流动和价值体系的接受，显然是各种交换网络接触的结果，而不仅仅是民族迁徙的推动。这并不是说流动性不存在——离开了人群，思想和商品是不可能流动的，但是没有必要为了解释变化而提出大规模的迁移理论。

面向大西洋的西部

欧洲面向大西洋沿岸的许多社群，从葡萄牙西南部到瑞典南部，包括不列颠和爱尔兰，都采用的是大石板砌墓室的集体墓葬（因此属于巨石文化）。这种习俗在葡萄牙上阿连特茹和布列塔尼最早出现，可以追溯到公元前 4700 年 ~ 前 4500 年。在更广范围内的一些地区，一直到公元前第三个千年的中期，巨石墓仍普遍使用。

最早的巨石墓群被称为"通道墓"，可追溯到公元前 4700 年 ~ 前 3500 年，在中石器时代人口稠密的地区发展起来，那时的人们已经开始采用长期定居的生活方式。在接下来的千年，巨石墓以石廊墓的形式向内陆扩散，覆盖伊比利亚和法国的大部分，以及低地国家和德国北部。因此，巨石墓最初是从大西洋沿岸的社群中受到启发并且发展起来的。

除了巨石墓，以长土冢形式呈现的集体墓葬在欧洲西部的墓葬仪式中尤为突出。这些土冢出现在布列塔尼和法国西部的时间跟巨石文化大体相同，在整个巨石文化带和它以外的地方都可以发现它们的身影。一种观点认为，这些长形土冢与新石器时代早期线纹陶文化传统的长屋非常相似，因此可以认为是"为死者建造的房子"。另一种观点认为，这些长土冢是为了复制中石器时代那种细长贝冢

160

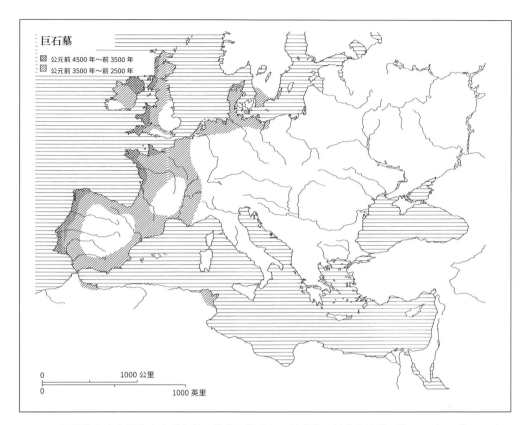

6.15 巨石墓的分布表明其在本质上是一种大西洋现象。通道墓可以追溯到公元前 4500 年～前 3500 年，其在海边的分布表明这些建筑背后的信仰和技术是沿着大西洋海岸进行交流的。

而建造的。在葡萄牙和布列塔尼，贝冢是安葬祖先的地方，在特维克，集体墓葬中也有石砌的石棺，为这个论点提供一些支持。这两种解释并不互相排斥。大西洋沿线不同的巨石墓葬仪式反映出本地的信仰体系和作为"新石器时代组合"一部分的新思想抵达这一地区之后不同的相互作用模式。每个区域，更确切地说是每个微区域，都有其自身发展的轨迹。

关于巨石文化起源，布列塔尼地区被广泛研究。我们已经看到了新石器时代仪式建筑的最早表现形式为两种类型的结构：长土冢（tertres tumulaires）和立石纪念碑。长土冢是矩形或梯形结构，包括各种各样的结构，有灶台、柱子或石头，还有通常用来埋葬人类的小石棺。因此，他们把石棺埋葬的传统和长土冢的

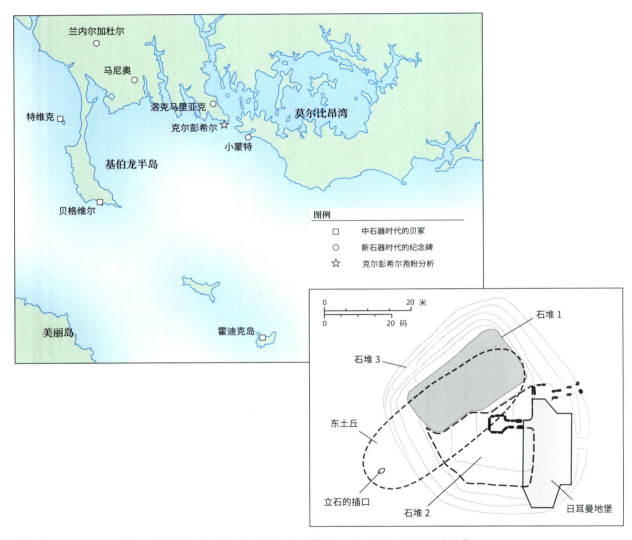

6.16   布列塔尼南部莫尔比昂小蒙特的通道墓，从早期的土丘发展到立石纪念碑可以分为三个阶段。

162
163
观念结合起来。然而，在有些情况下我们仔细观察土丘和里面墓穴的关系可以发现，通常设置在小圆形土丘内的小石棺先于长土冢的建造。在断代证据可考的地方，大多数土丘都出现在公元前 4700 年～前 4400 年。它们只在可以俯瞰基伯龙湾的莫尔比昂被发现，因此代表了一个独特的区域发展。在同一地区还发现了许多经过装饰的立石纪念碑。

在公元前 4000 年到公元前 3800 年的某个阶段，莫尔比昂地区的丧葬结构有可能发生了重大变化。小蒙特墓就是很好的例子，它占据了突出的位置，能够俯瞰莫尔比昂湾的入口。建造始于一个土丘，一端至少有一个立石。这个土丘的一部分被石制的纪念碑（石堆 1）覆盖，后来石堆又进一步扩大（石堆 2），新的结构包含了一个通道墓。在最后阶段，石堆再度扩大（石堆 3），包含了两个独立的通道墓。最早的土丘可以追溯到公元前第五个千年中期，而第一个通道墓可以追溯到公元前第四个千年早期。特别有趣的是，这些通道墓包括三个带装饰的立石。莫尔比昂的其他三处通道墓也有同样的现象，在洛克马里亚克（Locmari-aquer）、马尔尚高地（Table des Marchands）、马内-鲁图尔（Mané-Rutual）这些地方，装饰过的立石都在重复使用。那么，证据就足够清楚了。在公元前第五个千年的长土冢和立石纪念碑阶段后，这些立石纪念碑（或者说它们中的一部分）被拆除，融入全新的墓葬——通道墓的形式中去。虽然这一顺序可以被解释成当地发展，但也同样可以被看作一种意识形态体系被另一种意识形态体系取代。

为了把莫尔比昂序列放在它的背景下，有必要看看布列塔尼西北海岸，放射性碳素测定年代显示，在公元前第五个千年中期之前那里的通道墓就已经建立起来，也就是说，比莫尔比昂的通道墓早几百年。最经典的遗址是巴内斯（Barnenez），位于特雷内斯（Térénez）湾，距离莫尔莱不远。长长的石堆里有 11 个通道墓，但都明显是随着时间的推移而扩展的复合结构。遗址的核心仅仅包括 3 个坟墓，放射性碳素测定年代显示大概是在公元前 4700 年到公元前 4500 年，后面的扩张是在公元前第五个千年的下半段。巴内斯并不是孤立的。在菲尼斯泰尔省北部海岸的其他几处遗址上，通道墓的建造年代在公元前 4500 年到公元前 4300 年。

从表面上看，证据似乎表明，最初，在公元前第五个千年，布列塔尼存在两种截然不同的殡葬传统，直到千禧年之交，西北地区的通道墓葬传统才传播到半岛的其他沿海地区。这种模式——许多不同地区的传统汇合成一种——很可能在大西洋沿岸地区广泛传播；只有当证据具有足够的分量时，人们才认识到这种复杂性。

葡萄牙巨石墓的发展顺序乏善可陈。巨石墓有一些，聚集在阿尔加维、塔古斯河口和阿连特茹的沿海地区。坟墓有很多变化，但大多数可分为三种基本类型：凿岩墓、简单的支石墓和通道墓。确切的建造日期不得而知，但是热释光测

164

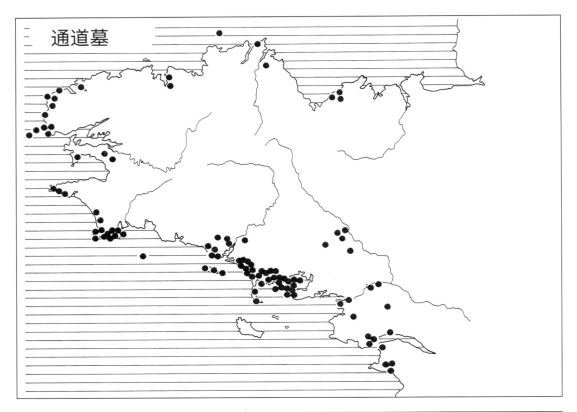

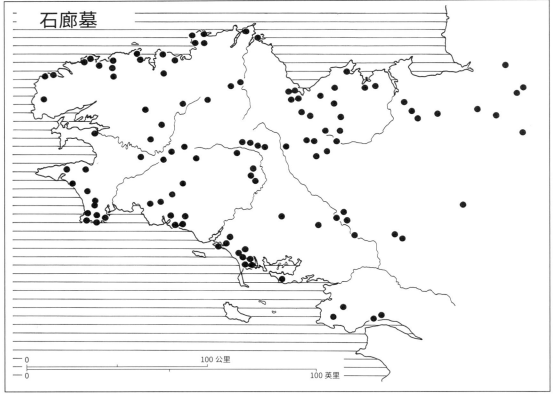

6.17　布列塔尼地区巨石墓的分布清楚地表明早期的通道墓沿海分布明显。后期石廊墓分布非常均匀，这可能反映出社群向内陆地区的扩张。

6.18　布列塔尼北部，靠近莫尔莱的巴内斯通道墓，是一位农民在开挖采石场的时候发现的。随后的挖掘显示，不同时间的 11 个独立的通道墓在一个大土丘下面。从海上就能看到，该遗迹占据了非常显著的位置。

年法断代为大约公元前 ←500 年，因为瓜迪亚纳河流域的通道墓显示与布列塔尼地区的发展基本是同时代的。

在公元前 4300 年之前，不列颠和爱尔兰并没有出现"新石器时代组合"的

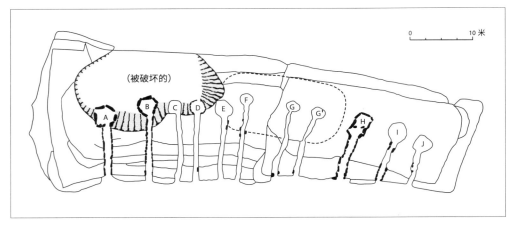

6.19 巴内斯坟墓发展阶段平面图。

证据。几个世纪之后，巨石墓开始出现。爱尔兰岛上发现的诸多坟墓类型之中，最早的似乎是非常简单的支石墓，由一室和一对巨石组成；还有更为复杂的通道墓，以一条通向中央大厅的走廊为特征。这两种类型在康沃尔、威尔士、爱尔兰北部和东部、苏格兰西海岸和奥克尼都存在，这种模式暗示爱尔兰海的海上输入。建造支石墓的最早日期是公元前第四个千年的上半段；在这个千年即将结束的时候，通道墓发展到其最精致的形式，这体现在博因河谷的纽格莱奇墓（New-grange）、诺思墓（Knowth）和道思墓（Dowth），威尔士西北部的"女巨人的围裙"（Barclodiad-y-Gawres）、布林塞利杜（Bryn Celli Ddu），还有奥克尼的梅肖韦（Maeshowe）古墓。这些墓代表了通道墓发展的顶峰，不仅体现在工程浩大，而且展示出精致的建筑技术，体现了非常复杂的宇宙观，而且，在某些情况下，还体现了以石刻形式展现的高度复杂的图像表达。

北海和波罗的海的巨石在许多方面与大西洋不同。第一块巨石出现在漏斗颈陶文化中，是当地觅食群体和早期农业社群涵化的结果。在漏斗颈陶文化的广阔区域，也就是从波兰到低地国家横跨北欧大平原的广大区域，两种非常明显的埋葬传统开始显现：埋在长土冢下面或者埋葬在土丘里面的石砌墓室。长土冢覆盖了漏斗颈陶文化的大部分区域，而石砌墓室仅在荷兰地区、德国东北部海岸、日德兰半岛、丹麦岛屿和瑞典南部——离海洋不远的区域。在西兰岛，最早的北部巨石墓建于公元前 3700 年，荷兰（史前石冢群）稍微晚一些，大约是公元前

166

6.20　爱尔兰巴利基尔（Ballykeel）的支石墓，结构非常简单，可能是不列颠和爱尔兰最早建立的巨石墓。巴利基尔的挖掘发现了新石器时代早期的材料。

3400 年到公元前 3000 年。就大西洋序列而言，这一北方群体实在是太晚了。

　　"巨石文化"这一单一术语对大西洋和北方群体的石制集体墓葬使用，意味着这些现象是关联在一起的。虽然这两个区域物理上的联系是通过海洋，但是没有直接的证据支撑这一论点。漏斗颈陶文化的墓葬仪式各有不同，也存在地区差异。在长土冢的下面，实行的是集体埋葬，这也意味着在某些社群，先人的骨头被收集在一起，之后再进行埋葬。在这种情况下，社群很自然地在长土冢中建造方便的石屋，这样死者的尸体就可以随时存放。换句话说，集体葬礼的仪式是动因，巨石坟墓是结果。

这一信仰体系体现在大西洋区域、伊比利亚和布列塔尼的通道墓构造上。它体现了复杂的宇宙观，一些坟墓设计得可以"捕捉"冬至或夏至时分的落日或朝阳。作为这种宇宙观的一部分，直立的石头呈线形或圆形排列，前者在卡尔纳克地区最为壮观，还涉及石头表面"雕刻"和绘画艺术的发展。这种信仰和实践的复杂性一直向北扩展，沿着大西洋海岸线，在公元前第四个千年的最后几十年到达爱尔兰岛和不列颠西部海岸。尽管组成大西洋巨石文化带的各地存在很大的地区差异，但是相似之处在于一直保持着与海洋的直接联系，而且不同的地区很可能会持续保持着联系。人们很容易看到交易的周期与巨石纪念碑相关的宗教仪式关联，把相隔很远的人们联系起来。

167 从公元前第四个千年早期开始，集体埋葬的巨石墓观念和相关的信仰系统向东传播，深入欧洲。在伊比利亚，从地中海沿岸到加泰罗尼亚，很快采用了集体葬礼。而在法国则沿着河流进行，包括加仑河、卢瓦尔河和塞纳河——这些思想传播到了罗讷河流域以及阿尔卑斯山西侧。我们在这里看到的是与东阿尔卑斯山的硬玉斧互补的流动。这表明大西洋的信仰和阿尔卑斯的商品都使用同样的交换网络，都通过半岛的自然通道来进行。在讨论翡翠斧头的分布时，我们注意到网络把北方与莱茵河流域和更远的地方连接起来。也许正是通过这种方式，大西洋关于集体墓葬的概念加速了沿海漏斗颈陶文化群体的巨石墓的发展。

这里描述的公元前 4500 年~前 2500 年的互动模式非常复杂。但是，各种各样的证据表明了大致相同的情况：到公元前第三个千年的中叶，欧洲的大西洋地区已经通过交换的走廊、海洋和大河连在一起。沿着众多商品自由流通的路线，知识、信仰和价值观都在流动。西欧的各种文化现在开始共享很多东西。

绳纹器文化 / 独墓文化

这个有点繁琐的考古术语指的是一个横跨北欧广阔地区的宽泛的文化连续

体，即从巴伐利亚高原延伸到奥斯陆附近，从莱茵河流域到乌克兰基辅地区，都可以辨认出其文化特征。其影响力扩展得更远，从俄罗斯向东一直延伸到乌拉尔山脉。这种文化连续体大约起源于公元前2900年，大约持续了五百年的时间，其间几乎没有什么变化。顾名思义，它是典型的传统单独埋葬，尸体蜷缩在坟墓里，有时也会作成小的圆形土墩（或坟冢），通常一组排列在一起。男人、女人和孩子都是以这种方式埋葬的，有时以不同的陪葬物品对性别加以区分。大多数都配有大的钟形陶杯，杯的表面通常装饰绞合的绳状纹饰。这些绳纹是在烧制之前用皮革做成的。男性坟墓通常有石制的带轴孔战斧和钉头锤。这些可能象征着坟墓主人的地位，显然是源自喀尔巴阡山地区的铜斧和青铜斧的石制复制品。

绳纹器文化、独墓文化的起源究竟是什么？多数人坚持认为，这种文化代表了来自黑海大草原地区的移民入侵；一些人辩称正是通过这种方式，印欧语系被引入欧洲半岛。另外一些人则认为，这种文化是在核心地带形成的，核心地带包括从莱茵河到斯堪的纳维亚半岛南部和波兰北部，从那里扩散开来。我们从绳纹器文化、独墓文化中观察到的是各种不同的土著文化的统一的变化，给人造成的印象则是欧洲北部大片地区的文化统一。

独墓葬、钟形杯和战斧的象征性代表着欧洲北部广泛采用的一套新价值观。重点不再是反映世系关系的祖先坟墓，而是非常重视个人或家族。这可能显示出人们价值观的转变，以及土地所有制的变化。树木繁茂的土地被迅速开垦出来，牛耕成为常态。在开阔的土地上，轮式车辆的使用越来越频繁，流动性不断增强。也许土地现在被认为是家族的财产，以表彰他们在维持生产力方面的劳动投入。废弃耕地上的土冢（一些坟墓下可以辨认犁痕），象征着个人和土地生产力之间的紧密联系。其他常见的墓葬标志——钟形杯和战斧——毫无疑问意味深长，一种也许是热情好客的表现（假设容器装有酒精饮料），另一种可能则表示权威。

无论人们怎么看待绳纹器文化、独墓文化的起源和传播，它代表了北欧广大地区对一套共同价值观的接受，就如同西欧接受巨石墓文化一样。当然，巨石传统在起源上要早得多，但是在公元前第三个千年头半段非常短暂的时间内，这两个完全不同的体系彼此相遇。这种戏剧性的变化终结了巨石文化集体埋葬的传统，并见证了独墓传统的传播，这些我们将在下一章中进行介绍。

169

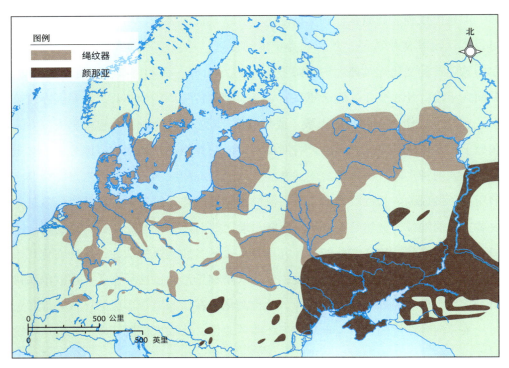

6.21 绳纹器在北欧的分布，与草原上的颜那亚（Yamnaya）文化紧密联系在一起。

6.22 丹麦的陶制酒器和石头战斧都属于绳纹器文化。从左至右分别表示早期、中期和晚期阶段，时间跨度为公元前 3000 年至公元前 2400 年。

巴尔干半岛和大草原

　　公元前第五个千年的后半段，巴尔干半岛（主要是指喀尔巴阡－巴尔干上的冶金区）铜技术的惊人发展，包含了喀尔巴阡山脉弧形区域不同的区域文化。与这种发展平行的是，广袤无垠的草甸草原从多瑙河河口，围绕着黑海北边，向东延伸到伏尔加河和更远的地方，并且处于游牧部落的统治之下。就是在这里，马的驯化不仅是出于食物需求，也是为了骑行需要。开阔的草地最适合骑马旅行，而一对牛拉的四轮车在季节性迁徙的时候运送家人和行李。于是，非常独特的草原文化形成。很明显的特征就是坟墓的深坑上面覆盖木梁，以很大的土丘或坟墩（Kurgan）为标志。这些墓葬中整个的或者拆装的马车与死者埋葬在一起。在早期阶段，这种复合体被称作竖穴墓文化或者颜那亚文化，从而开启了漫长的草原文化传统。

170

　　交换网络在铜产地和草原地带之间发展起来。这一点明显地体现在坑墓中出土的巴尔干铜制品，训练有素的马匹可能也用于交换。两个地区之间的关系非常活跃，可能涉及人群从大草原沿下多瑙河流域进入匈牙利大平原。这并不令人感到奇怪，因为从生态上来说，平原是大草原的延伸，他们的生活方式也相似。

　　草原社群向西移动的有力证据来自墓葬方式。保加利亚北部普拉奇多（Pla-chidol），大型土丘之下覆盖着一个5米（16英尺）深的竖穴墓，该土丘7米高（23英尺），直径长达55米（180英尺）。骸骨上撒有赭色的颜料，横卧在一块低坑里的毛毯上，上面放着木板。然后，两个实心的木制轮子被放置在上面坑穴的两个角落里，可能与另一端的另一对相呼应，只不过那一对后来毁坏了。这种墓葬方式，与当地的墓葬传统格格不入，与草原的竖穴墓非常相像。匈牙利蒂萨河与克勒什河（Körös）的洪泛平原地区还有其他类似的埋葬方式。迁移的年代证据并不准确，但是普拉奇多的墓葬可以追溯到公元前3000年前后。

　　大草原和匈牙利大平原之间的密切联系，以及人们从草原开始的向西迁移，在欧洲的史前史和早期历史中反复出现。草原轴线是欧洲发展进程中的基础结构之一。

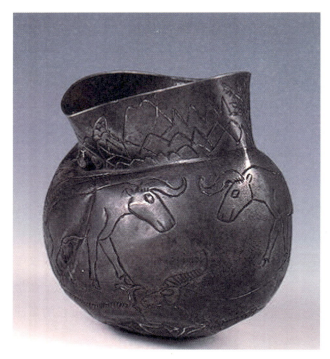

6.23 出土于俄罗斯南部库班地区迈科普墓葬的银钵，时间是公元前第三个千年的中期。工匠在上面绘制了两种对于社群的幸福生活至关重要的动物，长角的牛（图片正侧）和野马（背侧），可能是普氏野马。

6.24 金牛雕像，迈科普墓葬顶篷框架的部件之一，是基于日常生活对动物的观察制作出来的出色模型。

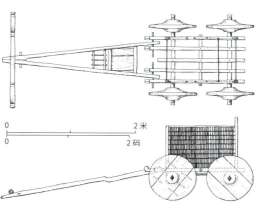

6.25 出土于俄罗斯卡尔梅克（Kalmyk）共和国埃利斯塔市（Elista）的三布拉塔（Tri Brata）竖穴墓的随葬马车，时间是公元前第三个千年。上图是复原的亚美尼亚查申墓穴里面的四轮马车，时间是公元前第二个千年。

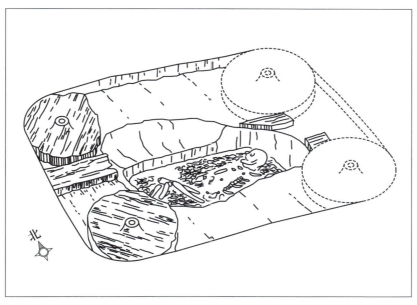

6.26 保加利亚北部普拉奇多的竖穴墓，可以追溯到公元前 3000 年。它与三布拉塔的相似性令人感到震惊。

地中海

　　在地中海地区，各个地方相对孤立地发展起极具特色的文化。大海和探险似乎不再是一种挑战，现在要以其他方式获得地位和声望。

　　马耳他代表了非常极端的例子。一直到公元前第六个千年的末期，马耳他和戈佐岛一直被垦殖，大部分的移居者来自西西里，因此他们一直保持着海上联系，毫无疑问这也是黑曜石和石斧交换网络的一部分。但是在公元前 3600 年之后，这些地区与外面世界的联系衰退，进入了一段孤立时期。在接下来的上千年时光里，马耳他经历了非凡的文化发展时期，并精心建造了 17 座巨大的石制庙宇。尽管在细节上存在很大差异，但它们都是沿着长轴对称建立，由成对的叶状结构构成，有些后殿甚至有四叶、五叶、六叶的结构。建筑物中有大量的石灰岩制成的巨石框架和其间的干砌石墙。与庙宇联系的是巨大的（肥胖的）女性雕塑，关于她有不同的解释，有的称其为母亲女神，有的称其为女祭司。

　　无论按照任何标准，马耳他的庙宇都引人注目：它们独一无二，很少受到外来灵感的影响。这很容易解释为本土创造的结果，是在孤立时期自我孕育而成的。建筑物设计的日益精致反映了不同社群之间的竞争。更有可能的解释是，岛屿生态环境的逐渐损耗促使人们在宗教崇拜上的投资越来越多。结果，他们的期望没有得到满足，危机不断发生，用了几个世纪的时间才得以恢复。

　　地中海岛屿的另一群人则带来了完全不同的故事，即爱琴海南部基克拉泽斯群岛的故事。在公元前 4500 年到公元前 2500 年，这些岛屿日益成为一个海洋网络。最早的海上活动证据始于中石器时代，开始于从米洛斯岛开采黑曜石，还有阿尔戈利斯的弗朗西洞穴的居民捕捞金枪鱼，但是没有证据表明这些岛屿当时已经有人居住了。位于基克拉泽斯群岛南部的克里特岛，与群岛相隔大概超过 150 公里（94 英里）的开阔水域，大约在公元前 6000 年由来自安纳托利亚的移民定居，人们定居罗得岛很可能是在同一时间——但到目前还没有证据证明这一点。

　　公元前第五个千年（新石器时代晚期），社群开始在基克拉泽斯群岛建立起来。爱琴海的大部分主要岛屿在公元前 3200 年就已经有人居住了，除了最小的岛屿之外，到公元前 2600 年前后全部都有人居住了。这些岛屿除了环境宜人，

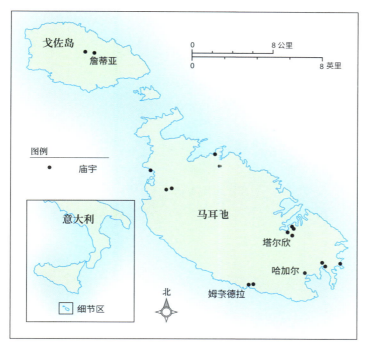

6.27　公元前 3500 年至公元前 2500 年，新石器时代的庙宇在马耳他岛的分布。

6.28　马耳他岛南部的哈加尔石庙。

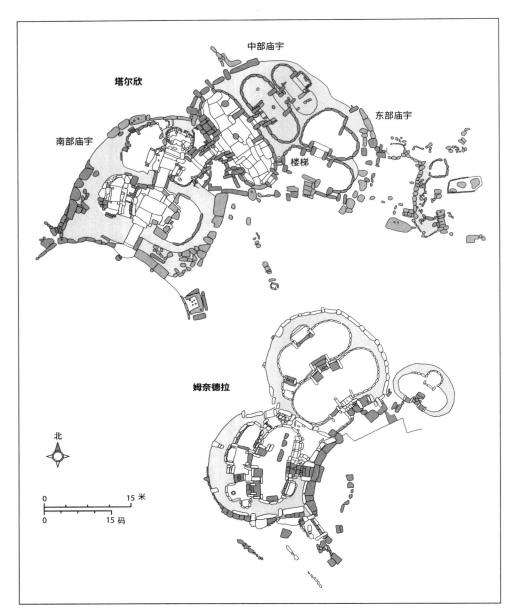

6.29　新石器时代马耳他的塔尔欣（Tarxien）的庙宇平面图（上面），它由规划大致相同的三个连在一起的建筑随着时间的推移发展起来。姆奈德拉庙（下面）是另一座随着时间发展起来的复合建筑物，反映了宗教场所的长期性。

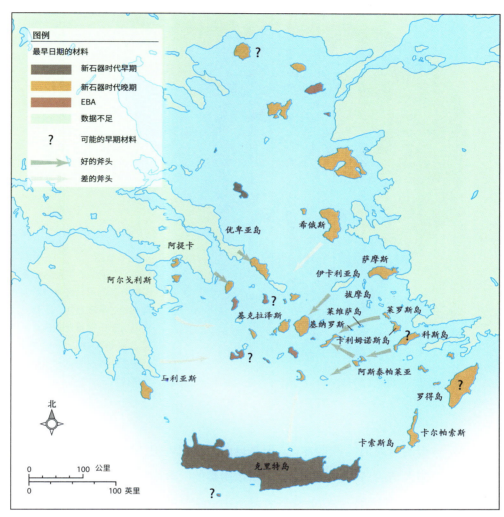

6.30　爱琴海的岛屿在大约四千年的时间里逐渐被垦殖，这始于新石器时代早期克里特岛定居点的建立。相比于希腊大陆，从小亚细亚海岸出发，更容易抵达这些岛屿。

适合于混合耕作，当然也有其他商品存在。米洛斯岛的黑曜石具有特别大的吸引力。在纳克索斯岛上和更大的帕洛斯岛上，很容易就能找到质地良好的大理石。纳克索斯也有打磨石料的金刚砂。到了青铜时代的早期，基斯诺斯岛（Kythnos）也生产铜，而在锡夫诺斯岛（Siphnos），还可以获得银和铅，也有少量的铜。最后，质地良好的陶器用土随处可见，最好的土来自米洛斯和锡拉岛上的火山岛屿。总的来说，基克拉泽斯群岛能够提供更多资源。

6.31 青铜时代早期，基克拉泽斯群岛的船只经常被绘制在陶制的"平底煎锅"上面。此物品出土于锡罗斯岛的查兰德里安尼（Chalandriani）墓地。刻画的船只是窄体的，船首装饰得很高。

垦殖过程的再现仍然需要细节。但是目前的证据表明，第一批定居的岛屿并不是接近希腊大陆的岛屿，而是纳克索斯东南端的一群中型到大型岛屿群，这点很重要。这也可能暗示着最初的移居者是从小亚细亚的海岸和岛屿出发，但是这个问题有待更多证据。

掌握大海对岛屿社群的福祉至关重要。对风向和洋流的掌握使得在一年的大部分时光里在岛屿间进行旅行还是有可能的。大部分的航行可能发生在 5 月到 9 月，那时航海条件处于最佳状态。即便如此，也会出现天气不利而导致无法航行的时候。假如天气适合，航程较短的跳岛航行任何时候都可以开展，但是对于体现社会系统礼仪交往的长途航行很可能是在夏末的固定时间进行的，只有那时农耕周期才允许人们离开土地。

虽然在中石器时代，的确存在坚固的能够进行海上航行的船只，这一点毫无疑问，但是直到公元前 2600 年才有关于这些船只形状的直接证据，即刻在陶

175

器和石头上面的图像。我们将在下一章描述这些文物的发展，但是关于造船传统的描述可能起源更早。已经明确的有两种类型的船只：小型独木舟和更雅致的长船。小独木舟可能被用于当地日常活动，如钓鱼或搬运货物。一幅来自纳克索斯的岩石雕刻展示动物的装运。长船常被刻绘在扁平的陶器上（不准确地称为煎锅），而且结构更加复杂，船首凸起，高高的船尾柱上面挂着鱼徽。船只的长度是 15 ～ 20 米（50 ～ 65 英尺），足够容纳 25 个桨手。这种复杂精致的长船可能是为公元前第三个千年后半段蓬勃发展的复杂的社会系统中岛屿间的交往仪式设计的。对于基克拉泽斯菲岛上的社群来说，公元前 4500 年到公元前 2500 年是他们的海洋文化快速发展的时期，这是爱琴海青铜时代文化发展的前奏，我们将在下一章探讨这个问题。

176

早期欧洲的转变

这一章所涵盖的一千八百年左右是整个欧洲面貌发生急剧变化的时期，人口不断增加，新景观不断开拓，新技术不断发展并且扩散开来。铜和金的提炼和加工，多毛的绵羊和牛拉车的引进，提高了当时的生产力，而四轮马车、骑马、复杂的造船和航海技术增强了机动性，使得商品、人员和思想能够长距离地快速流动。

此时欧洲大陆上存在着数量多得令人眼花缭乱的不同社群，每个都具有自身独特的物质文化、信仰体系和社会实践。但是在这些区域特色之上，我们有可能发现更广泛分布的文化结构，它反映出更高水平的相互作用，以及更广范围内的行为和信仰模式的采纳情况。大西洋海岸的巨石文化带、北欧的绳纹器文化 / 独墓文化带、喀尔巴阡—巴尔干成熟的冶铜工匠、草原上放马的游牧者，是新结构中比较重要的部分。但没有什么是一成不变的：这是变革的时代。绳纹器文化 / 独墓文化带的兴起，与巨石传统的终结重叠在一起。到公元前第三个千年结束时，西方的集体墓葬传统已经被独墓所取代。与此同时，在爱琴海南部，新的岛屿文化正在形成，很快就会开花结果，形成欧洲的第一个"文明"。

177

在这些广泛的文化模式和发展轨迹中，我们可以看到欧洲社会的框架开始成形。和往常一样，它受到决定交流路线的自然地形，以及诸如石头和金属等稀有资源的不均分布的制约，但这些地理上的"既定事实"现在是新兴社会景观的重要组成部分。公元前第三个千年的欧洲人已经达到与环境的新平衡。

最后，这一时期西南亚的发展在多大程度上影响了欧洲？答案是影响似乎微乎其微。多毛的绵羊可能是一项获益，实心轮车辆可能是在底格里斯与幼发拉底河流域最早发明的，关于铜的某些知识可能是从安纳托利亚学习而来。但是，欧洲文化的发展是自成一体的：没有任何迹象表明其创造性的能量和轨迹来自东方。这一时期的欧洲存在自己的发展动力。

第七章 | 穿越半岛，走向海洋

（约公元前 2800 年 ~ 公元前 1300 年）

7.1 神圣的巨石阵石圈，位于威塞克斯中部索尔兹伯里平原，最先成形于公元前 3000 年的新石器时代，但现在遗址上的石头是那之后几个世纪竖立起来的。青石是公元前 2600 年从威尔士西南部运来的，公元前 2500 年巨石阵经重新排列组合。因此，在长达 800 年的时间里，巨石阵一直被作为宗教中心积极使用。

公元前 2800 年到前 1300 年这一时段变化的步伐在加剧。最初，不同的文化群体散落在半岛各个角落。所有这些都根植于过去，目的是维护不同的文化特性。但是业已存在的互动网络把它们松散地联系在一起，促进了铜、黄金、琥珀和精加工的石头等理想商品的流动。其关联的程度各不相同，没有任何一个社群处于完全孤立的状态。到这一阶段的末期，欧洲第一个以克里特岛为中心的文明——考古学家以神话人物米诺斯国王命名的米诺斯文明昙花一现，欧洲社会的面貌也永久改变了。半岛上盛行严格等级制度，这体现在埋葬记录中主要是贵族阶层，而交换网络也见证了大量不同的商品远距离的运输。欧洲的自然路线好像已融合成一个伟大的交流系统。随着新联系的到来，个体的流动规模不断增强。欧洲大陆多样化的同时也呈聚合性。

青铜时代的动力：概览

公元前第二个、第三个千年，欧洲的主要特征是几乎每个地区都有明显变化，到处充满了能量、活力，以及创新和变化的热情。那些古老的——也是传统的和祖传的东西——被刻意抛在一边。当时所有社群正在拥抱泛欧洲的精神，这并不是出于政治上统一的愿望，而是为了求新。欧洲世界开始开放。这并非突如其来的发展，早在公元前第四个千年，大西洋沿岸的联系使得信仰系统能够远距离传播；在公元前第三个千年的开端，绳纹器/独墓文化见证了单独墓葬的实践，对于个体意义的态度发生转变，这种新态度蔓延到欧洲北部大平原的大片区域。到公元前第三个千年中期发生的一切是这些变化过程的升级。

这一切背后都是基于粮食生产的稳定的经济基础。牲畜现在发挥着更重要的作用，不仅仅意味着最终的肉类产量，也包括各种辅助产品：羊毛、牛奶及其衍生物，还有血液，血液是可以从活着的动物身上提取的有用的盐的来源。在这一时期，欧洲人群最终形成乳糖耐受性体质，羊毛织物成为一种能够大量生产和大量交易的商品。动物被宰杀后成了宴会的佳肴，这也是社会运转的核心。

稳定的经济基础导致土地的承载能力上升，促进了人口的增长，特别在土地肥沃的地方可以让一些人减少用于粮食生产的日常工作时间。所有这一切的结果之一就是，社会现在有更多的精力去投资社会追求——盛宴和仪式，以及创造性的任务，比如开发技术和通过美化产品的形式增加产品的价值。这两条线，彼此互相促进加强，导致欧洲出现创新热点。其中最引人注目的是在公元前第二个千年克里特岛出现了以宫殿为中心的社会——"米诺斯文明"——但欧洲的许多其他社群也享受自己的创造力。

在欧洲大部分地区，人们可以通过独特的、精心布置的墓室来区分贵族阶层，而墓室上面的坟冢赋予其重要地位，在群体意识中创造一个不朽的纪念碑。这些坟冢可以作为时间标记，使得社会能够展示和诉说他们杰出的祖先及其英勇的故事的历史。

很有可能的情况是，至高无上的首领被认为具有半超自然的能力，兼具世俗和宗教功能。但是在复杂的社会里面，诸如埃及或者近东国家，发展起更为成熟的等级制度，国王位于最顶端，行使至高无上的权力，他下面的神权阶层执行其他功能。在米诺斯的世界，相比于这一时期欧洲其他地区，最为明显的特征就是权力被授予祭司；但随着权力更加集中，体系更加复杂，可能已经开始了一些功能的分离。

等级化社会的一个特征就是，贵族通过控制需求较大的商品的流通、对知识的掌控，以及基于身体素质的领导力和战斗力把自己与地位较低的人区分开来。这反过来又促进商品更广范围的流通，以及贵族之间的流动。

交换网络长期以来一直在运行。现在有所变化的只是网络使用的范围，以及流经欧洲动脉的大量物资。最为重要的是青铜——铜和锡的合金——一种很有吸引力的金属，未失去光泽时呈金色，可进行精细的打磨。在欧洲，一旦锡青铜（约 90% 的铜，10% 的锡）研制成熟，便被普遍采用，取代了纯铜和砷合金。在公元前 2200 年到前 2000 年，不列颠和爱尔兰最早出现使用青铜的经济，之后，它穿过欧洲向东部和南部蔓延，公元前 1400 年到前 1300 年遍及所有地区。因为青铜的成分未被广泛发现，锡当时（现在也是）非常稀少，青铜被视为珍贵商品。一旦地位得以确立，它就变得非常具有吸引力，金属作为铸块、废料或者成品进行流通变得较为普及。其他许多商品现在也开始大量进入流通网络，包括金、银、琥珀、皮毛、马、纺织物、油和诸如青石、紫水晶等外来石头，这些在

182

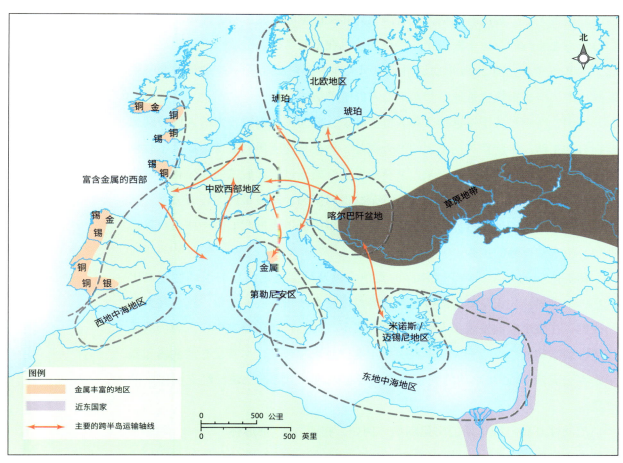

7.2　公元前 2800 年到前 1300 千的欧洲。海洋的接口区域布满了不同的文化区。这些区域以各种方式与欧洲心脏地带线路节点的创新中心相连。

考古记录中都有非常明显的体现。

　　物料的大量运输需要有效的运输方式。牛车已经广泛使用，我们可以假设驮马和驴当时已经很常见。水路运输比较容易，河运已形成自己的路线。海上运输网络得到加强，考古记录中远洋船只的痕迹更加明显。图画被刻印在基克拉泽斯群岛的陶制容器上，绘制在克里特的陶器和壁画上，刻在斯堪的纳维亚南部海岸线的坚硬岩石上。在不列颠海岸附近不同位置的河口泥沼中都发现了船只，最引人注目的是亨伯河口的费里比船和多佛白崖下的沉船。而土耳其南部海岸的格利多尼亚角（Cape Gelidonya）和乌鲁布伦、保加利亚黑海海岸的索佐波尔发现的沉船遗址大部分都没有木结构。航海船只相关证据的急剧增长，无疑反映出人们对于海上旅行的意识不断强化，船只共性也在不断增加。造船技术有明显的提高，尤其是在公元前 2000 年前后帆船被引入地中海东部地区——这是发源于埃及的技术，但是很快就被地中海东部的人群所采纳。

知识，特别是关于遥远地区和人群的知识，成为那些渴望权力的人们特别想要拥有的东西。希腊精英们发起的海外探险，为荷马的《伊利亚特》提供了故事的线索。而在《奥德赛》中，主人公英雄奥德修斯通过不知疲倦的探险和卓越的生存技能取得了伟大成就。他不仅带着荣誉返回家园，同时带回的还有关于外国人以及令人惊叹的外部世界的新知识。这些故事的流传告诉我们，一些民众尊崇那些开拓未知世界的贵族。

精英阶层的兴起、对于奢侈品的竞争，以及社会决定的新的流动性创造出这样一个世界：先天所具有的侵略性很容易爆发为一场彻底的战争。这存在大量的证据，在整个欧洲发现了大量的武器和盔甲。短匕首让位给宝剑，因为剑的重量适合刺戳和砍杀；战斧无处不在，盔甲变得越来越普遍。尽管全套的武器和盔甲是在公元前 1300 年之后的几个世纪发展起来的，但考古记录已经充满侵略的迹象。

流动性开始打破早期的文化隔离。例如，在西方，"钟形杯"——一种非常
183　独特的陶瓷容器类型——开始普及。它与青铜匕首和弓箭手的其他装备一起成为埋葬的必需品。 虽然有限的人员流动可能参与了"钟形杯组合"的传播，但我们所看到的是当地社会根据他们的需要和信仰采用一种价值体系。于是，在西欧的广大地区，不同群体共同分享了"钟形杯文化"。这同公元前第三个千年出现在北欧平原，很快被从荷兰到俄罗斯的大范围内的土著文化所采用的绳纹器 /独墓文化（见第 184 ~ 185 页）类似。另一个宽广的文化区从喀尔巴阡盆地向东延伸到乌拉尔，特点是不同地域风格制造的单刃青铜战斧，以及用于骑行和拉动带辐轮的两轮车辆的马匹。如果认为这些地区代表单一民族或政治实体，甚至认为它们是统一的民族，这样的想法是错误的。它们至多是相互作用的区域，有选择地分享文化的各个方面，通过商品和思想的网络而相互作用：它们反映了现在欧洲的那种联通性特征。

同时期的东方

　　欧洲发生的变化在多大程度上是西南亚和埃及发展的结果呢？米诺斯世界已经发展起与安纳托利亚和埃及的联系，到了公元前 1300 年，海上系统把东地中海的沿岸地区通过交换网络联系起来，这一点毫无疑问。但是与东方贸易的加强对于爱琴海的发展究竟产生了什么影响还不太清楚。现在很少有人说米诺斯文化发展的推动力来自外部，尽管它成为不断扩大的贸易体系的一部分的确有助于刺激米诺斯经济的发展。除此之外，在"野蛮的"欧洲，经济、技术和社会结构的各种创新性变化都是本土能量的结果。

　　西南亚和埃及的社会经历了快速变化的时期。在美索不达米亚，公元前第三个千年见证苏美尔城邦的诞生，阿卡德帝国（Akkadian Empire）达到顶峰。在相对孤立的埃及，古王国的法老制度繁荣昌盛。在此期间，贸易体系建立起来，向东从波斯湾延伸到印度河流域文明，向西穿过小亚细亚。地中海沿岸的黎凡特现在成为连接埃及进入更广泛网络的重要路线。

　　公元前 2300 年到公元前 900 年的数个世纪社会动荡不断。美索不达米亚的阿卡德帝国在公元前 2200 年突然结束。在埃及，古王国在公元前 2125 年崩溃，随后而来的是一个半世纪的不稳定局面，同一时期，黎凡特的许多城市被遗弃。造成危机的原因是不确定的，但有越来越多的证据证明，一切的根源可能来自气候剧烈而突然的变化，出现了一段长时期的干旱。然而，到公元前 1900 年，开始复苏。在埃及，新王国成立于公元前 1575 年，美索不达米亚的新居民亚摩利人在南方建立了许多城邑，其中巴比伦在汉谟拉比（公元前 1792～前 1750 年）国王的统治下开始占据主导地位。位于美索不达米亚北部的阿淑尔古城（Assur），控制着美索不达米亚南部和安纳托利亚之间的路线，重要性与日俱增，到了千年中期，逐渐成为亚述势力的中心。而在安纳托利亚，快速发展的贸易网络使得哈图沙（Hattusa）城市的作用日益突出，到公元前 1650 年，它已经成为赫梯帝国的中心。

　　不同政体和统治者的名字随处可见，它们之间的政治、经济和军事关系也极为复杂。对于我们来说，最为重要的是，公元前 1900 年到公元前 1300 年的恢

184

图例
近东国家
安纳托利亚高原周边地区
爱琴海区域

7.3 安纳托利亚连接着近东国家和爱琴海。通过贸易和交换，一系列贸易港口得以发展起来。

复时期，三大创新中心——美索不达米亚、埃及和安纳托利亚——成为规模庞大的消费社会，需要来自四面八方的大宗商品。地中海东端周围的土地聚集在一起，创造出单一的海上接口，从西北部的达达尼尔海峡一直到尼罗河三角洲，再到东南部。正是通过这些蜿蜒曲折海岸上的众多港口，与欧洲海洋社群的交流得以确立起来。

185

地中海东部：米诺斯人和迈锡尼人

基克拉泽斯群岛

基克拉泽斯群岛在发展跨洋能力方面具有很大优势。公元前 3100 年到公元前 2700 年的早些时候，由许多桨手驱动的长船只已经非常活跃地在岛屿之间航行，促进了互惠交换的周期，期间还穿插着周期性突袭。

在接下来的时期，即公元前 2700 年到公元前 2200 年，一种新的国际主义开始变得非常明显，主要体现为爱琴海内陆和周边地区的定居点的增长，这些定居点是陆路通往海洋的陆地节点，或者是海上航线汇合的岛屿节点。最著名的遗址之一就是特洛伊，它守护着达达尼尔海峡。在这个被指定为特洛伊 II 期的阶段，其防卫城堡由一排建造良好的巨型房屋组成，比它基部的定居点高很多。房屋建造的风格和质量，以及遗址中发现的数量令人震惊的金器和珠宝都表明，这座城市掌握在可获得炫耀财富的精英手里。勒纳也是如此，在阿尔戈利斯也发现木头建造的长方形房屋——被称为"瓷砖屋"，其规模与特洛伊的中央大厅差不多。遗址中发现了一些黏土封条，这是登记、记录和保护物品安全过程中产生的碎屑。一些新的具有"国际"特征的地点开始占有相当大的面积：马尼卡（Manika）占地 50 ～ 80 公顷（约 125 ～ 200 英亩），控制着希腊大陆阿提卡与埃维亚岛之间的海域。

从文物的分布可以明显看出爱琴海内部的流动性要大得多，人群也在流动中。在克里特岛西北端的圣福蒂亚（Agia Photia），一处墓葬的材料和形式与克里特岛的完全不同，但与基克拉泽斯群岛的非常接近。毫无疑问，这里肯定有基克拉泽斯群岛商人垦殖的证据，他们利用便利的地理位置，开发连接克里特岛和安纳托利亚海岸的海洋。

后来，在公元前 2500 年到公元前 2200 年，基克拉泽斯群岛发生了非常显著的变化，以一系列外观独特的陶器为代表，即卡斯特里组合（Kastri group）（纳克索斯岛定居点强化之后），整个岛屿遍布这种陶器，并延伸到阿提卡大陆。这些容器主要用于浇灌和饮水，其表面模仿金属容器的黑色或棕色抛光，很明显是源于安纳托利亚的原型。大体同时，在更广泛的范围内，很多定居点被抛弃，一种全新类型的、具有坚固防御工事的定居点开始出现，卡斯特里就是最著名的例子之一。一些考古学家解释了这些变化，认为是来自安纳托利亚海岸的外来人口入侵的结果。这种可能性的确存在，但同样有可能的情况是，通过交换网络与安纳托利亚发生联系，这一地区开始采用安纳托利亚的饮酒仪式，而定居点模式的错位很可能是内部社会压力的结果，这些变化不一定都是相关联的。

186

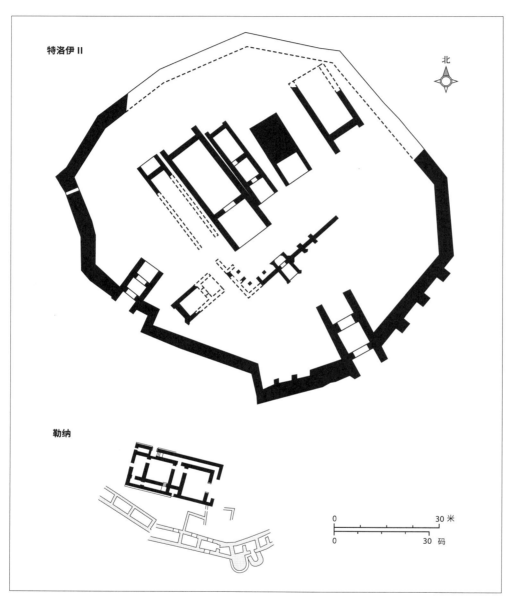

7.4 这一时期的精英飞地，诸如特洛伊和勒纳，建有坚固的防御城墙。其中，主要的房子，或者中央大厅在定居点占据主要地位。

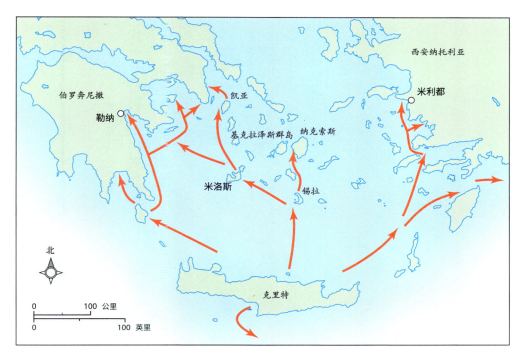

7.5　公元前第三个千年的末期，克里特岛开始统领爱琴海的海上贸易网络，这受益于它的中心位置，以及直接与其他岛屿、希腊和安纳托利亚大陆的生产力联系。

　　大约也是在这一时期，基克拉泽斯群岛和克里特岛的海上相互作用发生了显著变化。虽然克里特岛仍然在接受基克拉泽斯群岛的铜和黑曜石，但在克里特岛的遗址中并没有发现之前时期基克拉泽斯的其他物品。这似乎暗示了克里特人到基克拉泽斯群岛去寻找原材料，但不再准备接受基克拉泽斯的航运。换句话说，克里特人发展起自己独特的、排他性的海上网络。强大的克里特岛的出现，甚至可能在伯罗奔尼撒的基西拉岛建立了殖民地，更进一步显现出克里特人在海上的勃勃野心。克里特岛对基克拉泽斯群岛南部的挑战，可能有助于解释基克拉泽斯群岛上定居点的明显变化。随着他们航行周期的缩短，这些岛屿的精英系统面临着巨大压力，出现了非常严峻的岛屿竞争局面。坚固的、带有防御工事的定居点的出现就比较容易理解了。

　　在接下来的时期，即公元前 2200 年到公元前 1900 年，基克拉泽斯群岛分散的定居点开始崩塌，出现了几个大中心。这与埃及和西南亚地区普遍的混乱情况

187

7.6 米诺斯的印石，刻有中央桅杆的帆船，相比于早期的划桨船只，它已经能够进行长途航行，并且携带更笨重的货物。

不谋而合，在那里，人们认为气候的突然变化导致更干旱的气候的出现。基克拉泽斯群岛的情况中，气候波动是否为决定性的因素，这一点尚不清楚。还有一种可能，这些变换仅仅是之前已经发生的趋势的延续。之前以传统的独木舟为基础的海运系统面临了巨大的压力。另一个影响深远的因素就是，爱琴海水域深海帆船的引入。公元前 2000 年前后克里特岛上的帆船印石表明，岛民们采用了所谓的 "比布洛斯船"（Byblos ships）的技术，在公元前第三个千年中期，连接尼罗河三角洲和地中海东部的海上航线非常活跃。这些船只，居中安置的方形帆、木制深船体，大大优于传统的基克拉泽斯群岛独木舟。天气晴朗时，能够以更快的速度去更远的地方旅行，因为船上的船员数量比划桨手要少得多。而且无论如何，船只的容量增加，它们可以装运更多的货物并停留更长时间。基克拉泽斯的独木舟与那些革命性的船只相比相形见绌。

爱琴海深壳帆船的出现对基克拉泽斯群岛长期建立的社会体系是致命的打

击。该社会体系以独木兵舰队前往遥远岛屿的卓越技术为基础。这种新型的船只需要在深水港有适当的铺地，这反过来又鼓励了在港口周围建立定居点。随着大量物资能够轻松运输，港口定居点的人口急剧增加，这在发生攻击的时候能够增加安全性。帆船出现所带来的变化确实是深远的。

基克拉泽斯群岛的网络持续了很长时间，尽管其间形式有所改变，但是仍然能够把这些岛屿和邻近的大陆向东、向西连接。这是公元前 2000 年前后的情形，爱琴海的世界处于巨大变化的边缘。在接下来的 500 年里，克里特岛成为爱琴海南部的霸主，这一段插曲在后来的希腊传统中被称为"米诺斯的海洋统治"。

克里特和米诺斯文明

克里特岛发现的先进的青铜时代文化可以被称为"文明"，这种称呼始于1900 年阿瑟·埃文斯爵士在克诺索斯的挖掘。从那以后，大量的探险扩大了我们对米诺斯壮观世界的理解——埃文斯以洞察力和气派选择的名字，除了神话之外几乎没有其他依据。因为本书的局限性，我们不可能对米诺斯的壮观社会进行详细讨论。但是我们在讨论它在爱琴海青铜时代发展中所处的地位时，必须先简要地对其进行介绍。

到公元前 2000 年，在地区的发展进程中，相对孤立的克里特只发挥了次要作用。但是随着深壳帆船的到来，能够以更快的速度行驶更长时间，该岛在爱琴海和安纳托利亚、埃及之间的方便位置，使其在更冒险的长途旅行中具有优势，而这种长途旅行已成为常态。不久，这个岛屿就在贸易网络中处于中心位置。公元前 1950 年到前 1700 年，见证了一系列里程碑式的地区中心的发展，这里指的是南部海岸的斐斯托斯（Phaistos）和北部海岸的克诺索斯和马利亚的"宫殿"。这些宫殿被更大的定居点所包围。大约在公元前 1700 年前后，发生了毁灭性的地震，造成大规模破坏，但是依靠社会的稳定性，宫殿得以迅速重建，且在其他地点也建立起一些新宫殿，包括岛屿东端的扎克罗斯长滩（Kato Zakros），以及西北端的干尼亚（Chania）。这些地点的繁荣持续到了公元前 1450 年，似乎是一场大火毁灭了这一切，这场大火究竟是自然灾害还是人为破坏，还不清楚。只有克诺索斯在毁灭后重建。因此，历史序列相对比较简单，包含两个宫殿阶段，旧

189

190

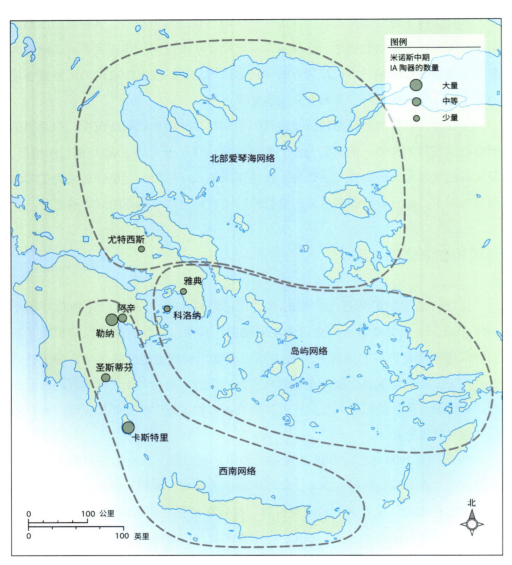

7.7　约公元前 2000 年，青铜时代中期的开端，爱琴海地区出现了三个明显的贸易网络，清晰地反映在考古证据中。

的阶段和新的阶段，紧随其后的是后宫殿阶段，与克诺索斯的最后阶段相适应，一直持续到公元前 1050 年。

191　　　宫殿形式总体非常相似，包括很多不同的功能区域。它们的焦点都是中间那个比较大的开放区域，周围则是居住、仪式、表演、制作和储存区域。储存区域尤其引人注目，能够为大型的储藏罐（希腊壶，*pithoi*）提供空间，还有一排排

7.8 克诺索斯宫殿被广泛挖掘，现在对公众开放。航拍照片清晰地展示出宫殿范围，以及围绕中央宫殿的排列方式。

的地下筒仓和谷仓。在克诺索斯，西部大厅里面的粮仓可以为 800 人提供长达 1 年的谷物。盖章的封印，连同各种各样的文字（象形文字、线形文字 A 和线形文字 B）表明当时存在复杂的控制和计算体系。埃文斯的假设也许是正确的，宫殿是精英阶层居住的地方，包括国王和稍低一级的王，但同时也是公共存储和分配中心：作为什一税或礼物的商品在这里集中和调配，通过直接赠予等价物或认可服务或者间接地通过提供宴会的方式进行再分配。在宫殿的作坊里，工匠们把原材料转变成为具有更高价值的商品。大厅里面，表演和宗教仪式可以在精英在场的情况下进行，在连接着宫殿的附属庭院里面，侍者或者下属也可以充当观众，换句话说，宫殿是中心地点，可以发挥所有维持国家的功能。

宫殿和周围城市都只是定居点的组成部分。也有诸如古尼亚（Gournia）、帕

7.9　青铜时代克里特的宫殿中心及山上神殿的分布情况。

7.10　刻在泥板上的线形文字 A，出土于克里特南部
海岸的圣特里亚达（Aghia Triada）。

拉卡斯特罗（Palaikastro）和米尔托斯（Myrtos）这样的小中心区，每一处都聚集在中心庭院的周围，即当地社群领袖的住所，也许就是当地向宫殿当局负责的行政管理官员。而周围乡村有很多偏僻的农场，诸如瓦西佩特罗（Vathypetro）的小农场，里面装满希腊壶、橄榄和葡萄榨汁的设施，还有棚屋和谷仓。这些地区景观已经固定，井然有序且生产能力强，能够支持复杂的城邦系统。城邦由一群全职专家组成，包括牧师、抄写员和记录员、墙壁画家、石匠、陶工、青铜匠、石头雕刻者、珠宝商和其他许多人。每处宫殿中心都有自己的统治者，但很有可能的是所有这些中心都臣服于克诺索斯的国王。

随着时间推移，海上贸易有所加强。在前宫殿时期，基西拉岛上有米诺斯商人的飞地，公元前 16 世纪中期，似乎有另一群人定居在尼罗河三角洲的泰勒达巴遗址（Tell el Dab'a），那里发现了米诺斯风格的壁画。其他飞地很可能在安纳托利亚西部海岸获得了立足点。米利都、雅索斯（Iasos）和尼多斯的港口都发现了米诺斯陶器。

克里特岛上的进口商品比比皆是。在圣特里亚达、泰利斯索斯（Tylissos）和扎克罗斯发现了大量的牛皮锭，同位素分析显示这些可能来自俄罗斯南部或阿富汗。阿富汗可能也是岛上天青石和锡的来源地。这些商品很可能也是通过成熟的路线，即从安纳托利亚抵达西部海岸的某一港口，然后通过船只运送到克里特岛。银来自阿提卡的劳旦恩矿和锡夫诺斯岛（Siphnos）。制作器皿的质地精良的石头来自希腊和埃及。埃及也可能是宫廷作坊中少量使用的黄金和象牙的来源地，还包括石制容器、雕像、圣甲虫和其他小饰品等成品同样来自埃及。

作为回报，克里特也有很多东西可以提供，包括羊毛织物、葡萄酒、橄榄油、用特制的希腊马镫罐装着的香精油，用质地良好的石器装着的油膏、药材和好的木材。这些在埃及都是深受欢迎的产品，埃及是主要的消费者，那里的自然资源稀缺。埃及文献提到了使用购自"克弗提乌"（Keftiu）（这一时期埃及人对克里特的称呼）的地衣制作尸体防腐剂。在图特摩斯三世统治时期（公元前 1479 年～前 1425 年），墓室雕刻描绘了克弗提乌人手持金质或者银质克里特花瓶在进贡者队伍中。图特摩斯的编年史同样记载了黎凡特港口来自克弗提乌的船只，它们装载运往埃及的柱子、桅杆和大树，但是有一点并不十分清楚，克里特岛的船只是在黎凡特装运自己的木材货物，还是仅仅在前往埃及的路线中短暂停留。

7.11 空中拍摄的迈锡尼城堡。防御墙在公元前 1300 年扩展到包围坟墓圈 A 的竖井墓（底部的中心）。在遗址的中心，最高点处就是宫殿（中央大厅）。迈锡尼控制着从阿尔戈利斯湾到科林斯湾的路线。

7.12　圣托里尼岛上的锡拉定居点被掩埋在火山灰下，一次毁灭性的火山爆发改变了岛屿的形状。青铜时代定居点的房子保存完好，其中一个房间的墙壁绘有海洋远征。其细节无与伦比，内容包括这一时期船只的多样性、定居点的建筑和周匝郁郁葱葱的土地。

　　所有这些货物的承运人究竟是谁？最简单的解释就是，克里特岛居住着远洋航海阶层，受克里特岛君王的控制。随着春季开航季节的到来，他们开始进行海上探险，携带着主人的贡品，到达预先规划的港口，建立外交关系或者偿还债务。在返程中，他们可能会给克里特岛的精英们带回礼物。究竟有多少真正的

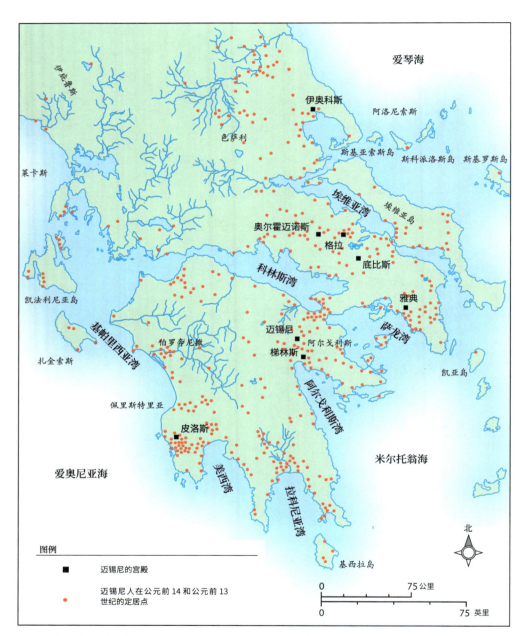

爱琴海

伊奥科斯

色萨利

阿洛尼索斯

斯基亚索斯岛　斯科派洛斯岛　斯基罗斯岛

埃维亚湾

埃维亚岛

奥尔霍迈诺斯

格拉

底比斯

雅典

科林斯湾

萨龙湾

莱卡斯

凯法利尼亚岛

基帕里西亚湾

伯罗奔尼撒

迈锡尼

梯林斯

阿尔戈利斯

凯亚岛

阿尔戈利斯湾

扎金索斯

佩里斯特里亚

皮洛斯

美西湾

米尔托翁海

爱奥尼亚海

拉科尼亚湾

基西拉岛

北

图例

■　迈锡尼的宫殿

●　迈锡尼人在公元前 14 和公元前 13 世纪的定居点

0 　　　　　　　75 公里

0 　　　　　　　75 英里

7.13　公元前 14 世纪和前 13 世纪的迈锡尼文明，绘制了所有已知的地点，从而可以了解主要人口中心的聚集位置。

贸易很难判断，但是值得信任的船主可能会有一些自由，基于贸易的需要装载货物。在航行季节末期，回到母港还有很多修船、建造新船的工作等待他们。除了克里特岛的"商船队"之外，来自埃及、黎凡特和安纳托利亚南部海岸的携带贡品和商品的船只也有可能到访过克里特岛的港口。

195

我们对于米诺斯船只的了解仅局限于公元前 2000 年的印石上雕刻的深壳帆船，以及锡拉岛阿克罗蒂里发现的一系列绘画浮雕，浮雕所在的建筑由于公元前 16 世纪前后的火山爆发而遭到摧毁。一些船只可能是因为节日或者海上游行而被装饰起来，而其他船只则加入海上远征。船只的规模和风格各有不同。其中一艘船尾悬挂转向桨，全速航行，另一些则被描绘成由桨手推动。参与海上探险的船只看起来更整洁，也不那么凌乱。锡拉岛的画有充分的证据表明，当时已经建立造船系统。

走近迈锡尼人

早在公元前 15 世纪，米诺斯文明繁荣昌盛之时，除了克诺索斯之外的宫殿、小城和郊区的住所都被火灾摧毁，留下了大量被遗弃的遗址。造成破坏的原因仍然让人浮想联翩：自然灾难、内乱或外部攻击的猜测都存在，大多数人赞成最后一种可能性。遭破坏后，来自希腊大陆的影响大大增加。迈锡尼文明的物质文化取代了米诺斯文明，引进了配备武器的大陆式墓葬，用线形文字 B 记录的行政语言——现在成了希腊语——取代了早期非希腊语的线形文字 A。显然，克里特岛已被纳入迈锡尼地区，但究竟是武装入侵或和平合并仍不清楚。

196

"迈锡尼"这个名字是考古学上强加的术语，用以描述公元前 1700 年至这一千纪末期以希腊大陆为中心的文化发展。在这一时期，许多权力中心在精英统治者的控制下出现。他们拥有广泛的共同文化，可能效忠于居住在伯罗奔尼撒半岛的迈锡尼国王。

迈锡尼社会是武士英雄的世界——一个令人难以忘怀的、回荡在荷马的《伊利亚特》中的世界。首领们住在以迈加隆长厅为基础的"宫殿"里面，死者

7.14 公元前 1550 年的青铜匕首，出土于迈锡尼的竖井墓圈 A。上面镶嵌着金银，描绘动物狩猎的场景，大盾牌是荷马描述过的类型。

最初埋葬在竖井墓里，最典型的就是迈锡尼的坟墓圈，后来则是巨大的索洛斯墓（类似蜂窝那样建造而成），就像那些聚集在迈锡尼城堡附近并靠近皮洛斯宫殿的坟墓。正是这种文化传播到了克里特，并在克诺索斯建立起权力基地。

公元前 1400 年，希腊大陆的迈锡尼宫殿发展迅速。成群的建筑物分散在它们周围，很多建筑物周围环绕着巨石砌成的厚重城墙，使用巨大的石块，散发着巨大的力量。迈锡尼城堡的入口，它的走廊，还有四方门上拱形山墙上描绘的一对纹章狮子，宣告居住于其中的国王的权力，即使在今天也会使来访者感到敬畏。

当时是一个勇士社会，这一点体现在同时代的壁画、印章和金属制品对于武士的描绘上。武器和盔甲随处可见，最著名的就是青铜盔甲套装和用野猪的长牙制作的头盔，都发现于阿尔戈利斯地区丹德拉（Dendra）的墓穴里面。如果需要进一步的证据，线形文字 B 的文本中记载了为军事冒险准备战车、盔甲、兵器和战斗人员。

希腊精英阶层的出现，其权威建立在英勇无畏的基础上，这与当时欧洲许多地区的情况相似，唯一明显的区别就是迈锡尼领导人操纵资源的能力——这种权力反映在他们肆意挥霍金、银、象牙、琥珀等物品上。他们个人的权威会吸引外来的礼物，正是由于置身于肥沃的、横跨主要路线的地区，使得他们能够指挥

7.15　全套青铜盔甲，出土于阿尔戈利斯的丹德拉的迈锡尼墓室墓。胸甲由可伸缩的青铜板和锁链式肩片组成，一个单独的护颈以保证灵活性。头盔是用野猪的獠牙制成的。

货物的流动。迈锡尼世界位于供养着东方国家和帝国的地中海东部消费区域，与欧洲半岛的大片高产地区之间的交界带。这一系统中的关键节点，就是阿尔戈利斯湾最前面的阿尔戈利斯平原——船只很容易抵达，在那里通过相对较短的陆路运输就可以抵达萨龙湾（Saronic Gulf），然后可以向北抵达爱琴海北部，到达科林斯湾，再到达亚得里亚海和意大利。

　　仅距海湾突出部位 10 公里（6 英里）的地方，早期的居民选择了迈锡尼山作为基地。迈锡尼肥沃的土地、对于整个陆地路线的控制，确保了迈锡尼上升到超级霸权的位置。希腊其他地方的宫殿中心也是如此，同样坐落在土地肥沃能够支撑大量人口的地区，同样能够俯瞰陆上或者海上的交通。皮洛斯发现的线形文字 B 记载的泥板文献很好地说明当地生产的重要性，详细叙述了当地羊毛、亚麻制品和香料的生产。这里还必须加上葡萄酒、油和谷物——它们是爱琴海世界的主要产品。

在东地中海沿岸和西至第勒尼安海的地域发现了迈锡尼陶器，但陶器分布并不意味着交换网络完全由迈锡尼的领主甚至是迈锡尼的航运主导。东地中海其他地区的沿海社群也大量参与货物的转运。还有一种可能性是，在这些事务中，希腊大陆的政治没有起到直接作用。

问题的复杂性可以通过安纳托利亚南部海岸失事的两艘货船进行说明，一艘是公元前 14 世纪在乌鲁布伦的失事船只，另一艘是一个世纪之后在格利多尼亚海角（Cape Gelidonya）的失事船只。乌鲁布伦的船只残骸携带 354 个铜制的牛皮锭，重达 10 英吨（10.16 吨），120 个小圆饼形铜锭，与塞浦路斯陶器放在一起的陶缸，还有能装 1 英吨（1.016 吨）黄连木树脂的迦南罐。散货周围是重达 1 英吨（1.016 吨）的锡以及彩色玻璃、碎金银、被切割的象牙、12 个河马牙齿、

7.16　出土于皮洛斯宫殿的用线形文字 B 书写的泥板文献。

7.17　潜水员正在挖掘乌鲁布伦的沉船。他踩在一堆牛皮锭上，手里拿着一个双耳罐。

7.18　迈锡尼控制着至关重要的跨越半岛的路线，从阿尔戈利斯湾到科林斯湾和萨龙湾，而且是一系列陆线的中心。这一时期，阿尔戈利斯平原人口密度很大，在靠近海岸的梯林斯建有一座防御良好的宫殿。

埃及的乌木和鸵鸟蛋壳。其他可能属于船员的物品包括两把剑，一把叙利亚剑，一把迈锡尼剑，叙利亚吊坠，一枚美索不达米亚的滚印，一个埃及圣甲虫和各种迈锡尼陶罐。两个木制的带有象牙铰链的写字板和一对带有砝码的称重天平暗示了航运的有组织性。这批货物显然价值不菲，可能是运送给国王的贡品。这艘船

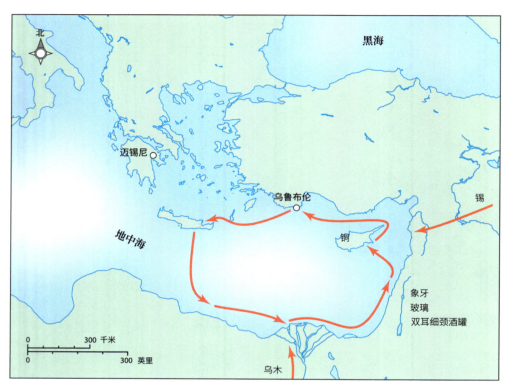

7.19 青铜时代在土耳其海岸乌鲁布伦失事的船只，可能正在围绕地中海东部进行环行航行，沿路收集珍贵的原材料。它的出发港口不明，有可能是隶属于塞浦路斯的船只。

最可能的出发点是塞浦路斯，或者是地中海港口之一。关于货物的收货人，我们只能猜测——也许是迈锡尼的霸主之一。但即使这些推测是正确的，也没有线索显示这艘船是在哪里建造的，更不知道它主人的种族。

格利多尼亚海角的货物完全不同，由来自塞浦路斯的铜锭和铜料组成，还有不知道来源的锡锭，也许是商人或者青铜工匠的存货。这些沉船为我们了解公元前第二个千年晚期东地中海地区海上交流的复杂性提供了很好的观察视角，它把欧洲王国和东方的帝国联系起来。

第勒尼安海和更远的地方 ─────────────────

在意大利、西西里岛、马耳他和撒丁岛发现的迈锡尼陶器和青铜制品表明，大约公元前 1600 年，东地中海和第勒尼安海之间的交通已经建立起来。但如果把这解释为迈锡尼文明对西方进行的探索，对这些材料的使用会超出合理猜测的限度。我们只能肯定地说，这两片海域之间有过航行。

地中海中部的海上网络已经确立起来了（参见第 131 页），这些连接地中海中部岛屿和非洲北部、意大利和利古里亚的网络，在公元前第三个千年和公元前第二个千年继续发展，为第勒尼安海周围的迈锡尼文明和塞浦路斯文明的分布提供框架。伊奥利亚群岛上的利帕里是黑曜石的主要产地，是新石器时代网络的中心，地中海东部的冒险家选择这里作为最早的贸易中心。它坐落在主要航运路线上，地理位置便利，其海运传统可以追溯到几个世纪以前。几乎在同时，在靠近那不勒斯湾的伊斯基亚的维瓦拉岛上，建立起另一个登陆地点，这样就能够抵达第勒尼安海的北部海岸。两片海域之间的联系继续发展。到公元前 14 世纪，在意大利南部塔兰托附近的斯科利奥德尔托诺（Scoglio del Tonno）建立起一个主要港口，到公元前 13 世纪，在卡利亚里湾的安提戈里（Antigori）附近有一个港口，能够直接进入撒丁岛南部。东地中海船只的主人可能选择五个港口中的一个作为青睐的商业市场（emporium），在那里从事主要交换，当地与更远地方的港口能够进行商品往来。

据推测，迈锡尼和塞浦路斯的陶器主要用作装油、软膏和其他比较昂贵的奢侈品的容器。塞浦路斯的铜，以牛皮锭的形式出现，占一定的数量。利帕里、西西里岛南部和撒丁岛上 50 多个分散的地点，都发现了散落的牛皮锭。有少量线索表明，什么样的商品被带回了地中海东部。一种可能就是明矾，它在很多活动中都非常重要，包括皮革加工、纺织品的染色和药物的制造方面。皮洛斯和梯林斯出土的线形文字 B 的泥板文献都提到了明矾的重要性，古典时期明矾的一个主要来源地就是伊奥利亚岛（Aeolian）。另一种可能的商品就是琥珀，波罗的海的琥珀穿越欧洲，被运往波河平原，在意大利各地都有分布，这也暗示着它有可能通过欧洲，抵达第勒尼安海，然后从那里到达西西里岛东部，在那里商人们进行

201

202

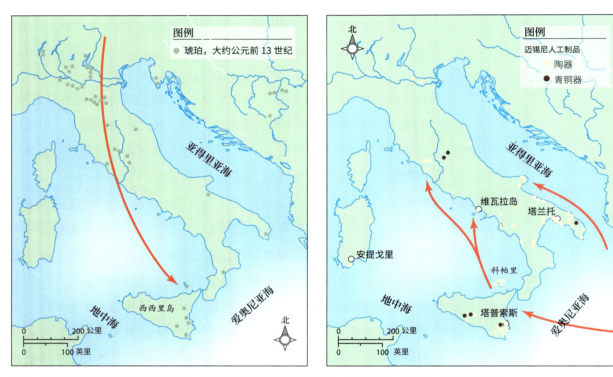

7.20 从迈锡尼的物品分布可以看出，在迈锡尼时期，意大利半岛与地中海东部的贸易网络紧密地联系在一起。进行贸易的商品之一来自波罗的海的琥珀穿越阿尔卑斯山运到波河流域，然后转运南方。

交易。

关于两海之间互相作用的强度很难进行估量。很可能处于一个比较适中的水平，到公元前 13 世纪，迈锡尼风格的陶器和金属制品都在西西里制造，可能是随着贸易商一起到来的工匠留下来为当地市场服务。

地中海东部的商人在第勒尼安海进行贸易的程度，取决于他们与当地海洋网络的联系程度。撒丁岛西部几乎没有发现迈锡尼文明的遗迹，这有力地表明这一时期的地中海西部是独立的世界，偶尔会有船主受到好奇心的诱惑，试图向西部探险。对此，唯一的证据就是在西班牙南部发现的两块迈锡尼陶器的碎片，出土于瓜达尔基维尔河谷的蒙托罗，它位于科尔多瓦的上游区域。在接下来的几个世纪的时间里，地中海西部在很大程度上仍然不为新兴的文明世界所知。

当然，地中海西部并非没有自身的文化发展。伊比利亚就存在一个明确的文

7.21　安达卢西亚格拉纳达附近的橡树山上的阿尔加文化区的一个陪葬丰富的墓葬。墓葬主人的地位是通过两个金耳环、一个铜匕首和四件精美的陶器而确定的。

化群体，被称为阿尔加文化，这是以阿尔加定居点命名的，在西班牙东南部的格拉纳达和穆尔西亚之间发展起来。该地区是半干旱地区，但河流的河谷提供了充足的可耕地，在夏季的几个月广阔的高地牧场可以放牧羊群和牛群。该地区金属资源丰富，铜的储量充足，还有非常重要的但数量有限的银矿床。

　　这里采用个人墓葬习俗，用石棺或非常大的陶瓷容器来埋葬。死者被视作独立的个体，穿着华丽的服饰，有武器和陶器作为陪葬。地位从陪葬物品的质量可以看出来，有钱人的陪葬是银器（而且非常充足）、黄金、彩色陶器和象牙。死者被埋在地板下或墙后面，以靠近生者。

　　阿尔加文化的一切都表明，它是在本地发展起来的，几乎没有受到外界刺

203

激：内陆是无尽的山脉、贫瘠的高原，而且尽管阿尔加区域与海洋交界，除了邻近北非海岸外，几乎没有海洋接触的证据，令人垂涎的象牙和珍贵的鸵鸟蛋来自北非，这些都可以用作私人装饰。在地中海的这一端，海上网络仍然是区域性的。

大西洋和北海

公元前第三个和第二个千年，西欧和中欧的许多地区都出现了钟形杯现象。从葡萄牙到匈牙利，从普罗旺斯到苏格兰，独墓被广泛采用。在这个广阔区域的许多地方，很多墓葬的陪葬品非常独特，包括陶瓷的钟形杯和代表死者身份地位的物品，比如弓箭手的装备（箭、护腕和可能的弓），铜或青铜匕首，石头战斧，以及琥珀珠和金耳环等个人装饰品。在西欧，弓箭手的装备是首选。而在北欧，战斧更常出现。钟形杯现象非常普遍，墓葬物品非常独特，所以早期的观察者很容易将这些视为一场迅速的、泛欧洲民族迁徙的证据。但是，人们对这一现象的解释在不断变化，现在的共识则是这种现象代表了人们接受了一系列的信仰和价值观。尽管当时存在一定程度的流动性，但是大规模的人口流动还不太可能。过去出现的困惑之一是钟形杯本身所具有的意义。如果认为这种形式只有一个起源，争论就会集中于钟形杯观念的移动方向，但是如果我们接受了这种基本的形式已经普遍化，在不止一个地方发展起来，适当地强调区域序列和地方的创造性，梳理出联系在一起的线索，给人一种文化广泛统一的印象就会变得容易很多。

204
205
在第六章，我们已经看到了一个独特的文化群体——绳纹器/独墓文化——出现在公元前 3000 年前后的北欧大平原，接下来的几百年里在邻近地区传播，向西进入丹麦、荷兰和瑞士，向东深入俄罗斯。其文化的特点是单独埋葬，陪葬品中通常有绳纹装饰的钟形陶器和石制战斧。这种绳纹器文化的复杂程度大致与莱茵河上游和中游的相同。

一条相当独立的线索是大约公元前 2800 年到公元前 2700 年葡萄牙的塔霍河

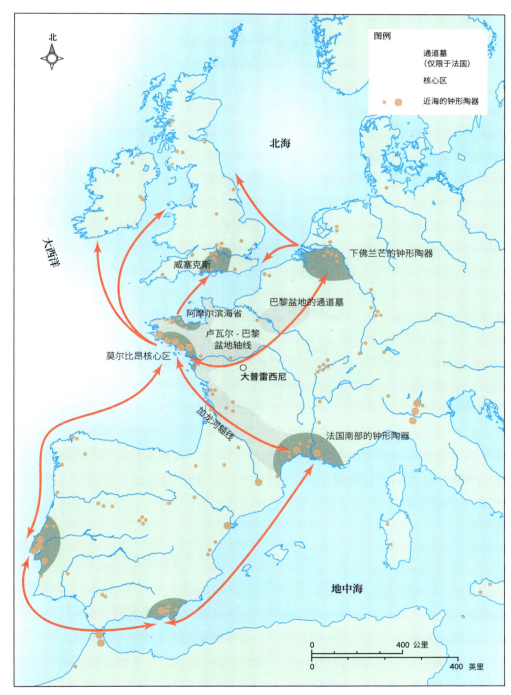

图例

通道墓
（仅限于法国）
核心区

近海的钟形陶器

北

北海

大西洋

下佛兰芒的钟形陶器

威塞克斯

巴黎盆地的通道墓

阿摩尔滨海省

卢瓦尔 - 巴黎
盆地轴线

莫尔比昂核心区

大普雷西尼

加龙河轴线

法国南部的钟形陶器

地中海

| 0 | | 400 公里 |
| 0 | | 400 英里 |

7.22　公元前第三个千年，欧洲大西洋的贸易网络非常复杂。一种独特的陶器类型——沿海的钟形陶器的分布是其范围的最好例证。贸易网中的关键节点是塔霍河流域和莫尔比昂，但是主要的内陆路线都沿着大河分布。

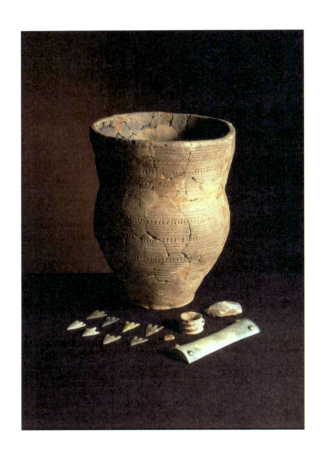

7.23　苏格兰因弗内斯郡库杜塞尔
（Culduthel）墓穴出土的钟形陶器。
护腕和箭镞表明死者的随葬品有弓
箭手装备。

地区，非常独特的具有装饰性的钟形陶器文化——也是我们熟知的沿海钟形陶器的发展。这些器皿被烧制成红色或者红褐色，整个外表面都装饰有水平梳状纹。器皿的形状和纹饰都来自本土的陶瓷传统，而猎人的弓箭墓葬可能也起源于该地区。

　　沿海钟形陶器文化最初的传播是在公元前第三个千年中间的几个世纪，沿着大西洋海上航线展开，使用成熟的塔霍河与莫尔比昂/卢瓦尔河口之间的路线，那之前至少两千年，巨石通道墓便在这个区域传播。从阿莫里凯（布列塔尼）出发，沿海钟形陶器文化的内生组合使用长期的交换网络在西欧蔓延开来，一条向南沿着法国西部海岸到达吉伦特河口，然后通过加仑河与奥德河到达地中海岸边和罗讷河河口；另一条沿着卢瓦尔河到达奥尔良附近，穿过加蒂奈（Gatinais）到达塞纳河谷，然后向北到达莱茵河下游。这些主要的轴线在以前的阶段已经得到很好证明，公元前第三个千年的其他手工艺品的分布都循此踪迹。其中的一个例子就是，布列塔尼西部坎佩尔（Qyimper）附近的角闪石制作的轴孔斧。这一产地的斧头分布很好地记录了这两条路线。此时交换网络中另外一件比较受欢迎的商品是来自大普雷西尼（Grand Pressigny）的非常有吸引力的蜂蜜色燧石，发现于距离普瓦捷不远的克莱斯和克鲁斯之间。它形态各异，从大的岩心或长而窄的叶片，到细刃的匕首和矛头。巴黎盆地的许多墓葬中发现了大普雷西尼的燧石和荷兰的钟形陶器。它也大量地向东出口到罗讷河—索恩河流域，在公元前2800年到公元前2400年被西部阿尔卑斯的很多定居点所使用。

正是沿着这些非常活跃的交换路线，钟形陶器蔓延到整个西欧，被许多社群接纳或者吸收。在莱茵河流域，它被引进已确立绳纹器的独墓传统的地区。两者的融合创造了丰富的信仰混合体，还有令人眼花缭乱的各种各样钟形陶器。卢瓦尔河—塞纳河—莱茵走廊打开了法国北部，使其受到大西洋和绳纹器的复合影响。正是从这里开始，穿过英吉利海峡和北海南部，钟形陶器在公元前第三个千年的最后两个世纪被引进到不列颠南部和东部，被合并到丰富多彩的当地文化中去。这涉及多大程度内人口流动还很难说，但是独墓传统的广泛引入可能意味着一些人员的流入——对在威塞克斯巨石阵附近的埃姆斯伯里的钟形陶器墓葬中发现的牙齿进行的氧同位素分析，支持了这一想法，它表明墓主人可能是在欧洲大陆长大的。

我们认定莫尔比昂—卢瓦尔河口是沿海钟形陶器传遍整个西欧的核心，如果这点是正确的，那么我们需要考虑的是，通往不列颠西部和爱尔兰的长期海上路线是否也让钟形陶器的意识形态和技术抵达这些地区。直到最近，证据都是模棱两可的，但爱尔兰西南部的新工作开始厘清这一情况。在凯里郡（Co. Kerry）基拉尼湖（Lough Leane）东侧罗斯岛上进行的勘测和挖掘，揭示出公元前2400年到公元前2200年，铜加工和早期的钟形陶器是相关的。这里的铜是从硫砷化物矿石中提炼出来的，主要是砷铜矿，砷的成分很低，用来制作遍及不列颠和爱尔兰的平斧。矿石类型及冶炼方法带有明显的公元前第三个千年中期欧洲大西洋部分正在使用的一项专门技术的特征，也表明具备铜器生产知识的个人已经从布列塔尼和更远的南方，沿着已经建立的海上路线抵达爱尔兰岛的西南部。

在爱尔兰，铜的最初发现可能要追溯到公元前2500至公元前2400年。直到公元前1900年，罗斯岛的矿石还在开采中。金属被制成扁平的斧头和戟——这

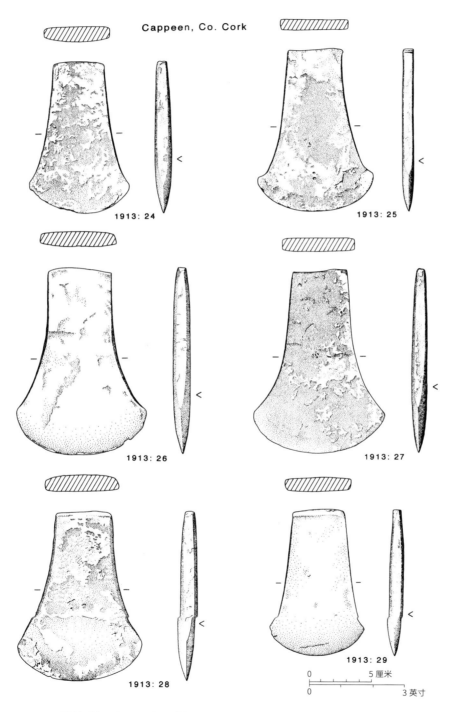

Cappeen, Co. Cork

1913：24

1913：25

1913：26

1913：27

1913：28

1913：29

7.24　早期的爱尔兰铜斧，来自科克郡（Co.Cork）卡彭的藏品，这种斧头是爱尔兰最早的铜制工具，很快流传到整个不列颠。

是早期大西洋铜业的传统产品。一旦技术建立起来，其他的铜矿资源也陆续出现，其中最有名的是来自加布里埃尔山（Gabriel）向南大约 54 公里（34 英里），那里铜的地表面矿内巷道被证实在公元前 1700 年到前 1500 年进行铜生产。

爱尔兰的铜器时代大约在公元前 2100 年结束，并迅速过渡到使用锡青铜的时期，锡很有可能来自康沃尔，这是位于布列塔尼和爱尔兰西南部海上航线之间的位置便利的半岛。不难想象，有冶金技艺的旅行者听说了康沃尔的锡，并决定使用新金属进行试验。这些相互作用的高度创新性，使得不列颠和爱尔兰成为欧洲最先开发常规锡青铜冶金术的地区。

几乎就在同一时期，黄金也从爱尔兰东南部的威克洛山（Wicklow）被开采出来。其中大部分在公元前 2200 年到公元前 2000 年被制成华丽的新月形项圈。这些精英物品进入了大西洋的分销网络。在爱尔兰岛上，至少发现了 85 件。康沃尔有 5 个生产新月形项圈的地点，诺曼底和布列塔尼有 6 个。这些分布情况很好地反映了冶金专家使用的西方海上路线。

穿越海洋

直面大西洋的愿望、在开阔海域长途跋涉，以及沿着海岸边的跳岛旅行，这些不仅意味着需要传统的航海术，而且需要坚固的船只。不列颠沿海水域保存了八艘公元前第二个千年的船只，分别来自亨伯河口、多佛、南安普顿水域和塞文河口。两个保存最完好的例子来自亨伯河上的弗里比和多佛：两艘船只都是能工巧匠的杰作，证明当时已经存在非常优良的造船传统。这些船是木板建造的；也就是说，船只结构的凝聚力和强度来自船体的木板和它们连接的方式，而不是内部的框架或者横向的木板。厚橡木板的船身是用扭曲的紫衫枝条连接在一起，用苔藓填缝，用板条进行固定。多佛船上的防水材料是由蜂蜡和动物脂肪制成。为了增加底部板材的刚性，使用了横向板条，用楔子与木板结合起来。在形状上，船是长船。弗里比 1 号古船长达 13 米（43 英尺），多佛古船大概是 11 米长（36 英尺），平滑的底部使它们很容易靠岸。两艘船只都没有龙骨，尽管弗里比 1 号

7.25 发掘过程中保存完好的多佛青铜时代的船只。加固的楔子，覆盖在厚木板接合处的板条都清晰可见。

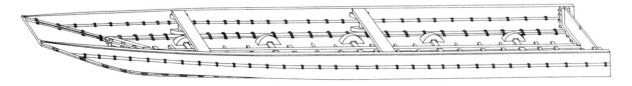

7.26 依据推测制作的多佛船只。船的左端（船首）在挖掘的时候得以恢复，但是最右端（船尾）带有方形的横梁，是假设的，还有待于进一步挖掘。

船体中部的底板比其他部位要厚。推进的方式并不十分明显，很可能是船桨划水，虽然有人认为在弗里比 1 号的中央底板上有突出的部分，可以装移动的桅杆。用一个一半大小的复制品进行的海上试航表明，这是完全可行的，并且提供了高效的推进方式。

不列颠公元前第二个千年的缝制木板船表明工匠们对木材的熟识和对青铜斧和锛的熟练使用。它们也表明一系列解决建筑问题的方案都经过了尝试与测验。这是成熟的造船传统，已经有好几个世纪的历史了，甚至早在金属工具提高了造船速度和精度之前。

关于这些船只的能力有很多讨论：它们是否被限制在海岸与河口，或者它们是否经常用于远海探险。最近的海洋试验表明，在适当条件下，这样的船只能够相对安全地穿越英吉利海峡或者北海南部。在当时的时代背景下，这类旅行将会赋予那些领导他们的人以应得的声望。

公元前第二个千年，不列颠海域已经确立了使用缝制木板船的传统，但是其他船只的形式怎么样呢？同时期的北欧传统（参见第 239 ～ 241 页）则是有明确的龙骨、高高的桅杆和船尾的长船。还有一种可能是由包裹在牛皮里的轻木框架结构的皮船被广泛使用。这样一种比较简单的样式，很好地适应了大西洋的波涛汹涌，长期以来一直在西部水域使用。对于沿海部落来说，使用各种各样的船只进行海上行动已经很普遍了。

新 兴 的 地 方 精 英

在公元前第三个千年和第二个千年整个西欧地区都出现了精英阶层。他们作为个体出现在考古记录中是因为死后有丰厚的陪葬物品。尽管这种现象非常普遍，葡萄牙的塔霍河地区 、阿莫里凯（布列塔尼）和威塞克斯三处群聚区脱颖而出。

到了公元前第三个千年的开端，塔霍河地区已经发展起了非常独特的文化。它的特点是定居点有大量石头建造的防御工事，诸如圣佩德罗新城遗址，其文

210

化也以此命名（参见第 158 页）。很有可能正是在这一地区，"沿海钟形陶器"和铜的生产技术于公元前 2800 年沿着大西洋海路扩散。葡萄牙发展的下一个阶段，也就是被称为帕尔梅拉组合（Palmela complex）的阶段，开始于公元前第三个千年中期。设防的堡垒定居点、集体墓葬一直都在使用，但是当时也出现了通过珍贵的墓葬物品展示死者地位的强烈愿望。当地的铜被广泛地用来制造工具，偶尔也会制造武器。黄金，很可能来自加利西亚，也可能是来自像爱尔兰那样遥远的地方，多用来制成个人珠宝和裙子上的片状装饰。衣服的扣环和其他的小饰品是由来自非洲北部的象牙制成的。另外比较受欢迎的商品是马蹄莲（绿松石的一种）——一种纹理细密的石头，通常是蓝绿色，用于制作珠子。很多的马蹄莲是从阿莫里凯通过海上运输而来的，它在同时代的墓葬中也非常流行。

在阿莫里凯，公元前第二个千年的精英墓葬集中于半岛西边、布拉韦河（Blavet）和特里克斯河（Trieux）西边，特别集中于蒙特阿雷山南部侧翼，其分布与早期的集中于莫尔比昂南部的巨石墓葬形成鲜明对比。这些墓葬主要是独墓，多位于土冢下面的石棺里，通常伴有青铜匕首、短剑和扁平的斧头，此外，带有燧石倒钩和锯齿的箭镞也常包括在内。匕首都有木制把手，一些装饰了间距很小的金钉。其他奢侈品包括银杯、琥珀和黄金制品，就像拉尼永附近拉莫塔（La Motta）出土的小巧的金盒子，还有莫尔比昂圣菲亚克（Saint-Fiacre）墓葬中发现的巨大的琥珀牌匾。阿莫里凯墓葬的分布，远离莫尔比昂地区传统的巨石墓葬，表明新的政治地理学正在出现，精英们正在有意与过去拉开距离。阿莫里凯的墓葬和钟形陶文化几乎没有什么关系这一事实进一步支持这一观点。这个社群能够从当地的铜、锡和黄金资源中获益，也能从他们地处半岛末端的有利地理位置获益，进入活跃的海洋网络中心。也许，他们认为自己是全新的人类，没有多少过去的东西。

海峡对岸的威塞克斯存在另一个权力中心。在公元前第三个千年的早期阶段，威塞克斯的白垩质丘陵出现了被考古学家称为"亨格纪念碑"（henge monuments）的大型礼仪场所，但是到了这个千年的中期，其象征意义已经下降，巨石阵是个例外，那里到公元前 2600 年一直从威尔士西南部的普雷塞利（Preseli）山脉进口大量的青石。一个世纪的时间里面，围着五个高耸的巨石，著名的石圈建立起来了，这座纪念碑在欧洲无与伦比。此后，巨石阵仍然在积极

7.27　金制品阵列，发现于威尔特郡厄普顿洛弗尔的一座坟墓，是公元前第二个千年中期的墓葬。它充分展示了钣金工人的手艺。

使用，在接下来的八个世纪里多次进行改造。

公元前 2000 年到公元前 1400 年，威塞克斯聚集了丰富的墓葬，它是钟形陶时期的单一墓葬这一当地传统的延续。最富有的人的陪葬品都是具有异国情调的物品。其中最为著名的是布什巴罗（Bush Barrow）墓葬，它是巨石阵中的重要土丘。埋葬在这里的酋长陪葬物品有三把青铜匕首，一把斧头，一个头部装饰着带骨配件的石头权杖，两个装饰的金匾和一个金带钩。其中一把匕首上有木制把手，上面用金钉装饰，很有可能制作于阿莫里凯的工坊。不远处，即怀利河河谷的厄普顿洛弗尔，一名女性被埋葬时穿着精致的衣服，带着琥珀珠串成的多股项链，各股由大的琥珀垫片隔开。她的其他墓葬物品包括一把青铜刀、一个锥子、金珠子、一块金匾和一个金灿灿的基默里奇阶（Kimmeridge）页岩。威塞克斯精英们喜欢的其他具有异国情调的材料包括：来自约克郡海岸的黑玉，可能是不列颠制造的亮蓝色的陶珠。这一时期墓葬中最为特别的物品之一是一个由坚硬的琥珀块制成的带有把手的杯子，是在萨塞克斯郡霍夫的一个墓葬里面发现的——这是主要分布中的例外。

威塞克斯的白垩质土丘能够维持稳定的农业经济，但几乎没有其他资源。这一地区如此突出在于，它地处从不列颠南部海岸通往其他地区的路线的中心位

212

213　置。汇聚在索尔兹伯里平原的白垩质土丘，同流入索伦特海峡的河流，提供了能够轻松抵达不列颠南部大部分区域的自然交通路线。另一个吸引人的地方是巨石阵本身，它定然是令人惊奇和值得朝拜的奇观。

最后，我们必须考虑爱尔兰。我们已经看到它的铜产量很高，能够用来制作斧头、匕首、戟和矛，它也盛产黄金，最引人注目的是遍布岛屿的新月形金片。但是，这里没有突现权力中心的富裕墓葬聚集的现象。原因可能非常简单，爱尔兰精英选择把财富献给众神，托付沼泽或者地下坑道，而不是在华丽的葬礼上使用它。这就是人类行为的差异。

北欧王国

在丹麦，新石器时代晚期一直持续到公元前 1730 年，之后到来的是青铜时代，它可以划分为 6 个时期，前两个时期分别是青铜时代 I 期（公元前 1730 ～前 1500 年）和青铜时代 II 期（公元前 1500 ～前 1250 年），是我们本章关注的时段。

在新石器时代的晚期，单一的墓葬传统几乎没有发生什么变化，唯一重要的区别就是作为死者地位象征的、与死者埋葬在一起的战斧，现在则被燧石匕首所取代，费力地打磨以接近其金属原型。这些匕首，连同和它们一起出现的长长的有倒钩的箭镞，代表了燧石工人的最高技艺。对材料的熟识和燧石磨片的精湛技艺，在这片不出产铜的土地上创造出美丽、令人称奇的人工制品。

大约在公元前 1700 年，金属开始大量流入 —— 铜、锡和金 —— 到了这个千年的中期变得很富足，当地的金属工匠生产出一系列在质量上和邻近地区相当，甚至超越了邻近地区的产品。斯堪的纳维亚的青铜时代是取得令人震惊的技术和艺术成就的时代，这受益于酋长们的赞助，他们在日益等级化的社会结构中占据着统治地位。

现在，精英们的陪葬物品都与他们的等级相匹配，那些最有声望的个人，陪葬物是金子。在很多情况下，墓葬以巨大的土冢为标志，在浸水的条件下建成，使得墓葬的大部分有机成分得以保存，从而为我们的考证提供了大量细节，这种

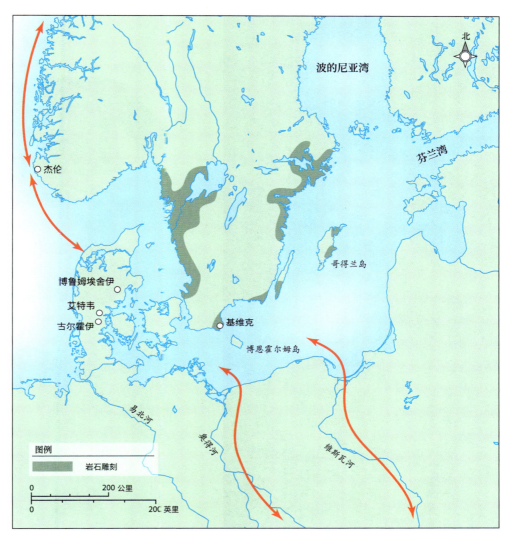

7.28 公元前第二个千年北欧地区的主要定居点和路线。

情况在欧洲其他地区是看不到的。在日德兰半岛的艾特韦，1921 年挖掘出一个 214
18 岁到 20 岁女孩的坟墓。她被埋在用结实的树干雕刻而成的橡木棺材里，躺在
牛皮上，穿着棕色绵羊毛的衬衫，袖子的长度到胳膊肘，还有一条羊毛线编织而
成的裙子。她的腹部戴着一个青铜圆盘，上面有一个尖尖的突起，似乎是为了阻
止狂热的崇拜者，双手腕上都戴着手镯。在她头上是一个桦树皮盒子，里面装着
羊毛线和一把锥子，在她脚下是一个桦树皮桶，曾经装满了啤酒或果酒。在她被

7.29 丹麦辛兹加夫尔（Hindsgavl）出土的燧石匕首，可以追溯到公元前 2000 年。通过精心控制压片刮削技术，技艺精湛的工匠已经能够模仿当时青铜匕首的形状，制作出这一杰作。

7.30 丹麦日德兰半岛南部的艾特韦一处年轻女性的墓葬。她穿着一件羊毛衬衫和毛线编织的裙子。尸体，连同桦树皮的容器一起放置在牛皮上面，上面盖着羊毛毯子。尸体被放置在橡木棺材里面葬于塚下，时间大概是公元前 1370 年。

安葬之前，一个六七岁孩子的骨灰被放在棺材里。艾特韦的女人，埋葬时间大概是在公元前第二个千年的后半段。几乎与此同时，一位 20 岁左右的男人被埋葬在日德兰东部的博鲁姆垵舍伊（Borum Eshøj），他也同样被安放在橡木棺材里，躺在牛皮上。他穿着缠腰布，束着皮带，上面盖着件羊毛斗篷，和他一起埋葬的是一柄长的剑鞘，令人惊讶的是里面只有一把短匕首。这些保存完好的墓葬，仅仅是在丹麦发现的众多墓葬之中的两处，却提供了洞察青铜时代生与死的迷人视角。他们都是地位中等的年轻人，葬礼仪式表明死者在等级制度下所处的社会等级和他或她的血统地位。

虽然丹麦和瑞典南部乡村的土地肥沃，足以养活其人口并满足基本的生活需要，但仍然缺乏铜、锡和金，所有这些必须从南部进口。作为回报，该地区可以提供毛皮、兽皮、羊毛织物、海豹油、树脂，以及在日德兰半岛东部海岸和波罗的海沿岸（现在的波兰和俄罗斯）发现的大量备受追捧的琥珀。为了维持金属的不断流入（由于社会习俗要将其埋葬于墓地或交付给仪式使用，其中大部分不再流通），有必要节约使用当地的物品并把它们导入到交换网络中去。

日德兰半岛北部曲（Thy）地区和挪威西海岸之间形成的交换模式，斯塔万格（Stavanger）和特隆赫姆（Trondheim）之间形成的交换模式，使我们能够洞察当地的网络运作。对这里发现的文物的详细调查显示，在新石器时代晚期和青铜时代早期，挪威的部落收到了来自丹麦的燧石匕首、青铜和黄金制作的物件。共计发现了 1800 件输入的物品。其中大多是燧石匕首，也有 172 件青铜制品和 7 件黄金制品。燧石匕首的分布无疑反映了人口密集的程度，最负盛名的金属制品集中在两个区域：杰伦（Jæren）和卡姆岛（Karmøy）北部，当地的精英能够控制外来的奢侈品。反过来，挪威社会提供的回报是畜牧和狩猎的产品。一些线索来自松恩（Sogn）海边的岩石庇护所，那里的动物遗骸显示出人们诱捕了松鼠、野兔、熊、貂和野猫，主要是为了获取毛皮。这个地区的沿海社群很容易获得的另一种产品是广泛使用的海豹油。针叶林也提供了充足的树脂。日德兰半岛西北部精英们的财富很大程度上是由于能从挪威西部获得这些珍贵商品并进一步向南传播。这个例子仅是连接挪威和瑞典、日德兰和丹麦的众多海上路线中的一条。对于海洋的控制至关重要。

斯堪的纳维亚社会在公元前第二个千年的海洋性，体现在弥漫于整个文化记

216

217

7.31　挪威斯克耶贝格（Skjeborg）的霍恩内斯（Hornnes），一块裸露的花岗岩表面雕刻的小船队。岩石曾经能够俯瞰海洋。红色的颜料是为了强调雕刻的效果，是现代才涂上去的。

录中的船舶图像上。最为丰富的就是瑞典南部沿海地区的岩石雕刻，雕刻工已经在那里工作了几个世纪，辛苦地把图像凿入裸露的火成岩基岩表面。这些符号丰富多样，但是船始终都占主导地位，有时出现在记录船队的场景中。

218　　　　青铜物件的表面也出现了船只图像。已知的最早例子镌刻在一对优雅的青铜单刃剑（或弯刀）上，发现于西兰岛西部的勒比（Rørby）。船的图像绘制精细，船体用两条细线勾勒出龙骨和船舷。船舷的线在两端向上延伸，形成高高的、弯曲的船头和船尾，而龙骨线向前后延伸，船尾部延伸扩大也许是为了描绘某种稳定器。船舷上有 34 或 35 画，每一画代表了一个船员。这幅画是深刻理解船只本质的人才能绘制出来的。勒比的船只，可以追溯到公元前 1600 年～前 1500 年，代表了已经确立的造船传统。它包含了瑞典和挪威的岩石雕刻中一次次出现的基本元素。

　　　　岩石雕刻图像如此广泛，我们可以讨论随着时间的变迁船舶建造和船形的改变。雕刻也体现了不同地区的风格，这可能反映了各地造船工艺的变化。关于船

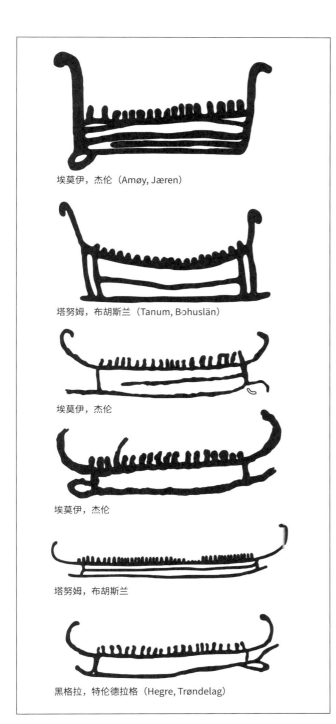

埃莫伊，杰伦（Amøy, Jæren）

塔努姆，布胡斯兰（Tanum, Bohuslän）

埃莫伊，杰伦

埃莫伊，杰伦

塔努姆，布胡斯兰

黑格拉，特伦德拉格（Hegre, Trøndelag）

7.32　在挪威南部裸露岩石上雕刻的船只。它们都拥有村同高度的船首和船尾。如果小棍的数量代表人的数量，那么长而平滑的划艇大约有 20 个划桨手。

只是如何建造出来的，意见并不一致。在大多数情况下，画面中都有龙骨，没有描述桅杆和船帆的例子。船只的长度各不相同，但大多数可归为长船。很明显，有争议的问题就是实际的建造形式。一些评论家倾向于认为是把兽皮铺在一根轻木骨架上，其他人则更倾向于木板制成的构造，他们的论点基于这样的事实，即一些雕刻似乎显示出明显的舷侧列板。两种意见都有可能，但考虑到同时期英吉利海峡和北海的拼接厚木板的传统，以及北欧区域发现的公元前第一个千年的船只所使用的木板构建传统，可以认为青铜时代的船只同样由木板建造的，我们只能等待真正的沉船残骸被发现。

石刻和青铜器上船只图像的流行，强调了北欧社会中航海的重要性，也暗示着指挥一艘船并带领它远征是地位很高的标志。但是这些航行究竟代表着多大的野心呢？大多数的航行主要集中在当地，在日德兰半岛和丹麦岛屿之间，或者沿着挪威和瑞典的南部海岸，追求有利可图的商品交换。但是，完全可以假设这样一种情况：为了获得声望而进行的竞争促使人们进行更长距离的航行，深入到未知的深处。远征成功返回，船只上装载着具有异域风情的货物和对先前笼罩在神秘之中的遥远国度的认识将会赋予成功的领导者一种超自然的光环。航海成为衡量地位和统治合法性的手段——两千多年后在北欧同一地区的维京人同样如此。

219

7.33 丹麦凯隆堡附近勒比出土的剑，公元前 1600 年，上面刻着一艘船，非常接近于岩石雕刻上发现的那种形式。这是北欧地区最早的船只代表。

更有野心的人会指挥他们的船只北上沿着波罗的海驶抵芬兰湾，或者经奥兰探索波的尼亚湾，或者选择不那么艰险的穿越北海去苏格兰的旅程。另一种可能性是，他们已经探索了北欧平原上的维斯瓦河、奥得河、易北河和威悉河，寻找金属的产地，并与控制供应的远方首领建立外交关系。奥得河与易北河是许多文化影响从东南部传到斯堪的纳维亚半岛的路线。喀尔巴阡盆地有繁荣的青铜工业，生产精密铸造的轴孔斧和精美坚固的青铜剑，以匈牙利的豪伊杜沙姆松遗址（Hajdúsámson）和罗马尼亚的阿帕遗址闻名。这些精英武器是在公元前 2100 年到公元前 1700 年生产的，分布图显示它们向北延伸到丹麦。很可能正是沿着这条路线，轮辐式车轮和双轮战车的知识，连同训练有素的成对马匹，抵达了北方。随着大量令人垂涎的商品从东南方涌入，北欧地区的一个或者多个航海家乘船沿着奥得河逆流而上，抵达内陆腹地，通过奥得河到达喀尔巴阡山的北部山麓也就不足为奇了。一群意志坚定的航海家，如果得到很好的引导，本可以经陆路直抵摩拉瓦河的上游，从那里顺流而下到达多瑙河，然后去往喀尔巴阡盆地。究竟是否存在这样的旅程，我们还无从知晓，但是与 2000 年之后的瑞典维京人在欧洲各地的伟大旅程相比，这并不是特别杰出的成就。

深入探索欧洲心脏地带的想法不像第一次出现时那样牵强附会。一处遗址

221

7.34　基维克石墓墙壁的雕刻石版，可以追溯到公元前1300年，展现了一幅充满活力的场景，包括急驰的两轮马车。该幅场景的意义还没有被完全发掘出来，但是下面一排的形象看起来像是祈祷的队伍。

尤其吸引了所有这方面的目光——瑞典南部海岸基维克附近的布雷达勒（Bredarör）大土丘中的青铜时代的墓葬。1748年发现的石棺墙壁，可以追溯到公元前1700年～前1500年，它是由八块装饰石板组成。这些场景是无与伦比的。它们描绘成对的辐条车轮，成对的马匹，一个人驾着两匹马拉的双轮战车，长长的船只，三角形巨石柱两边对应的石斧，还有游行的人群，其中两个吹响号角，所有人明显都在参与一个群体仪式。主题和复杂的图像毫无疑问表明这些场景的灵感来自北欧之外。有些人认为是爱琴海，但是我们实在没有必要探索喀尔巴阡盆地以南的地方。

对那些雕刻师来说，最直接的灵感究竟是什么？这些古墓是为谁而建？这些场景是史诗故事的写照吗？这些问题无法解答。但很有可能的情况就是，在公元前16世纪，基维克的领主率领一群战士踏上了一段史诗般的旅程，从家乡向南航行，经过博恩霍尔姆岛到奥得河河口，再从那里通过河流和陆路到喀尔巴阡盆地。他们回来后，将历险的场景和亲眼所见的神秘事件都画在布上，装饰领主的住所，于是，在所有人的心目中他都拥有巨大的力量。在他死后，这些场景被刻在其墓室内的石头上和墓室上面大土丘的石头上，向南俯瞰大海，所有靠近海岸的水手都能够看到：这是对伟大航海家最合适的纪念。也许是幻想，但毫无疑问这样探险的旅程在当时进行了多次。基维克的领主就是那样的探险者之一。

喀尔巴阡盆地和大草原

从公元前 2300 年到公元前 1400 年，喀尔巴阡盆地的青铜工业异常繁荣昌盛，为精英阶层生产出一系列精制武器和装饰品。其中突出的是青铜剑和轴孔斧，许多都装饰精美，符合从阿帕到豪伊杜沙姆松的遗迹的类型特点——主要集中于喀尔巴阡盆地北部（现在的罗马尼亚、匈牙利和斯洛伐克）。这种独特的早期青铜时代文化以各种考古名字闻名——匈牙利的菲泽绍博尼（Füzesabony），罗马尼亚的奥托曼尼（Otomani），斯洛伐克的马达罗夫（Madarovce），都是大致相似的文化群体。当斯洛伐克的巴萨要塞被烧毁时，埋葬在废墟中的日常物品表明文化的丰富性。除了武器和工具，还有三条金珠项链，一块琥珀，20 个薄金发饰。

许多因素都对喀尔巴阡盆地社群的财富产生影响，尤其是肥沃的土地和喀尔巴阡和特兰西瓦尼亚丰富的铜、金矿藏。但更为重要的是对从东到西、从南到北的交通路线的控制——喀尔巴阡盆地是欧洲半岛伟大的交通枢纽之一。随着公元前第二个千年商品流动的升级，那些处于交换网络的地区都繁荣起来。它反映了这样一种情况，穿过喀尔巴阡山脉向北延伸的山谷和关口都被坚固的定居点所守卫，那些定居点四围环绕着木材加固的城墙，前面是宽阔沟渠。这是欧洲第一批真正的山丘堡垒。即使在南方的低地，历史悠久的村庄现在也有了防御工事，这使得地方的领导人能够牢牢地控制这块土地。

喀尔巴阡盆地从很早的时候开始就与东部的草原地区在很多方面存在共性。正是从这里开始，人们学会了骑马和使用四轮牛车。在公元前第二个千年，随着

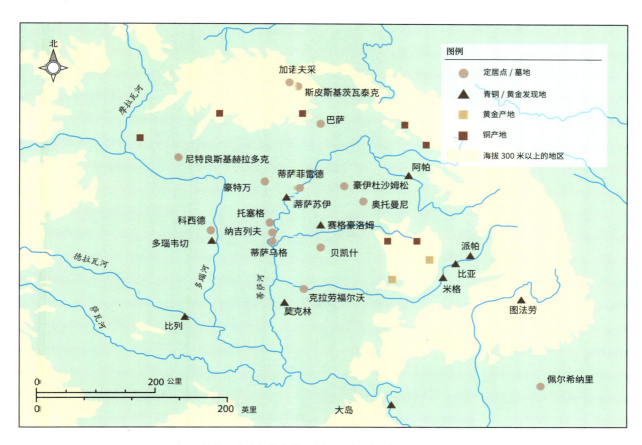

图例

- ● 定居点 / 墓地
- ▲ 青铜 / 黄金发现地
- ▨ 黄金产地
- ▨ 铜产地
- 海拔 300 米以上的地区

摩拉瓦河

加诺夫采

斯皮斯基茨瓦泰克

巴萨

尼特良斯基赫拉多克

蒂萨菲雷德

阿帕

豪特万

豪伊杜沙姆松

蒂萨苏伊

奥托曼尼

科西德

托塞格

纳吉列夫

赛格豪洛姆

多瑙河

多瑙韦切

蒂萨乌格

贝凯什

派帕

德拉瓦河

比亚

米格

图法劳

蒂萨河

克拉劳福尔沃

萨瓦河

莫克林

比列

大岛

佩尔希纳里

北

0　　　　　200 公里

0　　　　　200 英里

7.35　到公元前第二个千年的中期，喀尔巴阡盆地在青铜时代已经发展成中欧地区重要的交通枢纽，建成了很多坚固的定居点以保卫主要路线。

7.36　一批青铜武器（一把剑和十二把战斧），发现于匈牙利靠近德布勒森（Debrecen）的豪伊杜沙姆松，时间可以追溯到公元前第二个千年的后半段。武器的精美反映出喀尔巴阡盆地青铜工匠的精湛技艺。

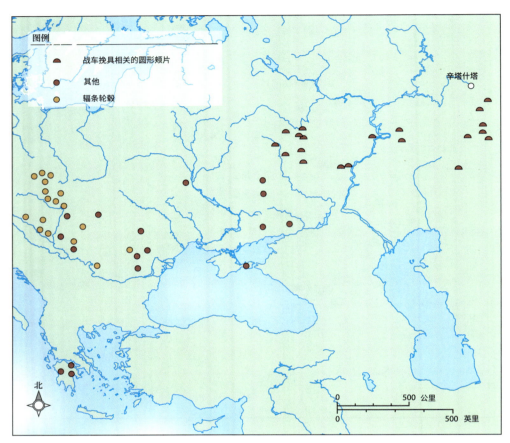

7.37 公元前第二个千年的后半段，战车挽具相关的颊片和辐条轮毂的分布状况显示出使用马车的区域。迈锡尼世界游离于主要分布区之外。

二轮战车的引入联系得以继续。在喀尔巴阡盆地，我们没有发现二轮战车的实例，但是找到了很多辐条轮毂，这一时期斯洛伐克的维尔克拉斯科夫斯（Vel'ke Raskovce）出土的陶罐上绘有马拉战车的图像。关于二轮战车的起源存在很多争论，许多作者认为它起源于近东地区，但是最近的发掘显示，目前已知的最早的战车是在位于乌拉尔和伏尔加河之间的俄罗斯地区的森林草原的墓葬中发现的，其历史可以追溯到公元前 2800 年。草原地区有着悠久的育马和马匹训练传统，还有更为悠久的使用轮式战车的传统。这一地区很可能出现了轻型车辆，有辐轮，能够在开阔的地带高速行驶。从这里，先进的技术一直向南传播，公元前 2000 年到达近东地区，向西进入喀尔巴阡盆地，那里从公元前第四个千年一直

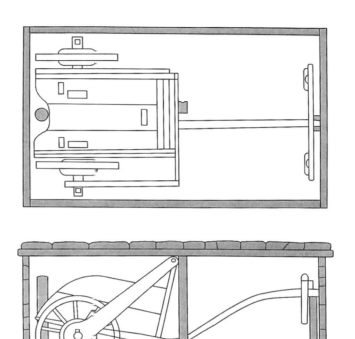

0   100 厘米

0   48 英寸

7.38　哈萨克斯坦北部乌拉尔山以东的辛塔什塔（Sintashta）墓葬马车的复原，时间可以追溯到公元前 2000 年到公元前 1800 年。

与草原保持着非常密切的联系。到了公元前 16 世纪，迈锡尼人的竖井坟墓的浮雕上面绘有马匹驱动的战车。 224

　　人们很早就认识到，迈锡尼文化和喀尔巴阡山盆地居民的文化之间有明显的文化共性——不仅体现在轮毂的使用上，也体现在骨制品和其他各种马具的流线型的装饰上。这曾经被解释为迈锡尼影响传播到北方的结果，但随着放射性碳 226 元素年代测定法的使用，可以看出这些文化元素出现在喀尔巴阡盆地比希腊早数个世纪。于是我们必然得出这样的结论，迈锡尼的精英们获得了来自北方的某些灵感，可能包括战车的某些知识，也仍然存在这样的可能性：这一时期有可能有北方人进入希腊，虽然活动规模有限。这些想法未经证实，但是值得考虑。

7.39 迈锡尼墓葬圈 A 的竖井坟墓 V 里面的装饰石板，描绘了战斗中的双轮战车，时间可以追溯到公元前 1600 年。

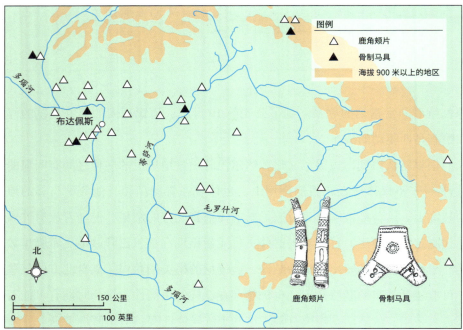

7.40 公元前第二个千年中期的喀尔巴阡盆地鹿角颊片和骨制马具的分布。

冒险家和英雄

很明显，公元前 2800 年至公元前 1300 年是欧洲最具创新能量和流动性的时期。当时半岛处于开放期 商品、思想、信仰和价值观在广泛的区域内共享，结果并非千篇一律，而是出现了生动的多样性，欧洲的各个部落重新诠释新的东西来满足他们的特殊需要。

欧洲等级社会的出现创造出对于商品的需求。铜，锡，金，银，琥珀，大理石，青金石，象牙，鸵鸟蛋，纺织品，毛皮，油类，香料，酒，受训练的马和妻子，这些都属于大宗商品，都是从一个地区转移到另一个地区，沿着遍及整个半岛的交换网络进行。

在地中海东部，船只将埃及、黎凡特、安纳托利亚以及米诺斯—迈锡尼世界的新兴政体联系在一起。穿越安纳托利亚的陆上路线深入东部，而通向西部的短途海上旅程把第勒尼安海的海上系统联系起来。船只从爱琴海能够轻易到达黑海南部和西部海岸，或者通过陆路，诸如瓦尔达尔—摩拉瓦河走廊，抵达喀尔巴阡山盆地的交叉口，那里连接着广袤的大草原和欧洲半岛。从这里向北，穿过喀尔巴阡山脉和北欧平原，到达波罗的海的北欧王国，或者沿着多瑙河向西到达中欧和多瑙河、索恩河和罗讷河汇聚的其他重要路线节点。

通向北方有两条路线，分别沿着奥得河与易北河，经过现在德国的东南部、捷克共和国和波兰西南部，那里出现了令人惊叹的文化发展，被称为昂杰蒂茨（Aunjetitz）或者乌涅蒂茨（Únětice）文化（这取决于它是位于德国还是捷克的土地）。这一地区的精英们不仅受益于他们所掌控的路线，而且受益于厄尔士山脉铜和锡的充足供应。乌涅蒂茨文化反映了公元前 2300 年到公元前 1800 年青铜工业的发展，影响了欧洲西北部的大部分地区。

最后，欧洲西部地区是依靠大西洋航道和跨越半岛的主要河流联系起来的，这一网络包罗万象：欧洲的各个区域全部被连接起来。

就流动性而言，所有这些的意义难以量化。大宗商品的陆路运输很可能是短途的，货物在沿着传统路线运输的时候多次易手。但是海洋则完全不同。诚然，短途沿海运输是可行的，但大海鼓励了长途旅行，在地中海东部和大西洋沿岸都有充分的证据证明这一点。在塔古斯河和阿莫里凯（布列塔尼）之间的旅行，以及从阿莫里凯到爱尔兰南部的旅行很可能已经完成，尽管对于这种旅行的频率，我们只能进行猜测。

海上旅行的相对容易会鼓励更多的冒险者去进行探索。荷马作品中弥漫的英雄旅行精神，在墨涅拉俄斯（Menelaus）国王的自夸中得到了很好的体现：

> 说到男人们，考虑到我在七年中所经历的艰辛和旅途，我觉得很少有人或者说根本没有人能在财富方面与我匹敌。我花了七年时间积累了这笔财富，并把它装在船上带回家。我去过塞浦路斯、腓尼基和埃及，接触过埃塞俄比亚人、西顿人和埃伦比人。我还去过利比亚。（*The Odyssey* IV, 75-85）

诚然，他的努力似乎更多的是出于个人利益，而非出于对知识的追求；但是名声、财富和自我实现的动机经常错综复杂地联系在一起，旅行者讲述的关于遥远地方的故事会提高他们的声誉。在这样的背景下，希维克的领主可能已经开始了他的南方之旅。究竟有多少人在好奇心的驱使下进行了类似的旅行？考古记录提供了许多诱人的线索，举一个例子就够了。在威塞克斯，工匠们发明了一种特殊的技术，在琥珀垫片上打孔，用来分离多股项链的丝线。由于这种穿孔的琥珀垫片仅在不列颠南部和迈锡尼发现，而在欧洲其他地区完全不存在，尽管那些地区的琥珀制品相对更为丰富。最简单的解释是，一批包括穿孔琥珀垫片的琥珀货物以某种方式从威塞克斯运到了迈锡尼。这是一次旅行的结果吗？也许是一艘迈锡尼人的小船冒险进入大西洋，或者是一位威塞克斯勇士探索更广阔的世界，又或者是一个威塞克斯女人，穿着华丽的服饰离开家，被作为给迈锡尼王子的礼物？虽然可能性很多，但确定性很少。然而，可以肯定的是，欧洲的走廊现在回响着来自四面八方的低语。对于那些能够听到这些声音的人来说，他们的兴奋之情可想而知。

第
八
章

新兴的"欧元区"

（公元前1300年～公元前800年）

公元前 1300 年到公元前 800 年，地中海东部发生了巨大转变。复杂的社会系统崩塌了，在经历了深刻而广泛的社会混乱之后，新的格局出现了。但是对于欧洲的大部分地区而言，连续性和持续发展是压倒一切的特点。不同轨迹清晰表明了欧洲半岛与东方发生事件的相对独立性。确实，地中海东部的国家崩塌产生的震荡，使遥远的地方受到影响，但是与推动半岛的能量相比，它们的影响微乎其微。

到公元前 14 世纪末，迈锡尼世界的各个权力中心能够在与两大强权——埃及人与赫梯人的交往中保持自己的地位，并同位于它们交界处的巴勒斯坦、叙利亚和塞浦路斯等较小的城邦合作。精英之间的关系通过日益复杂礼品交换来表达，在此基础上大宗的稀有商品贸易得以繁荣发展。权力体现在领导人控制稀有原材料运输的能力上，并得到国家资助的军队的支持。公元前 14 世纪，这个体系蓬勃发展，各个不同的政体通过陆地和海上的交换网络发展起来。乌鲁布伦沉船上的货物生动地体现了交换的规模，埃及坟墓的壁画说明了外国贡品的到来，赫梯文罗列出过境的货物。但是，该体系没有持续太长的时间。从公元前 1250 年到公元前 1150 年的短暂时光里，整个中央集权的、官僚的、宫廷式的交换体系崩塌了。我们可以从埃及看到所发生的。公元前 1224 年法老麦伦普塔（Merneptah）统治期间，埃及面临着外来的协同攻击。利比亚人从西部沙漠地带攻入这块三角地，并得到了"来自四面八方的北方人"的支持。这次攻击很快衰退，但是在一代人之后，法老拉美西斯三世面临着更大的威胁："外国……在岛屿上制造阴谋，顷刻间，大地都在颤抖，战争四起。所有的国家在他们面前都丢盔弃甲。"卡纳克和卢克索的纪念碑上刻有这些重大事件的场景，显示出法老的胜利，但实质上埃及被严重削弱了。其他国家更惨，赫梯人被毁灭，与此同时，塞浦路斯、叙利亚和巴勒斯坦的小政权都遭受了不同程度的破坏。更远一点，这一社会体系的西端——迈锡尼贵族的权力也被打破，从此开始了长期的衰落过程。人们现在处于变动之中。在不止一个场合，人们提到了海上袭击，以及神秘的"海上民族"，制造出短暂的但是非常具有破坏性的场景。

东方发生的事件对于爱琴海以外的欧洲几乎没有产生什么影响。在这里，发

8.1 法老拉美西斯三世（公元前 1187 年～前 1156 年），战胜了来自地中海东部的海上入侵者。这是底比斯山脚下梅内特哈布（Medine‾ Habu）的拉美西斯三世神庙塔上的浮雕。

展稳定，互联互通加强，地区性复合体不断巩固。这就像欧洲社会分离出来的结晶，形成广泛的欧元区一样——这些区域是未来许多事情的基础。文化复合体中的核心群体——北欧、卢萨蒂亚（Lusatian）、西北阿尔卑斯、意大利和伊比利亚——有很大的共性，而更为边缘的地方——大西洋、喀尔巴阡/草原和爱琴海——沿着不同的轨迹发展。爱琴海很快成为新出现的城邦国家的焦点，这些城邦统称为希腊。

把欧洲看作整体，可以进行比较宽泛的概括。也许最重要的因素就是人口增长。在很多进行了详细调研的地区，随着时间的推移，定居点数量不断增加，显示出人口的增长非常稳定，在某些地区甚至是非常快速的增长。为了适应这一点，人们需要耕种更多的土地，同时需要通过改良畜牧方法和引进更多的农作物提高产量。当时，大多数的社群都不同程度地依赖于基本的农场动物，包括牛、绵羊、山羊和猪。在利用现有土地上，更加专业化。除了普遍存在的大麦和小麦，也出现了各种各样的农作物。扁豆和豌豆这样的豆科植物变得越来越流行，凯尔特豆（蚕豆）首次作为常规作物被引进。亚麻和罂粟等含油植物的数量比以前要大很多，小米和黑麦这两种谷物都能在较贫瘠的土壤中生长，边际土地得以开垦。牛拉的原始犁具能够在土地上犁出沟，这已经应用很久了，在公元前第三个和公元前第二个千年的坟冢下发现了原始犁的标记，但是直到公元前 13世纪左右，欧洲西北部才开始出现有明确边界的永久土地。广泛的农田系统意味着深思熟虑的土地分配行为。这些土地经过长时期的耕耘，边缘出现明确的田埂（lynchets）。长期的使用意味着非常复杂的休耕和施肥系统也在使用之中——这是农业革命正在进行的另一个迹象。

公元前 1300 年到公元前 800 年，通常被称为青铜时代晚期，这一时期的青铜加工技术达到了完美的顶峰。当时使用的合金是普通的锡—青铜，但有时会加入铅，以增加金属的铸造性能。两件套模具已经使用了几个世纪，但青铜时代晚期开始引入组合模具，使用脱蜡制造（cire perdue）技术。这涉及制作一个物体的蜂蜡模型，并在上面覆上黏土然后把物体加热，这样蜡就融流出来，烤制的黏土模具中就形成空心腔体，然后将铜液注入。丹麦发现的精美的弯曲的青铜小号（luren）和撒丁岛上栩栩如生的雕像充分展示了工匠的技艺。在钣金工作中，青铜匠也非常出色，他们制作一套装饰华丽的铠甲——护膝、胸甲、头盔和盾

231

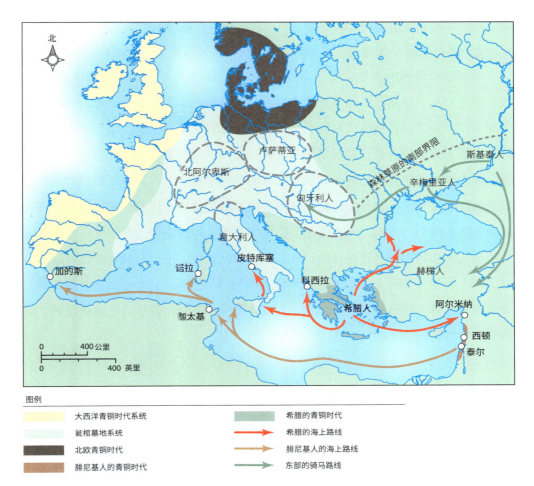

北

卢萨蒂亚

北阿尔卑斯

森林草原的南部界限

斯基泰人

辛梅里亚人

匈牙利人

意大利人

赫梯人

加的斯

诺拉

皮特库塞

科西拉

阿尔米纳

希腊人

西顿

迦太基

泰尔

0　　　400公里
0　　　400英里

图例

▢	大西洋青铜时代系统	▢	希腊的青铜时代
▢	瓮棺墓地系统	→	希腊的海上路线
▢	北欧青铜时代	→	腓尼基人的海上路线
▢	腓尼基人的青铜时代	→	东部的骑马路线

8.2　公元前 1300 年到公元前 700 年的欧洲，是迈锡尼—米诺斯文明崩溃之后的时期。希腊人和腓尼基人开始探索地中海世界，在西部建立殖民地，其他的希腊群体则进入黑海区域，在那里与辛梅里亚人和斯基泰人发生联系。在欧洲其他地区，紧密的交换网络使得离散的文化群体能够共享同样的技术和信仰体系。

牌，用来武装战士。要创作出这样的作品，而不致板材弱化或开裂，需要深入了解金属的物理性质和退火技术。公元前第二个千年晚期的欧洲青铜匠已经能够彻底掌控材料，他的技艺因精英们对精细青铜制品的展示欲望而得到磨炼。

　　青铜匠的大部分工作量都集中于武器生产——镶嵌矛头和宽刃剑，这些武器适合肉搏战。早期青铜斧、套筒斧和轴孔斧都能够当作有效使用的武器。手持矛、剑和盾，头戴头盔的战士们是受欢迎的描绘主题。整个欧洲都能够发现战士的图案，从伊比利亚西南部的纪念石板到瑞典南部的岩石雕刻。他也被刻制在青铜上，以浮雕作品和铸造小雕像的形式呈现。武士在青铜时代晚期社会中无处不在。

当时欧洲流通的大量武器和无处不在的武士形象也给人留下了这样的印象：战争随处可见。虽然战争确实是地方性的，但如果把它看作类似最近发生的大规模冲突那就错了。青铜时代晚期社会的统治者是武士中的精英，他们要在外表和行为上展示自己的勇武，特别是要领导对远方国家的突袭从而确立对新领土的主权，或者重新划定边界。战斗可以获得战利品、牛和女人，但真正的目的是为有抱负的年轻人提供机会显示他们在保家卫国方面的价值，以及让领导人定期在人民面前展示他们的勇武。个人的无畏能量体现在个体战斗中，而非军队的对抗。

荷马的作品中回荡着这样的世界。在《伊利亚特》中，与特洛伊人作战的一群头面人物提供了令人难忘的时代形象。帕特罗克洛斯（Patroclus）全副武装准备与赫克托耳（Hector）在特洛伊城的城墙前进行决战，荷马出色地捕捉到了他们的男子气概。

> 帕特罗克洛斯穿上了闪闪发光的青铜盔甲。他的双腿绑上了华丽的护胫套，脚踝配有银夹子。接着，他又穿上了他的挚友阿喀琉斯的漂亮的胸甲，像星星一样闪闪发光。他肩上扛着铜剑，剑柄是镶银的，然后是厚厚的盾牌。他把制作精良的头盔戴在了结实的头上，头盔上有一个马鬃冠，马毛在顶部冷峻地摆动。最后，他拿起两支适合他握的有力的长矛。（荷马《伊利亚特》，十六）。

234　　这种规模的海外探险并不常见，但是骁勇善战和冒险精神驱动着欧洲各地野心勃勃的年轻人，去探索更为广阔的世界。通过荷马的文学作品和迈锡尼宫殿中心的物质文化，爱琴海世界清晰地呈现在我们面前。但即使是不列颠西南部比较偏僻的德文郡，或者是爱尔兰和设德兰西部海岸荒僻的阿伦群岛，抑或是苏格兰大陆的北部，青铜铸造模具的碎片显示，当地的精英们能够不断得到象征地位的武器。青铜时代晚期，欧洲各地有抱负的领导人都认同武士文化。正是由于对支撑他们的社会价值观和物质文化的普遍接受，使得青铜时代晚期的欧洲呈现统一的面貌。

a)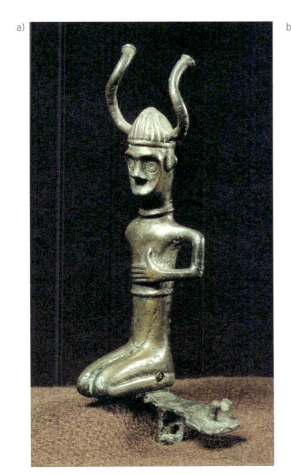

b)

c)

8.3 青铜时代的战士像：a) 丹麦格雷文斯万格（Grevensvaenge）；b) 撒丁岛的阿比尼（Abini）；c) 刻在瑞典布胡斯兰的塔努姆（Tanum）岩石上。

8.4　丹麦西兰岛西北部特隆赫姆（Trundholm）出土的太阳战车。马拉的镀金圆盘象征着太阳。太阳在这一时期的宗教图像上特征明显。

　　根植于先祖的土地促使生产力最大化的部落愿景和武士领主的不受束缚之间并不存在冲突；他们可以和谐共处，家园为精英们提供稳定性和资源，反过来，精英们则以英勇或是通过礼物交换，或是通过成功的袭击获得战利品吸引其他的资源。相互依存赋予该系统以稳定性。突袭成了始终存在的威胁，防御成为当务之急，大概从公元前 1300 年开始，大部分地区都出现了强化防御工事的定居点：撒丁地区出现了石头建造的塔楼（圆锥形石头建筑努拉吉，nuraghi），保卫阿尔卑斯前陆的山脊定居点；波兰由圆木建造的城墙保卫湖边的定居点；不列颠各处的山堡。这些建筑种类多样，但是目标一致：保卫部落。与此同时，通过建筑显示居民的巨大力量。

在精神领域中，欧洲也可以看出信仰的一致性。也许最引人注目的就是从土葬到火葬的变化，这在公元前 1300 年之后更为突出。在欧洲的大部分区域，尸体在葬礼上被焚烧，骨灰被放在骨灰盒里面，然后一起放在墓地或者瓮地。事实上，这一过程非常普遍，所以青铜时代晚期也被称为瓮地时期。火化也意味着对于死者态度的转变。一种可能是人们承认生命的短暂性，对于英勇祖先们的纪念更多地体现于口述的传统，而不是通过为他们的肉身修建纪念碑的方式。另外一种可能性就是信仰体系发生了重大转变，人们已经将土地的概念与天空的概念区分开来。过去，土地一直是人体的接受者，死者的物质财富通过墓葬物品表现出来，也许主要是基于这样的事实，土地为人类社会提供了基本的物质保障。在火葬中，死者的灵魂被释放到天空中，灵魂居住的地方，但是土地并没有被遗忘。神灵的力量现在通过贡品得到承认，贡品通常都是青铜制品，埋在岩石凿的坑中或者扔进湖水、河流和沼泽里面。这种做法在大西洋和北欧地区很普遍，随着青铜时代晚期的发展，其沉积量急剧增加。这些在信仰体系中首次出现是在公元前第二个千年的末期，在随后的 1500 年间遍及欧洲大部分地区，一直延续到罗马时期的某些地区。

在对青铜时代晚期的概括中，我们低估了地区差异。但是在强调欧洲历史上公元前 1300～前 800 年这一非凡时期时"泛化"这一词语是具有价值的。这是一个社会、经济和政治不断发生变化的时期，接近于泛欧洲文化的东西开始出现。信仰、价值和行为，所有这些在青铜时代晚期的考古记录中都有清晰体现，在欧洲后来的大部分历史中都产生了共鸣。

爱琴海体系的崩溃：
公元前 1250 年到公元前 1150 年

公元前第三个千年和第二个千年地中海东部国家体系的崩溃，从欧洲的观点来看，具有边际效应。经常有人含蓄地指出，东地中海城邦对于商品的需求是欧洲生产和分配的动力，因此对于欧洲进步产生了重要影响，但在现实中，证据明显不足。到目前为止，地中海东部消耗的大部分原材料不是来自本地就是来自北非和西南亚。欧洲贡献了几麻袋的琥珀和一捆捆的皮毛，也许还有些锡和金，尽管这还没有办法证明。与欧洲体系唯一明确的连接就是海上航线，航线把地中海的船只与第勒尼安海，后来又与亚得里亚海连接在一起。虽然这些接触会刺激贸易，但是对于接受的社群几乎没有产生什么影响。向北与喀尔巴阡盆地的联系更为脆弱，该地区可能是训练有素的马匹和战车的发源地，除了可能获得华丽的青铜盔甲，喀尔巴阡盆地的文化活动力几乎没有受到这种接触的影响。现有证据有力地表明，地中海东部国家在公元前第二个千年的兴衰，并没有在爱琴海以外的欧洲引起任何注意。

地中海东部宫廷经济的突然崩溃，可能是多种因素相互作用的结果，其作用方式放大了整体效果。同时代的文献，尽管在地理细节方面非常模糊，令人沮丧，但也讲述了陆地和海洋上的人类迁徙活动。许多活动虽然被命名，但是其起源非常模糊。其中一些显然是沙漠边缘或者山区的游牧部落在寻找新的土地定居，另一些则准备联合起来袭击比较容易得手的目标，或者向那些需要防卫的国家提供雇佣兵服务。机动性是最突出的，海上可见载着人们去冒险和掠夺的船只，他们中许多人从安纳托利亚曲折的南部海岸港口出发进行冒险，几个世纪以来该海岸都是海盗的故乡。

从同时代的文献中可以看到当时的一些特征。我们已经提到了公元前 1224 年和公元前 1186 年对埃及的入侵，进攻者来自西部沙漠和北部海域。哈布城神庙北墙上描绘了激烈斗争的场景。我们看到，突袭者的船只遭到埃及弓箭手的攻击，一些人在岸上严阵以待，另一些人则在自己的船上迎战侵略者。墙壁上描绘了两组不同的袭击者，一组戴着角盔，手持长剑和圆形盾牌，另一组人也同样持有武器，但是配有高羽毛的头饰——细心观察，然后加以区别，我们就能够把他们解读为不同种族的人。

赫梯的首都哈图沙（Hattusas）和叙利亚沿海城市乌加里特（Ugarit）发现的楔形文字生动地记述了不断恶化的局势。在一封阿拉希亚（塞浦路斯古称）国王写给乌加里特国王汉谟拉比的信件中，塞浦路斯的统治者给出了建议：

> 你写信跟我说，在海上发现了敌人的船只。好吧，即使敌人的船只现

在进入了你的视野，也一定要挺住。你的军队，你的战车，他们驻扎在哪里呢？他们是否就驻扎在附近？谁从敌人身后遏制他？加固你的城邑，把军队和战车部署在城中，等待敌人的到来。

这封可能没有发送出去的回信非常让人绝望：

敌人的船只已经到来，他们烧毁了我们的城镇，给这个国家造成了巨大破坏。你难道不知道吗，我的所有军队都驻扎在赫梯，我的船只还驻扎在吕基亚没有返回，所以这个国家只能坐以待毙……来了7艘敌人的战舰，造成了极大的破坏。

从交流中我们可以看出形势正在恶化，正在进入无政府状态。

在这个动荡世界的边缘，迈锡尼的政体也陷入一片混乱。没有文本告诉我们结局究竟如何，也没有雕刻描述这些战役，只有关于防御、毁灭和人口减少的无声考古证据。迈锡尼和梯林斯得到加强，公元前1300年或之后不久的雅典卫城也是如此，那时麻烦已经开始。大约也正是在这个时期，沿着科林斯的地峡修建了城墙以保护伯罗奔尼撒。接下来的150年间，很多的宫殿中心被毁。阿尔戈利斯、迈锡尼、梯林斯和丹德拉被烧毁。在拉科尼亚，靠近斯巴达的梅内莱恩被毁，还有迈锡尼的皮洛斯，再往北部维奥蒂亚的底比斯和格拉（Gla），色萨利的伊奥科斯都被暴力终结了。很难说，这种破坏是否暴力泛滥阶段的一部分。最有可能的情形是，结局是缓慢到来的，延续了几十年的时间，到了公元前1150年，这些伟大的宫殿如多米诺骨牌一般一个接一个地倒塌下去，迈锡尼的世界结束了。

一些人认为，崩溃的主要原因在于环境恶化，从而在边缘地区造成了社会混乱。这也许是促成因素，但它不足以推翻统治肥沃土地的政体。真正的原因肯定在内部：东地中海国家本质上是不稳定的。控制这些国家的精英认为他们的权力源于维持高水平的生产力，以支持迅速发展的官僚体系，并且保持外交和贸易中所需要的稀有商品的流动。这个体系任何部分的失败都将导致整个大厦的崩塌。

体系有内在的发展轨迹。地方的生产力不仅需要维持，更需要提高，否则就会产生不稳定性。但是自然条件限制了生产力。在官僚体系要求增加产量的压力

238

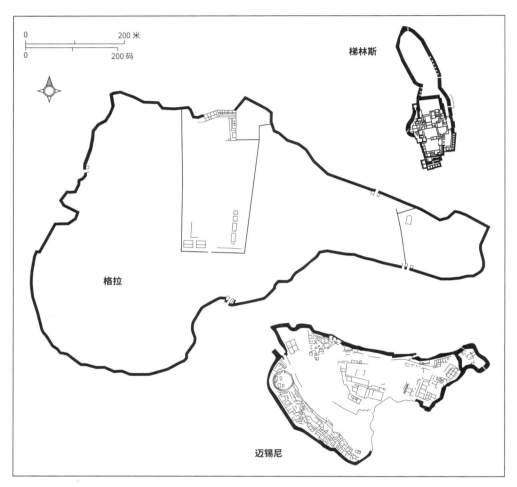

8.5 公元前 13 世纪，迈锡尼、梯林斯和格拉防御森严的堡垒。迈锡尼文明崩溃前，局势日趋紧张。

下，农民们会感到绝望，离开家乡自谋生路。就像考古记录中显示的那样，宫殿统治区域的人口减少。内部的崩溃随之而来。

　　造成普遍不稳定的另一个因素就是国家间外交所依赖的商品流动的脆弱性。货物的供应依赖于陆上运输路线的安全性以及那些控制这些地区之人的合作意愿，以及没有海盗的可靠航道。这两种运输路线都很容易受外围群体的干扰。一旦遭遇陆上车队的袭击和海上的海盗抢掠，整个系统将很快瓦解。曾经是推动者的外围中间商很快就会变成掠夺者，攻击他们供应货物的城市和宫殿。

　　情势非常复杂，没有一套简单的解释能够涵盖这个世纪的体系崩塌的各种行

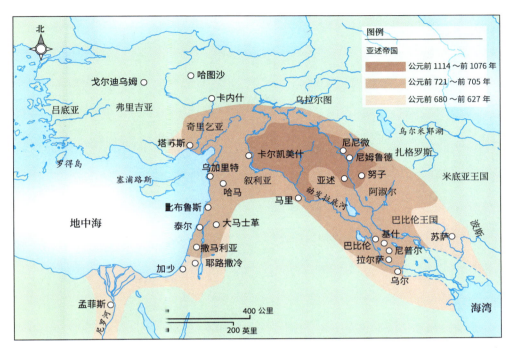

8.6　占据着黎凡特海岸的腓尼基城市受到不断扩张的亚述帝国的影响，亚述帝国在公元前 7 世纪达到权力顶峰。

为和所有互动。一些城邦和宫殿中心被彻底毁灭，复杂的交流系统也被打乱，大量的人在陆地和海洋上迁徙。流动性创造出新的政治地理。但是，在混乱的情况下，一些旧世界的碎片得以保留下来。埃及人仍然是一股不可忽视的力量，阿拉希亚（塞浦路斯）和第勒尼安海之间的远距离海上航线仍然是开放的，提供了新体系得以发展的网络。

东方的复兴：
公元前 1150 年到公元前 800 年

虽然埃及在系统崩溃的混乱中幸存下来，但是该区域其他地方，流动性和重新安置导致了新政治格局的出现。公元前 1200 年前后，非利士人（Philistines）

240

8.7 伊拉克豪尔萨巴德亚述国王萨尔贡二世（公元前 722 ～前 705 年）宫殿里墙壁浮雕的一部分。它描绘了马首船头的腓尼基河船运输圆木。

控制了黎凡特的南部沿海平原（现在的以色列和巴勒斯坦），这支规模很小的武士精英确立了对已有人口的统治，发展起五个城市——加沙、阿什凯隆（Ash-kelon）、阿什杜德（Ashdod）、迦特（Gath）和以革伦（Ekron），以此作为他们的中心。他们是来自北方的"海洋民族"之一，这一点在各种历史资料中都有记载，也有说法认为他们可能来自爱琴海地区——证据源于他们的陶器，很多特征都是迈锡尼晚期的风格。一旦在黎凡特定居下来，他们就对海洋漠不关心，好像没有参与海上贸易的发展，而是把这些事务留给其北方邻居——腓尼基人。

241

腓尼基是黎凡特北部沿海地区的名字，其范围从南边的迦密山到北方的阿瓦德——这一区域或多或少与现代黎巴嫩发生重合。沿着海岸，一系列的港口城镇发展起来，其中诸如比布鲁斯（Byblos）和西顿（Sidon）等城市，早在迦南时期就开始出现。泰尔，连司西顿一起，上升到了统治地位，它们很可能是在公元前12世纪的某个时候重建了。外来人员是否参与了腓尼基的复兴很难说。这一地区的文化和语言表明迦南时代的深厚根基。

腓尼基狭窄的沿海地区占据了地中海和日益强大的内陆帝国亚述之间的关键位置。公元前12世纪，随着秩序开始重新建立，腓尼基海岸港口城市的精英阶层成了伟大的实业家，发挥着连接东西的作用。他们极大地扩展了旧的海事网络，最终，在公元前800年之后，向西推进，越过地中海，进入大西洋。腓尼基的土地也得益于它的资源，最著名的是"黎巴嫩雪松"，因为造船业和其他工程对此的需求量巨大，尤其是埃及人，他们的土地提供的可用木材很少。另一种畅销商品是从骨螺壳中提取的紫色染料，其重要性体现在腓尼基的名称上，腓尼基的意思是"紫色的土地"。

埃及书吏温－阿蒙（Wen-Amon）的描述提供了对该地区在公元前11世纪商业活动的洞察。他在公元前1075年到前1060年访问过腓尼基，主要是为法老获取雪松。此时比布鲁斯似乎是主要中心。书吏的生活并不轻松。温－阿蒙发现海上到处是海盗，并且不得不应付腓尼基精英们傲慢的蔑视。其中一段他讲述了比布鲁斯王子扎卡巴力（Zakar-Baal）是如何召唤他的：

> 到了早晨，他打发人来召唤我上去。他住在海边的帐篷里。我发现他坐在房间里，背对着窗户，这样，亚述帝国的海浪似乎敲打着他的后脑勺。

这是一个精心设计的环境，使特使处于不利地位！

最终，交易得以达成，七根大雪松原木运到埃及。作为回报，埃及人提供的各式货物包括：4 个瓦罐，1 罐（kak-men）黄金，5 个银壶，10 件皇家亚麻服装，来自上埃及的 10 卷上好的亚麻布，500 卷莎草纸，500 张牛皮，500 条绳子，20 袋扁豆和 30 篓鱼。

242　　比布鲁斯王子对这笔交易很满意，并立即下令砍伐更多的树木。

这一交易让人们对当时商品交易范围产生了非常有趣的看法——大多商品几乎没有留下什么考古痕迹。几个世纪之后，比布鲁斯成为埃及莎草纸的分发中心，埃及大部分的莎草纸都是为了满足希腊世界的需要。事实上，这座城市之所以为人所知，它的名字直接来自希腊世界对于莎草纸的称谓——比布鲁斯。它原来的迦南语名字是加巴尔。

温－阿蒙的冒险还没有完全结束。从腓尼基出发回家的路上，他的船被逆风吹到阿拉希亚（塞浦路斯）海岸，在那里遇到了一群怀有敌意的暴徒，他得到"城中公主"希特布的怜悯，正是他富有说服力的说辞才使其幸免于难。

> 听我说，关于我，他们在寻找我，要刺杀我。至于他们准备要杀死的比布鲁斯王子手下的那些人，他们的主人难道不会杀死你的 10 个船员。
>
> 她（希特布）召集了一起来的人，然后跟我说"一起过夜……"。

在这个关键时刻，描述中断了，我们所知道的结局就是，温－阿蒙活了下来，得以讲述这个故事。

温－阿蒙的访问之后不久，比布鲁斯的重要性就下降了，让位给泰尔，到 10 世纪晚期，泰尔已经成为占据统治地位的腓尼基城市，成为地中海区域最重要的港口之一。公元前 9 世纪末期，腓尼基人吞并了塞浦路斯的东南海岸，并在基提翁建立了贸易据点。他们的海上冒险很快扩展到整个爱琴海区域。腓尼基人为了记录其快速扩张的商业活动，大约在公元前 1000 年，开发了字母书写系统，很快被邻近部落所采用，成为希腊语、希伯来语和阿拉姆语及所有现代字母文字的基础。

阿拉希亚岛在海上的交换网络中占据非常关键的位置，地处主要的海上通道，交通便利。它还是铜的主要来源地，同时拥有大片肥沃的土地。公元前 1200 年到公元前 1050 年，岛上的部落遭遇袭击，紧随而来的是经济衰退：定居点被毁坏，被遗弃，人口急剧减少。两个主要的海港城市基提翁和恩科米都失守了，但是商业活动仍然在继续，尽管规模非常有限。公元前12世纪末期和11世纪早期，似乎有迈锡尼世界的人涌入，涌入者势力足够强大，他们引入了希腊语言，最终整个岛屿都采纳了这种语言。

在这个动荡和流动的时期，塞浦路斯的社群与第勒尼安海域周围的伙伴保持着非常活跃的贸易联系。腓尼基人的影响在公元前10世纪扩张到岛屿，并于公元前850年在基提翁的旧港口建立了泰尔城的殖民地，将塞浦路斯牢牢地纳入腓尼基人的势力范围。因此，我们发现腓尼基人正是在这个时期逐渐渗透到塞浦路斯通往第勒尼安的海上航线，这就不足为奇了。一两代人之后，腓尼基人在西西里岛和撒丁岛以及北非海岸建立了商业殖民地。

在希腊大陆和爱琴海岛屿，尽管以宫殿为中心的经济已经崩塌，人口减少，但生活仍然在继续，迈锡尼文明的苍白映像在某些地区一直持续到公元前11世纪。当然，在公元前12世纪可以察觉到物质文化的变化。新款服装出现了，陶器制作方面也发生了广泛变化。传统上认为这些创新，是古典文献记载的多利安人从北方迁徙的证据。这有可能是事实，但是在处理这些证据的时候需要仔细考虑，这种风格模式的变化原因不仅仅在于大规模移民，还有其他因素的影响。

对于希腊"黑暗时代"最透彻研究的遗址之一就是埃维亚岛南部海岸的莱夫坎迪（Lefkandi）。这里形成了一个小城镇，周围有几处墓地。定居点始于公元前2000年，断断续续持续到公元前700年。公元前1100年后墓地开始有墓葬。起初，坟墓非常朴素，但是到了公元前1000年，外来的墓葬开始出现。最早的墓葬中装有一个从黎凡特进口的罐子，稍晚一点的墓葬中还有从同一地区进口的项链。但更引人注目的是一个由泥砖和木材建造的矩形建筑，挖掘者称其为英雄祠——纪念伟大英雄的圣地。它建造于公元前10世纪，由两口竖井组成，其中一口包含四个马的骨架。另一口是英雄火化后的遗骨，装在塞浦路斯制造的青铜容器中，旁边躺着一具女子的尸体。女人的身体被华丽的珠宝装饰着，其中大部分是金饰品，包括一件古金色的项链和吊坠，很可能来自巴比伦。英雄祠的前面发展起一个小型墓园，墓葬丰富，包括来自阿提卡附近的精美陶器，还有来自叙利亚、巴勒斯坦、塞浦路斯和埃及的一系列墓葬品。

莱夫坎迪的证据表明，公元前1000年到公元前800年，埃维亚岛的居民一

243

244

8.8　塞浦路斯的恩科米出土的青铜战神雕像，时间可以追溯到公元前 12 世纪。人物站在牛皮铜锭上，这种铜锭在当时地中海东部和中部广泛交易。

直通过交换网络与地中海东部紧密联系在一起。对此，最为简单的解释就是，腓尼基人，或者说阿拉希亚人（塞浦路斯人），正在探索爱琴海的商机，并寻求与当地人建立外交关系。但是也存在其他选择，比如公元前 10 世纪的某个时候，莱夫坎迪的英雄拜访了腓尼基，见到了泰尔国王，并带回了包括古玩在内的礼物，这次幸运的相遇之后，腓尼基人的船只开始在埃维亚岛受欢迎？我们可能

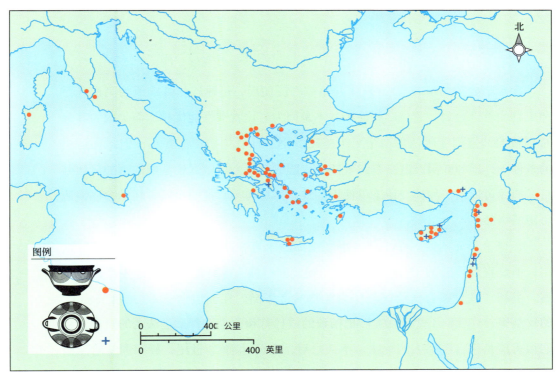

8.9　埃维亚岛的居民在公元前9世纪的贸易网络中扮演了非常重要的角色。他们独特的彩陶的分布（众所周知的半圆形双耳大饮杯），可以让人们了解他们贸易活动的可能范围。

永远都不知道，但是至少存在这种可能。有件事情是非常清楚的：在公元前9世纪，也许还要早一点，非常独特的埃维亚岛的陶器——彩绘的半圆形双耳大饮杯和盘子——分布在爱琴海周边到塞浦路斯、黎凡特的广大区域。那样的分布很可能象征着埃维亚岛人的进取精神。在奥龙特斯河河口的叙利亚阿尔米娜港，埃维亚岛人大量存在，或许是一群常驻的贸易商，这在公元前9世纪的最后10年体现得非常明显。然后，在公元前8世纪开始的几十年里面，他们把自己的活动扩展到了第勒尼安海，在那里建立了希腊的第一个海外殖民地，即位于那不勒斯湾伊斯基亚岛的皮特库塞（Pithekoussai）。他们的海上实力在古典文献中是不被承认的，除了提洛致阿波罗的赞美诗，写到"以船只著称的"埃维亚岛——也许是关于"黑暗时代"成就的短暂记忆。

245

铁

在希腊的"黑暗时代"，铁才开始被广泛使用，迅速取代青铜成为制造武器和工具的首选金属。它被广泛使用并不是因为它比青铜性能优越，而是因为其分布更普遍，直到渗碳法创造出更为坚硬的钢。铁氧化物广泛存在，但是在适当的条件下，即 800 摄氏度左右的条件下，形成初轧方坯。通过不断的再加热和敲打，渣滓可以被去除掉，留下可使用的铁，然后再与其他的金属方坯结合以锻造可用的物品。

在整个公元前第二个千年，小型铁饰品一直在欧洲和西南亚的部分地区使用，但是直到公元前 15 世纪，安纳托利亚的赫梯人才开始成规模地生产这种金属。最初，铁是适合送给国王作为礼物的奢侈品。在图坦卡蒙（Tutankhamun）的坟墓里（公元前 1327 年），一把精致的铁匕首和两个铁臂章是法老的财产，它们很可能是来自赫梯人的礼物。不久之后，在公元前 13 世纪，赫梯国王哈图西里三世写信给亚述国王：

> 至于你写信给我所说的铁，好的铁很难获得……我认为这个时期并不适合生产铁器。他们想要制造良好的铁器，但是未能完成。当他们完成的时候，我会送给你。今天，我先送一把铁的匕首给你。

显而易见，铁非常稀缺，价值不菲。在这个时期，在批量生产上可能存在某种垄断，但是到了公元前 12 世纪和公元前 11 世纪，叙利亚北部和塞浦路斯开始大规模地生产铁，正是从这里，技术被引入希腊。到了公元前 900 年，铁的使用已经遍及地中海东部的大部分地区。

也有人认为，铁的快速采用是因为铜供应的下降。考虑到塞浦路斯的丰富矿藏，铜的供应不存在短缺问题，但是锡的供应可能出现短缺，这是赫梯帝国的崩溃引起的，该帝国曾经确保来自遥远的阿富汗的锡供应。也许正是基于寻找锡的新供应的渴望，才驱使塞浦路斯人和腓尼基人去探索第勒尼安及更远的地方。

塞浦路斯和西方

　　公元前第二个千年，发生在地中海东部和第勒尼安海之间的海上相互作用已经得到了充分证明，证据就是发现于意大利、西西里和撒丁岛的迈锡尼陶器。除了陶器，还有一些金属物品，出口到西部的主要物品还有牛皮锭形式的铜。这些物品在撒丁岛上数量众多，据分析都是来自塞浦路斯。按照时间顺序它们的时间在公元前 15 世纪到公元前 9 世纪。充满活力的塞浦路斯青铜产业也是其他奢侈品的来源，这些奢侈品沿着海上贸易路线被带到西方——包括公元前 13 世纪的青铜脸盆，公元前 12 世纪到公元前 11 世纪的青铜镜子，公元前 11 世纪末期的三脚架。在精英物品列表中还可以加上铁匠工具，这也意味着在此期间，塞浦路斯的铁匠拜访了撒丁岛，当地的工匠们得以学习相关技能，公元前 11 世纪或者更晚一些时候撒丁岛人复制的塞浦路斯三脚架反映了这一点。

　　综合来看，这些证据表明在公元前 14 世纪和公元前 13 世纪，少量塞浦路斯物品，包括一些早期的铜锭、一些青铜器和陶器，通过与爱琴海的贸易进入了第勒尼安的海运系统，爱琴海也见证了迈锡尼陶器的流入。在公元前 12 世纪和公元前 11 世纪，塞浦路斯与西方纠缠在一起，特别是与撒丁岛的关系呈现戏剧性增长，一群青铜匠抵达这个岛屿，也许最后定居下来。因此，在公元前 12 世纪和公元前 11 世纪的混乱时期，塞浦路斯保持并加强了与撒丁岛的联系。为什么出现这种状况，这引发了一系列有趣的问题。看似合理的推测是，这种吸引力来自撒丁岛的铁。撒丁岛也可能拥有托斯卡纳（Tuscany）的资源，它盛产铜、铁和锡。另一种可能是来自大西洋地区的锡，特别是来自伊比利亚西北部加利西亚地区的锡，可能通过大西洋海运网络进入撒丁岛。在东方，琥珀一直很抢手。在公元前 12 世纪和公元前 11 世纪，大量来自波罗的海的琥珀，也可能是来自日德兰半岛，通过波河流域和伊特鲁里亚抵达了撒丁岛。撒丁岛现在已经成为连接地中海东部、大西洋和波罗的海的焦点。不足为奇的是塞浦路斯人的市场包括了东部的新兴城邦，他们对这个岛屿产生了浓厚的兴趣。

　　还有一个相关问题需要解决——"海上民族"施尔登人（Shardana）与撒丁岛的关系究竟如何，腓尼基人一直把这个岛屿称为沙丁（Shardan）。毫无疑问，

247

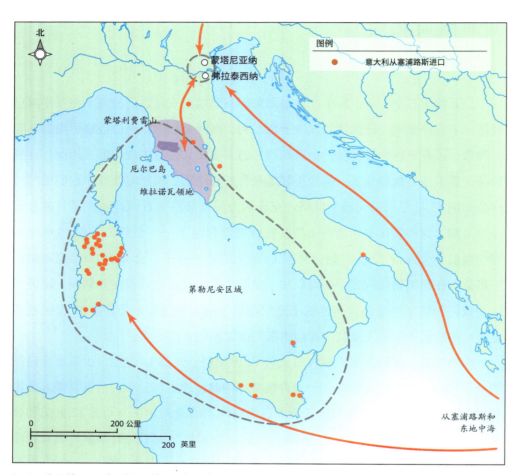

8.10 公元前 1200 年到公元前 900 年，塞浦路斯的创业者们与第勒尼安海周围的部落发展起积极的贸易联系，特别是撒丁岛和西西里岛。吸引力可能是来自铁或者在该地区能够获得的其他金属。可能也同波河流域的部落建立起贸易联系，因为它们控制着跨阿尔卑斯山的贸易。

这个问题备受争议，一些人认为施尔登人从撒丁岛乘船而来，成为地中海东部的入侵者和雇佣兵；另一些人则认为他们是安纳托利亚沿海地区的本地人，是在公元前 1250 年到公元前 1150 年的事件发生之后，向西航行到撒丁岛定居。总的来说，后者似乎可能性更大，这在该时期与塞浦路斯发展的更紧密的联系中可以体现出来。非常可能的场景就是：几艘载着战士的船只，连同工匠利用塞浦路斯和撒丁岛的海上路线寻找新家园。对有才干的精英而言，在岛屿上确立权威并不困难。随后，公元前 9 世纪岛屿上的腓尼基定居点可以被视为是这个进程的简单

248

延续。

谢克雷什人（Shekelesh）是另一支"海上民族"，他们也在向西航行，试图在西西里岛寻找自己的家园，定居西西里岛的居民被后来的希腊作家称为西库尔人（Sikels）。没有确切的考古记录证明这一点，但是名字的相似不仅仅是巧合。考古学家对史前人类学暗光时代突然出现的人群运动持谨慎态度，但"海上民族"的不同群体对于那些遇到他们的人群来说是真实存在的。某些人可能已经定居在西部，对于那些海上深险家来说，这也许是合理的想法。

第勒尼安体系和北方

公元前第二个千年和第一个千年早期，迈锡尼人和塞浦路斯人都卷入了第勒尼安海建立起来的地中海中部和东部之间的联系，腓尼基人和希腊人很快就在此基础上建立起他们的新殖民地。第勒尼安海周边的土地通过长期建立的海事网络紧密地绑定在一起，而在公元前1300年到公元前800年期间，其内部经历了特殊发展，几乎没有受到东方的影响。其中两个地区非常突出，即撒丁岛和伊特鲁里亚。

在撒丁岛，这一时期的考古以石头建造的定居点为主，即努拉格（nuraghi），已知的有7000多个。最简单的是由大石块建造的高达18米（59英尺）的塔。一些被外墙围绕，另一些则形成围绕它发展的石砌定居点的中心。此种建筑模式最早可以追溯到公元前第二个千年早期，这一传统一直持续到公元前第一个千年，甚至持续到南部腓尼基人的定居点建造起来之后。尽管人们一直在努力探寻努拉格受到的迈锡尼影响，但现在人们普遍认为，这一现象完全是本土的，是在相对孤立的环境下本土创新的结果。东方所做的唯一贡献就是改进了青铜加工技术。这也许启发了当地的铁匠尝试脱蜡铸造，使他们能够创造出一系列高度原创的青铜雕像，主要是人像，从而为观察他们的生活提供了独特视角。雕像中主要是勇士，但也有献祭的牧羊人、音乐家和摔跤手，以及拿着水罐或照看孩子的妇女，还有动物和船只。尽管有剑、盾牌、弓箭和箭镞，这些雕像仍然呈现出温和纯真

249

8.11 撒丁岛西北部桑图安蒂娜（S. Antine）的努拉格。中央的塔可以追溯到公元前 9 世纪，周边的围墙是在一两个世纪之后建造的。该场所持续使用到罗马时期。

8.12 头戴角盔的勇士，可以追溯到公元前 8 世纪到公元前 7 世纪，出土于撒丁岛的阿尔比（Albi）的努拉格。

的氛围。

在伊特鲁里亚，人们习惯上把文化序列划分为青铜时代晚期（公元前 1350～前 1020 年）和铁器时代早期，后者指的是维拉诺瓦（Villanovan）文化，时间从公元前 1020 年到公元前 780 年。这之后是第勒尼安文明。这给人的印象是有重大的变化，但现在普遍认为发展是连续的，没有新人涌入。然而，重大的变化反映了日益增长的社会和经济复杂性。

在青铜时代晚期，人口广泛分布于所有气候适宜、生产力较高的区域，主要定居点的面积平均为 4～5 公顷（10～12.5 英亩），人口大约 100～200 人。人口增长，农业产量也在增加。到了这个阶段，火葬较为普及，社会差异体现在陪葬物品方面。公元前 9 世纪，定居点结构发生了广泛变化，特别是在南伊特鲁里亚地区，核心聚集的定居点数目在减少，新的大型定居点开始出现，覆盖面积 100～200 公顷（250～500 英亩）。大型的定居点有凯尔（Caere，切尔韦泰里），塔尔奎尼亚（Tarquinia），维爱（Veii），沃尔西尼（Volsinii，奥尔维耶托）和武尔齐（Vulci），它们一直在继续使用，最终发展成伊特鲁里亚城邦。

很明显，在公元前 9 世纪，更为复杂的系统开始出现，它在经济和政治上都有足够的稳定性，于是定居点集聚，这大概是在几个主要的、至高无上的统治者的"恩惠"下才得以发生的，其领导权威由稳定的等级制度体系支撑。类似的进程也同期出现在希腊。

这样的系统要自我维系，并在一两个世纪之后发展成为完整的城市结构，意味着其基础经济一直在合理而健康地增长。伊特鲁里亚有很多优势：土地高产，气候适宜，不受极端气候影响，还有丰富的金属供应。北部的梅塔利费雷山（Colline Metallifere，厄尔士山脉）出产铜和一些锡，而离岸的厄尔巴岛则以高质量的铁矿而闻名。这些因素很重要，但伊特鲁里亚的位置更加不能忽视，它向南望着第勒尼安海，那里商业活动非常繁荣，北方通过亚平宁山脉，能够到达波河流域——由于掌控了通往北欧和亚得里亚海的主要路线，这里正迅速成为动态增长的焦点。

公元前 14 世纪，大批商品沿着这些路线向南移动，伊特鲁里亚提供了与第勒尼安海及其他地区的海上网络接口。从公元前 14 世纪到公元前 10 世纪，北方的琥珀，连同欧洲样式的武器和装饰品都以这种方式运输。欧洲的武器，以其新

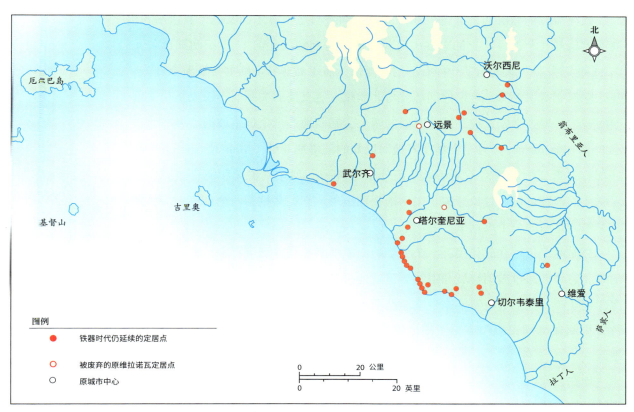

8.13　公元前10世纪～前8世纪，在伊鲁特里亚南部，大型的城市定居点开始出现，成为离散区域的中心。这些后来发展成为伊鲁特里亚城镇。

颖的"外国"形式和大量使用金属在地中海地区受到高度重视，尤其是剑，因为它们代表了更加华丽的战斗风格。不足为奇的是，我们发现它们从第勒尼安海转运到爱琴海。根据公元前第二个千年末期到达东地中海的欧洲青铜器数量可以判断，穿过第勒尼安海的货物一定相当可观。因此，控制伊特鲁里亚贸易的精英繁荣兴旺起来。

当地的贸易也提供了证据。伊特鲁利亚北部沿海城镇波普洛尼亚（Populonia）墓地的物品包括了源于撒丁岛的青铜物品。事实上，这些奇异的女性陪葬品提醒人们，在婚姻中交换女性以增进同辈之间的联系，是公认的做法。

波河流域的部落控制着从北方经阿尔卑斯山的隘口和从多瑙河中部地区穿过斯洛文尼亚的货物流动。伊特鲁里亚的居民依赖于这些货物。

252

波河流域的社群通过亚得里亚海的海上网络与地中海东部发生了直接联系。波河流域的几个遗址出土的东地中海式陶器可追溯到公元前 12 世纪晚期至公元前 11 世纪中期。这提出了一种有趣的可能性，撒丁岛非常活跃的塞浦路斯商人，开始探索亚得里亚海。难道他们想要与北欧建立更直接的关系而不仅仅是获得重要的琥珀？考古学家发现了这一时期的两个交易基地：一个位于波河流域的弗拉泰西纳（Frattesina），另一个是在阿迪河以北的蒙塔尼亚纳（Montagnana）。这两处都有大量证据表明，工艺活动使用外来材料——琥珀、象牙和鸵鸟蛋壳。贸易联系的程度可以通过象牙梳子生动地表现出来。它在弗拉泰西纳制造，最终埋葬在塞浦路斯的一个坟墓里。

当时两个进程在起作用：一个主要的交换网络处在发展进程中，将阿尔卑斯山以北的地区通过波河流域和伊特鲁里亚连接到第勒尼安海；同时，来自东地中海的创业者，他们最有可能来自塞浦路斯，接入撒丁岛和亚得里亚海的网络。伊特鲁里亚在这种交流中占据了焦点位置，同时它也是拥有得天独厚丰富资源的地区。

现在，我们的讲述必须停在公元前 9 世纪末，但是，展望未来，第勒尼安海很快就变成了地中海发展的关键舞台，伊特鲁里亚最终的继承者罗马则是最主要的演员。

西地中海

与第勒尼安海相比，公元前 1300 年到公元前 800 年地中海西部的海上活动鲜为人知，这点让人震惊。但这可能更多的是由于缺乏重点研究，而不是缺乏证据。通过工艺品的散落分布可以看出，有强烈的迹象表明，西地中海地区与更活跃的大西洋交换网络是连接在一起的。这点体现在大西洋的青铜器物上，特别是伊比利亚东南沿海、南撒丁岛和北伊特鲁里亚发现的长柄利剑（被称为鲤鱼舌剑，分为维纳特式和蒙特萨伊达式），撒丁岛的蒙特萨伊达（Monte Sa Idda）发现的宝藏，除了剑，还有一种在欧洲大西洋沿岸有名的烤肉叉。尽管材料有些模

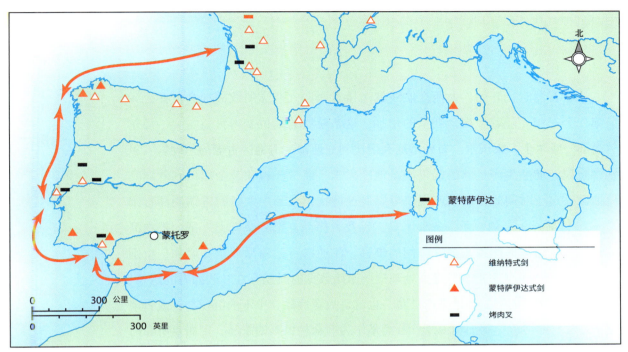

8.14 伊比利亚出土的青铜剑，以及撒丁岛和伊鲁特里亚出土的烤肉叉证明了地中海中部和西部的联系。西班牙瓜达尔基维尔河河谷的蒙托罗发现了迈锡尼的陶器。

图例中标注：
- 维纳特式剑
- 蒙特萨伊达式剑
- 烤肉叉

糊，但这样的发现可能反映了当地比较完善的海上交换制度。很难说，东地中海的实业家在多大程度上深入这一系统，但在伊比利亚南部的蒙托罗发现的迈锡尼陶器碎片暗示着其中必然存在某种联系。

古典史料记载了公元前 12 世纪活跃于西地中海的腓尼基人，他们在突尼斯海岸的尤蒂卡建立了定居点，接着航行穿过直布罗陀海峡，在摩洛哥大西洋沿岸的安达卢西亚和加的斯（卡迪斯）建立贸易口岸。关于这些早期的定居点，没有什么考古记载，很多考古学家坚信，腓尼基人向第勒尼安海和地中海西部的扩张，最早开始于公元前 9 世纪的最后几十年。尽管如此，这些传统还是很有趣的，可能反映了东地中海的船只在公元前 12 或前 11 世纪探险旅程的记忆，正如我们看到的，此时塞浦路斯在亚得里亚海和撒丁岛附近海域的海上活动最为激烈。撒丁岛居民听到的遥远西部的信息，都是通过访问该岛的伊比利亚船只。这些信息，以及它所带来的期望，很快激发了腓尼基船主的热情。他们从泰尔出发，踏上非凡的旅程，开拓西部。

254

面向大西洋的欧洲 ————————————

　　从新石器时代开始，大西洋航线就连接着面向大西洋的欧洲社会，在公元前第二个千年，随着金属消耗量的增加，这条航线的地位变得日益重要。爱尔兰南部、威尔士、康沃尔、布列塔尼和伊比利亚西部沿海地区古老的坚硬岩石里富含金属，能够生产足够的铜以满足地区需求，还生产锡和黄金出口到欧洲其他地区。这一时期的金属生产规模可以通过博物馆藏品中大量的青铜制品看出来——包括斧头、剑、矛，各种工具，以及奢侈品。仅斧头就上万把。把物品按时期量化给人的印象是随着时间的推移，流通的青铜物品数量在增加，特别是在公元前 1000 年之后。但是在处理这些原始数据的时候存在一些固有的困难，因为大多数幸存的物品都是来自窖藏，也就是故意埋藏在土下的沉积物；或者来自水环境，如河流、湖泊和沼泽，可能是作为向众神供奉的祭品。定居点所在的废墟中发现的青铜器相对较少。因此，青铜器数量的增多，可能更多反映了社会需要通过把财富放在冥神领域来安抚神灵，而不是把大量的金属投入流通。

　　仪式沉积物往往涉及水中的祭品。爱尔兰各种各样的沼泽是最受欢迎的地方，就像不列颠东流的河水一样。泰晤士河出土了数量惊人的金属精品，主要是剑和矛，也有盾牌和头盔，该传统一直延续到随后的铁器时代。考虑到海洋对交换网络的重要性，我们可能会认为祭品是献给海洋之神的。在奥迭尔河河口，伊比利亚的西南部接近塔特索斯人港口定居点的地方，也就是现在韦尔瓦城的下方，发现了这样一处遗址。这条河流中打捞出来的 400 多件物品中，有 78 把剑（55 个属于鲤鱼舌剑），22 把短剑或匕首，88 个矛头（一些是爱尔兰式的），还有头盔和胸针的碎片。

　　欧洲大西洋沿岸发现的各种类型的青铜物品分布，提供了无数旅程及随后展开的交流的数据。它们表明海洋与河流的流动性，以及思想和价值观的流动，偏远地方也不例外。韦尔瓦附近的奥迭尔河河口的沉积物中，有来自爱尔兰的新月形矛头，还有来自阿莫里凯（布列塔尼）的鲤鱼舌剑。这一点很清楚——但它并没有告诉我们这些东西是怎么运输而来的。他们是由有魄力的船主从韦尔瓦收集来的吗？那意味着 2000 公里（1250 英里）的爱尔兰之旅，并沿途购买了阿莫

255

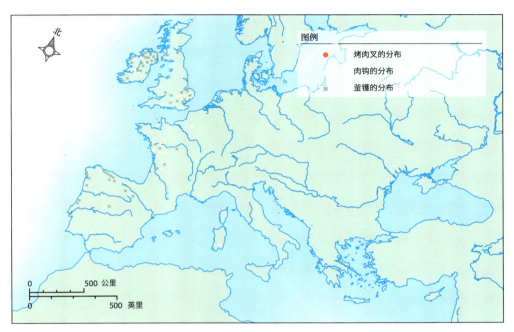

8.15　精英宴会的用品分布，诸如釜镬、肉钩和烤肉叉沿着大西洋的分布，显示出公元前1200年到公元前800年思想和价值观体系交流的海上路线。

里凯的矛和其他物品，又或者这些物品是由一系列短途航行的船只集合和运输，并在从一个港口到另一个港口的运输中交换部分货物？后者很可能是一种常态，但更长的旅程可能会不时地进行。

回顾大量金属的流动，有两点非常突出：第一，本地产品，尤其是斧子的分布极其有限，表明在规定范围内交易受到严格限制。第二，当时被普遍接受的物品，包括精英们的战争装备——剑、盾和矛，也包括宴会上的装备——烹饪用的大锅，捞出炖肉的肉铗子，还有火前烤肉的器具。这些物品的分布巧妙地突出了大西洋沿岸欧洲的不同区域。公元前10世纪和公元前9世纪，精英盛宴非常普遍，体现了好客和等级等复杂的社会价值。

我们可以从伊比利亚西南部发现的一系列公元前10世纪到公元前8世纪石碑上一睹大西洋青铜时代英雄的风采。它们的确切功能还不清楚：它们是某种标志，但不知究竟标志着坟墓，还是领地，抑或路线。然而，这些描述是为了纪念勇士英雄——很可能是个人勇士。西班牙卡塞雷斯的索拉纳德·卡瓦尼亚斯（Solance de Cabañas）石碑就是很好的例子：这里描述的人被等级的象征所包围，

257

8.16　V 型缺口的皮革盾牌，爱尔兰朗福德郡克伦布林（Clonbrin），像索拉纳德·卡瓦尼亚斯石碑雕刻的盾牌。

8.17　伊比利亚西南发现的雕刻的石碑，可以追溯到公元前 9 世纪到公元前 7 世纪，描绘与石碑所纪念的个体地位相符的精英物品。这个来自索拉纳德·卡瓦尼亚斯的石碑上刻有一个战士，剑、盾牌、矛、镜子、胸针和一辆四轮马车。盾牌就是大西洋航道分布极为广泛的 V 型缺口盾牌。

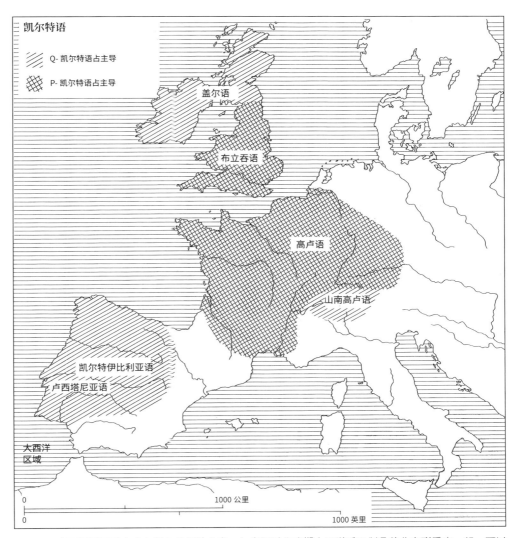

8.18 示意图显示不同方言中凯尔特语的分布，与青铜时代晚期大西洋手工制品的分布联系在一起。可以说凯尔特语作为大西洋的通用语沿着河流交换网络进入欧洲腹地。

一辆四轮车和一个大的圆形有 V 型缺口的盾牌，这在整个大西洋地区都非常有名，还有一柄长而锋利的剑和一根矛，以及另外两件不太确定样式的东西（可能是一面镜子和一个斗篷系扣）。在青铜器时代晚期，能够控制所有这些物品的人是地位很高的人。

卡塞雷斯勇士可能从未远离过家乡，但是，如果他到爱尔兰中部的朗福德郡，他可能会看到一个武士拿着和他一模一样的皮革盾牌（后来被扔进沼泽）。如果他到距离苏格兰大陆北部非常遥远的设德兰岛上的贾尔斯霍夫（Jarlshof）定居点，他可能会看到青铜匠铸造了一把和他手里拿的一样的带柄剑。大西洋沿岸的密切接触所带来的文化之间的相似性很显著。

到青铜时代晚期，大西洋地区社群间的交往与相互作用已长达三千年，公元前 1300 年到公元前 800 年，联系得到进一步加强。在这种情况下，从新石器时代引入的印欧语系基础上发展起极为相似的语言也就不足为奇了。这一语系就是我们现在所称的凯尔特语，目前在布列塔尼、威尔士和爱尔兰，以及苏格兰西部海岸和群岛人们仍以不同形式使用这种语言。青铜时代，凯尔特人可能是在大西洋地区进化的。这里有一些文本证据表明，该地区到公元前 6 世纪使用凯尔特名称。之后，专有名称和铭文中的大量材料表明，大西洋欧洲的大部分地区都使用过凯尔特语。唯一的例外是巴斯克地区，位于西班牙北部和法国西南部的比利牛斯山脉地区。巴斯克语有很大的不同，人们认为它起源于印欧语系引入之前更早的时期。有趣的是，这个区域，面对着比斯开湾（Golfe de Gascogne），似乎远离青铜时代晚期的大西洋海上网络。即使偶然有例外，但是总体而言，很少船只穿过这个死胡同。西班牙北部多山的海岸，法国朗德单调乏味的沙洲没有什么吸引力。巴斯克人一直遗世独立，直到中世纪早期，他们才开始热情地拥抱大海、走向海洋。

北 欧 世 界 及 其 邻 国

在北欧地区，前一时期的传统仍在继续。但是，丧葬仪式由土葬变为火葬，并伴随着随葬金属制品的变化。以前，与死者一起埋葬的是青铜，有时是黄金物品。但随着火葬的广泛采用，个人财富开始积在沼泽中。这种信念体系以及与之相关的仪式的变化，是整个欧洲现象的一部分，同时伴随着"太阳鸟"（sunship bird）图案的广泛使用。图案中象征太阳的圆盘放在船上，船头和船尾是天鹅头的形状。这种图案在青铜器上很流行，被铭刻在青铜刀和剃刀上。太阳和鸟类的

8.19 在中欧和北欧发现的青铜瓮器表面经常采用一个太阳盘和两只鸟头组合的纹饰，通常解释为，船只在穿过黑暗地区的时候有太阳相伴。

8.20 船形坟墓在波罗的海的分布。

8.21　波罗的海哥得兰岛上青铜时代晚期的船形坟墓。

意象代表着越来越多对于天空的强调，人们认为那是上帝和死者灵魂的居住之地。太阳的图像中可能也蕴含着一些概念，从西方落下，又从东方再次升起。

259　　　　在瑞典南部和挪威发现的大量岩石雕刻中，船只都是占据主导地位的符号。这些雕刻在公元前 2000 年中期已经出现，接下来上千年的时间里面，一直在延续和扩张。最近的评估发现，雕刻最为多产的区域是沿着瑞典南部西海岸的东福260　尔郡（Østfold）和布胡斯兰地区，估计共有 5000 个独立遗址，75000 个独立的图像——随着田野调查工作的继续，这个数字每年都在增加。最常见的图案是船、人和其他动物，偶尔出现的有圆盘、尺子和轮式车辆。仅布胡斯兰地区就有7000 多处船的图像。

　　　　船的意象也被纳入波罗的海沿岸社群的葬礼仪式。在瑞典南部部分地区和波罗的海的哥得兰岛，以及波罗的海国家的沿岸地区，坟冢被垒成船形的石头包围。在更详细的例子中，石块直立，排列成一条直线上升到高船头。有时船尾会用横向石头砌成，这样外观就呈方形船尾。沿海社群和哥得兰岛发现了 300 个左

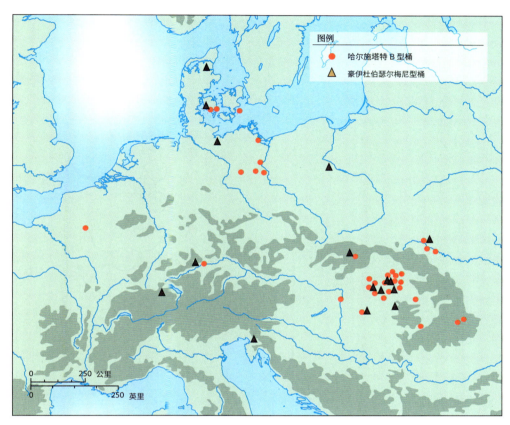

8.22 公元前 9 世纪和公元前 8 世纪，桶的分布表明交换轴已经从喀尔巴阡盆地延伸到波罗的海。

右的船形坟墓，海船必定已经主宰他们的生活。

北欧地区的铜、金和其他金属继续依赖其遥远的南方地区——喀尔巴阡山和阿尔卑斯地区。锡和部分铜可能是从更近的地方得到，即现代德国和捷克边界的厄尔士山脉，但供应绝不是稳定的。到公元前 12 世纪，从德国南部和阿尔卑斯山进口的新金属几乎已经枯竭，北欧社群被迫回收旧青铜。但大约到公元前 1000 年，很可能通过奥得河与喀尔巴阡盆地建立了一条新的交换路线。这种情况一直持续到公元前 9 世纪，那时所有与该地区的联系都停止了。为什么会发生这种情况？这一点还不清楚。有可能是占据波兰的精英们阻止货物在他们的领土上通行，但更可能的解释是，喀尔巴阡盆地社群在面对来自草原的新定居者时处于混乱状态，这件事我们稍后再谈（见第 290 ～ 291 页）。所有这一切的影响是，

261

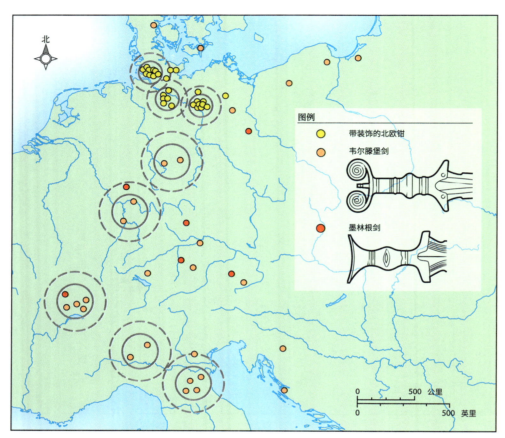

8.23 公元前 8 世纪剑的类型分布展现从波河流域到波罗的海的交换网络。

北欧地区开始依赖阿尔卑斯山西北部的青铜。从交易的青铜物件的分布可以追踪地区间的路线，向北穿过莱茵河中部、易北河中部和下奥得河到达波罗的海沿岸，从那里抵达丹麦群岛和东日德兰半岛。

这条路沿线坐落着一系列奢侈品集中的中心，其中很多被埋葬或者囤积起来。这些中心一定是当地精英们控制商品通道维持权力的地区。鲤鱼舌剑的密集分布——这是享有很高声望的武器——是这些精英中心的重要标志。其中最著名的是易北河上的塞丁（Seddin），240 处古冢中有约 320 个丰富的墓葬。最大的"皇家"墓园呈巨型结构，直径达 80 米（260 英尺），高度 11 米（36 英尺）。里面有一间拱顶石室。墙壁用泥涂成白色、黑色和红色。享受这一荣誉的首领是被火化的，骨头被放在青铜双耳瓶里面，陪葬的有剑、金属器皿和其他小青铜器，还有一套

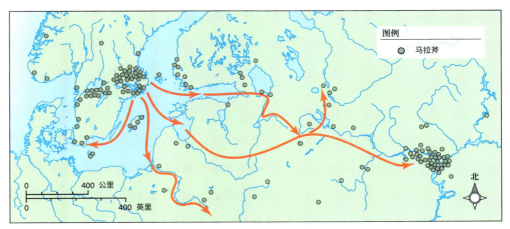

8.24 瑞典梅拉伦生产的青铜斧的分布表明，连接瑞典和伏尔加河的贸易体系非常宽泛。

独特的罐子。附近埋了两个女人，可能是他的妻子，每位都有自己的装饰品。

得到确认的另一个精英中心是位于丹麦菲英岛的伏尔托夫特（Voldtofte）。"皇家"的卢瑟霍伊（Lusehøj）墓直径 40 米（130 英尺），高 7 米（23 英尺），它由大型的泥炭建造，这需要剥离超过 7 公顷（17 英亩）的草地。最初的葬礼是火葬。留存下来的墓葬物品包括一套完整的中欧样式的马车，铜号及其各种配件，剑或匕首，铁和黄金的碎片。塞丁和卢瑟霍伊的葬礼非常特别。墓葬物品的质量、稀有的外国奢侈品和建造坟墓的大规模劳力投入，表明墓主人具有相当威望。在这里，我们无疑看到了首领们完全控制货物在欧洲最繁忙的跨半岛路线上的运动。对青铜的需求一直在延续，他们的力量是不可动摇的。

在瑞典沿海地区和哥得兰岛发现的船形墓葬提醒人们，海对生活在波罗的海沿岸的人来说有多重要。类似的船形墓葬在拉脱维亚东部海岸、爱沙尼亚北海岸、俯视芬兰湾和里加湾入海口的萨列马岛也为人所知。萨列马岛上的墓葬使用的是岛上没有的砂岩，因此一定是从海上运来的。由此我们瞥见了丰富的沿海文化，它们把海岸和波罗的海岛屿上的居民联系在一起。

波罗的海东部海岸提供了与错综复杂的河流系统相连接的界面，然后穿过北欧广袤无垠的森林地带，一直延伸到遥远东方的乌拉尔。这些河流被用作深入俄罗斯的通道，体现在特殊类型的青铜斧子的分布上，这种斧头被称为马拉斧，在瑞典中部梅拉伦湖附近大批量生产，并在波罗的海周围广泛交易。博恩霍尔姆岛、

263

哥得兰岛、奥兰岛、芬兰的沿海地区和波罗的海国家都发现了这种斧子，分布区从这里向东延伸约 1600 公里（1000 英里），几乎抵达乌拉尔。虽然这类斧头基本上是日常工具，但是在俄罗斯中部，它们似乎被视为有威望的物品，因为它们来自异域且经过远距离的运输，它们被提升到权威象征的地位。还有什么其他斯堪的纳维亚产品沿着俄罗斯河流被带到东部只能进行猜测。返程中携带什么商品我们也无从知晓，很有可能是铜锭。卡马—中伏尔加地区的人可以从高加索地区获得充足的金属。这难道就是在公元前 1100 年的时候铜在欧洲的供应出现了短缺状态，波罗的海的探险家试图寻找替代来源的原因吗？无论什么原因，那些在青铜时代晚期进行伟大东方之旅的人是在探索一条他们的后继者 2000 年之后将走的路线。

264

走近草原骑士辛梅里亚人

第一批居住在草原上的人被称为辛梅里亚人（Cimmerians）。荷马的《奥德赛》中有一小段提到了他们：英雄的船只在黑海被驱赶到"世界的边缘，在那里，神秘的辛梅里亚人生活在永恒的迷雾之城"。这里没有提供很多有用的地理细节，但几个世纪后，希罗多德对此进行了细化。他描述了斯基泰人在好战邻居的压力下，举家越过［伏尔加河］进入辛梅里亚人的土地。现在斯基泰人居住的地方以前是辛梅里亚人的家园（Hist，IV，II）。他接着解释说，听到斯基泰人的威胁即将到来，辛梅里亚人存在不同的意见，导致了不同派系之间的战斗："所有的皇家部落都被杀了，人们把他们葬在泰拉斯［德涅斯特河］附近，他们的坟墓还在那里。剩余的辛梅里亚人都离开了，斯基泰人来时，得到了一片荒芜的土地。"（Hist.，IV，II）。

最后，我们得知，一些辛梅里亚人向南逃去，沿着黑海东岸，进入小亚细亚，斯基泰人紧追不舍，后者的路线更偏东。这些辛梅里亚人和斯基泰人，亚述文本中都提到过，他们作为雇佣兵在公元前 7 世纪参与乌拉尔图和亚述国王之间争夺安纳托利亚控制权的漫长战争。其他人群对小亚细亚不感兴趣，继续向南迁移到黎凡特，在《旧约》中，他们是歌篾的子孙。我们之所以知道向南移动的辛

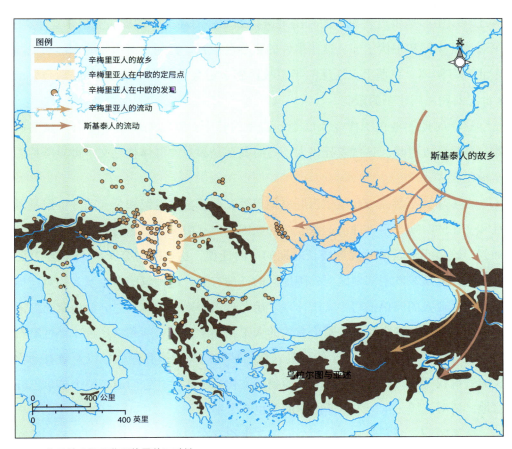

图例

辛梅里亚人的故乡
辛梅里亚人在中欧的定居点
辛梅里亚人在中欧的发现
辛梅里亚人的流动
斯基泰人的流动

斯基泰人的故乡

乌拉尔图与亚述

8.25 公元前8世纪草原牧民的活动性。

梅里亚人，是因为他们处在历史的边缘。那些向西行进并把他们的国王埋葬在德涅斯特附近的人群是无名的，但是当他们进入伟大匈牙利平原的时候，考古记录中可以一瞥他们的身影。

但是，首先，让我们回到草原。从公元前14世纪到公元前12世纪，黑海北侧大面积的草原经历了一段人口增长的稳定时期，这得益于稳定的农业制度（在考古学上被称为萨巴蒂诺夫卡文化）。公元前13世纪末期，有明显的证据表明气候的急剧变化，带来寒冷和干燥的天气条件，中断了稳定发展的物质基础。之后（被称为贝洛泽卡文化）干旱地区的定居点被遗弃，农业系统的调整，以畜牧业为重点，特别是饲养大群的牛。马变得愈加重要。公元前1100年到公元前900年，第一批真正的游牧民族出现在东欧大草原中部，新的流动性开始了，整个社

265

266 　区迁移出中心地带进入更多的外围地区，如北部的高加索侧翼、克里米亚半岛、第聂伯河中部和中伏尔加。这些事件的影响在东方，在阿尔泰山脉的东部和中国东北也有体现。在那里，迁徙的半游牧民族必定会受到公元前 12 世纪到公元前 8 世纪西周王朝诸王的限制。

　　这一时期的考古工作令人联想到骁勇的骑士：豪华的坟墓中葬有大量的武器，马具随处可见。这些差异极大，有时甚至是敌对的群体就是文学世界所称的辛梅里亚人。

　　在多瑙河下游流域和喀尔巴阡盆地以外，公元前 9 世纪和公元前 8 世纪是混乱和变化的时期。很难理清这些复杂的原因，但其中突出的是与草原地带的接触加强，这似乎涉及游牧民族较长时期的向内迁徙，这可能与公元前 11 世纪开始的游牧民族从东欧中部地区向外围地区的迁徙有关。这种氛围在希罗多德对迁徙的辛梅里亚人的简单描写中有所体现。用考古术语来说，喀尔巴阡盆地草原群落的到来体现在一套全新的与骑士有关的人工制品上，窄刃剑和铁匕首（经过磨石磨砺），铁矛和青铜矛，齐全的马具，包括独特的马嚼子和侧件，以及雕有动物头的青铜权杖珠。这些东西都与草原物质文化息息相关，它们遍布整个喀尔巴阡盆地，波河流域、东阿尔卑斯山和波兰也有个别例子。

　　毫无疑问，公元前 9 世纪和公元前 8 世纪存在与草原地区的密切联系，但联系的性质很难界定。但那些游牧民族的骑士并非完全不可能在该区域内建立飞地，并且因为其他氏族成员加入而进一步加强。匈牙利北部的埃格尔地区就是这样一处飞地，那里有一个独特的文化群体被称为迈泽恰特文化（Mezöcsát）。他们的金属制品和土葬仪式与当地传统完全不同，经济高度依赖于畜牧业，这一切都与草原文化密切相关，当然陶器属于当地传统。在这里，也许我们看到的是外来人口与当地人通婚的混合人口。

　　草原游牧民的涌入对欧洲建立已久的贸易网络产生了深远影响。连接喀尔巴阡山、北阿尔卑斯和北欧地区之间的联系在公元前 9 世纪结束，波罗的海和地中海之间的西线负责大宗商品流通。来自南部攻击的威胁，可能是波兰的劳西茨267　（Lausitz）文化区大力加强定居点要塞的原因。但是，假设一幅史前时代的铁幕突然降临欧洲，那将是错误的。东西方之间可以渗透，思想和信仰自由地向各个方向流动，尽管文化身份得以保留。

中 欧

最后我们看看中欧的心脏地带——北阿尔卑斯山文化复合体——代表着青铜时代晚期的骨灰瓮地文化，我们在本章的开头描述过它。这个宽广的地区是欧洲最受欢迎的地区：它不又拥有通往阿尔卑斯山北部的所有通道，还包括主要河流的源头——罗讷河/索恩河、加龙河、卢瓦尔河、塞纳河、莱茵河、威悉河、易北河和奥得河。大西洋、北海、波罗的海和地中海之间的所有跨半岛的航线都要经过这一区域。到了青铜时代晚期商品大规模运输时，通过北阿尔卑斯带的运动到达高潮。这种流动性有助于创造出统一的文化，文化沿着主轴从核心向外扩展。这种现象过去被称为"瓮地人"的扩张——这是中欧人离开家乡征服邻近地区，而我们真正看到的是外围地区的交流对象逐步采用中心价值观——这是欧洲"全球化"的一种早熟表现。

公元前 1300 年到公元前 800 年，北阿尔卑斯地区的不同社群，形成了具有丰富仪式象征和精英展示独特风格的同质文化。两者的核心就是由两匹轭马拉动的四轮马车所体现的出行观念 它表现为实际的仪式车辆和用于仪式的模型。功能齐全的四轮马车非常精致，小巧的车轮直径 50 ～ 75 厘米（20 ～ 30 英寸），由铜铸件和薄板组装而成。在公元前 13 世纪和公元前 12 世纪，他们已经习惯了把尸体抬到柴堆上焚烧火葬。之后，在公元前 9 世纪，可能用于宗教游行的类似车辆遍布从罗讷河到莱茵河的广阔地区。整个北阿尔卑斯地区仪式中也使用青铜模型。这些模型通常表现为运送骨灰瓮的四轮马车形式，由象征性的鸟类保护，并在仪式结束的时候小心存放起来。坚固的日常推车与精致的仪式用车同时存在，但是很少有证据表明这一点。

日常推车有可能是牛拉的，轻型的仪式车是马拉的——这已经被发现的马具所证明，发现的通常是用青铜制成的咬嘴和马嚼子。在早期，马嚼子是皮革的边角制成的，嘴部通常是扭曲的皮绳。公元前 13 世纪，这两种物品都开始由青铜制成。在早期的例子中，咬嘴都是用青铜直接复制扭曲的皮革条，马嚼子呼应了先前鹿角的形状，提供了非常有说服力的拟物模型。通过这些马具，可以看出阿尔卑斯山北部的马，其嘴部宽度是 8 ～ 10 厘米（3 ～ 4 英寸），而一般马的平

8.26 这两件青铜器都是青铜匠的杰作，可以追溯到青铜时代晚期。它们参与了死者通往来世的过程（存放骨灰），明显是殡葬车辆，是社会地位很高的表现和象征。上图：来自德国梅克伦堡，佩卡特尔（Peckatel）。下图：来自罗马尼亚，泰莱奥尔曼（Teleorman），布约鲁（Bujoru）。

均嘴宽是 15 厘米（6 英寸）。因此，这些动物体型矮小，很可能是西欧本地的品种，而不是东部草原更结实的品种。

青铜时代晚期，阿尔卑斯山北部精英阶层的殡葬仪式上开始使用马和马车。这一传统可以追溯到公元前第三个千年。尽管技术改变了，但在这一千年其余的时间里，殡葬车在欧洲的许多地区成为权威的有力象征，在某些地区持续到罗马入侵。

小 结

公元前 1300 年至公元前 800 年的欧洲是一个充满活力的地方——充满能量和保障，产生了前所未有的相互联系。商品在欧洲大陆和沿海地区的流动速度之快前所未有，与此相伴的是思想的流动，因此在这片广阔的区域创造了巨大的相似性。几乎到处都在使用砍剑、长矛、套筒斧、青铜盔甲和圆形盾牌，鸟、船、太阳的宗教图像表明了普遍的信仰，火葬仪式的广泛采用也是如此。马车的象征意义体现在伊比利亚半岛西南部的石柱上，或意大利北部和瑞典南部海岸的活石上。在撒丁岛和斯堪的那维亚半岛发现了带角头盔的武士青铜雕像，埃及庙宇的墙上刻有来自北方的海盗。最重要的印象就是流动带来的文化流动性。

没错，在欧洲的某个角落，早熟的政治体系崩溃了，但半岛其他地方的惊人发展几乎未受影响，在那里既定轨迹继续保持不变。但是到了公元前 9 世纪，变化开始出现。在地中海的两个独立区域——希腊和伊特鲁里亚——大量人口聚集，早期的国家开始形成。与此同时，在东欧大草原和喀尔巴阡盆地，游牧成为一种另类的生活方式。舞台现在已经布置好了：欧洲即将迎来一段前所未有的变革时期。

第九章 改变世界的三百年

（公元前 800 年～公元前 500 年）

"改变世界的三百年"这一说法或许有点夸张，但这取决于个人观点。对于 270
聚焦于地中海的古典学者而言，这是非凡的变化时期。在此期间，所有那些将要
成为世界舞台上的大玩家都开始从史前的默默无闻中脱颖而出——希腊人、腓
尼基人、伊特鲁里亚人、迦太基人和罗马人——严肃的"历史"开始了，文本
提供了主要演员的名字和政治阴谋的故事，还有事先精心安排的战斗——当然
是通过胜利者的眼睛呈现的。对他们来说，就像雾气已经消散，希腊的荣耀和罗
马的强大得以喷薄而出。考古学家可能从不同的视角看待这一时期，这是几个世
纪之前发生的经济和社会轨迹升级和巩固的时期。控制资源的欲望导致了政治上
的纠缠，创造了新的迫切需要。正是在这一时期，成千上万的人离开自己的家
园，在遥远的地区建立飞地，创造出与野蛮人（希腊人和罗马人经常使用这一短
语描绘其他民族）接触的新界面，从这些接触区域，变化的涟漪深入欧洲腹地。
交换的性质开始发生变化：这一阶段的初期，商品的流通仍局限在精英阶层的贡
品和赠送礼物的系统内。到后期，我们可以讨论在没有任何进一步的义务束缚的
条件下进行商品交易的意义。这一时期真正的魅力在于，可以追踪地中海发展中
的政体之间的相互联系呈指数级增长，以及地中海国家与欧洲半岛领主之间的
互动。

信息来源变得更加丰富。除了无声的考古证据，现在还有大量的文字资料。
就其本质而言，所有的书面证据都经作者所选择和歪曲，但其中可靠的来源是希
罗多德在公元前 5 世纪中期所写的《历史》，还有修昔底德在公元前 5 世纪后期
所写的历史。两个作家与他们所描述的事件密切相关，而且，尽管他们并不是没 271
有偏见，但他们力求准确。希罗多德是百科全书式的人物，历史和地理层面都是
如此，他把希腊人和波斯人之间的斗争写入自己的故事，修昔底德则提供了雅典
和斯巴达之间的伯罗奔尼撒战争（公元前 431～公元前 404 年）的大部分详细资
料，这是他经历和参加的事情。后来的作家所搜集到的其他碎片有助于理清某些
背景，创建出相当粗犷的时间框架。

这一时期的考古证据要比以前丰富得多。不仅仅是因为历代的学者都在研究
希腊陶器、精细金属制品和雕像风格上的细节，考据出严格的年代序列，结合它
们出土的地点能够给出合理准确的日期。此外，许多城邦铸造的硬币、刻在石头
上的法令，以及在罐子上的涂鸦都增加了不同的数据。对于野蛮的欧洲来说，除

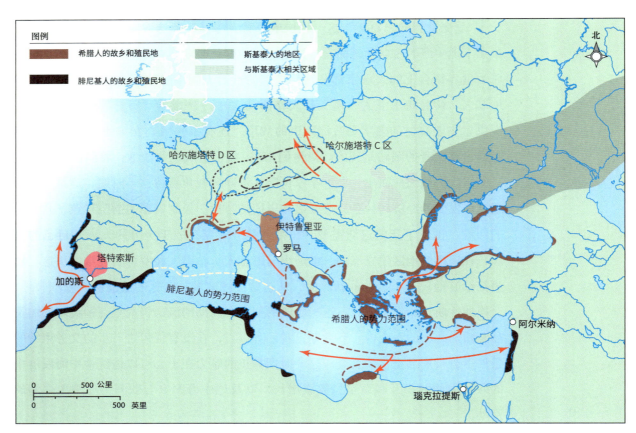

9.1　公元前 800 年到前 500 年的欧洲。腓尼基和希腊这两个地中海势力所控制的城市，开始在地中海划割自己的势力范围。希腊把黑海划归自己，而腓尼基人的影响则扩展到大西洋。在东欧，来自草原的斯基泰人把飞地推进到匈牙利大平原。

了从希罗多德那里得到的一些见解，尽管一些地中海地区的舶来品也有助于构建年表，并提供一些对社会互动的见解，但我们仍然依赖于保存在考古记录里面的物质证据。

272　　　地中海地区和欧洲其他区域之间数据的差异，往往歪曲了人们对这两个地区重要性的认识，且导致了一种不好的倾向，即将它们区别对待，而实际上它们只有相互联系才易于理解。在接下来的论述中，我们将努力恢复平衡，抵制诱惑，不受传统的考古学所带来的迷人的局外观点的影响。

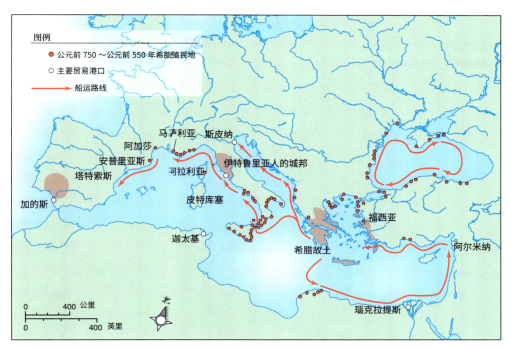

9.2 地中海与黑海区域的希腊人。在公元前750年到公元前550年短短的两个世纪里，希腊人在整个黑海和地中海中部建立起城市和贸易据点，向西一直延伸到伊比利亚东北部的恩波利翁。这些西部殖民地对于伊鲁特里亚的城邦的贸易活动构成了直接威胁。

大玩家：公元前800年～公元前500年地中海概览

　　本书关注的是构成欧洲发展基础的广泛的变化过程，而不是浮于表面的事件和人物，因此传统史学不会在本书中占据太多篇幅。但是，设置一幅场景是非常有益的，首先，简要介绍一下地缘政治事件的主要参与者——古典作家所认为的主要民族。

　　这一时期地中海最活跃的两组人群是腓尼基人和希腊人。腓尼基人占领了黎凡特的狭长地带（黎巴嫩和叙利亚），并控制着泰尔城和西顿城。而希腊人的故乡则在爱琴海周围的土地上。虽然他们最初可能是探索地中海的伙伴，但在建立

9.3 伊鲁特里亚人的势力范围，从坎帕尼亚（Campagna）延伸到罗讷河三角洲，与迦太基人在地中海南部的势力范围形成互补。两个海权力量和谐共处，但是希腊的影响扩展到地中海西部打破了这种平衡。

殖民地方面，很快就成为竞争对手，殖民地成为更好利用蛮族世界潜力的方式。

273 腓尼基人集中在北非海岸、西西里岛西部和撒丁岛，很快就穿过直布罗陀海峡去探索大西洋地区；而希腊主要集中在意大利南部和西西里东部，后来延伸到西地中海的北部海岸。这使他们与先前的伊特鲁里亚人直接冲突，后者很久以前就开始控制该地区的贸易路线。

在欧洲边界之外的是亚述人和波斯人，他们都在欧洲历史上扮演了重要角色。亚述人——黎凡特腓尼基人的内陆邻居——是消费型民族，依赖于航海的腓尼基人来满足他们的物质需要，从而激发了腓尼基冒险家探索地中海的行为。波斯人，他们的家园在现在的伊朗，一股更遥远的势力，但在短时期内，他们的注意力转向西方。在居鲁士国王（公元前 555 ～前 530 年）的统治下，波斯军队进行了一系列壮观的战役，吞并了安纳托利亚爱琴海海岸的希腊城市。在大流士

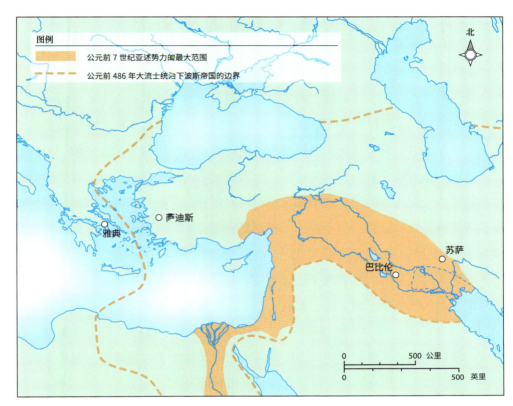

9.4 近东地区首先崛起的是亚述人，后来是波斯人，开始影响欧洲。波斯军队在巴尔干半岛的存在影响了色雷斯艺术的发展。

统治期间（公元前522～前486年），波斯将军沿着北非海岸向西推进，进入欧洲，控制了色雷斯和马其顿，然后把注意力转向希腊。

希腊人的坚韧不拔和他们在马拉松战役（公元前490年）、萨拉米斯之战（公元前480年）和普拉提亚战役（公元前479年）取得的胜利，阻止了波斯进攻，威胁迅速消退。这些在希腊历史上是浓重的一笔，是可以理解的。然而，这些事件对欧洲发展进程的影响甚微。希腊的团结很快崩溃，陷入城邦之间的纷争。

这一系列事件背后是一个快速发展的错综复杂的互动网络，其驱动因素是对于商品的需求。在这样一个不断变化的世界中，竞争的唯一方法就是要具备开创和进取精神。

274

地中海东部：腓尼基人的势力范围

公元前 8 世纪初，在亚述人的阴影下，泰尔成为最强大的海上商业力量。它有两个主要优势：拥有悠久海外贸易传统的商船队；当地的工匠，以创造奢侈品和高档物品闻名，旨在满足主要是东方的精英阶层需求。两者相互依赖。船队可以从遥远的地方带来异国情调的材料，大大增加了工艺产品的价值。奢侈品消费的承诺可以吸引遥远的国王安排稀有原材料的备货、交换和转运。因此，成套的仪式用青铜器皿和精致的珠宝在伊比利亚受到塔特索斯国王的欢迎，并以此交换储量非常充足的、未加工的银。

275

亚述人对贡品的需求刺激了国际贸易和制造业。贡品清单显示，公元前 9 世纪早期，泰尔供应金、银、锡、细麻、猴子、黑檀木、木箱和象牙。公元前 9 世纪后期，金、银、铅和青铜都被提及，同时还有染成紫色的羊毛，金属器皿和象牙，而在公元前 8 世纪早期，主要贸易货物中又增加了大量的铁。在进贡的背后，贸易货物向东流动以满足消费市场日益增长的需求。

泰尔与它的另一个邻居以色列的关系呈现不同的画面。公元前 10 世纪，泰尔国王希拉姆一世与所罗门国王达成了一项协议，前者给后者供应奢侈品，包括雪松木在内的建筑材料，以及技术援助，以换取银、小麦、橄榄油和"王室的食物"。这里的重点是主食供应。这提醒我们，腓尼基是一块相对贫瘠和受限的土地，难以满足其不断增长的人口。

关于公元前 10 世纪的交换专指最高层级的关系，是国王对国王，暗示着纳贡和互惠制度，但是，当时已经存在贸易商，他们基于利益进行交易。然而，这不应该被视为两个独立的系统，因为它们相互依赖，紧密合作，利益上相互支持。公元前 9 世纪的文献记载来自泰尔的独立商人现在管理着长途的陆上货物运输，可能包括皇家交易，公元前 7 世纪的文献提到了"巴尔的船"（国王）和"泰尔人"的船，暗示着王室和商人寡头们经营着独立的企业。我们现在坚定地进入一个商业世界——一个供求关系的世界，存在价格波动和私人投机。最重要的是，这是能够获取巨额利润的世界。商人寡头们可以通过对船只进行再投资来扩大业务，以维持贸易的蓬勃发展。

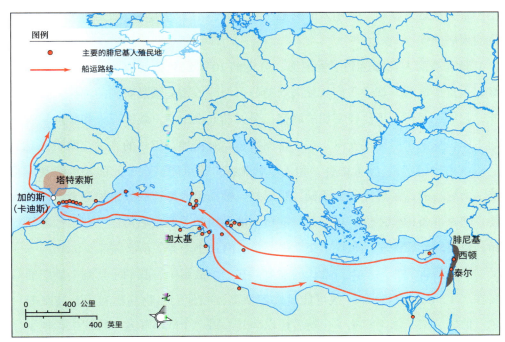

9.5 腓尼基人最初的殖民注意力集中在地中海的西西里岛和撒丁岛，还有北非沿岸，但是加的斯（卡迪斯）的建立把他们带到了大西洋区域。

公元前830年前后，位于塞浦路斯东岸的基提翁的建立，是腓尼基人打开西地中海的第一步，它不仅是长途路线中重要的补水港口，也是几个世纪以来在地中海中部拥有成功海上贸易传统的人群的家园。它作为地理和海洋知识的宝库是无价的。

在塞浦路斯之外，对于一个想要快速向西航行的船主来说，远海航行有很多要说的内容。从塞浦路斯西端的德雷帕纳角（Cape Drepanum），他可以沿着纬线航行到克里特岛的南部海岸，停靠科莫斯港（Kommos），那里挖掘出的神殿采用的是腓尼基方式建造。从克里特岛东北部再走同样的一段距离，再顺着纬线就可以到达马耳他，在那旦，第勒尼安海和西地中海进入视野。克里特岛南部的科莫斯，也是往南航行到昔兰尼加（Cyrenaica）的方便地点，从昔兰尼加，沿着北非海岸的洋流将会把船只从东带回泰尔。

埃及是腓尼基世界的重要贸易伙伴。希罗多德写到了埃及首都孟菲斯（Memphis）的一个腓尼基飞地，聚集在阿什塔特神庙周围："泰尔城的腓尼基人聚集在

276

这一带，这地方就叫'泰尔人的营地'。"这显然不是殖民地，而是腓尼基商人居住的聚居区。

腓尼基商人也渗透到了爱琴海。公元前 10 世纪和公元前 9 世纪，他们与埃维亚人直接接触，就像我们从莱夫坎迪公墓埋葬的精英物品看到的那样。很有可能，它们已经建立了比较密切的联盟，公元前 8 世纪初，埃维亚人和腓尼基人一起工作，探索了第勒尼安海，在皮特库塞建立殖民地。但总的来说，希腊人对腓尼基商人比较恭敬。《奥德赛》和《伊利亚特》很可能是在公元前 8 世纪到公元前 7 世纪写的，其观点完全相反。腓尼基人被描绘成海盗和奴隶掠夺者，极度贪婪，随时准备讨价还价。在爱琴海港口，他们用精美的金属器皿、黄金和象牙制品，以及高品质的彩色布料来交换牛、羊、酒和小麦等生活必需品（biotos）——又一次提醒人们腓尼基人口增长的需要。在一个故事中，我们了解到一艘船的船员在岛上待了整整一年，很可能是锡罗斯岛，当他们以物易物和重新装载船只时，他们绑架了国王的儿子，随后得以离开。另一个故事涉及一位船主，他家住泰尔，从事奴隶交易。夏季他沿环形路线出发，从腓尼基到克里特岛，再到利比亚和埃及，最后回到家乡。

我们在《荷马史诗》中看到的腓尼基人都是企业家，经商赚钱。荷马言简意赅地讽刺了腓尼基人。奥德修斯因其疲惫不堪的外表而受到嘲笑。观察者说，他看起来不像战士或运动员，更像是"某个商船的船长"，一生都过着艰辛的颠沛生活，担心他的出口货物，回家途中一直盯紧货物谋取暴利（Odyssey，8.161-164）。这里体现出希腊人对那些专门从事贸易之人的不屑。在《荷马史诗》中这与贵族的理想格格不入。然而，表面上"得体"的行为不时闪耀着光芒，比如一个巨大的银制双耳杯——"西顿艺术的杰作"——由腓尼基商人穿过"迷雾之海"运送到利姆诺斯岛，作为礼物献给国王。在真正的英雄传统中，这是一份高贵的礼物，但对一名精明的商人来说，这也是开拓新市场的有效途径。

地中海东部：希腊人的势力范围————————

在公元前第一个千年，希腊人向安纳托利亚西部海岸的扩张，使得爱琴海成了希腊海，尽管人们因为同样的语言而被联系在一起，有些人对故土怀着忠诚之心，但希腊还远未统一——它是独立的城邦的集合，每个城邦都集中于一个城市，这个城市享受着民众的盲目忠诚。各城邦可以在需要的时候合作，就像波斯战争期间那样，但是，公元前 5 世纪的伯罗奔尼撒战争生动地表明，它们之间的对抗可能导致破坏性的长期冲突。

每个城邦都有自己的气质，变革的步伐也各不相同。公元前 500 年之前，希腊世界最壮观的发展发生在安纳托利亚西部海岸的城市和岛屿，尤其是爱奥尼亚十二城邦，北起福西亚，南至米利都。艺术和建筑蓬勃发展，形成了新的、极具独创性的风格，哲学和科学在这里诞生。公元前 6 世纪，米利都诞生了一批杰出的思想家，泰勒斯、阿纳克西曼德和阿纳克西米尼，他们认为应该理性地看待世界，试图从本源理解世界。数学家毕达哥拉斯（Pythagoras）出生在萨摩斯岛，哲学家赫拉克利特（Heraclitus）来自以弗所。历史学家和地理学家赫卡泰俄斯（Hecataeus），城市规划师希波达默斯（Hippodamus）同时还是一位诗人，出生于米利都；荷马可能来自士麦那。一直到公元前 5 世纪，南部的多利安人城市是许多巨匠的家园——希波克拉底（Hippocrates）是出生在科斯岛的医生；希罗多德，被称为历史之父，出生的城镇是哈利卡纳苏斯。这些只是更广为人知的名字，这是一个令人震惊的演员阵容，包括奠定了西方文明基础的最伟大头脑。他们生活的世界因海洋而充满活力：旅客们蜂拥到他们的城市，而他们之中的很多人也踏上了自己的发现之旅。这是历史上独一无二的篇章。

在希腊大陆，许多独立国家发展起来。它们大部分集中在城市，包括雅典、阿尔戈斯和科林斯，等等，这些希腊城邦——即由政府和公民组成的政治共同体——都是中心。但并非所有的国家都依赖于单一城市。希腊西部是另一种政体，由村庄组成的联邦国家，这些国家的决定通常是在该地区主要宗教中心作出的。

城邦的出现是备受争议的问题，尽管大多数人认为它起源于公元前 8 世纪

9.6   希腊军队——作战中的重装步兵，维伊附近出土的原始科林斯风格齐吉花瓶上的绘画（公元前 650 年）。

或公元前 7 世纪。集中化的早期标志是建有安置神像的神庙。另一个反映城邦的标志是古代希腊的重装步兵，由成群结队的市民组成，集体作战，每个人都依赖他的邻人。这样的制度会培养共同的目标和平等意识，不会给个人英雄主义留下任何空间，而个人英雄主义是古老贵族制度的基石。从墓葬和花瓶的图案可以看出，希腊的重装步兵方阵在公元前 7 世纪中期就已存在，但起源可能更早一点。最后，城邦有宪法、法典和行政长官。对于很多城邦来说，这些大约在公元前 700 年就已经存在了。显然。整个公元前 8 世纪都在发生至关重要的变化，但这个过程可能一直持续到公元前 7 世纪末才得以结束。

　　此时，城市中心正在迅速发展。例如，在雅典，根据墓地的证据估计，公元 `279`
前 700 年当地有 7000 名居民，但在一百年内，人口已经增长到 2 万。像雅典和
科林斯这样的城镇在中央神殿周围随意地发展起来。然而，渐渐地，经过公元前
7 世纪和公元前 6 世纪，一切日趋合理化。在雅典，集市——大型开放式公共空
间——周边的旧建筑在公元前 6 世纪中期被清除，由界石定义"集市的边界"。
在开放空间的周围，建造起公共建筑，包括法庭、市政厅、神殿和柱廊（公共步
道）。创造这样人们得以聚集的空间，国家机构在公共建筑中被正式化，可以看
成是城邦运作漫长进程中的最后一步。

　　在公元前 8 世纪和公元前 7 世纪，人们的流动性非常显著，成千上万的希腊 `280`
人离开他们的家园，到遥远的地中海和黑海沿岸建立殖民地。希腊人对于殖民地
有两个称呼：阿波伊基亚（apoikia）和恩波利翁（emporion）。阿波伊基亚字面
含义就是"远离家乡的定居点"，是一个完全成熟的城邦，有城市中心和周边地
区，承认某个母城作为它的发源地，通常与故乡保持密切的联系。恩波利翁是以
贸易站为中心的殖民地，促进希腊世界与蛮族腹地之间的交流。在实践中，两者
的区别并不那么明显：阿波伊基亚会深陷交易中，恩波利翁可以很快具有城邦殖
民地的属性。

　　但是，是什么推动了这些惊人的移民呢？一种可能性是国内人口过剩。来自
墓地特别是雅典墓地的统计数据表明，人口在公元前 8 世纪急剧增长！很有可能
的情况是，如此快速的增长完全超出了土地的承载能力，迫使一部分人选择去寻
找新的生态位。这对从锡拉岛前往北非的殖民者完全适用，尤其是在他们的岛屿
遭遇连续的歉收之后。但这不适用于阿提卡和阿尔戈利斯，考古记录证明它们也
存在人口增长，但是早期没有派出殖民者。肯定还有其他因素。也许是年轻人渴
望自由和机会，渴望逃离经历快速社会变化所产生的创伤，这是伴随着城邦而出
现的。对许多年轻人来说，当保守主义的力量反对有益的变革时，这一定是一个
缓慢而乏味的过程。我们也不应该忽视纯粹的冒险精神，它是一个动力。在家乡
以外的地方，新的世界在呼喊着那些愿意接受挑战之人的探索。从事有利可图的
交易也必然是一种永远存在的诱因。

　　东地中海提供了两个嵌入外国领土的希腊贸易殖民地的例子：尼罗河三角洲
的瑙克拉提斯（Naucratis）和叙利亚海岸的阿尔米纳港（Al Mina）。瑙克拉提斯

是尼罗河克诺珀斯支流东岸的小城，距离海岸约 80 公里（50 英里）。考古证据表明，它是在公元前 640 年到公元前 620 年之间建立起来的，但是直到法老雅赫摩斯统治时期（公元前 570 年～前 526 年）才得到正式承认，希罗多德详细记录下一个事件：

> ［雅赫摩斯］将瑙克拉提斯作为商业总部提供给那些希望在这个国家定居的人，他还授予那些不愿在埃及永久居住的希腊贸易商土地，建起祭坛和神殿。最著名、最常用且最大的是希腊人圣所。

281　　一个多世纪前的发掘记录很少，但总的来说，大部分定居点的布局已经恢复，希腊人圣所（供奉希腊神的神殿）以及供奉赫拉和阿波罗的庙宇已确认。还发现了另外两座神庙，供奉阿芙洛狄忒和狄俄斯库里，还有一个制造彩色圣甲虫神器的工厂和一处堡垒或者大型仓库。

　　瑙克拉提斯是重要的贸易港口，希罗多德明确表示，所有访问埃及的船只都必须在那里登记；如果逆风使他们不能进入尼罗河的克诺珀斯支流，他们被迫将货物运到三角洲地区的驳船上，那里有专门官员（prostatai）处理相关事务。

　　瑙克拉提斯的主要功能是贸易中心，允许希腊城邦国家直接进入埃及市场。其中最突出的是来自小亚细亚沿海城邦的东部希腊人，还有埃伊纳人（来自埃伊纳岛），他们当时似乎管理着希腊大陆城市的贸易。交换的产品主要是什么，我们只能猜测，但希腊对谷物的需求量一直很大，埃及是一个大型供应商；作为回报，希腊人可以提供葡萄酒、油和银器。

　　叙利亚的阿尔米纳港位于奥龙特斯河三角洲。该地区一直受着泥沙淤积的影响，但它原本是一个直接从海上进入的港口城市。早期的房屋是用木材和泥砖建造的，建在低矮的石基上。关于它们的功能，几乎没有什么可说的，但后来的结构类似于仓库和储藏室。希腊陶器从一开始就大量存在，表明定居点可能是希腊贸易商在公元前 9 世纪末建立起来的，他们想在利润丰厚的东方市场有立足之处。最早的陶器中，最为突出的是埃维亚岛生产的独特的容器。鉴于这一时期埃维亚岛陶器的广泛分布，也显示出阿尔米纳在最初的时候很可能是埃维亚岛的一块贸易飞地，这种推测并不是没有道理的。定居点的繁荣一直持续到公元前 700

年前后，它似乎突然就终结了，这可能是由于亚述人的迁徙在该地区造成的破坏。但是，港口设施迅速重建，定居点又持续了一个世纪左右。到此时，埃维亚岛对它的兴趣已经减弱，采自罗得岛、萨摩斯岛、米利都和希俄斯岛的东部希腊人取而代之。科林斯陶器的出现也表明希腊大陆的兴趣所在。

阿尔米纳似乎居住着一群固定的希腊商人，他们与包括塞浦路斯人和腓尼基人在内的其他民族一起促进了与内地的贸易。就这一点而言，他们与后来住在瑙克拉提斯的亲戚们并无不同，尽管阿尔米纳作为边境哨所似乎更缺乏组织，更具国际化的特征。

282

船 只

高效和安全的海上活动是地中海东部生活的中心。因为社群已经有 6000 多年的航行历史，人们理所当然地认为造船技术和航海技术现在已经非常成熟了。这一时期的船只几乎没有保存下来。但陶器和金属制品上的图案和同时期文献中的参考资料提供了航行模式和船只本身的细节。希腊诗人赫西奥德在他的《工作与时日》里告诉我们，5 月 5 日到 10 月 25 日适宜出海，但建议这段旅程应该集中在夏至之后的 50 天，也就是从 6 月底开始。关于船只性能，希罗多德记录的平均速度是每昼夜约 120 公里（75 英里），修昔底德给出商船的平均速度是大约 6 海里 / 小时，两者大体一致。

腓尼基人使用了三种类型的船只。近岸水域使用的是两三个人划的小船，翘起的船首和船尾装饰马头造型，这类船只被命名为希波米，用于当地的运输和捕鱼。海上长途航行使用的是船中部装有方形大帆的深体船只。这些宽大的、管状的船只被希腊人称为"高卢"，其最为恰当的词义是"浴缸"。浮雕显示它们也是高高的船头和船尾，船尾装有两个转向桨，必要时可以配备桨手。但最重要的是它们携带笨重货物的能力，当时在 100 吨到 500 吨之间。第三种类型的船是由船桨推动的战船，其特点是水面上长长的、向前突出的船头，它被磨尖成一只撞角，用来摧毁敌人的船只。因为这种攻击方法的有效性取决于它的接近速度，所

a)

b)

c)

d)

9.7　公元前 8 世纪和公元前 7 世纪的地中海船只。a) 公元前 6 世纪，希腊的双层战船；b) 伊拉克辛那赫里布（Sennacherib）宫殿浮雕上的腓尼基人战船；c) 公元前 6 世纪被海盗追逐的希腊商船；d) 公元前 8 世纪的双层战舰。

以船只需要尽可能多的划桨手，这导致把桨手分成两层，创造了一种希腊人称为双列桨座战船的船只。

　　腓尼基人的船只是"比布鲁斯船"的直系后代，而"比布鲁斯船"是在两千年前与埃及进行贸易的船只，毫无疑问继承了埃及的"平底船"的很多优点，那是埃及十八王朝浮雕里面的商船。坚固的腓尼基船只经过几个世纪的改进以适应地中海变幻莫测的航行条件，为其他地中海航运船只的发展提供基础。

283　　希腊船只在同时代的陶器绘画和古典文学资料中都有很好的记载。船的主体结构基本保持不变，但是桨力从荷马记录中的 20 名桨手增加到 30 名桨手（tri-conters）和 50 名桨手（pentecontets）；此外，双列桨座战船和三列桨座战船也增加了很多甲板。这些改进被希腊人和腓尼基人采用，主要是由于战争的迫切需要，但是诸如 50 桨手这样的大型船只同样用于建立殖民地的探险，这主要是由于其令人印象深刻的承载能力。当锡拉人（Therans）出发去昔兰尼加建立殖民地的时候，希罗多德告诉我们使用了两艘战船装载 200～300 名殖民者。其中最有用的船只就是双列桨座战船，船只很短，50 名桨手被分在两层甲板。最大的优势是它把 50 名桨手提供的速度加在一起，具有更大的适航性，因为较短的船只不易受纵向弯曲造成的压力的影响。这种船的设计是既要有足够的储存能力使它们能够运载货物，又要保证速度使他们能够逃避海盗的威胁。

海上航行的船只数量一定非常庞大。虽然没有具体的数据，但是从公元前 480 年的萨拉米斯战役中波斯人可以控制 1207 艘三列桨座战船应对希腊人可以看出一些蛛丝马迹。

第 勒 尼 安 海

古典历史学家和一些考古学家倾向于把腓尼基人和希腊人对于第勒尼安地区的殖民作为独立的、互不相关的现象，根据个人喜好，授予率先到达的人以荣誉称号。但是，越来越多的考古证据表明，情况要复杂得多，而且也有趣得多。第勒尼安地区，尤其是撒丁岛，一直到公元前 11 世纪都维持着与塞浦路斯之间的积极贸易。很有可能的情形是，这种情况一直持续到公元前 10 世纪和公元前 9 世纪。在公元前 9 世纪后半叶，腓尼基人的出现，以及许多地方都发现了埃维亚岛的陶器则意味着海上联系的复兴。我们可能会看到两个截然不同的竞争性探索，很有可能的情况是，在这个早期阶段，埃维亚人和腓尼基人一直在合作。埃维亚人定居点皮特库塞发现的腓尼基陶器、撒丁岛迦太基和腓尼基定居点早期地层中发现的埃维亚陶器表明当时存在很多互动。在公元前 9 世纪晚期和公元前 8 世纪早期的前殖民时期和殖民早期，独立交战的规则并没有严格执行。

284

9.8　公元前 6 世纪和公元前 5 世纪，伊特鲁里亚扩张时期的第勒尼安海。

　　历史上最早的殖民地建立记录是公元前 814 年，来自泰尔的腓尼基人在迦太基建立了子殖民地，位于一个俯瞰突尼斯海湾的适宜地点。很有可能的情况是，商人已经在突尼斯、西西里和撒丁岛建立起飞地。根据传统，离迦太基不远的尤蒂卡已经在两个世纪前被建立起来，而在撒丁岛的诺拉，腓尼基语的早期铭文被认为是公元前 9 世纪或者更早时候的。迦太基殖民地的正式形成很可能是延续了几代人的漫长探索和实验的顶峰。此后，公元前 8 世纪，突尼斯、西西里岛和撒丁岛海岸上相继建立起殖民地，都拥有良好的海港设施。

在腓尼基人活动的同时，埃维亚人正在探索意大利西海岸。他们独特的陶器，特别是一种被称为人字纹的双耳大饮杯在坎帕尼亚的多个当地墓地，以及北至伊特鲁里亚南部的维伊镇发现。这些容器的分布表明，在公元前 9 世纪晚期和公元前 8 世纪早期的前殖民时期有一个活跃的探险阶段。随后，探险在延续，大约在公元前 770 年，那不勒斯海湾北面的伊斯基亚岛上建立了皮特库塞殖民地。选择离岸岛屿是一种不愿冒犯土著团体的试探性行为。早期的拓荒者看重坎帕尼亚乡村的富饶和伊特鲁里亚丰富的金属资源。两者都被定居皮特库塞的商人们积极利用；在早期阶段，有证据表明，来自厄尔巴岛的铁矿石通过船只转运到殖民地进行冶炼。

最早的埃维亚定居者主要是男性。殖民地墓地的证据支持这一结论，那里的大部分女性墓葬中有本地风格的珠宝，这意味着她们是当地的女性。一些可能来自已居住在岛上的家庭，另一些来自大陆。通婚使得坎帕尼亚的相邻地区建立起了良好的关系，在一代人的时间里，大约在公元前 740 年，一个新的殖民地建立在邻近海岸的库迈（Cumae）。该事件发生的同时，大量拓荒者涌入该地区，一些人来到这个新的大陆站点。另一些人则选择在皮特库塞地区定居，来增加已经定居的拓荒者数量。但是当时的情况很不稳定，到了大约公元前 700 年，库迈开始繁荣起来，而皮特库塞的状况则快速下滑。可能是由于繁荣的大陆吸引了大量的人力使人们离开了该岛，但不能完全排除岛上火山活动的可能性。

在腓尼基人和希腊人殖民化的最初阶段之后，也就是公元前 830 年到公元前 740 年，两种不同的策略出现了。腓尼基人满足于维持他们在第勒尼安的原始财产，把精力集中在西方的发展，特别是在伊比利亚半岛和非洲的大西洋沿岸；而希腊人选择加强对意大利和西西里的控制。这种显著差异很可能是出于经济方面的原因：腓尼基人想要金属，尤其是白银，以满足亚述市场的需求，而希腊人需要谷物和其他农产品来满足爱琴海日益增长的人口需求。毫不奇怪，新的希腊殖民地占据最富饶的农业用地，也很容易到达爱琴海的故乡。

对土著居民来说，殖民地带来了许多好处，不仅仅开拓了新市场，而且能够引进新技术和技能来满足当地精英的愿望。这在伊特鲁里亚得到了充分证明，在那里，城市化正在进行中，精英们为地位而竞争。社会对新鲜事物和异国情调敞开大门，结果导致外国商品，尤其是希腊商品的大量流入。直到公元前 6 世纪

285

286

中叶，供给主要来自科林斯和希腊东部，但其后雅典成为主要供应商。伊特鲁里亚人的需求如此之大，以至于希腊工匠在一些主要的城市中心定居，铭文也记录了伊特鲁里亚港口有希腊和腓尼基商人存在。可以从一艘在吉利奥岛发现的约公元前 600 年沉船一瞥当时的贸易情况：它的货物包括伊特鲁里亚的货物，腓尼基的两耳细颈酒罐，来自科林斯和斯巴达的陶器，还有一件华丽的青铜的科林斯头盔。只要伊特鲁里亚人的利益没有受到威胁，国际贸易就可以繁荣发展，在像科西嘉岛东海岸的阿拉利亚港口，希腊和伊特鲁里亚的商人和水手可以一起和谐地生活。

287

伊特鲁里亚商人似乎一开始就很满足于和其他人共同分享第勒尼安海，他们正忙着探索西地中海的北部海岸，到公元前 7 世纪中叶，已经与利翁湾附近的社群建立起了密切的贸易关系。他们也在意大利扩张，公元前 800 年就确立了对坎帕尼亚大部分地区的控制，可能通过陆路，当然也可以走海路，以夹在两个希腊飞地之间的萨勒诺湾作为主要入口。

公元前 7 世纪末，三个大国的商业利益开始出现冲突。迦太基通过对撒丁岛和西西里岛东部地区的控制展示了力量，而伊特鲁里亚在意大利西部的扩张使其与库迈和那不勒斯湾的希腊飞地发生冲突。大约公元前 600 年，紧张局势进一步加剧。来自福西亚的希腊人在马萨利亚（马赛）建立了他们的殖民地，那是繁荣的伊特鲁里亚经济开发区的中心地带。事态在 60 年后发展到紧要关头，另一群福西亚人受到波斯的威胁，决定离开位于小亚细亚西海岸的故乡，前往阿拉利亚港口定居，直接挑战了腓尼基人和伊特鲁里亚人在第勒尼安北部长期存在的商业利益。这一举动遭到强烈的反对，导致了公元前 535 年撒丁岛海域一次大规模的海战。虽然福西亚人决定离开，到其他地方定居，但伊特鲁里亚人受到越来越多的限制。他们在公元前 525 年和前 474 年对库迈的攻击失败，标志着伊特鲁里亚作为第勒尼安海一支重要力量的终结。第勒尼安海现在是希腊人和迦太基人的领地。锡拉库萨人（Syracusans）在希梅拉（Himera）击退迦太基海军是一个新故事的开端。

爱奥尼亚海和亚得里亚海

科西拉岛地处希腊和意大利脚跟之间，以及爱奥尼亚海和亚得里亚海之间至关重要的位置。因此，并不让人感到惊讶的是，最早的希腊探险家，来自埃雷特里亚的埃维亚人在岛上建立了聚居地作为他们西行途中的中转站。稍晚些时候，科林斯把这个岛屿据为己有，当作通往锡拉库萨的踏脚石。科林斯非常有实力，支配着伯罗奔尼撒半岛和希腊其他地区之间的地峡。根据修昔底德的说法，他们是希腊人中最早进行以下工作的：

> 采用或多或少的现代造船方法，据说希腊的第一艘三列桨座战船是在科 `288`
> 林斯建造的……当希腊人开始更多地从事航海时，科林斯人收购了一支舰
> 队，打击海盗，为陆上和海上的交易提供便利，由此获得的回报使他们的城
> 市变得强大。（Thucycides I，13）

科西拉城繁荣起来。公元前 627 年，科西拉与科林斯在大陆海岸的埃皮丹诺斯（Epidamnus）建立聚居地；后来科林斯在阿波罗尼亚（Apollonia）南部建立了另一块聚居地。公元前 5 世纪早期，科西拉在科尔丘拉岛和达尔马提亚海岸的其他离岸岛屿建立新的定居点上发挥了一定作用。与此同时，在亚得里亚海的北端，波河流域的当地社群开始通过贸易商与希腊世界直接接触，这些贸易商们已经准备好向北的漫长海上之旅。

伊特鲁里亚人在波河流域的影响力现在已经相当可观。到公元前 6 世纪末，伊特鲁里亚人的政治控制已经确立起来。伊特鲁里亚人的资料记载了 12 个城市结成的联盟，其中可能包括马尔扎博托、博洛尼亚、曼托瓦、摩德纳和拉韦纳，以及位于亚得里亚海尽头的两个港口：斯皮纳和阿德里亚。这是有意在波河流域站稳脚跟，从而控制向北的至关重要的贸易连接，这一路线向北穿过阿尔卑斯山进入欧洲心脏地带，以及通往亚得里亚海的出口，这可能是公元前 535 年撒丁岛海域附近战役和十年后占领库迈失败的直接结果。对于伊特鲁里亚人来说，显而易见的事实是，他们在第勒尼安海的强权已经结束，他们的利益是向北发展新的

市场。造成的后果就是半岛西海岸的旧港口开始衰落，而伊特鲁里亚人则将更多精力投入波河流域。

　　斯皮纳和阿德里亚两个亚得里亚海的港口很可能是伊特鲁里亚的基地，尽管似乎从一开始就有相当多的希腊人参与进来。斯皮纳位于亚得里亚海沿岸，距离波河三角洲南部的威尼斯约 65 公里（40 英里）。从空中拍摄的照片可以看到这座城市的平面图现在是一个由运河和水路组成的网络，连接到大运河，流入波河的一条支流，但是后者很久以前就淤塞了。该地与威尼斯的相似之处令人震惊。在对这个城镇的大片墓地挖掘中出土了大量的希腊陶器，其中年代最早的大约在公元前 530 年——那时肯定已经存在与希腊的贸易往来。希腊语和伊特鲁里亚语的涂鸦都显示人口杂居，呈互利互惠的和谐状态。阿德里亚镇位于斯皮纳和威尼斯之间，由于它现在深埋于三角洲冲积层之下，所以不太为人所知。就目前的证据看来，阿德里亚似乎比斯皮纳早建立了一代左右，和斯皮纳一样，它可能支持高度国际化的人口，希腊人和伊特鲁里亚人与当地人一起生活和工作。

　　伊特鲁里亚的扩张对波河流域的影响越来越大，公元前 6 世纪中叶后希腊的介入是前几个世纪进程的延续。波河流域继续成为地中海世界和北方蛮族之间的重要接口。从公元前 5 世纪开始，伊特鲁里亚人的世界和北阿尔卑斯山地区之间就形成了活跃的交换网络（见 314 页）。

西地中海

　　腓尼基人在地中海西部的殖民约始于公元前 800 年，在伊比利亚大西洋海岸一个"超出了赫拉克勒斯之柱"的小岛上建立了加的斯。关于当地资源的描述保留在斯特拉波的《地理学》一书中。故事的精髓在于泰尔人在神谕的指引下在赫拉克勒斯之柱建立了定居点。他们在安达卢西亚海岸抛锚之后向神献祭，但因为征兆不佳，他们就返回了家园。第二次尝试时，他们通过海峡，在韦尔瓦附近的一个小岛登陆，但征兆又不利，他们又返回了家园。他们又尝试了一次，这次在瓜达莱特河口的小岛登陆，在那里成功地建立了加的斯。这一叙述非常有趣，它

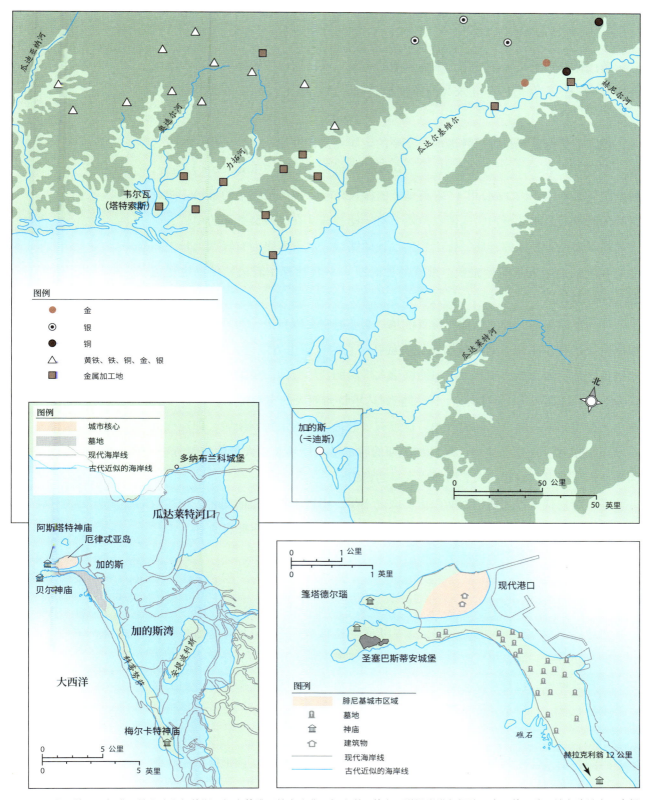

9.9　公元前 800 年腓尼基人建立加的斯，标志着腓尼基在北非及伊比利亚的大西洋沿岸进行探险、定居的开端。城市选址在一个很小的岛屿，因为这里接近安达卢西亚西南部的塔特索斯城，那里矿产丰富，特别是银的储量大。

暗示殖民地的选址是一段时期一系列探索的结果。或许这一传说体现了对一段漫长探险的记忆，在最终确立永久的殖民地之前，也经历了长达几个世纪的贸易阶段。

地点的选择是经过深思熟虑的。主要的定居点是在厄律忒亚岛上建立的，它被一条狭窄的海峡与更大的岛屿——众所周知的科蒂努萨（Kotinousa）隔开，科蒂努萨是一个长约 12 公里（7.5 英里）的狭长岛屿，曾是殖民地的墓地。两者之间的海峡成为重要港口，入海口两侧各有一座神庙。在科蒂努萨岛的南端，有一座供奉赫拉克勒斯的神庙，标出到殖民地的路线。尽管海平面有轻微上升，在岛屿和大陆之间大量泥沙淤积，现代的加的斯——仍然保留着最初殖民定居点的大部分形式。

291　　作为离岸岛屿，加的斯地理位置优越，必要时它足以自卫，而且由于它没有提出真正的领土主张，对当地居民没有威胁。它的位置也方便与大陆进行贸易，通过瓜达莱特河和瓜达尔基维尔河能够进入广阔肥沃的腹地。更重要的是，航行100 公里（62 英里），穿过河口，有可能到达塔特西亚人的主要港口，即位于奥迭尔河和力拓河的河口之间的岬角。这很有可能是古老的塔特索斯城，即现代港口城市韦尔瓦。正是在这里，来自加的斯的腓尼基人能够装载大量的白银货物，因为他们母城泰尔的亚述人邻居需要大量的白银。

在整个古代世界，塔特索斯以提供取之不尽、用之不竭的银而闻名。记述力拓河和莫雷纳山脉（Sierra Morena）蕴藏着大量丰富矿藏的故事非常之多。古代作家西西里的狄奥多罗斯讲述了一场燃烧多日的森林大火的故事：

> 许多银从炽热的地面上流出，含银矿石熔化形成了数不清的纯银溪流。当地人不知道如何利用它。腓尼基人听说了这件事，他们以微不足道的价格购买了白银。腓尼基人把银子带到希腊、亚洲和他们所知的其他国家，获得了巨大财富。据说船上再没存放空间了，贪婪的贸易商用银子代替了他们船上的铅锚，但还是没有装下。（Diodorus 5:35, 4-5）。

虽然我们不需要相信细节，但这是一个生动的故事，反映了该地区白银存储量的丰富，及其对腓尼基商业的重要性。

9.10　加的斯城所处的位置是腓尼基人的加的斯殖民地。尽管海平面轻微升高，但是仍可辨认出海峡最初的入口，海峡把定居点集中的厄律忒亚岛与作为墓地使用的更大的科蒂努萨岛分割开来。

在这个阶段，银，连同金和铜主要来自韦尔瓦／塔特索斯以北的力拓河地区。主要矿业中心位于所罗门山（Cerro Salomon）和特哈达（Tejada），而白银在包括韦尔瓦港口在内的许多地方开采。塔特西亚人早在腓尼基人到来之前便已熟悉提炼金属所需的技术，但只是在与腓尼基人的接触提供了新的市场机会之后，这种提炼才呈现急剧增长。作为交换，塔特西亚人得到了油、酒、药膏以及珠宝。波希多尼（通过斯特拉波）让我们可以一瞥贸易的组织，他指出加的斯存在受当地富有的商人委托的大型运输船只。这些人可能是听命泰尔的代理商。

迅速发展的贸易对塔特索斯的影响在考古记录中体现得非常明显。公元前 8 世纪和公元前 7 世纪，富人坟墓里装点着奇异的奢侈品，如成套的青铜壶、碗和香炉，这些都是腓尼基风格的，还有珠宝，其中一些是从东地中海地区进口的。　292

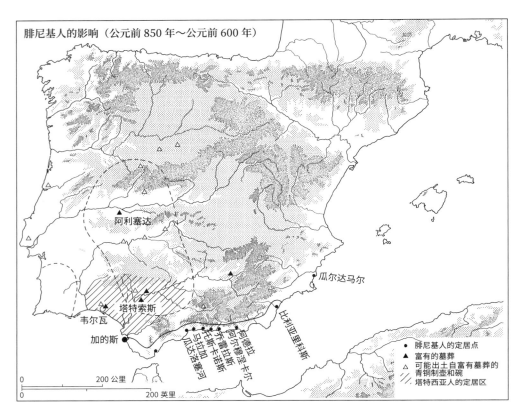

9.11　公元前 8 世纪和公元前 7 世纪的伊比利亚。塔特西亚王国的地中海与大西洋沿岸遍布腓尼基人的殖民地，它们与内地进行贸易。加的斯因靠近塔特西亚人的金属矿床而成为主要港口。奢侈品可能是在塔特索斯的作坊里制造出来的，内地精英控制黄金和锡的运输的贸易路线。

最壮观的一处墓地是位于今韦尔瓦南一个定居点边缘陡峭山坡上的拉乔亚镇。到目前为止，已经发掘了大约 20 座坟墓，其中最富有的一处是一位成年男性的 17 号坟墓。尸体旁边是一辆胡桃木制作的两轮马车，配有青铜制作的狮头毂盖，还有一个银制的圆形凸饰装在牵引杆那里。一个带青铜护套的木制箭筒可能系在车辆上。他的其他财产包括一个带有银铰链的雕刻精美的象牙盒子，还有用银铆钉固定的象牙柄铁刀，还有一面象牙手柄的青铜镜子。坟墓里还有一套祭品，包括一个酒罐、一个大柄的碗和一个香炉，全部用青铜制成。坟墓的时间可以追溯到公元前 7 世纪下半叶。

　　很有可能，服务于精英市场的大多数工匠都是在加的斯工作，但在一处土著定居地多纳布兰卡（Doña Blanca）发现了一个象牙作坊，位于加的斯对面的大陆上。这在某种程度上表明工匠们已经迁移到附近的塔特西亚人的城镇。作坊所用的大部分材料来自当地，但象牙制品一定是从北非进口的，大概是通过摩洛哥大西洋海岸的腓尼基港口运输而来。象牙是塔特西亚精英们最喜爱的材料，象牙梳可能由伊比利亚人制造，出口到迦太基。

奢侈品，尤其是铜壶和碗，不仅在塔特西亚人的领地内，也在向北延伸到伊比利亚中心的精英阶层的坟墓中发现。这些可能是给当地酋长的礼物，作为经过其领地运送货物的回报——特别是来自半岛西北部的锡和黄金。在瓜迪亚纳河沿岸发现了一组非常丰富的墓葬，在更北的通往塔霍河的卡塞雷斯发现了另一批墓葬。沿河边的分布表明，那些指挥主要过境点的人能够对货物的流动进行严格控制。

加的斯贸易殖民地建立后不久，腓尼基人开始在伊比利亚南部海岸建立定居点，整个公元前 7 世纪，新的定居点不断建立起来。它们大多集中在当今的安达卢西亚海岸，但也向东延伸到卡塔赫纳附近的帕洛斯角（Cape Palos）。这是一个介于佩尼贝蒂科（penibaetic）山脉和地中海之间的狭长沿海地带，但在山间河流穿过的山谷且沉积物堆积的某些地方它会变宽；这些都是腓尼基人定居者喜欢的地方，他们的生计建立在农业和渔业的基础之上，辅以贸易。它们的位置便利，控制着来自北方的多条线路，从富含金属的莫雷纳（Sierra Moren）穿过富饶的瓜达尔基维尔山谷，然后穿过层峦叠嶂的山脉。

腓尼基的沿海殖民地非常集中，所以贸易不是他们建立的唯一动机。最可能的解释是，他们是由来自腓尼基的社群建立的，在寻找新的地区定居和耕种，以应对故乡不断增加的亚述人压力。潜在的殖民者从普通的商人那里了解到这些肥沃而适宜的海岸，那些商人的航行是从撒丁岛南部穿过开阔的水域到达伊比利亚岛（同样是按纬度航行），再向西南到达帕洛斯角。从那里开始，人们可以沿着伊比利亚海岸行进，有大量机会停下来过夜取水，进行探索。很可能正是这样的旅行使大量的移民留下来开辟新生活。但他们的存在是不稳定的，许多殖民地在公元前 6 世纪末之前被遗弃。

当腓尼基人在西方建立自己定居点的时候，伊特鲁里亚人正在探索西地中海的北部海岸。他们的活动在考古记录中可以看出来，那是非常有特点的黑色布切

293

294

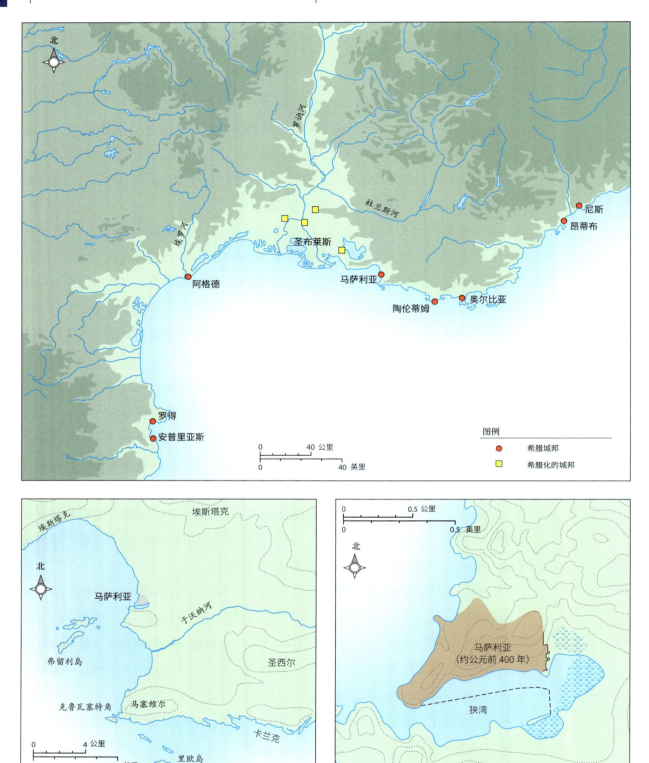

9.12 公元前 600 年，福西亚的希腊人建立了马萨利亚（马赛），为希腊定居者和贸易商打开了法国的南部海岸，其他希腊城邦很快在尼斯和安普里亚斯之间建立起来。马萨利亚控制着向北的贸易路线，经罗讷河，到达中欧西部哈尔施塔特精英的中心。

罗陶器——主要是壶和杯子——在伊特鲁利亚制造，与装在双耳细颈酒罐里面的葡萄酒一起出口。这些精美陶器使得野蛮人能够以文明的方式消费葡萄酒。昂蒂布角（Cap d'Antibes）发现的一艘船只残骸上面携带了几百个双耳细颈葡萄酒酒罐，还有配套的布切罗餐具。

伊特鲁里亚贸易的目标是利翁湾，很可能开始于公元前 7 世纪。该地区最重要的定居点之一是圣布莱斯（Saint Blaise），位于罗讷河三角洲沼泽地带的小山丘上。这种占据始于青铜时代，到了公元前 7 世纪的后半段，定居点似乎成为伊特鲁里亚商人与当地社群进行贸易的中心。这是合理的假设。以前最重要的进口商品是伊特鲁里亚葡萄酒和饮酒器具，也许还有金属和其他奢侈消费品。当地人能够提供什么还不太清楚。盐是一种可能，因为有证据显示它是在该区域内蒸发产生的。盐也可以促进出口肉类的保存和皮革固化。当地人也在加工珠宝和珊瑚，但这些都不可能对伊特鲁里亚商人产生特别的吸引力。另一件可能的商品是奴隶——在伊特鲁里亚精英阶层中，奴隶是非常理想的商品，但在这方面，没有留下什么考古痕迹。

伊特鲁里亚的企业家们最有可能与北阿尔卑斯地区的蛮族精英建立贸易联系，这主要是通过当地网络交换价值较高的礼物而实现的。交换物品包括在符腾堡的维尔辛根和卡佩尔发现的两个罗得岛的青铜酒壶，在勃艮第（Burgundy）的圣科伦布（St-Colombe）的一处土著墓穴中发现的狮鹫头大锅。这些物品是公元前 7 世纪制造的，当时可能已经抵达欧洲的心脏地带。事实证明，在大约公元前 600 年，伊特鲁里亚的主动权因为希腊马萨利亚（马赛）殖民地的建立而迅速结束。此后，福西亚的希腊人开始把伊特鲁里亚商人赶出西地中海。

关于希腊在西地中海的活动的最早的确切证据，是大约公元前 630 年科莱奥斯（Kolaios）到塔特索斯旅行，他声称找到了成熟的市场。大概在这个时期，福西亚的探险家受到了塔特西亚国王热情的欢迎。据希罗多德说，国王试图说服他们留下来定居。考古证据表明，希腊的原料在公元前 640 年到前 580 年的时候抵达了西班牙南部，但其中有多少是直接通过希腊船只运送的，又有多少是在伊特鲁里亚港口装货由腓尼基人转运的，这一点很难说。但是，从韦尔瓦出土的大量希腊东部陶器可以看出希腊东部的直接交流活动。

经过一段时间的探索，福西亚人决定在马萨利亚建立他们的第一个殖民地，

296

297

9.13　马赛交易所的挖掘显示淤塞的古港口的内端和附近的希腊防御墙。在现代建筑之外，海港的向外部分仍在积极地使用，通向更远的外海。

地点选在可以俯瞰壮丽海港的岩石岬上。一旦在这里建立起殖民地，希腊人不仅可以主宰海湾的沿海航运，而且可以沿着罗讷河谷的古老路线深入欧洲心脏地带。第一个殖民地建立不久，他们又建立两块殖民地以巩固他们对该地区的控制，一块位于阿加特（阿格德），控制生产金属的黑山（Montagne Noire），同时扼守向西经过奥德河和卡尔卡松到达加龙河和大西洋的贸易路线；另一块是加泰罗尼亚海岸的恩波利翁（安普里亚斯），其位置优越，便于与内地进行贸易，并为那些希望沿着伊比利亚每岸向南航行的人提供基地。围绕三个早期的殖民地，子殖民地很快兴起，直到人滨海阿尔卑斯省到比利牛斯山的整个海岸都被希腊的港口所包围。

马萨利亚始终是占据统治地位的城市。它存在的头二十五年主要与东部的希腊家园和科林斯保持海上联系。最初阶段过后，这个港口似乎对伊特鲁里亚的货物开放，但在公元前6世纪中期以后，伊特鲁里亚的进口急剧下降，表明有意排挤伊特鲁里亚商人。又过了十年，大约公元前540年，随着越来越多的移民来到这里，城市被大大地扩展。这一阶段标志着与北方蛮族活跃贸易的开始。

公元前6世纪，马萨利亚和海湾地区的其他希腊殖民地与伊比利亚南部和东部海岸的社群建立起了海上贸易联系。陶器等便宜商品在沿海地区被发现，而更有异国情调的物品，如青铜器皿或希腊东部的彩陶，往往会出现在更远的内陆，这反映了与内陆控制更诱人资源的精英的谈判。但到目前为止，韦尔瓦发现的大量的希腊用具，包括漂亮的阿提卡式的、科林斯式的、拉科尼亚式的、希俄斯式和爱奥尼亚式的陶器，以及从希俄斯、科林斯和萨摩斯运输葡萄酒和油的双耳细颈酒罐，都可以追溯到公元前630年 ～ 公元前530年。这意味着，在公元前630年的最初接触之后，希腊人可以通过腓尼基人的水域与塔特西亚人交往。这是否表明腓尼基人贸易的削弱，或者仅仅出于对希腊的宽容态度还很难说。

298

然而，大约在公元前540年之后，可以看到明显的变化：希腊人在韦尔瓦的活动突然结束，伊比利亚南部海岸几乎没有希腊人存在的证据。人们很容易把这看作是阿拉利亚海战之后政局恶化的结果。但是，希腊人对东海岸的兴趣继续增强，这导致古典作家提到的沿海基地阿拉尼斯（Alanis）、阿利坎特城（Akra Leuke）和赫梅罗斯科佩翁（Hemeroskopeion）更为持久的存在。这种经济利益的离散是公元前6世纪最后几十年的特征，是为即将到来的冲突而设的舞台。

大西洋体系

传统观点认为，泰尔在大西洋的殖民地加的斯和利克萨斯（Lixus）建于大约公元前 1000 年，这可能是基于一些模糊的民间记忆，即地中海船只在遥远的大西洋海岸探险的故事。这种说法可能确实得到了一些证据，这些证据来自散落大西洋沿岸伊比利亚半岛的公元前 10 世纪和公元前 9 世纪的地中海文物。然而，实际上并没有任何证据表明殖民早于公元前 800 年。这个过程的第一步似乎涉及加的斯和利克萨斯的建立，它们一北一南距离直布罗陀海峡的距离大致相当。利克萨斯建在一座小山上，俯瞰卢库斯河口富饶的三角洲，控制着一个美丽的面向大西洋的避风港和一条深入阿特拉斯山脉的河流，黄金、铜和象牙由此而来。可能是从利克萨斯建立起一系列其他的中转站，沿着摩洛哥海岸向南延伸到乌德科索布河（卡萨布兰卡和阿加迪尔之间）。在莫加多岛（Mogador）上，这里是腓尼基企业家活动的最南端——直到公元前 5 世纪，伟大的探索便是船只向南航行进入未知的世界。

从加的斯向北，腓尼基人的中转站沿葡萄牙海岸向北延伸至蒙德戈河口的圣奥莱亚（Santa Olaia）。除此之外，一些地中海的物资——胸针、珠子和陶器——都是沿着加利西亚海岸发现的，这表明腓尼基商人与土著社群建立了联系，并利用里亚斯拜萨斯（Rías Baixas）淹没的海岸线所提供的绝佳海港。加利西亚因其丰富的锡和黄金资源而闻名。

公元前 7 世纪，腓尼基大西洋系统已经全面运作，海岸线长达 1400 公里（875 英里）。它完全是被为地中海市场购买商品的欲望所驱使的——黄金、白银、铜、锡、象牙、鸵鸟蛋壳，很可能还有皮毛、异国的动物和奴隶。考古证据仍然过于粗糙，无法说明这个系统作为一个整体的可行性。到公元前 6 世纪末，许多伊比利亚南部的中转站或者已经破败不堪，或者已经遭到遗弃，反映出公元前 6 世纪晚期腓尼基西部的普遍危机，这也是迦太基人开始发挥影响力之前的一段插曲。

腓尼基人向大西洋扩张的时期正是大西洋部落经历根深蒂固的社会和经济变化的时期，至少在某种程度上，这与青铜价值的下降及人们狂热地想把大量青铜

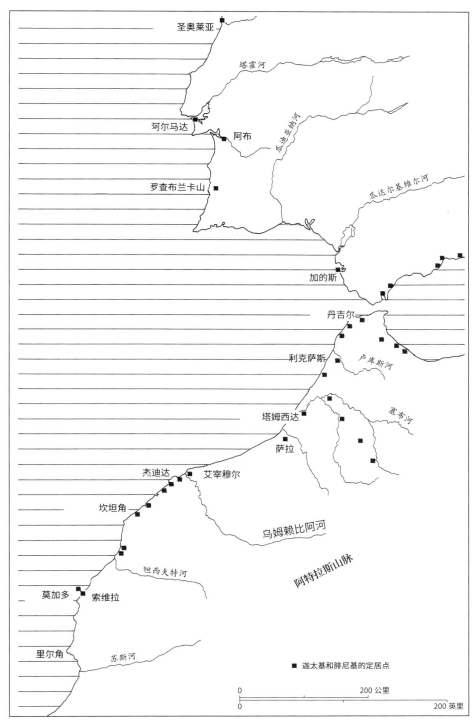

圣奥莱亚

塔霍河

阿尔马达

阿布

罗查布兰卡山

瓜达尔基维尔河

加的斯

丹吉尔

利克萨斯

卢库斯河

塔姆西达

萨拉

杰迪达 艾宰穆尔

坎坦角

乌姆赖比阿河

但西夫特河

阿特拉斯山脉

莫加多 索维拉

里尔角

苏斯河

■ 迦太基和腓尼基的定居点

0   200 公里

0   200 英里

9.14　从加的斯（卡迪斯）开始，腓尼基人沿着大西洋海岸建立起贸易殖民地。经由非洲殖民地，非洲腹地那些稀有物品诸如黄金、鸵鸟蛋壳和象牙等得以传播。伊比利亚的殖民地见证了金、银、铜和锡的贸易。

作为贮藏品埋于地下相关。与此并行的是，特别强调土地的生产能力。这体现在农田系统、边界和防御工事的发展上面，也体现在大规模储存粮食层面。从一个非常简单的层面来看，这几乎就像是一个基于青铜供应控制的社会系统被废止，取而代之的是以农业盈余为基础的社会。很难说究竟是什么导致了这一变化，但铁的普遍存在，加上人口的不断增长，可能削弱了青铜的价值，同时赋予粮食盈余更大的价值。

这些变化，发生在公元前 800 年到公元前 500 年，影响了大西洋和北欧的大部分地区。其直接影响是连接沿海地区长达数个世纪的旧的大西洋交换网络被打乱了：一系列离散的本地网络开始出现，取代单一的网络，它们彼此之间的互动很少。在南方，这种变化与腓尼基人利益的扩张相吻合，将伊比利亚的大西洋地区牢牢拉入腓尼基人的地中海势力范围。

再往北走，情况就不那么明朗了。虽然有证据显示，法国西北部、不列颠西部和爱尔兰之间的海上联系一直在持续，但和以前的情况完全不同。然而，公元前 8 世纪和公元前 7 世纪初，不列颠东部与法国北部和低地国家建立了密切的联系，两个地区通过北海南部交流起来。这一网络在考古学上体现为精英商品的交换。不列颠社群收到一些大陆的哈尔施塔特马具，可以假设是同带到不列颠的马一起来的，而不列颠的贡献之一是发展起精巧的砍杀剑。不列颠东部的工匠们，可能是在泰晤士河谷，几个世纪以来一直在铸造青铜剑，逐渐改善设计细节。他们的最新型制是金德林根式（Gundlingen），在公元前 8 世纪早期的北海南部特别受欢迎，在西欧的哈尔施塔特精英中和爱尔兰广泛使用，显示出在这个阶段，爱尔兰仍然是更广泛的交流网络的一部分。

公元前 7 世纪中期以后，网络开始进一步崩溃。北海的南部系统仍在运行，连接着不列颠东部到法国北部和低地国家，像匕首和釜这样的贵重物品可以用来交换，但是不列颠的西部和北部地区以及整个爱尔兰似乎都变得孤立起来：新的地区主义开始生根发芽。

如果我们以这种方式解释考古材料的分布是正确的，那么我们就可以追踪到大西洋网络的解体，首先是公元前 8 世纪大西洋伊比利亚半岛的分离，接下来随着爱尔兰在公元前 6 世纪的孤立，网络的北部进一步分拆。这个场景为模拟凯尔特语后期发展提供了有趣的框架，关于这一点我们已经讨论过了（见第 284 页）。

它可能已经成为大西洋沿岸的通用语言。只要大西洋网络是活跃的，人们就会认为整个接触区语言都很相似，但公元前 800 年之后，随着不同区域的分离，该地区的繁荣逐渐崩溃，不同的地区形成了发展的不同条件。这可以解释为什么在伊比利亚地区使用的凯尔特语与其他地区不同，为什么爱尔兰使用的凯尔特语比不列颠和高卢的凯尔特语保留了更多时代错误。

北 欧 地 区 ——————————————————————

公元前 800 ～前 500 年，北欧地区有许多大西洋地区的特征——农业生产的扩张和集约化，以及更大程度的区域化，原因在于青铜时代晚期交换网络的重要性的下降。考究的墓葬，比如那些能够控制南方资源供应的精英们的墓葬都已不复存在。曾经盛行的在沼泽地里沉积金属制品的仪式现在也几乎看不到了。然而，与南方的交流却一直保持着，来自北阿尔卑斯地区哈尔施塔特文化的金属制品的流动证明了这一点。与此同时，南方的琥珀消费仍在继续，并呈现加强的态势。

公元前 800 年之前，波罗的海地区的经济和政治中心主要集中在丹麦。现在开始明显东移，至波美拉尼亚东部——维斯瓦河下游波兰附近的波罗的海沿岸地区。在这里，精英很容易被辨认出来，他能够控制地中海的商品，包括贝壳和蓝玻璃珠，都是通过波河流域网络运输而来。同时，新的葬礼传统被引入进来，包括骨灰瓮的使用，有些上面有人脸，有些画着房子。这些对当地的传统来说是很陌生的，但与伊特鲁旦亚人在意大利北方使用的陪葬器皿有惊人的相似之处。这些事实使一些考古学家产生了争论，认为伊特鲁里亚人向北移动到了波罗的海。这是极不可能的。我们在考古记录中看到的是连接着波河流域和维斯瓦河口的发达的跨半岛贸易路线。散落于意大利北部的工艺品，如手工胸针等横跨欧洲的路线可能是通过东阿尔卑斯山，通过伏尔塔瓦或摩拉维亚山口，到达欧洲北部平原。波美拉尼亚东部的社群地理位置优越，有利于收购波罗的海的琥珀以及皮毛等其他北方产品，以交换地中海的小饰品。这种交换体系是怎样形成的，是悬而未决的问题。很诱人的答案可能是伊特鲁里亚商人为控制重要资源的流动产生的直接后果。假设伊特鲁里亚的商人们前往北方同波美拉尼亚的精英们谈判，启动了一个持续了好几代的交换系统，这并不存在内在困难。

黑海地区的希腊人和斯基泰人

302　　　令人惊讶的是，几乎没有确凿证据表明地中海和黑海在公元前 8 世纪之前存在海上联系。但考虑到迈锡尼人和他们的继任者对海洋的热情，放弃对伟大海洋的探索似乎不可思议，大海给北方带来了便利。到公元前 8 世纪，希腊人已经开始穿越博斯普鲁斯海峡。诗人赫西奥德在这一时期的作品中对黑海有了一些了解，在海岸附近发现的一些希腊文物，可能是给当地人的礼物。古典文献显示，第一个殖民地是公元前 8 世纪上半叶米利都人在小亚细亚北部海岸的锡诺普建立，接着是公元前 756 年，在东面 350 公里（220 英里）的特拉布宗。然而，到目前为止在锡诺普发现的最早的陶器属于公元前 7 世纪的下半叶，从而引发了对于传统说法的某些质疑。

　　在公元前 7 世纪，其他米利都殖民地紧随其后：色雷斯海岸的阿波罗尼亚（索佐波尔），多瑙河三角洲附近西海岸的伊斯特罗斯，第聂伯河与西布格河（Bug）之间河口上的别列赞岛（Berezan），位于锡诺普和特拉布宗之间的小亚细亚北部海岸的萨姆松。第二波殖民浪潮开始于公元前 6 世纪，主要集中在黑海北侧的塔曼和刻赤半岛（Kerch），控制着通往亚速海的路线。大概是在这个时候，奥尔比亚在离别列赞岛不远的大陆建立。最后一个阶段，即公元前 560～前 530 年，见证了像保加利亚海岸的敖德苏斯、克里米亚的克森尼索（Chersonesus）和黑海东部的发西斯等殖民地填补空白。大多数殖民地都被宣称是米利都人建立的，尽管其他的东部希腊城邦毫无疑问为移民流动做出了贡献。土地显然是迁移的重要因素，此外，同内陆地区进行金属、皮毛、谷物的贸易，以及获得海中充沛的凤尾鱼和金枪鱼也很有吸引力。在家乡，在爱奥尼亚海岸，强大的吕底亚人在内陆扩张，对希腊沿海社群施加了持续的压力，阻止了领土扩张。对于快速增

图例
● 斯基泰人的墓地
□ 希腊殖民地
○ 其他城市

北

9.15 在公元前 7 世纪到公元前 5 世纪，希腊殖民地围绕着黑海和亚速海建立。北部的黑海殖民地与占据东欧大草原的斯基泰人相连。

长的希腊人口来说，唯一的选择是坐船去寻找新的家园。

公元前 5 世纪中叶，历史学家希罗多德踏上了到黑海的殖民地奥尔比亚的旅程，靠近西布格河河口。在那里，他有充分的机会观察当地的斯基泰人，收集他们的历史故事和偏远部落的风俗。这些轶事和个人观察，形成了他的《历史》第四卷的基础。就像所有这种形式的汇编一样，它是片面的、高度选择性的、混乱的，某些地方可能是完全错误的，但它具有无与伦比的价值，具备迷人的洞察力，读起来令人愉快。

希罗多德很清楚，东欧大草原的居民由生活方式各异的群体组成。因此，"斯基泰人"是一个总称，更多指该地区普遍的游牧文化，而不是紧密联系的民族身份。希罗多德在区分这些群体的时候，的确有些头疼。最重要的是"皇家斯

303

基泰人"，占领了第聂伯河和顿涅茨河（Donetz）之间的区域："这里居住着斯基泰部落中最庞大、最勇敢的一支，它把其他部落看作是自己的奴隶"。他们的西北方向是"流浪的斯基泰人，既不耕耘也不播种：他们的国家是一个整体……那里几乎没有树木"。在第聂伯河和德涅斯特河之间，生活着农学家，这是南方的一群人，他们"播种谷物，以谷物为主食，还有洋葱、大蒜、扁豆和小米"。而在他们的北方，是"耕种者，种植谷物，但不是为了自己食用，而是为了出售"。那些和奥尔比亚最亲近的人被他界定为希腊—斯基泰人，他们可能接受了殖民生活方式的某些方面。

304 　　斯基泰文化的起源是不确定的。它可能是由早期的游牧民族在伏尔加河下游地区或中亚发展起来的。不管真相是什么，公元前 7 世纪是一个流动性很大的时期，游牧民族在大草原上广泛分布。其中一支称自己为斯基泰人，向西迁移定居在第聂伯河和顿涅茨河之间，取代之前的居民，而一个分裂出来的小派别向南移动，成为安纳托利亚权力斗争中的重要雇佣军。这些事件可以追溯到公元前 7 世纪，与希腊殖民化的第一阶段一致。

　　在公元前 7 世纪和公元前 6 世纪，斯基泰文化向北传播进入森林草原，向西传到喀尔巴阡山东部（今摩尔多维亚）的丘陵地带，从那里向南延伸到多瑙河三角洲。在此期间，精英中心开始关注克里米亚、第聂伯河流域，以及从第聂伯河到多瑙河的沿岸地区。正是在这片广大的地区，精英阶层及其大量的财富被埋在巨大的坟墓（kurgans）之下。19 世纪末 20 世纪初俄罗斯的博物馆摆满了挖掘出的黄金制品，并把斯基泰人带到公众关注的前沿。希罗多德对于斯基泰的一个葬礼进行了非常生动的描述，在这里我们可以完整引用：

> 　　国王死后，他们挖了一个巨大的方坑。当他们准备好后，他们把尸体抬起，在尸体上涂上蜡。剖开腹部，清理干净，并装满切碎的乳香、欧芹和苗芹，然后重新缝合，用马车运到另一个部落。接收尸体的人的做法就和皇家斯基泰人一样，他们从耳朵上割下一块，剪短头发，手臂上划一个伤口，划破他的额头和鼻子，用箭刺穿左手。然后他们把尸体运送到另一个部落，最先抵达的部落与他们在一起。当他们带着尸体走遍所有的部落，带到格瑞（Gerrhi），那是斯基泰人领土最远的地方，也是墓地所在。

9.16 在黑海北部海岸，随着希腊工匠们为斯基泰的精英们制造奢侈品，一种极为生动的艺术风格发展起来。这个镀银的镜子出土于凯勒梅斯（Kelermes）的坟墓，融合了希腊和斯基泰人的风格。

　　他们把尸体放在屋子里的一个褥子上，房间的四周插满长矛。然后他们把横梁横放，用柳条盖住，在坟墓的剩余空间里，他们勒死一个妾，并把她埋葬起来，陪葬的还有一位斟酒人，一位厨师，一位马夫，一个随从和一个信使；此外，他们也会把精选的东西和金制器皿埋葬起来。他们不使用银或铜。当他们做完这些便堆起一座大土堆，相互竞争，让土堆尽可能地大。一年之后，他们会进行如下步骤。他们选择最合适的随从——这些人都是真正的斯基泰人，被国王亲自召来侍奉他，因为这里没有被买来的奴隶——并把其中的 50 人勒死，同时勒死的还有 50 匹最好的马。他们的内脏被取出并清理干净，用谷壳填满，然后缝合起来。接着，他们把半边车轮中空的那一面朝上放在两根木桩上，另一半放在另外两根木桩上，固定许多组这样的框架，把坚固的木柱纵向地插进马的脖子里，然后把马吊起到轮辋那里。前面的轮辋支撑着马的肩和前腿，后面的轮辋支撑着马的后腿和腹部，四只小腿是自由的。他们把缰绳和辔头放到马身上，并把马向前拉用钉子固定。然后，用垂直的木桩穿过脊柱到达脖颈之后，他们把勒死的年轻人吊在他自己的马上。木桩向下的一端固定在另一根横穿过马身的木桩上。50 个骑手就这样围着坟墓一圈。（*Hist*，IV，71-72）

向他提供消息的人是一位细心的观察者。我们不仅看到了高流动性社会对待死者的方式，而且看到了过渡仪式的重要性，这一过程是社会引导逝者的灵魂跨越生与死之间的危险阈限。许多库尔干出土的文物充分证明了上述观察的准确性，记录描述与观察到的非常匹配。

从公元前 7 世纪起，希腊人和斯基泰人就在沿海地区发生了紧密联系，两个社群之间不可避免地产生了互动。进口的希腊奢侈品主要是用作外交礼物，为交换和贸易铺平道路，同时大量葡萄酒——主要来自爱奥尼亚——经希腊港口进入斯基泰的腹地。但是这些殖民地面对的不是原始的野蛮人，而是土生土长的当地人，经几个世纪的发展，形成了复杂的文化，包括根植于游牧文化的璀璨的动物艺术，以及从与近东的接触中吸收的东方化的概念。这些客户要求很高，我们很早就发现在殖民地港口工作的希腊工匠们为了适应斯基泰人的口味而调整自己的风格，从而创造出混合艺术风格，具有强大生命力。它的全盛时期是在公元前 5 世纪后期，当时有很多杰作被创造出来。但早在公元前 6 世纪，人们就已经创作富有活力的创新作品。其中最好的是一组来自库班凯勒梅斯古墓的物品，其历史可以追溯到公元前 6 世纪。其中一件物品是一面镀金的银镜，背面装饰精美，完全是希腊的概念和装饰风格，只有参加动物之主仪式的动物呈现完全的斯基泰方式。同一手笔的还有镀金的银器角状杯（饮酒角），是典型的斯基泰风格，饰有带翼的女神，两只狮鹫，一匹半人马，一位与狮子搏斗的英雄，所有这些都是东方希腊人的风格。人们可能想知道这位工匠是为本地客户工作的希腊人，还是一位满足于吸收他所学的同时代希腊风格的斯基泰的金属工匠。公元前 7 世纪和公元前 6 世纪，黑海的边缘区域充满了创新的能量，因为这两种艺术传统在价值观和技能上并不完全陌生，热切地互相探索。

然而，黑海草原的斯基泰人几乎无法避免希腊文化的影响。希腊文化占领了更北端的森林草原，超出希腊奢侈品的触及范围。其他能够保持独立的斯基泰群体，在公元前 7 世纪晚期或公元前 6 世纪迁移到喀尔巴阡盆地，定居于两个独立

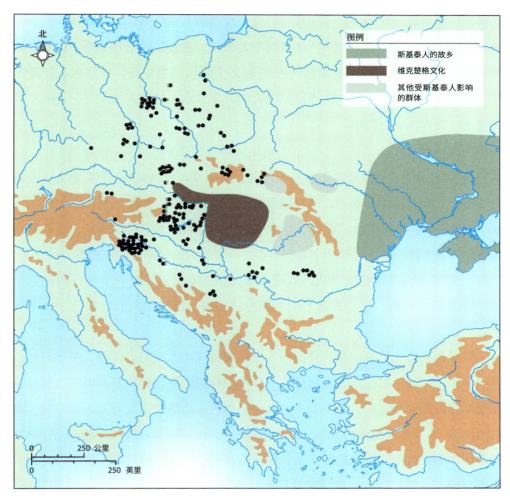

9.17 欧洲中部，特别是喀尔巴阡盆地发现了斯基泰文化的元素（被称为维克楚格文化），这意味着迁徙的人群从位于黑海草原的故乡向西迁移。斯基泰的器物发现在更西的地方——外多瑙河地区、斯洛文尼亚和波兰——可能是由于交换和突袭造成的。

的地区，特兰西瓦尼亚（罗马尼亚中部）和匈牙利大平原（匈牙利东北和斯洛伐克西南）。公元前 8 世纪，由于辛梅里亚家园内部的混乱，该区域涌入许多来自草原地区的人们。斯基泰文化的到来，代表了与大草原建立长期联系的延续，这种联系包括商品交换和一定程度的人口流动。到了公元前 6 世纪，特兰西瓦尼亚和匈牙利平原上的社群采用了斯基泰草原精英男性主导的物质文化，包括非常独特的三棱箭镞的箭和装箭的箭袋、短的铁匕首、铁战斧、铁头的矛，和附有金色动物图腾的盾牌。此外，整个地区还发现了成套的斯基泰马具。其他物品包括可能制造于奥尔比亚的希腊铜镜，一系列个人饰品，主要是戒指和耳环，还有青铜的摇铃，系在旗杆或权杖的端部——可能是个人权威的象征。在喀尔巴阡地区发现的大量具有斯基泰风格的物品足以表明，来自东方的新人的到来，及欧洲和黑海地区强烈的文化联系。

307　　在匈牙利大平原，斯基泰风格的文化被称为维克楚格（Vekerzug）文化，以森特斯（Szentes）—维克楚格的墓地命名，这里发现了大约 20 个墓地。在大多数情况下，葬礼都是朴素的，没有黑海墓地的那种炫耀，但匈牙利东部的阿尔坦德（Ártańd）墓引人注目。武士埋葬在这里，连同他的鳞甲和铁战斧，以及其他装备和马身上的马具。还有两个青铜器皿，一个是大的盛酒容器提水罐（hydria），制造于希腊，也可能是斯巴达，大概在公元前 570 年；还有一个来自西部哈尔施塔特的摆柄大锅。这个古墓生动地提醒我们喀尔巴阡山人的社群位于东西交界处。

　　维克楚格文化可以追溯到公元前 6 世纪和公元前 5 世纪。向西，多瑙河与欧洲中部和西部的哈尔施塔特文化形成了非常明确的边界。但斯基泰风格的材料被
308　发现延伸到西部和北部，集中于上萨瓦山谷地区（斯洛文尼亚）和西里西亚（波兰西南部）。虽然人们很容易把这种分布解释为从多瑙河以东的家园展开的突袭，也许还伴随着有限的土地掠夺。斯基泰风格材料的发现可能只是反映了与西方的简单交流。上萨瓦山谷的发现尤其如此，这里形成了喀尔巴阡盆地和波河平原、亚得里亚海一端的主要路线。随着波河流域贸易的加强，萨瓦走廊成为获得东方马匹的途径。它们比西部的马匹精良很多，因此成为非常诱人的商品。

　　在波兰南部发现的斯基泰风格的材料主要是武士装备——箭、剑和战斧——这往往被视为突袭或至少雇佣军活动的证据。柏林以东约 80 公里（50 英里）的维特斯费尔德有一个惊人的发现，武士首领的装备与黑海平原精英相当。虽然葬礼没有得到妥善记载，许多发现是分散的，但仍然令人印象深刻——一块巨大的金质鱼形盾牌凸饰，金色的盔甲，一把金鞘剑，一把铁匕首，一个装在金框里面的磨刀石和其他一些物品，包括黄金首饰。这样的独特发现很难解释。
309　也许我们在这里瞥见的是一位军队首领，带领他的战斗部队进行远征突袭，远离家乡，进入西里西亚沉闷的深处。又或者，它可能是通过交换网络得到的一套

9.18　这条大金鱼（长41厘米/16英寸）同其他的精英物品一起是在德国的维特斯费尔德（Vettersfelde）发现的。它可以追溯到公元前6世纪晚期，可能用作盾牌装饰，是斯基泰人的工艺。它很可能是来自背井离乡参与袭击的斯基泰首领的坟墓。

华丽服饰，也许是当地的劳西茨酋长的礼物？考古学证据有时因其含糊不清而诱人。

一些斯基泰人可能突袭了北欧平原腹地，我们对此不必感到惊讶。他们天性好战。公元前7世纪时他们在小亚细亚的雇佣军活动充分证明了这一点。在与希腊人的关系中，他们很少表现出侵略性。但是在公元前513年，大流士率领波斯军队渡过多瑙河进入斯基泰地区，发现他们是很难对付的敌人：他们总是在流动，把他拖进草原越来越远。最后，他别无选择只能转身离开，让斯基泰人自生自灭。就连伟大的大流士也不是这些天生就骑在马背上并以不受束缚为傲的人的对手。

半岛的中心区域

与地中海的快速变化相比，中欧或者阿尔卑斯北部地区在公元前 8 世纪到公元前 6 世纪表现出迟钝的稳定性。这并不是否认社会和经济变化的发生，但更多的是强调文化（考古学家将在奥地利发现的盐矿定居点命名为哈尔施塔特文化）根植于我们前面说过的青铜时代的瓮地文化。哈尔施塔特文化，或者更确切地说，由许多区域团体组成，从法国中部到外多瑙河地区（匈牙利西部），从阿尔卑斯山到波兰中心的库亚维。这片广阔地区的普遍相似性并不是征服或民族迁徙的结果，而是紧密的交换网络的结果——毕竟，欧洲半岛的大多数河流汇合于此，且跨半岛的主要航道也要从这里穿过。

哈尔施塔特地区有三个主要的子区：西部区域从勃艮第延伸到波希米亚；东部区域在东阿尔卑斯山和多瑙河之间，与东部的斯基泰文化接壤；北部地区跨古老的劳西茨文化区一直延伸到波兰中部。每个子区域都基于青铜时代的当地文化衍生出独特的文化。西部地区——航道网络的核心区域——在考古上可以看到最大范围的创新。

最明显的是精英葬礼仪式的出现，包括使用四轮的仪式车将死者的遗体运送到坟墓。车辆和马具（但不是马）被放置在由木材衬砌的大墓穴中，还有尸体和一系列适合死者地位的陪葬品。这个仪式显然是根植于瓮地文化的传统，后者在宗教活动中使用小型车辆和车辆模型。现在的不同之处在于，土葬成为贵族的葬礼标准，四轮车辆是大型的，结构复杂，车轮有多个辐条，铁制轮胎用大铁钉与外轮结合在一起。这些复杂结构需要高超的技艺。在精英的赞助下，当地存在具有高度创造性的工匠。

310

在哈尔施塔特时期的早期（哈尔施塔特 C），公元前 8 世纪和公元前 7 世纪，这类墓葬在从法国东部延伸到捷克共和国的广阔地区随处可见。但后期（哈尔施塔特 D），广义的公元前 6 世纪和公元前 5 世纪初，哈尔施塔特地区精英墓葬则集中在从法国东部到德国南部约 200 公里 × 500 公里（130 英里 × 310 英里）的区域内。在这里，富有的墓葬聚集在设防的山顶定居点周围，这是当地统治者的传统家园。这些"王座"（fürstensitz），目前鉴定出来的大约有 16 个，占据突出

9.19　哈尔施塔特晚期（公元前600年～公元前480年），精英们修建了防御森严的定居点，并用精心制作的陪葬品埋葬他们的死者，包括源自希腊和伊特鲁里亚的物品。这些权力中心从勃艮第延伸到德国南部。

位置，显然是当地精英对大片领土行使权力的中心。其中研究最广泛的是上多瑙河流域的黑讷堡。在瓮地文化时期，山顶一直被占据，此后不断被翻新。在公元前6世纪初期的一段时间里，先前用泥土和木材建造的防御土墙，以地中海风格进行重建——干石底座和泥砖结构的上部构造，环道被向前突出的方形塔楼所强化。重建工作只能由特别熟悉希腊建筑方法的人进行监督。选择这种异国情调的建筑——完全不适合当地的气候——是故意用它的"异域"特征来给人留下深刻印象。这种态度还体现在坟墓里的墓葬物品上，通常包括来自地中海的与葡萄酒有关的具有异国情调的工具。在塞纳河畔沙蒂永附近的维克斯，一位女性被埋在一个木制的大墓室里。时间大概是在公元前510年到公元前500年，陪葬的有马车、个人饰品、一个三大的用于稀释葡萄酒的希腊双耳喷口杯、大碗、一个有喙的酒壶和两个杯子——这些都是饮酒仪式的用具。大约一代人以前，一位酋长被埋葬在斯图加特附近的霍赫多夫（Hochdorf），他躺在青铜卧榻上，他的殡葬马车就在附近。他的酒具包括九个镀金的饮酒角，还有一个盛蜂蜜酒的希腊

312

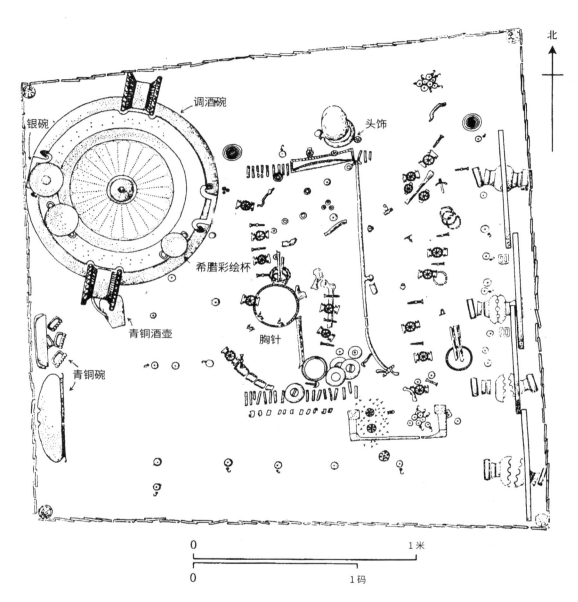

北

银碗

调酒碗

头饰

希腊彩绘杯

青铜酒壶

胸针

青铜碗

0   1米

0   1码

9.21　法国塞纳河畔沙蒂永维克斯墓葬群中发现的公元前6世纪末期墓室。墓室里是一具女人的尸体，连
同一辆拆卸的殡葬车和一套地中海的饮酒器具。

9.20　位于德国南部黑讷堡（Heuneburg）的山顶防御点，可以俯瞰多瑙河，这是哈尔施塔特晚期的一个
精英中心。有一段时间它被一堵泥砖砌成的墙所保护。防御圈的一角已被重建，里面发现了几处密闭的木
结构建筑。

CRATÈRE en BRONZE
TRAVAIL GREC
FIN DU VIe SIÈCLE avant J.C.

HAUTEUR 1m64
POIDS 208 kg

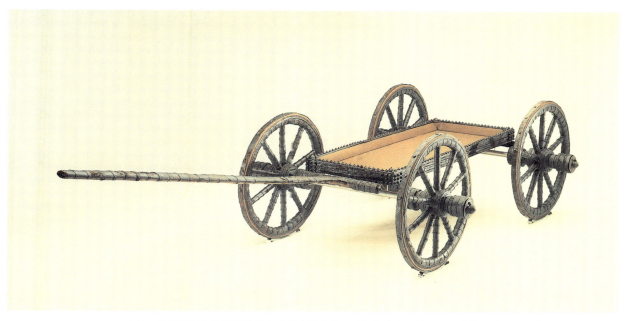

9.23　德国斯图加特附近霍赫多夫的豪华墓葬，时间是在公元前 6 世纪晚期。墓室里面有一辆用铁包裹的四轮殡葬车。酋长躺在青铜卧榻上，旁边是一只巨大的希腊制造的青铜釜。墓室的墙上挂着一套饮酒角。

釜。除了釜，他们的服饰完全是本地的。

哈尔施塔特西部区域的精英阶层可以接触到各种各样的地中海货物，包括来自法国沿海地区的葡萄酒，用独特的马萨里奥双耳瓶盛放，以及青铜器和雅典陶器。他们接受的是最适合他们行为模式的物品。这些材料大部分都是从希腊的马萨利亚港（马赛）经由罗讷河运来的，时间是公元前 6 世纪下半叶。随着公元前 540 年殖民地的不断扩大和延伸，大量的进口紧随其后，当地的酿酒行业也在发展。一开始进口的是高档的金属器皿，但在公元前 6 世纪最后的二十年里，越来越多廉价的雅典陶器出现了。

直到大约公元前 500 年，罗讷河流域似乎是通往北方的主要路线。当来自波河流域的伊特鲁里亚商人穿过西阿尔卑斯山向北发展贸易联系时，利用戈拉塞卡（Golasecca）文化社群作为中间人，他们控制通往阿尔卑斯山西部隘口的南部通

314

9.22　维克斯墓室出土的青铜双耳喷口杯（Krater）。它可能是在意大利南部一个希腊作坊里制成的。巨大的尺寸（1.64 米 /5.5 英尺高）使它在从地中海到野蛮北方的长途旅行中被拆卸。

9.24　公元前 9 世纪到公元前 7 世纪，穿越欧洲中部的主要交换路线。

道。哈尔施塔特精英们通过上面的路线获得雅典的红陶（由海上带到斯皮纳和阿德里亚港口），和在公元前 5 世纪的前半段开始流行的极具特色的伊特鲁里亚的有喙酒壶。公元前 600 年，马萨利亚的建立打断了伊特鲁里亚与北方的贸易。伊特鲁里亚人需要一个世纪才通过巧妙的侧翼运动重建他们与阿尔卑斯山外世界的联系。这一定会在 5 世纪早期对马萨利亚造成经济冲击。

315　　　　中欧西部的精英体系被形容为"声望商品经济"，这是一种由至高无上的酋长控制着罕见的原材料并将精英商品作为礼物通过社会金字塔向下分配的系统。只要精英商品源源不断地流入，系统便处于平衡状态。但如果流动产生波动，系统就会变得不稳定。实际上，这一系统只延续了两代人，在公元前 5 世纪早期经历了重大的调整。人们很容易把崩溃的主要原因看成地中海相互竞争的贸易领域的调整。那些控制活跃路线的地点可能会繁荣，但贸易是变化无常的朋友。

从公元前 800 年到公元前 500 年的三百年间，可以说是欧洲历史的转折点。在此期间有很多事情发生。在地中海，国家的形成正在顺利进行，希腊、腓尼基和伊特鲁里亚都有不同的政体，它们争夺对海洋航道的控制权，在地中海周边沿岸扩张领土，并扩展到黑海和大西洋。一个想吹嘘自己冒险经历的水手现在可以声称从赫拉克勒斯之柱（直布罗陀）航行到塔尼斯（顿河河口），这种说法不会引起太多的怀疑。但是，在地中海扩张和发展的同时，大西洋和波罗的海航线却被分割成更局部的运输系统，这在很大程度上是因为青铜作为流动性商品的地位崩溃，而铁成为首选金属。尽管如此，大西洋和波罗的海地区生产的商品普遍需求旺盛，所以大陆上的路线仍然很活跃。在半岛的核心地带，凯尔特伊比利亚人和哈尔施塔特社群维持着一种脆弱的稳定，这种稳定深深植根于传统。东部的喀尔巴阡盆地是草原文化，与黑海大草原上的斯基泰人密切相关，与多瑙河联系紧密，纵贯匈牙利南北，成为文化边界，一直运行了上千年的时间。

316

在该阶段的初期，即大约公元前 800 年，欧洲大部分地区是社群拼凑成的，本质上是"史前时期"的社会和经济体系。300 年后，地中海变成了交战各国争夺土地和商品的湖泊。"蛮族"的北方和"文明"的南方之间出现了明显分裂。随着地中海权力斗争继续，这种分裂趋势越来越明显。

第
十
章　碰撞中的国家

（公元前 500 年～公元前 140 年）

对于野蛮欧洲（也就是地中海边缘之外的欧洲）而言，我们在本章所关注的 317 三个半世纪是巨大的社会变革和调整时期。这一时期的开端是精英主导的大陆，尽管使用铁器并能够获得地中海的奢侈品，但仍然遵循着长期形成的本地的青铜时代传统。然而，这个体系崩溃了，公元前 500 年之后不久，居住在从马恩河延伸到波希米亚这片区域的社群，被卷入大规模变革的漩涡，导致大规模向南和向东的迁移，首先进入波河平原，然后是喀尔巴阡盆地，最后到达希腊、俄罗斯南部和小亚细亚。由于多瑙河盆地西部温带欧洲的蛮族都被当代作家称为凯尔特人或高卢人，这些迁徙、定居和突袭被宽泛地称为“凯尔特迁移”。与此同时，在东部，新的游牧民族萨尔马提亚人从他们的故乡伏尔加东部向西移动进入了黑海草原，引发了整个地区的混乱。

这一阶段的移动性，使得当地人民走出他们的传统家园，移民群体席卷整个欧洲，人口融合，到处弥漫着劫掠之风，直到公元前 2 世纪初才平息。在温带欧洲的许多地区，一种更为稳定的生活方式开始发展，其特征是被称为镇（oppida）的大型聚集定居点，它们很快就具备了城市中心的许多特征。这里正是罗马军队在公元前 1 世纪和公元 1 世纪进入的地区。

当欧洲的核心经历了三个世纪的动荡时，地中海本身成为冲突的战场，不同的政体争夺陆地和海洋的统治地位。海军力量的崛起是暴力升级的主要因素。人们在波斯人与希腊人的战争中认识到控制海洋的重要性。但是，海上霸权不仅是 318 保卫家园的必要条件，而且也是迅速将战争引入敌人领土的手段。它现在成了升级的工具。

这一时期始于公元前 480 年的两场决定性战役。在萨拉米斯（Salamis），希腊人在距离雅典不远的地方击败了一支由波斯人领导的大规模海军。同一年，锡拉库扎人的军队在西西里的北部重创了迦太基人。这一时期结束于公元前 146 年的两次重要战事。在地中海中部，罗马人在第三次布匿战争结束时给迦太基帝国以致命一击。而在大洋的另一端，对科林斯的洗劫标志着罗马试图控制争斗不休的希腊人的努力进入最后阶段。在地中海，迦太基和科林斯是两个最伟大的海上中心。罗马现在是两者的主人。

在这 340 年左右的时间里，地中海已经彻底改变。至少可以说，这一阶段的历史事件非常复杂。古代史料提供了丰富的细节，但是都围绕着地中海周边的冲

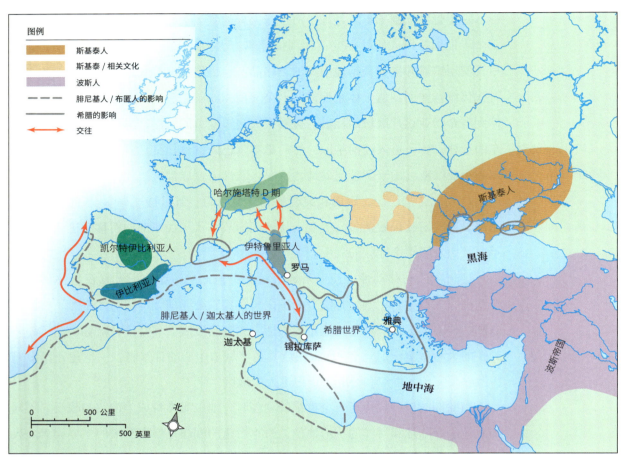

斯基泰人
斯基泰／相关文化
波斯人
腓尼基人／布匿人的影响
希腊的影响
交往

哈尔施塔特 D 期

凯尔特伊比利亚人

伊特鲁里亚人

罗马

斯基泰人

黑海

伊比利亚人

腓尼基人／迦太基人的世界

迦太基

锡拉库萨

希腊世界

雅典

波斯帝国

地中海

0　500 公里
0　500 英里
北

10.1　公元前 500 年的欧洲。

突，并且集中于男人和他们的动机。陆军和海军的规模越来越大，彼此对立，死亡人数激增，城市被摧毁，景观被破坏，主宰土地和资源的欲望超过了保护家庭和家园的简单需要。历史文献让我们相信，一切都是由男人的自负、国家的荣誉所驱动的。但这只是更深层次的运动呈现出来的表象。

更深层的原因是，社会的复杂性创造了更复杂的劳动分工和更大的期望。不再从事真正生产的人的数量急剧增加，社会试图用巨大的庙宇、公共建筑、典雅的丧葬纪念碑等来纪念自己，所有这些需要投入大量的劳动力。城市社会日益增长的期望，加上不断增加的人口密度，对故土提出了不可能达到的要求。如果要使系统处于平衡状态，就要以前所未有的水平调动资源。各个政体发现很有必

10.2　上图，雅典帝国，公元前 460 年到公元前 446 年；下图，公元前 431 年的国家联盟，那是伯罗奔尼撒战争开始的时候，希腊世界分为两个战斗派系：雅典和斯巴达。

要扩大他们对理想商品及运输它们的路线的控制。在整个地中海地区，有类似要求的几个国家平衡发展，导致了积极的竞争和势力范围的扩张，结果是持续的战争。其他因素也有影响，如过度种植和过度放牧造成的土地退化问题，由气候的微小波动引起的庄稼歉收导致的压力；但与人口增长和预期通胀相比，这些都是小问题。

经济上需要不断增加原材料和劳动力的供应，它被嵌入一个以个人和公共展示为基础，并维持日益复杂的生活方式的社会体系中——总要有人为哲学家和花瓶画家提供所需的食物和服务。但在人类的心灵深处，渴望通过领导权获得荣誉和认可：在紧张和冲突盛行的情况下，军事和领土冒险提供了现成的工具。换句话说，控制资源的渴望满足了深层次的心理需求，为那些追求荣誉的年轻人提供了领导机会。之后，在罗马体系内，军事实力成为职业生涯走向高层的必要一步。不缺想加入和领导海外战争的年轻人。因此，战斗的欲望加剧了冲突。战争也会对人口统计学产生影响，因为战争中的屠杀是人口控制的一种形式，尽管这种方式的人口选择不太可能对势不可挡的人口增长产生重大影响。

因此，这些是公元前第一个千年后期发生的事件背后的力量。通过伯罗奔尼撒战争、布匿战争，或者通过亚历山大大帝和汉尼拔的个人行动，我们对此熟悉起来。

地中海：公元前 480 年到公元前 146 年————

为了了解本章后面部分的发展主题，有必要简要说明地中海事件的轮廓，主要的竞争者都在努力争取统治地位。

波斯战争结束不久，雅典崛起。雅典人第一次拥有了成功的海军，在爱琴海创建了一个城市和国家联盟——提洛同盟——并迅速变成了实质上的帝国。但内部的异议，由斯巴达率先引发，很快就导致了伯罗奔尼撒战争，这是一场长期的、消耗大量人力物力的战争，从公元前 431 年持续到公元前 404 年。战争期间，雅典人试图控制西西里，将他们的权力基础扩大到地中海中部地区，但这场欠考

10.3　象牙雕头像，可能是马其顿的腓力二世（公元前 382～前 336 年），发现于希腊马其顿维吉娜的墓地里，时间是公元前 4 世纪。

虑的战役以灾难和失败告终。战争结束之际，雅典的海军被摧毁，整座城市因为饥饿而屈服。在马拉松和萨拉米斯取得胜利后不到一个世纪，雅典已是强弩之末。后来的历史证明，希腊的爱琴海诸城邦被山海阻隔，彼此分离，充满强烈的独立意识，不可能真正地团结起来。

　　但希腊北部的马其顿却不是这样。在这里，更落后的社会制度（与雅典相比）允许强大的国王出现，建立日益稳定的权力基础，不受民主的约束和限制。公元前 359 年，马其顿的腓力取得控制权。在公元前 336 年去世的时候，他已经把马其顿的力量扩展到了色雷斯（保加利亚中部和南部），并迫使希腊屈服。在他被谋杀之后，他的夙愿——领导一场针对波斯帝国的全面战争——被他 19 岁的儿子亚历山大继承，并取得了惊人成就。亚历山大伟大的军事冒险（公元前 334 年到公元前 323 年），最远抵达了阿富汗和印度河流域，还占领了埃及。亚历山大死后，他那庞大而难以控制的征服区被他的将领所瓜分。尽管他们和他们的

322

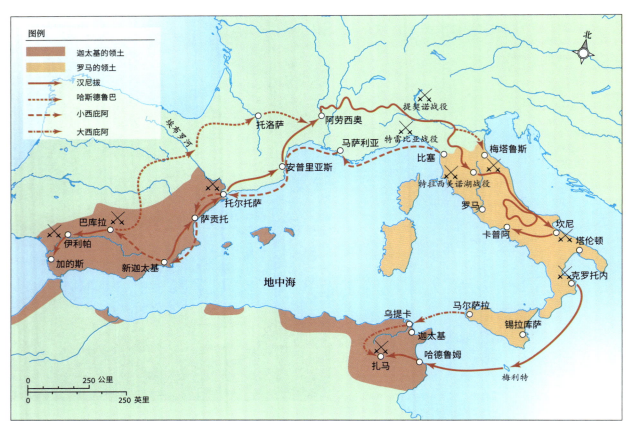

10.4 公元前 218 年到公元前 202 年，罗马和迦太基在伊比利亚南部、意大利和北非爆发了第二次布匿战争。

继任者一直在争斗，但亚历山大已经成功地用根植于希腊历史和希腊价值观的独特希腊风文化包围了整个东地中海及其周围土地。

在地中海中部，两个权力集团正在形成，分别是罗马和迦太基。按照传统，罗马的故事始于公元前 509 年，据说罗马城正是在这一年摆脱了它的最后一任伊特鲁里亚国王。在接下来的两个半世纪里，罗马的统治扩大到意大利半岛的其他大部分地区，这个过程使得它越来越多地与迦太基接触。公元前 9 世纪末，腓尼基人在突尼斯湾建立了迦太基，它是一个海洋强国，势力范围包括西西里岛和撒丁岛的大部分地区。因此，这两大势力在第勒尼安海的控制权上都存在既得利益。起初，平衡是通过条约来维持的，但在公元前 264 年，因为西西里岛的领土争端引发了战争。这场旷日持久的冲突——第一次布匿战争（公元前 264 年～前

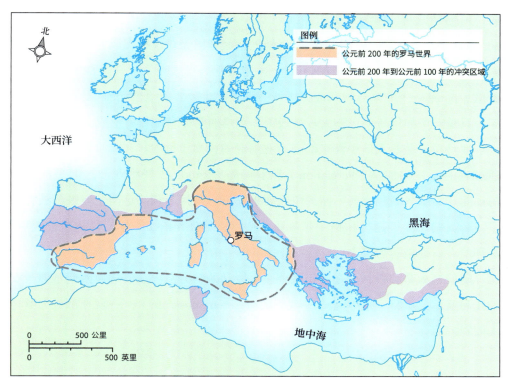

10.5 第二次布匿战争之后，罗马帝国迅速扩张到地中海西部和中部。核心周围是广阔的边缘地带，在接下来的一百年间，罗马与邻居不断发生冲突。

241 年）——罗马最终成为控制西西里的胜利者，科西嘉岛和撒丁岛很快就加入进来，第勒尼安海成为罗马人的统治范围。

对于迦太基人来说，这是毁灭性的打击。他们被排挤出地中海中部，转向西方，试图在伊比利亚半岛南部的腓尼基地区重建他们的权力基地。探险队于公元前 237 年出发，不到几年时间，就建立了新迦太基城——现在的卡塔赫纳（Cartagena）——位于迦太基的伊维萨岛的基地和直布罗陀海峡之间，夏季航线途中的一座美丽海港。随着海上航线的稳固，迦太基的将军们陆续开始控制内陆的伊比利亚半岛。但随着罗马的扩张，地中海变得太小而无法容纳两个超级力量，罗马人以位于伊比利亚海岸的萨贡托（Sagunto）领土争端为借口再开战火。

随后的第二次布匿战争（公元前 218 年～前 202 年）是一场殊死搏斗，斗争区域遍及伊比利亚、意大利和非洲北部。罗马再次成为胜利者。迦太基被彻底削

324　弱，但仍是威胁，因为老加图（Elder Cato）不断提醒罗马的元老院，提出了煽动性的口号，"必须摧毁迦太基"。当他把迦太基的无花果扔在元老院前时，他戏剧性地强化了每个人都知道的情况——迦太基离得太近了[只有 600 公里（375 英里）]，是一个非常值得获取的区域。第三次布匿战争（公元前 149 年～前 146 年）只是一个扫尾行动：迦太基被毁灭，罗马的阿非利加行省形成。

罗马正日益卷入地中海东部和小亚细亚的权力斗争中。在此阶段，它倾向于通过它的盟友帕加马（Pergamon）和罗得岛（Rhodes）操纵亚洲，但是马其顿的动荡和希腊各城邦之间不断的争吵要求其进行直接干预。这两个地区都被吞并了：公元前 148 年是马其顿，亚该亚（希腊）是公元前 146 年。科林斯被毁后，幸存的人口也被卖为奴隶。

随着迦太基和科林斯在同年被摧毁，罗马的势力范围从安达卢西亚延伸至安纳托利亚。几乎整个地中海——我们的海（mare nostrum）——现在都成为罗马人的领地。

一些关于爱琴海的主题

本章所涉时段的大部分时间里，我们关注的是爱琴海世界，特别是希腊，但是偶尔也会关注地方性的冲突。随着时间的推移，冲突此起彼伏。维持军事机器、建立防御工事，以及在和平时期扩充城市和神殿的工作量相当巨大。民众必须在国内保持生产效率并促进海外贸易。

希腊的生产力并不是特别高，而且随着时间的推移，它在养活迅速增长的人口方面遇到了困难。希腊需要确保谷物的可靠供应，因此与黑海殖民地、埃及和大希腊地区的城市的贸易路线的安全成为首要关注的问题。到公元前 6 世纪，主要的贸易城市是科林斯和埃伊纳（Aegina）。科林斯控制着连接伯罗奔尼撒半岛与希腊其他地方的地峡。它俯瞰着一条长长的、受到保护的水道，即科林斯湾，它提供了通往爱奥尼亚海、大希腊和亚得里亚海的直接而方便的通道。埃伊纳坐落在萨罗尼克湾中部的一个岛屿上，东面爱琴海。作为一个岛屿政体，因其邻近

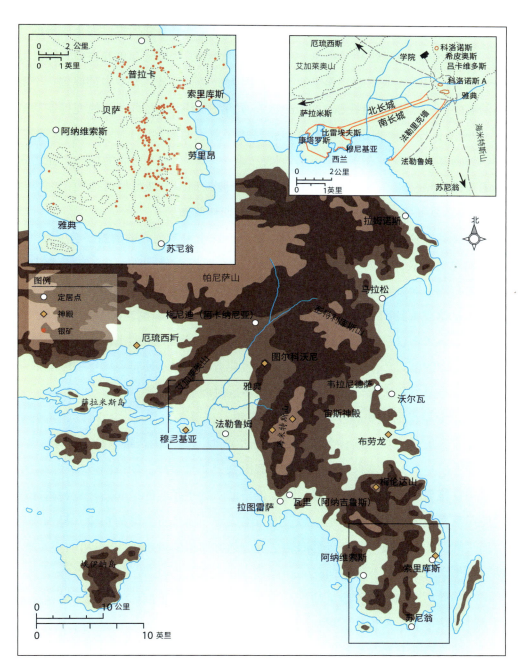

10.6　公元前 7 世纪的阿提卡被不断发展的雅典所统治。阿提卡的财富蕴藏在索里库斯（Thorikos）和苏尼翁（Sounion）之间半岛东南部的银矿里。雅典，作为一支发展中的海上力量，在萨罗尼克湾的比雷埃夫斯（Peiraeus）建造了大量的海军设施。

大陆城市而受到青睐，迅速成为一个海洋国家，并凭借为邻居提供海上服务而致

325 富。直到公元前 5 世纪初，雅典一直依靠埃伊纳组织从黑海和埃及进口谷物，并
经销用于出口的雅典陶器。埃伊纳人逐渐因为贸易而闻名。希罗多德提到一个商
人的名字——索斯特拉托斯（Sostratos），是劳达姆斯的儿子——他变得非常富

326 有，"没有人能和他相比"。他运送给伊特鲁里亚人的商品之一是雅典黑彩陶器，
在伊特鲁里亚发现的许多陶器上都刻着"索……"——进口商的标志。在塔尔
奎尼亚港口格拉维斯卡（Gravisca）发现的一段献词很可能是他或他的家庭成员
写的："我属于埃伊纳的阿波罗，索斯特拉托斯让我做的……"。

　　埃伊纳和雅典比邻而居，竞争在所难免，这引发了彻底的敌意。公元前 490
年，埃伊纳人集合了 70 艘船去攻打雅典。地米斯托克利（Themistocles）意识到
雅典的脆弱，劝说雅典人把劳里昂银矿获得的利润不是分发给市民而是用在造船
上。正是这支大约两百艘船的舰队在波斯人驶进萨拉米斯湾时拯救了这座城市。
此时，雅典人不仅是能力卓越的水手，而且是技艺精湛的造船工匠，在比雷埃夫
斯港有坚固的港口。波斯战争结束之后，雅典海军崛起，使雅典牢牢控制着提洛
同盟，并将其发展成为一个海上帝国，只不过时间非常短暂。

　　雅典劳里昂的银矿位于阿提卡的东南角，在著名的苏尼翁神殿以北几公里
处。从青铜时代开始，矿山就断断续续地生产铜，偶尔也产银。公元前 483 年，
一个新的、更深的、富含银的矿藏被挖掘出来，非常多产，创造出巨额利润。仿
佛众神在雅典最需要帮助的时候为她提供帮助，赠予聪明的地米斯托克利指导雅
典使用新发现的财富。战争结束后，银币换成了一面是雅典娜的头像，另一面是
小猫头鹰的硬币，成为整个爱琴海和更远的地方通用的货币。"劳里昂的猫头鹰"
就是剧作家阿里斯托芬（Aristophanes）提到的硬币。

　　另一件广泛出口的希腊大陆产品是在城市郊区作坊里制作的陶器。早在公元
前 7 世纪和公元前 6 世纪，科林斯就拥有了最大的市场份额，但是到了公元前 6
世纪中叶，雅典开始与它竞争，先是黑彩陶器，后是开始于约公元前 530 年的红
彩陶器。整个地中海对精美的希腊陶器的需求量很大。公元前 7 世纪和公元前 6
世纪，伊特鲁里亚用于殡葬的精制器皿的消费达到了空前规模，但也迫切需要更
普通的商品。阿提卡的大规模生产专门用于出口。

　　另外一项出口产品是葡萄酒，主要来自较大的爱琴海群岛和安纳托利亚海岸

10.7 被称为"劳里昂的猫头鹰"的雅典银币,涉及劳里昂丰富的银矿,这是雅典的力量所在。猫头鹰是智慧的象征,通常与女神雅典娜相关联。

的城市。它是装在双耳细颈酒罐里面运输的,这类大宗货物主要运往黑海市场。一旦在港口卸货,葡萄酒要么在当地分配和饮用,要么被运送到野蛮的内陆地区,被丢弃的双耳细颈酒罐提供了关于贸易模式的宝贵考古证据。主要葡萄酒供应商——萨索斯岛、萨摩斯岛、希俄斯和罗得岛——的双耳细颈酒罐在蛮族地区的腹地被发现,从黑海沿岸向西,沿着山谷一直延伸到喀尔巴阡山,从奥尔比亚向北沿着第聂伯河到基辅以及更远的地方。作为回报,希腊得到了粮食,以养活快速增长的人口。

另一件日益重要的商品是奴隶。希腊,像大多数地中海和近东社会一样,长期以来都是拥有奴隶的社会,虽然直到公元前 6 世纪,奴隶才开始成为经济的重要组成部分。公元前 4 世纪,希俄斯岛的历史学家塞奥彭普斯(Theopompus)对此有具体的见解:

327

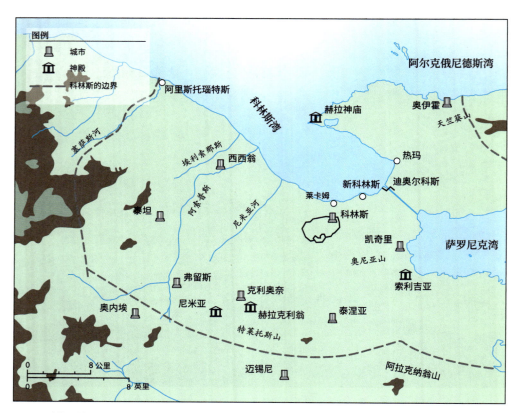

10.8 科林斯的实力在于控制着整个半岛，将伯罗奔尼撒与希腊其他地区连接起来。科林斯还能够控制迪奥尔科斯（diolkos）——一条铺设的道路——船只可以沿着道路在科林斯湾和萨罗尼克湾之间通行。

> 继色萨利人和斯巴达人之后，希俄斯人是第一批使用奴隶的人，但他们获得奴隶的方式不同。斯巴达人和色萨利人从早期居住在这片土地的希腊人那里取得奴隶……但是，希俄斯岛使用金钱购买野蛮奴隶。

328　　这些被称为黑劳士（helots）和佩内斯泰（penestai）的本土奴隶拥有不同程度的权利。动产奴隶则完全不同：他们是一种有价值的商品，价值完全取决于他们的生产能力。修昔底德在公元前 5 世纪末的描述证实了希俄斯岛是一个拥有奴隶的城邦。他指出，该岛的奴隶数量仅次于斯巴达。我们了解到，一个叫帕尼奥尼奥斯（Panionios）的贩奴商人为东方的消费者贩卖太监。希罗多德的记录带有明显的厌恶之情："只要他们获得了漂亮的少年，就把他们变为太监，带到萨迪斯或以弗所卖一大笔钱。野蛮人认为太监更值得信赖，所以价格更高。"（*Hist.* 8.40*）。公元前 6 世纪和前 5 世纪奴隶市场的开放，可以看到大量来自斯基泰、色雷斯和伊利里亚的奴隶被运到希腊主要城市；在一些城邦，奴隶的数量可能与成年公民的数量持平。

为了促进波斯战争后大幅提高的贸易水平，需要大量的船只，不仅要运输货物，还要保护海上航线和竞争激烈的垄断。我们已经看到了雅典在扼杀对手埃伊纳后，如何利用海权来推进自己的商业活动。当时另一支强大的海军力量是科林斯，它有利的地理位置使得这个城市的商人冒险家能够开拓爱奥尼亚海和南亚得里亚海，沿着亚得里亚海东岸建立转口港，促进与内陆酋长们的贸易。商人们也对爱琴海产生了兴趣，为了避免绕伯罗奔尼撒半岛航行——面临危险岬角的航行——他们铺设了一条石头路迪奥尔科斯，跨越科林斯湾到萨罗尼克湾的地峡，于是船只就可以被从一个海湾拖到另一个海湾：这就是科林斯运河的前身。

另一个强大的海洋同盟是罗得岛，它是从爱琴海到黎凡特和埃及航线上的天然港口。罗得岛与埃及的关系发展得特别密切。在公元前 6 世纪中期，当尼罗河三角洲的瑙克拉提斯建立了贸易中心，罗得岛得到了特殊待遇，法老雅赫摩斯二世向林多斯的雅典娜神庙赠送了珍贵的礼物，以纪念这一时刻。公元前 408 年发生了一件引人注目的事件——岛上的三个古老的城市，林多斯、伊利所斯、卡米罗斯（Kameiros）同意一起在罗得岛北端建立一个城市：罗得城。这个地址选得非常好，港口迅速繁荣起来。罗得岛人很快因他们的航海技能、商业上的敏锐和造船上的创新性而闻名。历史学家波利比乌斯提到过一位迦太基船长，他技艺娴熟，因此被称为"罗得岛人"。凭借自身的贸易能力和运输他人货物的能力，罗得岛人在整个地中海地区享有高效率和公平的声誉——这一声誉建立在他们精心制定的法律上，这些法律维护从事海上贸易之人的权利，比如关于共同海损的规定。在海上面临危险时，如果为了保全某些货物而抛弃某些货物，那么损失货物的人有权从那些货物被保存的人那里获得补偿。罗得岛人的航海法典也因此而出名。它的许多原则被今天的海商法吸收。

329

马其顿人和色雷斯人 ————————————————————

　　马其顿王国是一个几乎没有重要意义的边缘地区，直到腓力二世（Philip Ⅱ）在公元前 359 年掌权，这种情况才得以改观。它被群山包围，海岸线相对狭窄，南部由希腊控制，强大的色雷斯王国在北部，伊利里亚人生活在向西延伸的山脉。它的世袭君主制被频繁的暗杀和阴谋分裂，但确保有魅力的领袖可以获得普遍支持。当这样的人出现的时候，四分五裂的希腊人不停地争吵，又背负着民主的重担，根本不是他的对手。在二十三年的时间里，腓力将马其顿建成为世界强国。原来的外围已经成为中心——亚历山大要从这里出发去征服世界。

　　马其顿的北部坐落着希罗多德和后来的作家所提到的色雷斯。色雷斯包括了欧洲东南部的大部分地区，从摩拉瓦河（现代塞尔维亚）到黑海，从爱琴海北部到特兰西瓦尼亚阿尔卑斯山脉和喀尔巴阡山的弧形地带。斯特拉波在公元前 1 世纪末期写到，这里有 22 个不同的部落。最强大的部落包括多瑙河以北的盖塔人（Getae）——建立了强大联盟且合并了其他较小的部落，保加利亚西北部的特里巴立人（Triballi），以及位于现代保加利亚中部巴尔干山脉和罗多彼山脉之间的马里查（Maritsa）河谷的奥德里西亚人（Odrysai）。

　　从公元前 8 世纪中期开始，沿色雷斯东部、南部海岸建立的希腊殖民地，不可避免地导致占据沿海地区的色雷斯精英希腊化。另一件具有重要意义的事件是公元前 513 年到前 512 年，大流士一世率领军队抵达了这一地区，随后在色雷斯的领土设立波斯总督。阿契美尼德的军队和官僚机构在色雷斯存在的三十年时间里，阿契美尼德工匠的性格和价值观也开始融入色雷斯的艺术，形成一种高度原创的贵族风格。除此之外，马其顿人、斯基泰人和凯尔特人都对色雷斯文化有所贡献。于是，色雷斯成为大熔炉——不同地区的部落以不同的方式对它产生了广泛的外部影响。

　　最大的影响来自希腊世界，通过爱琴海北部和黑海西部海岸的殖民地发挥影响。色雷斯境内装葡萄酒的双耳细颈酒罐的分布表明进口葡萄酒来自科林斯、希俄斯岛、萨索斯岛、尼多斯、科斯岛、罗得岛，还有黑海葡萄园、锡诺普、克索尼苏斯。同样受欢迎的还有食用油，以及一系列希腊制造的产品。作为回报，色

330

331

图例

公元前 359 年马其顿王国

公元前 336 年马其顿的扩张

色萨利
公元前 352 年　马其顿入侵时期

■　金 / 银矿

✕　重要战役的地点

10.9　在腓力二世的强力统治之下，马其顿成为重要性日益增长的地区大国，其势力范围从东方的色雷斯延伸到南部的色萨利。公元前 338 年，腓力在喀罗尼亚取得胜利之后成为整个希腊的军事领袖。然后，他将注意力转向亚洲，但是却突遭暗杀，他的亚洲野心是由他的儿子亚历山大大帝实现的。

雷斯提供谷物、牲畜、奴隶和金属以及蜂蜜、蜂蜡、焦油和木材。为了促进贸易，交易使用了希腊硬币，并且希腊商人在色雷斯领土定居，建立由色雷斯国王保护的商业中心。

在一连串的外部影响下，色雷斯文化彻底希腊化。奥德里西亚王国的发展最先进，那里的城镇采用了很多希腊城市规划的特征。最复杂的是首都塞托波利斯（Seuthopolis），由奥德里西亚国王苏塞斯三世（Seuthes Ⅲ）在公元前 320 年建立。城镇完全按希腊风格布局，包括石砌的防御墙，规则的街道网格和中央广场，房屋建有柱廊；国王的宫殿和城镇的其他地方靠角落里的封闭飞地隔开。

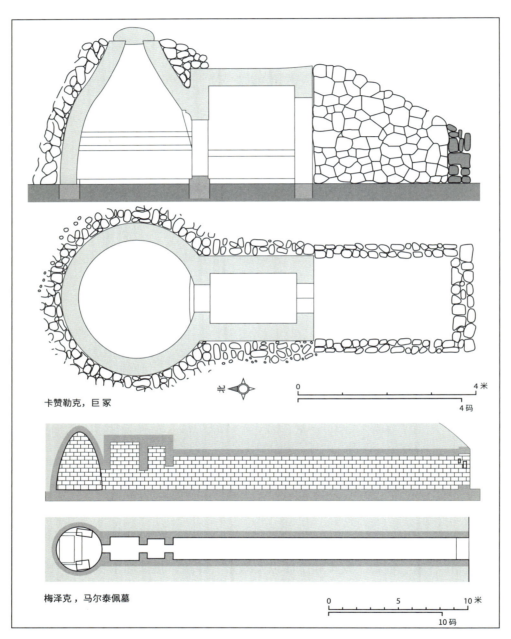

卡赞勒克，巨冢

0   4 米

0   4 码

北

梅泽克，马尔泰佩墓

0   5   10 米

0   10 码

10.10　公元前 4 世纪和前 3 世纪的色雷斯精英的坟墓，复制了希腊墓葬的元素。保加利亚卡赞勒克的小托洛斯墓内部被精心地绘制，可能是一位希腊艺术家的作品。梅泽克（Mezek）马尔泰佩墓规模庞大，结构复杂，由一个巨大的通道进入，它后来被用来埋葬凯尔特首领。

10.11　卡赞勒克托洛斯墓里面的绘画细节。中间是已故的国王和他的妻子（在图片未能显示的左侧），仆人们拿着礼物和财宝。在这一幕中，马夫牵来了国王的四马战车。拱顶上绘有战车正在比赛，也许是葬礼游戏，象征着灵魂进入阴间。

10.12   色雷斯的工匠们精于加工金银。保加利亚弗拉察（Vratsa）发现的宝藏中的壶（左），可以追溯到公元前 4 世纪，是描绘神话野兽的典型作品。丹麦冈德斯特普（Gunderstrup）发现的大锅（右）有许多色雷斯金属制品的特点。有一种可能是，它是由色雷斯工匠制作的，作为礼物被献给居住在附近地区的凯尔特国王，最终通过礼物交换到北方。

色雷斯精英文化最引人注目的表现是贵族的坟墓。色诺芬描述了在一次战役之后奥德里西亚人的葬礼。祭奠仪式耗时较长，包括盛宴、饮酒和赛马等竞技比赛，以纪念死者。国王和祭司死后被神化，被当作不朽的英雄崇拜。

332   从公元前 6 世纪到公元前 3 世纪，精英们的坟墓陪葬有当地制作的或者进口的精美金银餐具，还有精美的珠宝；偶尔有华丽的黄金面具。在公元前 4 世纪和公元前 3 世纪早期，陵墓本身呈现出更复杂的外观。大墓中有支撑的蜂巢式墓室或桶形拱顶非常普遍，采用晚期古典主义和早期希腊建筑风格。有些内部绘制葬
334   礼场景，通常是已故英雄最后一场宴会的场景，也有打猎和战斗的场景。其中最成功的是位于卡赞勒克（Kazanluk）玫瑰谷的托洛斯墓，它可以追溯到公元前 4 世纪晚期或公元前 3 世纪早期。尽管构图和细节，包括配备马具和马鞍的漂亮马匹完全是色雷斯风格的，但整个创作过程体现的完全是希腊艺术的精神。很有可能画师是希腊人或在希腊受过训练，依据合同为王室工作。

色雷斯艺术最生动的表现是精致的金属制品，通常是各种镀金的银器。没有哪里的工匠能如技艺高超的色雷斯工匠将各种风格的元素组成和谐的整体。丰

富的图像经常包括各种装束的伟大女神，还有色雷斯的英雄国王，通常是骑马的猎手，还有希腊的神灵，反映了色雷斯工匠的兼容并蓄。这些材料大多是窖藏——推测是供奉神灵的祭品，规模相当大。特里巴立人的罗戈赞（Rogozan）宝藏，包含了 165 件银器，将近 20 公斤（44 磅），有几件器物上刻有奥德里西亚国王的名字，这表明它们是奥德里西亚王国给特里巴立人的外交礼物。

马其顿王国和色雷斯王国处在希腊世界的边缘。从这个意义上说，它们是受南方影响的边缘地区。但如果认为这些文化仅仅是希腊成就的苍白反映，那就大错特错了。情况远非如此。马其顿注重军事力量，受到有魅力领导人的不断鼓舞，迅速创造了一种独特而充满活力的文化，足以吸收摇摇欲坠的希腊大厦的精髓。色雷斯人的故事截然不同。在公元前的第一个千年里，土著社群能够吸引到许多外来传统——希腊的、阿契美尼德的、斯基泰的和凯尔特的——从而创造了高度独特的文化，它有自己的政治结构和信仰体系，包括将国王视为勇士英雄之神的概念。色雷斯的精英们可能会接受希腊文化，尽管如此，他们还是有选择性地接受，只考虑那些符合自己社会结构的方面，所以呈现的并非微弱的希腊文化回声，而是欧洲野蛮人最原始、最具创造力的文化之一。

335

第勒尼安区域内的冲突

争夺第勒尼安地区的冲突始于贸易权的竞争，并以领土争夺告终。早在公元前 509 年，罗马和迦太基这两个主要的权力竞争者，意识到为避免潜在的敌对行动，有必要通过条约安排确定势力范围。最初的条约在公元前 348 年被再次确认，并考虑到迦太基利益的扩张进行了修改，公元前 306 年条约再次更新，公元前 279 年到前 278 年又更新，增加了更多关于互助的条款。从第一个条约签订到公元前 264 年爆发第一次布匿战争，这两个大国能和谐共存 244 年实是了不起的成就。

条约规定了利益范围并制定了任何一方在对方的"领土"内活动的行为准则。因此，通过历史学家波利比乌斯抄录的公元前 348 年的条约，我们了解到：

罗马人及其盟友与迦太基人、泰尔人、尤蒂卡人及其各自的盟友应在以下条件下建立友谊：罗马人不得到公平海角（Fair Promontory）的另一端、马斯提亚和塔尔塞姆（Tarseum）掠夺、贸易，或者建立城市。

如果罗马人从迦太基人统治下的任何地方得到水或补给，他不得用这些补给去伤害那些与迦太基人和平相处并维持友谊的人。迦太基人也遵守同样规定……

罗马人不得在撒丁岛和利比亚（阿非利加）进行贸易或者建立城市，在撒丁岛或利比亚港口停留的时间也不得超过接受补给和修理船只需要的时间。如果遭遇恶劣天气，也需在五天之内离开。在迦太基的西西里省或者迦太基，罗马人可以向公民出售允许的东西。罗马的迦太基人也遵守同样的规定。

336　　条约的清晰性令人印象深刻：第勒尼安海存在一条名义上的界线，赋予了罗马人对意大利水域的权利，但是，仅此而已。

第一次布匿战争结束了这一切。罗马超出意大利半岛，成功卷入了西西里的争端，瞥见新的地平线。吞并撒丁岛和科西嘉岛是符合逻辑的下一步。完全控制海外领土的优势已经变得非常明显，帝国大厦已经开始构建起来。

随着第二次布匿战争——罗马帝国一度生死攸关——的结束，罗马发现自己占据了伊比利亚半岛的大部分地区，拥有令人难以置信的丰富矿产资源，领土扩张现在已牢牢地提上议程。因此，到了公元前 2 世纪中叶，吞并北非剩余的迦太基领土已不可避免。北非海岸的这一特殊角落（现代突尼斯）异常肥沃。罗马已经面临谷物短缺，缘于城市无产者的快速增长，这使得采取行动变得更加紧迫。历史学家波利比乌斯对突尼斯湾周边乡村的迷人之处做了详细的描述。

那里的土地被分成各种各样的花园和种植园，因为有许多溪流被引入灌溉渠。还有一个接一个的乡村别墅，以豪华的方式建造，涂以灰泥，显示了拥有者的财富。农场的建筑里装满了享乐所需的一切。……一部分土地种植了葡萄，一部分种植橄榄，且种植各种各样的果树。平原上到处放牧着成群的牛羊，邻近的草地上都是吃草的马。这个地区非常繁荣，正是在这里，迦太基人的首领布置他们的私人庄园，并把财富用于享乐。

知道这片乐土就在自己家门口，罗马元老院于公元前 149 年投票入侵就不足为奇了。

罗马和迦太基之间的竞争，虽然以争夺陆地为主，但在很大程度上取决于对海洋的掌控。罗马作为一个陆地为基础的国家，起初并不是迦太基人的对手，迦太基人的文化深深植根于传统的海上能力。这种差异可能是两个大国能在同一个地区长期共存的原因。

迦太基拥有一支由 100 多艘被称为"五号"（"fivers"）战船组成的舰队，船员都训练有素。迦太基人习惯了享受海洋霸权，没有动力去改进或更新他们的海军，因此在公元前 261 年冬到公元前 260 年，他们处于严重劣势。罗马元老院下令建造 100 艘五桨船和 20 艘三列桨座的战船。罗马的历史传统就是五桨船的设计，它基于几年前在墨西拿捕获的迦太基的"五号"战船。这些船在 60 天内建造，最有可能的是在奥斯蒂亚的造船厂，造船壮举进行的同时，33000 名桨手在干燥的陆地上从零开始接受训练。

罗马人使用的造船技术是经过试验和检验的，但他们不反对创新。他们所做的巧妙改进是一种叫作渡鸦（raven）的登船装置，该装置包括一条长度约为 4 米（13 英尺）的木道，可以绕着安装在船首的短桅杆旋转，也可以根据敌人船只的高度用绳索滑轮把桅杆提升或降低，这种装置的名称来自木道自由端的尖尖的铁喙。尖铁喙的设计初衷是被抛掷到敌人船只的时候可以穿透敌舰的甲板，把两艘船紧紧地绑在一起，让罗马人登船。

这场战争在公元前 260 年的夏末打响，为了吸引罗马舰队，迦太基 130 艘船只的舰队袭击西西里的迈莱（Mylae）。这一天以迦太基的过分自信开始，以其大溃败告终：50 艘迦太基的船只失踪，其余的仓皇逃走。第二年年初，罗马庆祝自己取得的第一次海上胜利，在公共集会场所竖起一根立柱，上面有被捕获的迦太基船只的冲撞角，并且修建了雅努斯神庙——掌管开始和结束的神。迈莱海战的确是一个转折点。罗马现在是海上强国，有能力和自信打破与迦太基签订的条约所带来的束缚。对迦太基来说，这使它意识到在地中海中部和西部的优势地位正面临着严重的威胁。四代人之后，迦太基城成了一片废墟。

337

罗马因为第一次布匿战争而获得的三个岛屿——西西里、撒丁和科西嘉——奠定了帝国的基础。西塞罗在公元前 70 年写道，占领西西里"第一次让我们的祖先知道统治外国是一件多么让人向往的事情"。加图更直白地指出西西里是"共和国的粮仓，罗马人就是在她的乳汁中长大的"。这背后的现实是罗马人强加给该岛的税收制度。每年十分之一的粮食作物被直接运往罗马。葡萄酒、橄榄、水果和蔬菜征收的税也可能是类似的，以实物支付，而牧场税则以现金方式支付。罗马元老院也可以通过强制购买的方式获得额外的粮食，价格由他们自己决定。进口和出口关税的税率大概是 5%，现金直接流入了罗马国库。西西里也负责保护周围海域免受海盗的侵袭。毫无疑问，西西里人享有罗马治下的和平与繁荣，罗马的收获是巨大的，不仅体现为金钱，也体现为获得充足的粮食和其他食品满足非生产性公民的需要。

帝国获得了丰厚的回报——有保障的食物供应，定期的税收收入，征服带来的战利品和奴隶。罗马作家乐于列举战利品。流入罗马国库的财富数量惊人。仅举一个例子，公元前 190 年，罗马取得了对小亚细亚的东方统治者安条克的胜利，后者投降："224 面军事旗帜，134 个城镇模型，1231 只象牙，234 个金王冠，I37420 镑银，224000 雅典四德拉克马银币，321072 西斯塔（cistophori，四德拉克马银币的一种类型），140000 腓立比金币，1423 磅白银花瓶，123 磅黄金花瓶"。大规模财富的突然流入对罗马经济产生了戏剧性的影响。

帝国战争的另一个结果就是获得了大量奴隶，给罗马社会和经济带来了重大的改变。公元前 176 年，罗马军队被派去镇压撒丁岛叛乱。凯旋的将军夸口说他杀死和俘获了 8 万岛上居民。大多数幸存者在意大利被卖为奴隶。9 年后，镇压伊庇鲁斯起义产生了 150000 奴隶。因此，市场上肯定出现了供过于求的局面。

涌入意大利的大量财富流入了农村投资领域，这就导致了大庄园的增长。因为传统的农民不再能提供足够的劳动力，精英阶层确保投资最大化的唯一方法，就是用奴隶劳工来管理庄园。这种新的发展轨迹——帝国统治的直接后果——从根本上改变了罗马社会。

与罗马城权力和人口发展并行的是，它的港口也得以发展起来。其中两处尤为重要：奥斯蒂亚正对着台伯河河口；波佐利（Puteoli）位于那不勒斯海湾。波佐利是来自东方的商品的主要入口。罗马的货物从这里转运到本地船只，然后沿

10.13 盖乌斯·杜利乌斯（Caius Duilius）在罗马的公共集会场所上竖立的凯旋柱。它装饰有迦太基战船的船头首，纪念罗马击败迦太基海军，标志着罗马海上霸权的诞生。

着海岸运到奥斯蒂亚。奥斯蒂亚也从西西里岛直接获取粮食、葡萄酒、油和水果。坎帕尼亚在农产品方面做出了类似的贡献。第二次布匿战争之后，罗马在伊比利亚获得了大片高产的土地，大大提高了奥斯蒂亚的重要性，导致港口设施的扩建。罗马现在成为海上帝国的中心。

伊比利亚：战利品

早在公元前 500 年，地中海国家就宣称对伊比利亚半岛海岸的控制。在南部，腓尼基人的殖民扩张从直布罗陀海峡到塞古拉河口的瓜尔达马尔（Guardamar）。而希腊人的飞地围绕着利翁湾附近，向西延伸到布拉瓦海岸（Costa Brava）的恩波利翁（安普里亚斯）。两者之间有 650 公里（375 英里）无归属的海岸线。也就是说，腓尼基人的势力范围真正开始于塞古拉河口以北 100 公里（60 英里）的纳奥角（Cabo de la Nao），因为这是从东方出发的船只离开伊维萨岛后向外旅行的必经之处。从这里，沿海岸向西，一连串的海港城镇位于前往加的斯（卡迪斯）的途中，成为方便的夜间停靠港口。

对于腓尼基人的定居点来说，公元前 6 世纪通常被认为是危机时期。事实上，只有不到一半的人活到了公元前 5 世纪。诗歌《海岸》（*Ora marti maritima*）记述了伊比利亚半岛南部海岸的情况，"在这片海岸从前有很多城市，腓尼基人把持着这些古老的土地。现在荒芜的土地延伸向荒凉的沙滩"。希腊与腓尼基港口的贸易也减少了。韦尔瓦进口的希腊陶器在早期非常丰富，后来完全消失了，直到公元前 5 世纪下半叶才有一段复兴。公元前 6 世纪晚期经济衰退的原因是什么？这一点很难说：可能是多种因素的组合，不仅仅是与腓尼基故土的关系破裂崩溃，以及迦太基和大希腊城邦的崛起造成的。也有一些迹象表明，塔特索斯的可开采银矿已经枯竭，而阿提卡的劳里昂矿井突然变得高产。不管是什么原因，腓尼基人定居点的活力正在衰落。

对于利翁湾的希腊福西亚人来说，公元前 6 世纪晚期是扩张的时期。他们的努力似乎首先着眼于与欧洲中西部的精英们一起发展北方的市场，但是欧洲内部

10.14　公元前 5 世纪到公元前 4 世纪的伊比利亚半岛上，腓尼基人和希腊人开始争夺莱万特海岸的控制权和贸易机会。

的事件改变了这一切。哈尔施塔特时期的旧精英体系崩溃，随之而来的是一段动荡和移民时期（所谓的凯尔特移民），对现有的交易模式造成了严重的破坏。结果是，福西亚人背弃北方，越来越多向伊比利亚寻找宝贵的贸易机会。此时恩波利翁的重要性急剧上升。

公元前 5 世纪早期和中期，伊比利亚半岛莱万特地区的精英得到了大量高质量的阿提卡的商品，很可能来自恩波利翁。但是大约在公元前 5 世纪中叶，许多廉价的阿提卡陶器开始涌入莱万特地区的市场。其中卡斯图洛杯（Castulo cups）是公元前 5 世纪后期和公元前 4 世纪初期大量生产的出口产品。大部分材料似乎不是通过利翁湾的贸易港口，而是直接从大希腊进口而来，在这段时间里，大希腊城邦开始与雅典有了更多接触。大希腊城邦和伊比利亚的莱万特沿岸的直接联系可以解释公元前 480 年的希梅拉战役中，伊比利亚雇佣军为什么站在希腊人一边并为之服务。

　　然而，在伊比利亚发现的希腊陶器并不需要全部由希腊船只运送。当时大量的希腊陶器运到伊特鲁里亚，伊特鲁里亚人很有可能将陶器和其他货物一起运到腓尼基港口，如韦尔瓦和马拉卡，那里的陶器非常充足。另一种可能是腓尼基人的船在友好的伊特鲁里亚港口装载希腊和其他陶器。在马略卡岛帕尔马（Palma de Mallorca）附近的埃尔萨克（El Sec）海床发现的一艘大约公元前 350 年的沉船使人们可以深入了解贸易的性质。船上装载着磨石、青铜铸锭、青铜器皿、双耳细颈酒罐，还包括雅典的红图杯和用于混酒的双耳喷口杯。许多陶罐上都有涂鸦，有些是希腊风，有些是迦太基风。许多希腊涂鸦表明各种货物大小的批号，而迦太基的铭文表明所有权。埃尔萨克的沉船表明迦太基商人从一个港口到另一个港口，装运有用的货物，反映了贸易流程的复杂性。

342　　然而，我们可以合理地确定，许多到达伊比利亚半岛沿岸的船只是希腊人的，希腊商人很可能在战略要地建立了贸易基地。其中之一的皮科拉（Picola），位于当时塞古拉河入海口的北侧。这处地方很小，只有 60 米长、60 米宽（180 英尺长，180 英尺宽），但受到双层城墙的保护，前面是一条宽而平的壕沟，这种风格在希腊世界的其他地方也能找到。里面通常是用于存放东西的一排排的建筑物。它于公元前 430 年投入使用，似乎持续了一个世纪。皮科拉贸易基地的选址是基于对地理的详细了解和对经济的合理判断作出的。这个地点离拉尔库迪亚（La Alcudia）——该地区最重要的城市很近，毫无疑问，两者之间已经建立起一种有利可图的贸易关系。另一个优势是，塞古拉河提供了一条直接向西的路线，通过德斯佩纳佩罗斯（Despeñaperros）峡谷到达瓜达尔基维尔河流域。从这里可

343 以直接获得塔特索斯和莫雷纳山脉（Sierra Morena）的金属资源。因此，塞古拉路线使得希腊贸易商直接接触西部的财富，不需要与控制南部海岸的腓尼基人谈判。通过开辟这条陆路线路，希腊商人进一步削弱了当地腓尼基人的经济。

　　直到公元前 5 世纪中期，希腊输入伊比利亚的主要是精英阶层使用的奢侈品。希腊还通过其他接触方式对伊比利亚文化的发展做出贡献，最引人注目的是它对纪念碑类雕塑的影响。迄今为止发现的最早的伊比利亚雕塑作品之一是在阿尔巴塞特（Albacete）附近的波索莫罗（Pozo Moro）发现的精雕细刻的墓碑，可以追溯到公元前 5 世纪早期。毫无疑问雕塑体现了伊比利亚人的概念，但雕塑家显然受到了"东方"风格的启发。安达卢西亚波尔库纳出土的一件引人注目的雕

10.15 西班牙安达卢西亚自治区哈恩省（Jaen）波尔库纳（Porcuna）的著名雕塑，属于一个纪念碑群，描述了伊比利亚战士和他们敌人之间的战争，包括神话中的野兽。这一庞大的作品可以追溯到公元前 5 世纪早期，明显是伊比利亚的，很大程度上受东方希腊雕塑灵感的启发。

塑作品，可以追溯到公元前 5 世纪下半叶。它描绘了战士们，其中一些骑着马同神奇的野兽较量。圆雕而成，构图充满活力，它是精通东希腊风格的能工巧匠的集大成之作。但作品本身是伊比利亚的，描绘当地的战士装备伊比利亚式的武器和铠甲。雕塑家或他们的老师可能师从希腊大师，但他们现在非常自信地用自己的风格进行创作。

10.16 西班牙阿尔巴塞特的塞罗德洛斯桑托斯（Cerro de los Santos）发现的"女祭司"雕像，它是伊比利亚艺术的经典作品，可追溯至公元前 3 世纪。它描绘了伊比利亚精英女性的服饰、珠宝和发型风格。

10.17　西班牙科尔多瓦的新卡尔特亚（Nueva Carteya）发现的蹲着的狮子雕刻，体现伊比利亚人独特的艺术特色。作品可追溯至公元前 5 世纪或公元前 4 世纪，是墓碑的一部分。

10.18　西班牙阿利坎特省埃尔切市（Elche）拉尔库迪亚（ La Alcudia）镇出土的彩绘器皿，可追溯到公元前 3 世纪。戴头巾的人可能是一位神职人员，但其余图案的象征意义还不清楚。

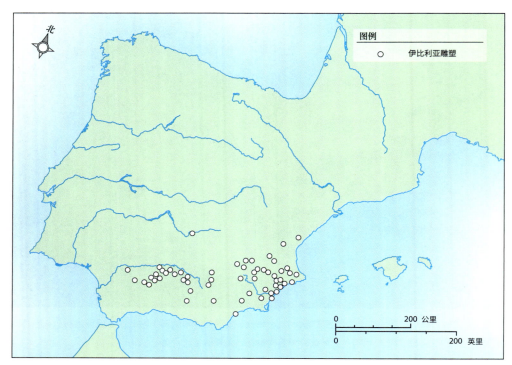

10.19　伊比利亚雕塑在西班牙的分布集中在伊比利亚文化繁荣的两个地区：瓜达尔基维尔河流域和莱万特。

　　伊比利亚雕塑在整个公元前 4 世纪和公元前 3 世纪持续发展，产生了许多著名的作品，比如埃尔切夫人半身像（Dama d'Elche）、巴扎夫人像（Dama de Baza）和塞罗德洛斯桑托斯圣所（阿尔巴塞特）的女祭司像，还有一些象征性的雕刻，比如优雅的公牛、蹲着的狮子和马，这些雕塑可能用于装饰墓碑。这体现出伊比利亚雕刻家们的成熟艺术。

　　到公元前 4 世纪，伊比利亚社会已经发展到复杂的程度，充分体现了"文明"一词的含义。建立起城镇，城墙采用希腊式的防御技术，有些还发行自己的货币。伊比利亚文字以爱奥尼亚语为蓝本，也被广泛使用。社会方面也发生了重大变化，精英主导的酋长制让位给了更有序的国家体系。还有迹象表明，军队组织方式更加专业，与伊特鲁里亚人或者希腊人的重装步兵不同。伊比利亚战士以他们的素质而闻名，在更广泛的地中海冲突中被用作雇佣军。伊比利亚的骑兵深受尊敬，他们的单刃短剑（the folcata）是用精铁制成，品质广受赞誉。

344

公元前 237 年，迦太基大军抱着征服的目的登陆加的斯。新首都新迦太基城 345
（卡塔赫纳）统治着西地中海，它的建立表明迦太基人要继续留在这里。东南部
的伊比利亚人很快就被征服了，军队将迦太基的势力范围向西推进到梅塞塔，向
北推进到埃布罗河流域。迦太基人与伊比利亚人顺利地融合（哈斯德鲁巴和汉尼
拔都与伊比利亚女子结婚）。公元前 218 年，同罗马的敌对导致了第二次布匿战
争的爆发。公元前 208 年，随着加的斯陷落，伊比利亚的地中海区域很快被罗马
人控制。之后罗马发现自己在半岛上陷入了持续不断的战争之中。边境缓慢地向
西推进，直到面对大西洋。征服要花两个世纪才能完成。

进入大西洋

加的斯是非凡的港口——它位于世界的边缘，眺望着无边无际的大西洋。
坐在海港边看着太阳下山一定能激起人们的想象力。此时，迦太基人已经在非洲
和伊比利亚海岸探险，其贸易南至莫加多尔岛，但在公元前 5 世纪末，出现了一 346
波新的活动。大约公元前 425 年，迦太基商人汉诺（Hanno）带领海上探险队沿
着非洲西海岸进入未知世界。他回来的时候，在迦太基的巴尔神庙中刻下一段铭
文，记述了冒险细节，毫无疑问在感谢神保佑他安全返回。碑文已失传，但在
公元 10 世纪被抄录下来。汉诺的探险似乎始于殖民冒险，后来变成了发现之旅，
带他一路南下，至少到达塞拉利昂，很有可能沿着非洲腹地向东到达喀麦隆。这
是一项非凡的成就，尤其因为他回来后讲述了这个故事。

几乎与此同时，希米尔科（Himilco）率领的另一支大西洋探险队也踏上了
征程。我们的主要资料来源是编纂于 4 世纪的诗歌《海岸》，其中包含了早期资
料中的一些零碎信息。我们知道这次航行持续了三个月，在此期间，希米尔科遇
到的只有缓慢的、无风的海洋和阻碍行进的大片海草。这段文字有时被解释为暗
示他向北航行到不列颠和爱尔兰，但这是错误的；他的意图很可能是向西航行。
后来的历史学家普林尼了解到希米尔科的功绩，但也仅仅是告诉我们，他被派去
探索"欧洲以外的地方"（Nat.Hist.，2.169）。

这些是我们所知道的迦太基人的旅程，但肯定还有很多其他的旅程。西西里的狄奥多罗斯记录了发现大西洋上一个大型岛屿的故事，该岛屿气候宜人，没有名字，很可能是马德拉群岛。伊特鲁里亚人听说后想要建立一个殖民地，但迦太基人不让他们这样做。公元 1749 年，在亚速尔群岛的科尔武岛（Corvo）上，发现了 8 枚公元前 3 世纪的迦太基钱币。这表明一些探险家可能正尝试去发现大西洋的边界。在众多冒险进入大西洋探索其奇迹的希腊人和迦太基人当中，我们只知道很少人的名字。

到公元前 4 世纪，迦太基人对直布罗陀海峡的控制似乎加强了，摩洛哥和葡萄牙的大西洋港口也仍然处于迦太基的严密控制下。到此时，迦太基已经与加利卡的西海岸有了定期的贸易联系，那里锡和黄金的储量丰沛。散布的陶器和其他小饰品表明商人们的活动到达伊比利亚半岛的西北部。但是没有令人信服的证据表明他们曾经向北航行到阿莫里凯（布列塔尼）或不列颠。伊比利亚半岛西部富饶的矿区能生产他们想要的所有金属，而且距相对安全便捷的沿海路线很近。

347　利翁湾的希腊人也有兴趣去获取来自欧洲蛮族的金属和其他商品。主要有两条路线通向仍然神秘的内陆地区，一条经过罗讷河，另一条沿奥德河经陆路进入加伦河，从那里抵达吉伦特河口和大西洋。罗讷河作为主要的贸易轴心在公元前 6 世纪晚期和公元前 5 世纪早期正在积极发展。但是公元前 5 世纪中欧西部的民族迁徙——凯尔特移民——似乎扰乱了这一网络，迫使焦点转移到奥德河—加伦河的路线。正是沿着这条走廊，最重要的金属锡从阿莫里凯（布列塔尼）和不列颠西南部运来。

大约公元前 320 年，来自马萨利亚的探险家皮西亚斯踏上了去北方的探险征程。我们只能猜测他的动机。很明显，皮西亚斯是充满好奇心的科学家，好奇于世界的极限，但也有可能是出于经济诱因想探究地中海世界消耗巨大的锡和琥珀的来源。

皮西亚斯在《海洋》一书中描述了他的大西洋旅程。关于这本书的内容，我们现在只能从后来作者引用的片段中了解。即便如此，我们有把握复原他的路线。他似乎沿着锡的运输路线反向而行，从不列颠出发，使用当地船只完成海上航行。然后，他环游了不列颠。在这次航行中，他了解到冰岛（极地），这或者许来源于二手资料，也可能是一手资料。他可能还去了易北河河口的朱特人的琥

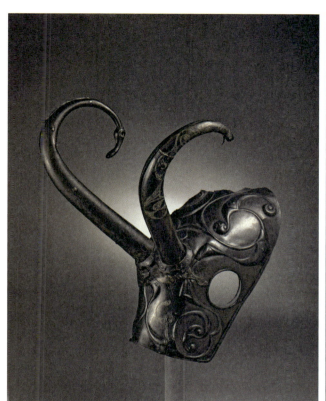

10.20　凯尔特艺术的两大杰作。盾牌是从泰晤士河巴特西疏浚而出。另一件物品来自苏格兰柯库布里郡（Kircudbright），一个由小马帽和两个饮酒角组成的复合器物。这是在沼泽地里发现的。

珀产地。他的旅行是一项了不起的成就，使他得以获得有关遥远大西洋的准确信息，那里一直以来都是神秘的地区。甚至有可能，作为马萨利亚人的使节，他能够通过谈判获得可靠的锡供应。

在他的不列颠之旅中，皮西亚斯使用沿海航行的大量船只，但关于这些船只的信息很少，除了提到的"皮艇"，柳木框架包裹着缝合的皮革（这是普林尼引用的，可能来自皮亚西斯的描述）。但是，令人印象深刻的是康沃尔郡和法国西部之间活跃的锡贸易。还有大量的考古证据表明，在公元前4世纪早期，马恩河地区的拉坦诺精英（见第387页）沿着卢瓦尔河流域与大西洋地区进行贸易，可能是为了铜、锡和金。通过这种方式，拉坦诺风格的金属制品、头盔、容器等精英物品，通过西部的海上航线到达布列塔尼、不列颠西南部和威尔士。毫无疑

348   间，这种新的风格及其中所蕴含的价值观被土著文化所接受，并被重新解释以满足当地需要。塞纳河、莱茵河当时也可能是活跃的航线，为跨越英吉利海峡和北海南部连接欧洲大陆和不列颠的海上网络服务。拉坦诺风格和武器，特别是剑和椭圆形长盾牌，通过这些网络传入不列颠。在不列颠东部的某个地方很快发展起一所能工巧匠的学校，他们为当地的精英们制作了一系列精美的阅兵盔甲。

北 欧 王 国

349   危机一词或许过于直白了，但公元前 500 年到公元前 200 年是北欧地区社会和经济发展的零点。这是恢宏的声望商品经济和不那么浮华的社会之间的一个过渡期：前者持续了将近 2000 年的时间，精英们控制以青铜和黄金制品的形式存在的社会盈余，埋葬在他们的坟墓里囤积起来；后者建立在稳定的农业体制和以农田和牧场为中心的小村庄的发展基础上。从公元前 2 世纪开始，以村庄为基础的农业成为北欧社会制度的基础，直到 19 世纪，几乎没有什么变化。从这个角度来看，公元前 5 世纪到公元前 3 世纪是一个革命性变革的时期——是从一种社会经济体系到另一种社会经济体系的转型时期。

    正如通常的情形一样，造成这一重大社会动荡的原因很多，气候变化在其中发挥了作用。公元前 600 年前后，这一地区原本宜人的气候变得潮湿寒冷。因此，营养物质从脆弱的土壤中更快地流失，导致肥力下降和沼泽地扩大。这些因素导致定居点迁移，需要开发更大片的土地。这些都是长期变化，延续了三个多世纪，但到这一时期结束时，出现了新的稳定局面，许多地区的人口都在增加。另一个重要因素是长期建立的横贯大陆的路线的中断，在中欧西部是由于凯尔特移民的动荡引发的，在中欧东部是由于"斯基泰"袭击者流动到喀尔巴阡盆地外引发的。这个不稳定区域影响了整个欧洲，似乎打破了在公元前第一个千年的早期就非常活跃的交换网络。现在极少有来自南方的奢侈品能渗透到北欧地区，过去伊特鲁里亚人的青铜水桶之类的东西不断被回收利用，最终成为坟墓里的传家宝。青铜使用的迅速下降在某种程度上是贸易错位的结果，但北欧地区对金属的

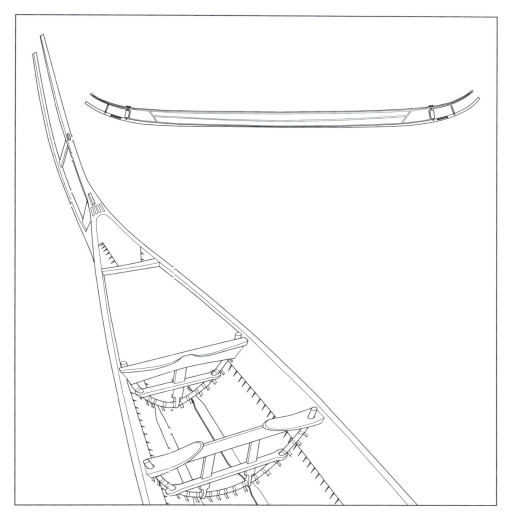

10.21 丹麦阿尔斯岛上发现的约特斯普林船，提供了了解公元前4世纪晚期波罗的海地区造船技术的独特视角。这可能是缴获的劫掠者的船只，胜利者将其奉献给神灵。

需求现在可以通过当地供应的铁来满足，特别是该地区广泛分布的沼泽铁。因此，与南方的贸易动机减少了，北欧世界也越来越多关注于它的内部，至少在几个世纪里，它是相对孤立地发展的。

群岛、半岛和狭长的海岸线的自然条件确保海上活动的继续，尽管岩石艺术中对船只的描绘此时已结束。一个惊人的发现提供了了解海洋世界的视角。1920～1921年，在丹麦阿尔斯小岛上约特斯普林（Hjortspring）进行泥炭挖掘

10.22　公元前 4 世纪至公元前 3 世纪的黑海北部地区。萨尔马提亚文化开始取代斯基泰文化，亚速海周围的博斯普鲁斯王国设法维持了一些希腊文化的表象。

350　时，人们发现了一艘保存完好的船只残骸，船上装满人工制品。这艘船全长约 19 米（62 英尺）——就像一艘战时独木舟，被拖到内陆的一个小湖里，小湖只有 50 米（164 英尺）宽，不超过 1 米（3 英尺）深，在那里沉没，可能是作为奉祭当地神灵的仪式的一部分。船上的物品包括 10 几件铁环甲外套，64 块木制的盾牌，11 柄单刃铁剑，169 个矛头，许多青铜和木头制作的小物件。还有一种比较合理的假设，独木舟及其上的物品可能是缴获的劫掠者的船只，为表感谢被献给这个岛的守护神。放射性碳年代测定表明，这些物品制作于公元前 4 世纪的下半叶。

　　这艘独木舟与前面岩石艺术描述的船只存在惊人的相似之处，让人怀疑约特斯普林船是否延续了可以追溯到青铜时代的造船传统。这是非常有价值的发掘，提供了错综复杂的船只打造细节。这艘船的主体由 7 个部分组成，全部是椴木。

最主要的是一个稍微有点中空的底板，两端是中空的船首（没有明确的前后）。中间是四条舷侧板，每边各有两块。底板和船首的侧翼用桦树或杉木的根制成的双股绳缝合在一起。洞用动物脂肪和亚麻籽的混合物堵住。船内的肋拱用 10 根弯曲的榛木与边侧板用楔子紧密相连。船内的肋拱被上部酸橙木的横梁和下部的白蜡树横梁固定下来。这些挡板是桨手的座位，每个挡板上坐 2 个人，船员一共 20 人，舵手在船头和船尾操纵宽桨。船上有 20 名划桨手，那么船只将以相当快的速度掠过水面。

人们很容易将约特斯睿林船视为战胜品，反映出沿海的突击探险仍是北欧社 351 会体系的一部分。但也有可能是这艘船和船上的武器在社群生活中发挥了更具有象征意义的作用：也许是农民们怀念过去光荣的英雄往事的回声，他们的生计现在牢牢地扎根于土壤和土壤的生产力，终日面对的是单调乏味的农业生活。

希腊人和游牧民：重回黑海

公元前 5 世纪中叶，希罗多德正在收集东欧大草原上各民族的资料，他被告知，顿河西边居住的是萨尔马提亚人，他们的领土向北延伸可达 15 天的路程，居住在一个完全没有树木的国家（*Hist.* IV，21）。他们"说的是斯基泰语，但从来没有说对"。女人特别好战，"经常与她们的丈夫一起骑马狩猎，有时甚至无人陪伴；在战场冲锋陷阵；穿着和男人一样的衣服……婚姻法规定女孩只有在战斗中杀死一个人，才具备结婚的资格"（*Hist.* IV，116-117）。

萨尔马提亚人是游牧部落联盟的一部分。最初的家乡似乎是在伏尔加河上。 352 他们从这里向东迁移到中国，公元前 2 世纪，向西抵达匈牙利东部。他们的西进运动开始于公元前 5 世纪末期和公元前 4 世纪早期，那时他们就进入了斯基泰人的地区。大约此时，考古记录显示，在第聂伯河的下游流域，斯基泰人的定居点普遍遭到破坏，新的埋葬传统被引进，包括以萨尔马提亚人的方式埋葬全副武装的女性。证据似乎表明这一点，萨尔马提亚人现在正进入斯基泰人的地区，尽管很难说清规模有多大——我们面对的很可能只是实力足以驱逐皇家斯基泰人，

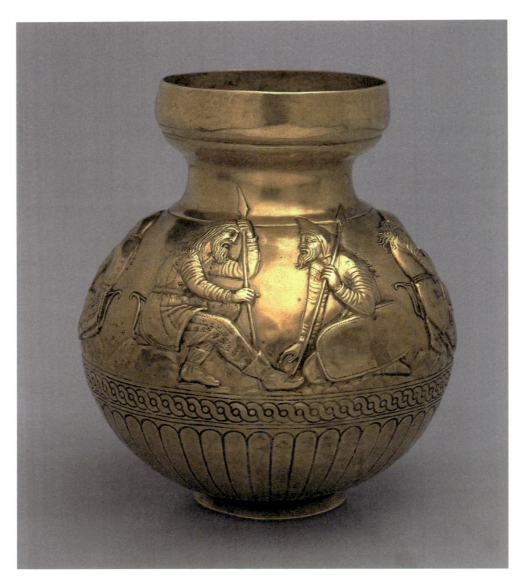

10.23 金／银合金花瓶，发现于刻赤附近的库尔奥巴（kul-Oba）遗址，被认为是希腊的工艺，时间可以追溯到公元前 4 世纪到公元前 3 世纪，它表现了两个斯基泰战士深入交谈。人物的服饰和武器是典型的斯基泰风格，这件作品很可能是为斯基泰精英制作的。

让土著听命的统治者。

　　东欧大草原的文化在公元前 6 世纪至公元前 5 世纪的斯基泰早期和公元前 4 世纪至公元前 3 世纪的斯基泰晚期或者斯基泰—萨尔马提亚时期存在明显的变化，萨尔马提亚对斯基泰墓葬形式和艺术的影响越来越明显。动物艺术此时表现出更大的伊朗影响力，而埋葬习俗则融入新的元素。著名的乔尔托姆利克（Cher-tomlyk）皇家陵墓，位于第聂伯河下游，除了奢华的物品，包括三个西伯利亚类型的青铜釜，埋在那里的国王从人类学的角度讲是从东方来的。装饰坟墓的大部分高质量金属制品制造于希腊，服务于本地市场。

随着黑海南部地区游牧民的世界逐渐发生变化，希腊世界也逐渐发生变化。内地的精英们不断改变他们的效忠对象，各个殖民地的命运也起伏不定。一度非常繁荣的奥尔比亚，在公元前4世纪初之后，越来越被孤立，仅仅作为当地的贸易站，只服务于第聂伯河河口与德涅斯特河河口之间的狭长沿海地带。它作为与斯基泰精英贸易往来的国际中心的地位，如今已经被博斯普鲁斯王国的崛起所掩盖，博斯普鲁斯王国是从围绕着刻赤海峡的希腊殖民地发展而来的，它连接黑海和亚速海。大约在公元前480年，这一地区的30多个城市在潘提卡彭（今刻赤）的领导下联合成一个国家，创建了联盟，共同防御草原游牧民族。公元前5世纪，王国扩大到亚速海周围的所有希腊殖民地以及内陆的大部分地区。王国的城市因为贸易变得富裕起来。谷物和鱼被出口到希腊世界，尤其是雅典，而葡萄酒则是主要的进口物品。在这里，制作金银的希腊工匠们正在仔细地修改他们的产出以满足当地人的口味，创造出充满活力的原始作品，带有明显的"野蛮"味道。 353

在过去的几十年里，随着异族通婚的发生和内陆游牧民族向城市中心迁移，古希腊城市的人口变得越来越复杂。博斯普鲁斯王国最偏远的塔奈斯（Tanais）建于顿河河口，城市被划分为两种人群居住的区域。公元前1世纪末，希腊历史学家斯特拉波写塔奈斯时提到它的主要出口商品是"奴隶、兽皮和游牧民族所拥有的其他物品"，作为回报，他们得到了酒、衣服和"属于文明生活的物品"。

尽管地处偏远，博斯普鲁斯王国释放出新能量。希腊—斯基泰的金属制品 354
从这两种传统中学习，开创了一种真正的原创艺术，具有惊人的力量。然而，在爱琴海的故乡几乎看不到这种现象。一旦落入土著精英的手中，它就消失在他们的坟墓里。直到19世纪 垦荒的农民从库尔干挖出了这些精美物品，它们才得以重见天日，后被俄罗斯贵族获得，希腊—斯基泰的艺术精品令西方观众叹为观止。

凯尔特人的崛起

关于"凯尔特人"这个词的用法有很多含混之处。早期希腊作家，如赫卡塔埃乌斯和希罗多德使用这个词指的是生活在欧洲西部、面对着大西洋的那些民族。但随着时间的推移，"凯尔特人"和"高卢人"这两个词通常是同义词，更广泛地用于指代西欧的野蛮人，以区分东欧的"斯基泰人"。因此，当罗马和希腊世界开始与来自中欧西部的移民直接接触时，他们把这些移民都归为凯尔特人或高卢人。这些移民是否自认为是一个民族，这一点是未知的。然而，根据尤利乌斯·恺撒在公元前 1 世纪中叶的著作，当时占领塞纳河和加龙河之间的法国部分地区的部族明确地称自己为凯尔特人。显然，关于凯尔特人的概念，古代作家进行了不同解读。我们按历史学家李维和波利比乌斯的解读使用这个词，把它作为术语泛指中欧西部于公元前第一个千年下半叶迁移到地中海地区的部族。

在前一章，我们谈到了哈尔施塔特晚期的精英公元前 6 世纪占领了中欧西部的广阔领土，从法国东北部一直延伸到德国南部。该区域通过罗讷河流域的贸易路线与地中海相连，穿过阿尔卑斯山脉，到达波河流域。另一条横贯大陆的路线是从波河流域通往波罗的海的波美拉尼亚东部。在公元前 5 世纪初，这些系统崩溃，新的精英区开始在古老的哈尔施塔特外围区域发育，考古学家称这种新文化为早期拉坦诺文化。解释这种权力转移的简单方法是假设占据晚期哈尔施塔特外围关键位置的部族能够控制大宗商品的吞吐量。哈尔施塔特首领无法确保货物的流通，导致他们的声望商品经济崩溃。

355　　　公元前 5 世纪的拉坦诺文化区呈弧形，从卢瓦尔河流域中部延伸到波希米亚。在这个范围内，可以确定精英墓葬集中的四个特定区域：布尔日周边、马恩河流域、摩泽尔河流域和波希米亚。重要的是，每个地区都控制一条主要路线：布尔日控制着从卢瓦尔河流域到大西洋的路线，以及阿莫里凯和不列颠的重要锡资源；马恩群体处于塞纳河和默兹河之间，从这里可以通往英吉利海峡和北海南部；摩泽尔群体控制了罗讷河—莱茵河轴线；而波希米亚群体则形成横跨波河流域与北欧平原之间的重要路线，控制着波罗的海的琥珀资源。拉坦诺精英的出现可以简单地归结为他们有利的地理位置，他们控制着从西欧和北欧到地中海世

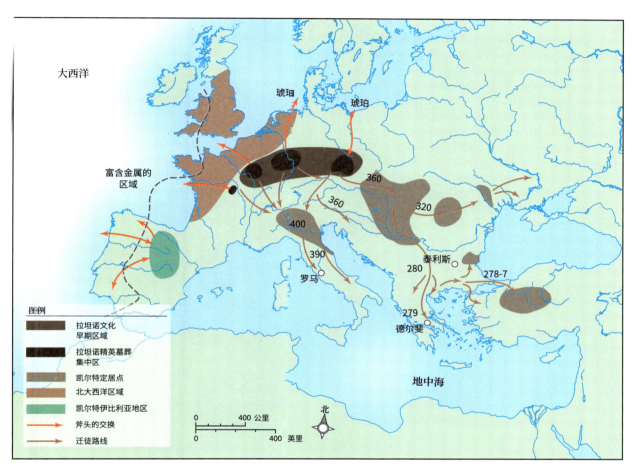

10.24　公元前 4 世纪到公元前 3 世纪欧洲的文化互动。

界的商品流通。作为回报，他们得到了来自南方的各式各样的奢侈品。

　　向北与拉坦诺区域交易的物品中包括伊特鲁里亚人的青铜器皿——可能是在武尔奇（Vulci）制造的喙状酒壶，还有用于饮酒仪式的双耳储酒罐。与此配套的还有雅典的红图杯，经由亚得里亚海的港口转运到北方。大部分贸易似乎都由伊特鲁里亚人管理，他们已经在波河流域南部站稳了脚跟。可能正是从伊特鲁里亚人那里，拉坦诺精英们接受了快速双轮战车的理念，此时也被用作殡葬车辆。他们以这种方式接受具有异国情调的伊特鲁里亚世界的技术和风格，并使它们适应传统的做法。

　　伊特鲁里亚与北方的贸易经由阿尔卑斯山北线和东线的山口，自公元前 5 世

356

10.25　法国北部马恩河地区两处拉坦诺早期的战车墓，左边的发现于 1876 年索姆比奥讷，右边的是 1878 年于梅耶峡谷（La Gorge-Meillet）发现的。墓穴中发现伊特鲁里亚的青铜酒壶和用来拉拽战车的两匹小马的马具。

纪初开始持续积极发展。这就要求与那些控制着南部路线的部落谈判达成协议，也有可能要派遣使者到北部与当地精英建立友好关系。早在公元前 6 世纪就有迹象表明东波美拉尼亚人已经在这样做了。到了公元前 5 世纪早期，大量的伊特鲁里亚喙状酒壶在摩泽尔地区被发现，让人觉得他们与该地区的首领建立了特殊的关系。马恩河与波希米亚地区发现的喙状酒壶的聚集也可能代表某种试销。

　　早期的拉坦诺精英们可以接受伊特鲁里亚的商品和思想，但很快就将它们融入自己独特的文化中。从一开始，当地工匠们就在复制和改造伊特鲁里亚的酒壶，使其更符合他们自己的审美，但更引人注目的是他们从经典的伊特鲁里亚设计的基本概念出发，结合当地元素和从东部邻居学来的动物艺术方面的知识，发展出一种全新的艺术风格——早期的凯尔特艺术。

拉坦诺男性墓葬中反复出现的一个主题是武器的沉积，通常是一把剑和一支或多支长矛与死者埋葬在一起。这与哈尔施塔特晚期的墓葬形成了明显对比，并暗示我们当时是一个更好战的社会，在这个社会里战士的活动和袭击占有突出的地位。这样的倾向可能已经发展起来，或至少已经得到强化，以回应地中海世界对奴隶日益增长的需求。一旦它通过与南方的接触得知奴隶是有销路的商品，他们将会通过增加袭击的频率获得更多奴隶。

公元前 5 世纪末，巨大的社会动荡震撼了中欧西部。这些影响能够在考古记录中体现出来，而古典作家，尤其是李维和波利比乌斯详细叙述了他们认为发生的事情。李维写道，凯尔特人生活的阿尔卑斯山北部如此繁荣，"人数如此之多，以至于管理如此之大的财富几乎是不可能的"。国王决定派他的两个侄子去寻找神灵通过占卜安排给他们的土地，并承诺他们可以率领尽可能多的移民。一支移民向东前往黑森林和波希米亚，另一支则选择了"一条比较便捷的路径来到意大利……一大群人，一些人骑马，一些人步行"（ *Hist.* 5.34）。在波河流域，他们击败了伊特鲁里亚军队，并在米兰建立了定居点。波利比乌斯概述了波河流域的凯尔特人定居点，列举了参与其中的各个部落，描述他们如何迅速占领整个地区，除了居住在亚得里亚海源头附近的威尼蒂人（Veneti）的土地，后来向南推进到亚得里亚海沿岸的翁布里亚。他接着描述他们的定居点和社会。他们住在开阔的村庄里，除了战争和农业没有其他的追求……他们从一个地方流浪到另一个地方，跟随梦想的指引变更他们的住处。财富以黄金和牛的数量来衡量，地位则以男人的随从规模和他的热情款待能力来衡量。

毫无疑问，经典文献描述了人口压力带来的大规模移民。考古证据与此相一致。家乡马恩河和摩泽尔河地区存在明显的社会分裂迹象，人口迅速减少，而在波河流域定居的早期移民的物质文化很明显源于阿尔卑斯山脉北部的拉坦诺文化。主要的迁移时段是公元前 5 世纪末。但在之前的几个世纪，经由阿尔卑斯山山口的迁徙活动可能极为有限。

从他们在波河流域的新家园，凯尔特人的突袭队渗透了亚平宁半岛，涌入伊特鲁里亚的城市。罗马进行了干预，但在公元前 390 年，罗马军队被击败。罗马的大部分地区都被洗劫一空，剩下的地区被围困了几个月，直到凯尔特人被一千

358

10.26 公元前 4 世纪，凯尔特部落进入意大利，罗马人随后作出回应。

磅黄金收买。此后，凯尔特军队，作为雇佣军一直活跃在意大利，直到公元前 3 世纪末。当时罗马军队把剩下的凯尔特人从亚平宁赶回去，着手通过罗马殖民地征服波河流域。

360　　　　与此同时，第二支移民沿着多瑙河流域移动，进入喀尔巴阡盆地，公元前 4 世纪中叶在外多瑙河和匈牙利大草原上定居。一些移民大约在公元前 320 年进入特兰西瓦尼亚。这方面很大程度上是考古证据。拉坦诺物质文化遍布整个地区，取代了当地居民的斯基泰物质文化。考虑到人口更替，这究竟意味着什么很难说。毫无疑问，"凯尔特"移民进入这个地区，但他们与土著居民合并形成一个混合社群。出现的物质文化主要呈拉坦诺特征，但具有可识别的本土元素。

从多瑙河中部流域（今天的塞尔维亚），针对伊利里亚人的突袭已经展开，也正是从这里开始，凯尔特人与色雷斯西北部的王国进行了直接接触，他们的关系呈现出一定程度的和谐。此时的色雷斯人地区很快处于马其顿人的统治之下，

10.27　公元前 4 世纪意大利阿普利亚卡诺萨墓葬出土的凯尔特头盔，有明显的拉坦诺早期风格。这类头盔是由意大利的凯尔特工匠发明的，该想法又被传回凯尔特人的故乡高卢。

公元前 335 年，凯尔特人的使者访问亚历山大大帝的宫廷，谈判友好条约的问题。斯特拉波捕捉到了那一刻的气氛：

> 国王很亲切地接待了他们，并询问他们何时饮酒，最害怕什么，以为他们会说自己，但他们回答说，他们什么都不怕，只怕天塌下来砸在他们身上，他们补充说，他们把同国王的友谊放在第一位。（*Geog.* 7.3.8）

只要马其顿人牢牢控制着色雷斯，凯尔特人就会被严格地限定在萨瓦河和多瑙河的交汇处（今贝尔格莱德）。但在亚历山大死后的混乱中，他们对于突袭的热爱再度复活。公元前 279 年，一支较大的凯尔特人突袭队一路向南，穿过色雷斯和希腊来到德尔斐的阿波罗神庙。希腊的资料告诉我们这次袭击没有成功，整个队伍迅速撤退。一些突袭者返回了他们在塞尔维亚的家园，其他人则向东移动，穿过了达达尼尔海峡和博斯普鲁斯海峡，进入安纳托利亚，最终在今天的安卡拉附近建立了一个王国。这个特殊的飞地继续沉迷于掠夺，选择爱琴海沿岸地区富裕的希腊城市作为它的猎物，直到公元前 2 世纪中期，它被帕加马的统治者彻底打败。

361　　整个大陆的移民规模是前所未有的。横跨大陆的贸易路线被打乱，中欧西部和东部地区之间长期存在的文化鸿沟被消除。而且，文明的地中海世界第一次领略了它的蛮族邻居的全部力量。这是罗马人永远都不会忘记的震惊经历。

　　引发迁移的原因无法完全确定。也许李维是正确的，他认为不受限制的人口增长是潜在动力。拉坦诺社会建立在战士的英勇和成功的突袭基础之上。随着更多的年轻人为了地位而竞争，随着人口的增加，唯一的安全阀是寻找新的家园，从那里可以成功发动突袭——居住的家园最好是财富能够唾手可得的地区。波河流域为意大利提供了财富，喀尔巴阡盆地的家门口是色雷斯和马其顿，从特兰西瓦尼亚可以突袭东欧大草原的北部，安纳托利亚中部有许多成熟的外围城市可供掠夺。欧洲中部的社群不是被动接受来自地中海的奢侈品，而是想主动获取它们。同时还有一种社会责任，因为地位是建立在好战的领导力基础之上的，与地362　　中海世界的接触不仅提供突袭的机会，而且还有机会兜售雇佣兵服务。锡拉库萨的狄俄尼索斯招募了凯尔特雇佣兵在希腊作战。雇佣军也在安纳托利亚和埃及的

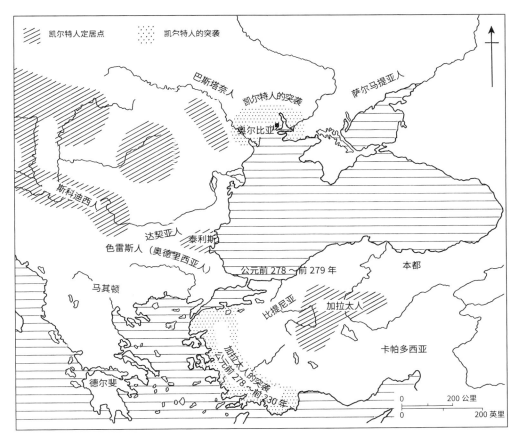

10.28 东欧和其他地区的凯尔特人，展示了公元前 279 年～前 277 年定居地区和移民的主要方向。

希腊化国家服务。雇佣军的活动与一直存在的袭击没有什么太大的差别。

公元前 5 世纪到公元前 2 世纪，人口流动在欧洲温带地区盛行，在伊比利亚地区也很明显。强大的凯尔特伊比利亚人，由多个不同名称的部落组成，占据了半岛中心的很大一部分。由于占据了有利的位置，他们既能从西海岸获取金属资源，又可以通过占据莱万特沿海地区的伊比利亚国家轻松获得地中海的奢侈品。公元前 5 世纪，一些考古学证据表明他们向西扩张到维托内斯人（Vettones）的领地和埃斯特雷马杜拉。历史学家普林尼还提到了凯尔特伊比利亚人向南到安达卢西亚，以及北到现在葡萄牙北部的迁徙。在所有这些地区中，如 Celtici、Celti、Galli 和 Gallaeci 等被记录下来的名字都源于民族名称而不是具体的部落名

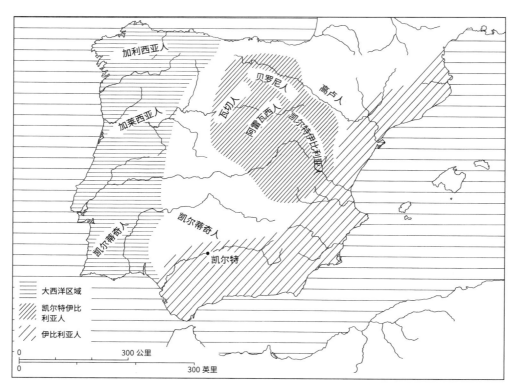

10.29　伊比利亚地区凯尔特伊比利亚文化的辐射范围体现在凯尔特部落的名称上。这些部落群体可能是从凯尔特人的故乡迁移来的。

称。这意味着由许多不同的部落组成的混合群体的移动。这些证据表明半岛的中部和西部存在相当程度的流动性，但没有理由认为比利牛斯山脉以外的欧洲人参与其中。这是伊比利亚的本土现象。二者相似之处在于主要原因——人口的增长和进取精神需要新的出口。

简 要 概 述

363　　罗马从公元前 500 年相对默默无闻到公元前 140 年控制了地中海的大部分地区是这一时期的主要事件。罗马从一开始就是尚武的国家，要求公民在军队中服役，由精英领导。年轻人只有在一个又一个职位上表现出色，才可以获得提升。

罗马被吸引去征服意大利不同的部落和城镇，并通过赋予公民权将被征服的人绑定进一个民族国家。转折点出现在公元前 261 年，当时元老院非常睿智地决定建立海军。从那一刻起，罗马成为海上强国，能够将作战范围扩展到整个地中海。这样一来对于那些有军事野心的人来说，开启了无限的可能性。迦太基的征服是不可避免的第一个结果；比后罗马被吸引到东方，吸引到希腊、小亚细亚，以至更远。公元前 140 年，地中海实际上已经变成了罗马的一个湖泊——我们的海。

与此同时，欧洲的温带地区仍然发展起一系列壮观的文化——伊比利亚人的、早期拉坦诺凯尔特人的、色雷斯人的和斯基泰—萨尔马提亚人的。这些都出现在公元前 5 世纪，并在公元前 4 世纪蓬勃发展，将本土的活力与创意和地中海国家广泛接触中获得的思想和价值观结合。这是创造性的辉煌绽放，过去发生的一切黯然失色。

在中欧西部的心脏地带，人口的增长加上其他一些因素，导致了传统体系的崩溃，出现了一场混乱的民族迁徙，这一运动在整个欧洲大陆上回荡了两个世纪，并深入地中海世界。整个欧洲大范围的不稳定切断了横贯大陆的路线，留下了北欧平原和北欧地区相对孤立地发展。新的格局开始出现：在地中海，新生的罗马帝国终于成为唯一的强权——用军事力量能拓展其狭窄的生态位。但是温带欧洲的居民已经认识到，只要他们愿意，他们也可以跨越传统的边界，全欧洲范围的冲突正在形成。

第
十
一
章

帝国的插曲

（公元前 140 年～公元 300 年）

罗马作为帝国的崛起彻底改变了欧洲的社会和经济动态。其影响是如此之大，在对这片大陆的描述中，该帝国不可避免地占主导地位。然而，在历史长河中，罗马占据统治地位的时期只是一段小插曲，短短几个世纪的时光，一个城市的权力从地中海地区延伸到欧洲温带地区，把大片领土纳入统一的行政和金融系统。但是罗马帝国存在与生俱来的不稳定性。到公元 300 年，它已经开始变得碎片化，基础设施也显示出衰败迹象。不出一个世纪，帝国的一切都结束了，重回旧时的区域割据。帝国仅存的部分如今已沦为地中海东部的一块飞地，首都位于君士坦丁堡。

"帝国的插曲"可以分为三个不同的阶段。第一个阶段是在公元前 140 年～公元 100 年，罗马从共和国转变为帝国。由于在共和国后期，罗马经历了使其自身衰弱的内战，国家大权被转给了可以维持社会稳定性的罗马第一任皇帝——奥古斯都，在他的统治下，罗马的边界被推进到了当时的自然地理极限：西至大西洋，向南和向东至沙漠，北至森林区域。莱茵河和多瑙河蜿蜒穿过半岛中部成为公认边界。第二个阶段，公元 100～250 年，是相对和平与繁荣的时期。条条大路将帝国的各个部分紧密联系在一起，整个贸易网络使用单一货币体系，商品流通达到了空前规模。从帝国的一端到另一端所传播的物质文化差异不大。第三个阶段，公元 250～300 年，整个系统开始崩溃。达契亚省被遗弃，高卢和不列颠一度脱离中央控制。经济不稳定成为常态，居住在边界北部的蛮族开始发生武装冲突，破坏南部城镇并引发恐慌情绪。到 3 世纪末，态度强硬又有远见的戴克里先皇帝（Diocletiar，284～305 年在位）稳定了局势，但帝国的终结已经开始。

罗马帝国占据着中欧温带地区。在被征服之时，该地区已经有一些部落在此生活，并且发展成为具备一定程度社会和经济体系的部落家园。规模较大的定居点——奥皮杜姆——同时扮演着政治、生产和贸易中心的角色。这类定居的领地比较容易被征服，在适当的条件下，奥皮杜姆可以被接管，并发展成为城镇，当地的精英也可以很快接受罗马的价值观，并迅速使自己成为罗马人。但在温带地区之外，在北欧平原、苏格兰北部和爱尔兰，当地的社会系统并不复杂，定居点更加分散，这些种族很难被征服。如果在战斗中被击败，他们会深入森林积蓄实力卷土重来。地处日耳曼的罗马人很快掌握了这一真理，撤退到莱茵河—多

364

365

瑙河边界以南。尤利乌斯·阿古利可拉（Julius Agricola）将军可能对爱尔兰虎视眈眈，认为一个军团的力量就可以征服它，但他的继任者很有智慧，对其采取了放任不管的态度，并发现喀里多尼亚（Caledonia，苏格兰）不守规矩的居民已经应接不暇。

欧洲大部分地区都处于罗马边界之外，但罗马的消费品触手可及，这些广泛受到欢迎的物品最终都会落到地方精英的手中。这片从北海延伸到黑海的广阔野蛮地区，因人口规模的增长和部落之间的领土争夺而变得愈发动荡。缓解压力的唯一方法是移民，而移民的唯一方向是向南穿过罗马的边界线。

共和体制末期的地中海盆地：公元前 140 年～公元前 27 年

公元前 140 年，经过了两个世纪的几乎连续不断的战斗，罗马征服了几乎整个地中海盆地。此时的罗马是一个鼓吹战争的国家，城市变成了角斗场，精英们在这里为获得奉承和地位而竞争，炫耀战争的胜利，并为他们的神勇事迹竖立纪念碑。征服势在必行。正如一位将军所吹嘘的那样，"除了要向我投降，我从不进行和平谈判"。

持续不断的战争形成了罗马自身轨迹的动态系统，彻底改变了罗马的社会和经济。以海外征服战争为基础的地方军事主义，从土地上夺走了大量健壮的年轻人（这个数字一直保持在 13 万人左右），削弱了许多小农户维持生计的能力。那些健康退伍的人发现他们的农场被遗弃，并且他们可能没有什么动力去面对这片土地上的苦差事。这就导致穷人和无地者涌入城镇，尤其是涌入罗马，这座城市的人口急剧增长，到公元前 1 世纪末，罗马城的人口达到约 100 万。

对外战争带来了巨额财富，这些财富以战利品的形式流入罗马，流入精英手中。他们受到本能和习俗的驱使，以收购农民的农场的方式来对土地进行投资，当缺乏可供购买的土地时，通过接管属于国家的公有土地，通常是过去战争中被征用的土地来进行土地投资。通过这些过程，战利品转化为大庄园，大庄园由一小部分精英通过投资所拥有。征服战争还将海外领土增加到国家的资产组合中。这些可以征税，被征服行省的年生产力的很大一部分就纳入中心。通过将国内的税收比率保持在较低水平或不征税，以及对道路和水利供应等基础设施的投资，并在罗马建立一系列供娱乐和消遣的公共设施，所有公民都可以享受到海外税收所带来的优惠。税收也可以用来缓解城市贫困人口的生存困境。在公元前 123 年，小麦获得了补贴。公元前 58 年之后，罗马公民免费获得小麦。因此，整个城市的无产阶级都从战争中受益：他们也有充足的机会参军并获得额外利益。最后，来自战争的收入为新的战争提供资金。

罗马现在不可避免地被卷入无限制的疆域扩张中。直到公元 2 世纪初，哈德良（Hadrian）皇帝决定停止扩张，开始稳定这个国家的边界。

流入的大部分新资金被投资于创建大型庄园。在很多地区，大庄园开始取代散落的小农户。这些庄园需要劳动力，而劳动力是由奴隶提供的——这是战争的副产品之一。奴隶比自由农工更受欢迎。他们是一项投资，只要使用得当，并得到良好维护，所有者就可以通过他们的劳动获利。研究农业问题的科鲁迈拉（Columella）指出，一个 200 尤格的可耕农场（125 英亩）可由 8 名成年男性奴隶对其进行耕作。自由民所耕种的类似地块据说能够养活 20 个家庭。显然奴隶提供了可观的工作效率。另一篇关于农业的论文指出，当有困难或有潜在危险的工作要做时，去雇用一位散工是明智的选择，因为好的奴隶十分有价值，不应该让他们冒受伤的风险。奴隶还有另一个优势，他们可以繁殖后代，从而为他们的主人生产新的劳动力，且不需要额外的费用。

因此，大土地所有者选择奴隶来经营他们的庄园有许多因素。随着越来越多的人涌进城市，另一个促成因素必然是农村适合劳动的自由劳动力不断减少。到公元前 1 世纪中叶，意大利有超过 100 万的奴隶在工作，而且这个数字还在增加。如此庞大的奴隶数量构成了一种威胁，公元前 135 年、前 104 年和前 73 年，西西里和意大利发生了奴隶起义。起义都被镇压了，镇压的手段极为残忍。公元前 73 年，由斯巴达克斯领寻的起义被镇压后，从罗马到卡普阿（Capua）的道路上 6000 名奴隶被钉在十字架上，统治者以此作为警告。主人和奴隶之间的紧张关系实际上已经非常严峻。

公元前 2 世纪的最后几十年里，经历了汉尼拔战争之后，土地占有的不平

367

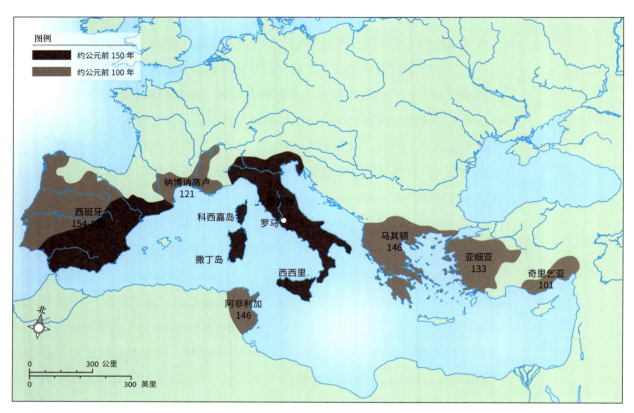

图例
约公元前 150 年
约公元前 100 年

纳博讷高卢
121

西班牙
154-13?

科西嘉岛

罗马

马其顿
146

亚细亚
133

奇里乞亚
101

撒丁岛

西西里

北

阿非利加
146

0　300 公里
0　300 英里

11.1　公元前 2 世纪，罗马帝国的扩张。

等导致了社会的重大动荡。此时，那些向国家提供大量贷款以资助战争的人要求收回他们的钱。国家用从反对罗马事业的人那里所没收的大片土地回报他们。与此同时，试图将意大利中部的农村穷人安置到 20 多个新殖民地。大概有 10 万名男人、女人和孩子牵扯其中。新的定居点旨在缓解贫困，但由于个人资产的规模较小，故加剧了这一问题的严重性。农民从农村迁移到罗马，使拉丁城镇严重枯竭，也无法履行提供部队兵源的义务，造成了更大的困难。但更糟糕的是富人对国家土地的贪婪攫取。一些政府拍卖的土地直接被富人收购。其余的土地都是公共土地，理论上，这些土地是分配给穷人的，需要支付的租金很低，但更多的时候这些土地是被那些提供更高租金的富人所占用。于是，小农场消失了，取而代之的是大庄园。

　　早在公元前 2 世纪早期，曾有过几次通过立法途径来解决土地问题的尝试，

11.2 尤利乌斯·恺撒（公元前100年～前44年）在其他事务之外，还负责征服高卢。他是第一个跨过莱茵河进攻日耳曼的罗马指挥官，并带领军队穿越英吉利海峡进入不列颠东南部。

但都没有成功。最后，公元前133年，提比略·格拉古（Tiberius Gracchus），一个由平民选出的护民官，决定通过一项立法方案来正视这个问题。这部古代法律规定，将一个人所拥有的国有土地资源限定在500尤格（319英亩）以内，成立一个新的土地委员会，负责对每个人所掌握的国家土地进行调查，并将多余部分重新公平地分配给穷人。第二项法条建议，小亚细亚的大量收入应作为补贴分配给新农民和城市贫民。这些法律在富裕的地主中是非常不受欢迎的，当提比略·格拉古准备参加新一轮选举时，社会上爆发了暴力活动，他自己被敌对势力暗杀，他的400名追随者也遭到屠杀。但是，尽管其活动受到严格限制，土地委员会仍在运作，并继续缓慢地重新分配土地。但同样的问题依然存在。一种解决方案是在意大利建立新殖民地，这是由盖约·格拉古（Gaius Gracchus，提比略的兄弟）所倡导的方案，他在公元前123年成为由平民选出的护民官。他加强了土地委员会的权力，并通过了一项法律，禁止那些获得国家分配土地的人出售土

368

地。这些措施遭到了强烈反对：盖约被暗杀，他制定的法律条文被废弃。面对如此强大的保守主义力量，意大利的社会问题似乎没有任何解决方案。

在接下来的一个世纪里，经历了一段动荡和内战时期，人们发现了一个摆脱困境的方法——国家组织大规模移民离开意大利。毕竟，这是一个简单的生物学问题：如果人口数量超过了土地的供养能力（土地供养能力本身也受当地精英期望的限制），那么就会发生冲突，直到一部分人口迁移到殖民地新的生态位中。事实正是如此。经过长时间的内战，约五分之一的意大利人迁移到外省。这是一项大胆的社会工程，更值得注意的是，它是在公元前 45 年至公元前 8 年的一代人中完成的。这次的移民活动建立了大约 100 个海外殖民地，每个殖民地的核心人口为 2000 ~ 3000 男性。除了减轻国内土地的压力之外，海外殖民地的建立也为每年退役的士兵提供了遣散地。

369

公元前 133 年到公元前 27 年，一个世纪的政治动荡和军事冲突席卷了整个意大利地区，并蔓延到其他省份。这段时期通常用"大人物"的野心来解释——像格拉古兄弟、马略、苏拉、庞培、尤利乌斯·恺撒、马克·安东尼和奥古斯都，派系林立，拥兵自重，但他们实际上都只是赶上了时代变迁的无力的人类，因为半岛的空间实在是太有限了，所以精英们才会围绕利益展开争夺。不可避免的结果是领土扩张和殖民。到公元前 1 世纪末期，罗马帝国的面积已经发展到当今美国的一半以上，人口达 5000 万到 6000 万，约占当时世界人口总数的五分之一。

日耳曼人的威胁

罗马正在经历从共和国到帝国的痛苦转变，此时的北方地平线上却出现了新的威胁。所有罗马的学龄儿童都对公元前 390 年凯尔特人突袭罗马的情景有所耳闻——北方凶残的野蛮人形象烙印在了公共记忆之中。当时罗马有传言说，新威胁来自阿尔卑斯山外。大约在公元前 120 年，一个由辛布里人和条顿人勇士所组成的高度机动性的部落，开始从他们日德兰半岛和邻近的北海沿岸家园向南移

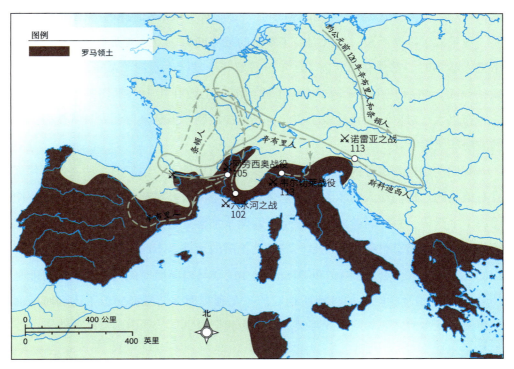

11.3　公元前 120 至公元前 101 年，移动的北方部落，即古典作家所称的辛布里人和条顿人在欧洲游荡，引起了广泛的不安和动荡，高卢地区更是如此。他们对罗马军队构成了真正的威胁，但最终在公元前 102 年和公元前 101 年被罗马将军马略打败。

动。他们向南穿过摩拉维亚到达多瑙河流域，然后沿着多瑙河穿过喀尔巴阡山盆地到达多瑙河和萨瓦河的交汇处，并迫使当地的凯尔特部落——斯科迪西人（Scordisci）迁往马其顿地区。然后，他们沿着萨瓦河向西前往阿尔卑斯山，公元前 113 年，他们袭击了罗马的重要贸易伙伴——诺里库姆（Noricum）行省。一支罗马军队对此进行了军事干预但被击败。当这群人距离波河流域仅 100 公里（60 英里）的时候，罗马人感到了恐惧。但是他们并没有向南移动去享受罗马世界的丰富资源，而是继续向西行进，沿着阿尔卑斯山的北侧，在接下来的几年肆虐高卢地区，又短暂地穿过比利牛斯山脉进入伊比利亚半岛北部，然后再返回高卢地区。在公元前 109 年、前 107 年和前 105 年，出于三个不同的目的，罗马军队被派往高卢南部地区迎击这支部落，但三次均被其所击败。在最后一次罗讷河流域的阿劳西奥（Arausio，位于法国奥朗日）之战失败后，整个罗马陷入了恐

370

慌情绪中。盖乌斯·马略（Caius Marius）受命对军队的结构和组织体系进行调整。他采取了冷酷手段，大大提高了军队的战斗能力。当这支新军队在他的指挥下进入战场时，首先在公元前 102 年于普罗旺斯地区六水河（Aquae Sextiae）击败条顿人，然后又在公元前 101 年于波河流域击败驻扎于韦尔切莱（Vercellae）的辛布里人。对罗马的直接威胁在此时已经被遏制，但是来自北方日耳曼野蛮人的威胁却始终存在。

我们获悉这些事件的唯一来源就是罗马的历史学家。他们的看法必然是片面且有偏见的。他们给人的印象是，来自日德兰半岛的人在穿越西欧的漫长征程中组成一个联盟，直到阿劳西奥战役结束后两个部落分道扬镳。这可能是过分粗略简化的描述。很有可能的情况是一场杂乱无序的运动，不同的群体在不同的时间点加入或者离开。公元前 102 年和公元前 101 年马略所面对的两支军队很可能是 20 年前便开始互相融合的种族所构成的。尤利乌斯·恺撒提到位于比利时斯海尔德河和瓦尔河之间的阿杜亚都契人时，为我们提供了一些内部混乱的线索：

> 他们是辛布里人和条顿人的后代，当他们在向我们意大利地区的行省行军时，将他们无法携带的牲畜和辎重留在了莱茵河西岸，并派 6 000 名守卫来保护这些东西。在辛布里人和条顿人的主力遭消灭后，这 6 000 人在最终定居下来之前与邻近部落的斗争持续了很多年（*BG* II，29）。

这种分裂可能一次又一次地发生。一个自信的部落在行军过程中也会吸引许多想要分享冒险和战利品的追随者。日耳曼的威胁很有可能源于流离失所者为寻求领土而迁移。这是公元前第一个千禧年末期发生的众多类似移民运动之一，这种移民运动横跨整个时期，从公元前 5 世纪早期凯尔特人的移民活动，到赫尔维蒂人在高卢的大西洋沿岸寻找新的家园的最后一次可悲尝试因恺撒大帝在公元前 58 年的介入而破灭。

温 带 的 欧 洲:
大 约 公 元 前 1 5 0 年 ~ 公 元 5 0 年 ————————

约公元前 100 年，罗马开疆拓土一度陷入停滞。从本质上来说，罗马仍然是一个地中海国家，尽管伊比利亚半岛的战争将它的西部边界延伸到了大西洋海岸。从伊比利亚半岛到小亚细亚的漫长欧洲陆地边界与地中海和温带植被带的边界大体一致：这是一道自然的分水岭。公元前 60 年之后不久，罗马军队开始向北穿越欧洲，零星地征服和吞并，直到公元 50 年前后，一条新的陆地边界沿着莱茵河和多瑙河沿岸建立起来。向西到达了大西洋，不列颠正处于被征服的过程中，而在东部，黑海南部和邻近的土地现在大部分都在罗马人的控制之下。

大部分的欧洲温带地区都被吸收到罗马帝国的版图中，这是罗马公元前第 3 世纪中叶开始对迦太基宣战所导致的必然结果。为了维持快速增长和非生产的核心区，帝国必须不断纳入新领土，以提供可以立即注入帝国的战利品和劳动力（奴隶），紧接着的是源源不断的税收。这一基本经济需求是帝国发动侵略的典型理由——维护国土安全。公众可以很容易地相信，政府采取军事行动是为了打破日耳曼人在北方构成的威胁。

公元前 100 年，从喀尔巴阡山盆地到大西洋的欧洲温带大部分地区的野蛮人都有一定程度的社会和经济保障：之前几个世纪的流动性让位于国王占统治地位建立起较为稳固的社会秩序。这些政体中有些被认为是优秀的，为那些居于从属性地位的弱势群体提供庇护。

欧洲温带地区的主要特点之一是发展起了大型的定居点，奥皮杜姆这个词曾经被广泛使用。它经常被尤利乌斯·恺撒用于描绘他在高卢战争中所遇到的实力较强的当地都城，这个词不是特别令人满意，因为即使是在恺撒的使用中，这个词也可能包含多样化特征。但是，如果它被广义地定义为包括定居人口的集中点，并且在规模和规划中可能存在变化，那么这个术语就具备有效性。

从公元前 2 世纪晚期开始，奥皮杜姆就像皮疹一样在欧洲温带地区蔓延，它在社会政治离散的领土上执行了许多中央集权的职能。它们很可能是政治权力的所在地，也是进行产品生产的地方，原材料在这里被积聚起来，通过加工变成

372

373

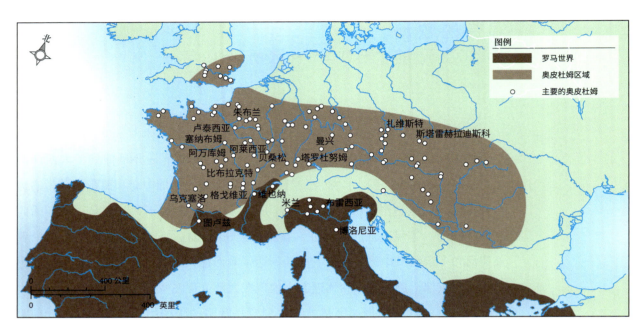

11.4　在罗马边境之外，在从大西洋到喀尔巴阡山脉的广阔欧洲大陆上，被称为奥皮杜姆的大的人口中心在公元前 2 世纪的后半段发展起来。它们的出现反映了帝国外围部落生产和权力的集中。奥皮杜姆显示出城镇的许多属性。

了耐用消费品，并且在这里开展了区域间的贸易活动，这里也同时铸造了许多货币。换句话说，奥皮杜姆发挥了很多城镇的功能。

　　恺撒大帝在高卢战争中提到位于高卢东部欧坦（Autun）附近的比布拉克特（Bibracte）奥皮杜姆。这是埃杜伊人（Aedui）的首都，两名选举出的治安官负责处理部落事务。其他部落的使者被召集到这里开会。这个聚居点拥有极高的声望，以至于恺撒大帝因在战争后期需要亲自留在高卢作战指挥时，将这里选为他的冬季驻扎点。多年来的挖掘活动显示，比布拉克特是位于山顶地区且拥有大量防御设施的地方，这里被精心布置，设有大量社会精英的个人住宅、公共集会场所、宗教中心和工匠宿舍。从材料中的记录来看，它显然是制造业的中心，那里有大量的商品，包括来自地中海世界的葡萄酒和奢侈品，这些商品在这里汇集并且又被重新分配。

　　巴伐利亚的曼兴（Manching）奥皮杜姆占据了相当不同的位置，它坐落在一处河谷中，控制着主要路线的节点。它地理面积很大，覆盖了约 380 公顷（950

374

11.5　山丘突出处（中左）被树捭映的比布拉克特奥皮杜姆遗址，是公元前 1 世纪中叶埃杜伊人的首都。埃杜伊是一个亲罗马的部落，高卢战争大部分时间都支持恺撒。

英亩）的土地，有一段长达 7 公里（4 英里）的防护围墙。它位于温德利奇人（Vindelici）的领地上，很可能是部落的首都。大量的挖掘显示，这里街道和建筑物布局有序，并有大量发现证明曼兴是重要的生产中心，在这里，人们冶炼和锻铁，并铸造青铜、硬币，制作陶器，把玻璃制成珠子和手镯，还进行了大规模的纺织品生产。该遗址所发现的进口材料中有大量储放葡萄酒的罗马双耳瓶和坎帕尼亚的青铜器皿，以及有色玻璃、铜、金和银等外来原材料。

　　那么，如何解释奥皮杜姆呢？在公元前 2 世纪的时候，奥皮杜姆开始出现，并且作为社会和工业中心。它们中的大多数都控制着主要道路的节点，很多位于原材料产地附近。这意味着经济因素是它们存在的催化剂，它们是为了回应监管贸易和加强生产的需要而发展起来的。

我们可以从两个方面看待这种现象，它要么是罗马人对原材料和人力日益增长的需求的反应，要么是拉坦诺社会内部社会经济变化的结果。实际上，两个因素都可能起到了一定的作用。在公元前三四世纪的"典型"的凯尔特社会中，精英地位是通过突袭机制维持的，这一机制为成功的领导者提供了合法地位，也为他的随从增加了资源的配给量。随着社会稳定程度的逐步增加，对外进行军事行动的机会也越来越少。但随着地中海市场需求的不断增长，拉坦诺精英们可能会发现，他们可以通过控制区域大宗商品的流动继续获得外国产品，并将商品分配给自己的追随者。换句话说，地中海世界日益增长的需求为拉坦诺的精英们提供了机会，使他们的社会制度从本质上是掠夺性的转变为以生产为基础；在这个短暂的时期内，地中海与温带欧洲之间表现出共生共存的关系。

375　　希腊历史地理学家斯特拉波描写了公元前 1 世纪时的欧洲，详细列出了从温带欧洲涌入罗马的出口商品。这些商品清单是在罗马人征服北方之后所编制的，很有可能反映了北方地区在双方早期的联系过程中的生产情况。正如所预期的那样，奴隶和原材料占主导地位，但有趣的是制成品的出现，比如来自不列颠经过训练的猎犬，来自高卢的咸猪肉和羊毛衣服，还有来自阿尔卑斯山东部的奶酪：奢侈品是双向流动的。

伊比利亚

公元前 3 世纪晚期，在第二次布匿战争中，罗马参与了对伊比利亚的军事行动。它很快发现自己陷入了与两个强大同盟——凯尔特伊比利亚人和卢西塔尼亚人的长期消耗战中。公元前 133 年，罗马人成功包围了努曼蒂亚（Numantia），凯尔特伊比利亚战争宣告结束，但是罗马内战却在公元前 82 ～前 72 年蔓延至伊比利亚，当时半岛西部和北部的大部分地区还没有被纳入罗马的版图。在公元前 61 年至公元前 29 年期间，许多战役都是针对反抗罗马的卢西塔尼亚人和西北部落的，其中包括恺撒大帝的第一次军事指挥，但在奥古斯都决定完成征服之前，几乎没有采取什么后续行动。准备工作从公元前 29 年开始，到位于坎塔布连山和加利西亚的最后一支抵抗部队被消灭用了十年时间。征服伊比利亚花了两百年时间，但罗马现在控制着半岛丰富的金属资源——铁、铜、锡、银和黄金，以及土地非常肥沃的瓜达尔基维尔河流域，这里为罗马提供了大量的橄榄油和粮食。伊比利亚划分的三个行省均是帝国版图中最为富饶多产的。

高卢和不列颠

罗马的势力涉入山北高卢（这是高卢在阿尔卑斯山北侧的地区，与位于波河流域的阿尔卑斯山南侧的高卢相对），可以追溯到第二次布匿战争时期，那时军队和补给从意大利运往西班牙前线，途经现在的普罗旺斯和朗格多克的沿海道路。通过这种方式，古老的希腊殖民城市和当地部落逐渐习惯了罗马人的存在，并开始意识到与这支快速增长的力量交往带来的好处。

罗马对高卢地区之所以很感兴趣，不仅仅是因为它军事战略的重要性，也因为它是人口稠密的地区，可以为罗马的商品提供有价值的市场，特别是意大利的大型庄园所生产的葡萄酒面临大量滞销的问题。公元前 200 年，罗马人开始将他们的葡萄酒转送至高卢南部的港口。最初的数量很少，但在公元前第 2 个世纪，数量急剧增加：大约公元前 100 年，在沃纳奇（Vaunage，尼姆周边地区）的定居点，意大利的双耳细颈酒罐完全取代了当地马萨利亚的双耳细颈酒罐。

376

法国南部海岸发现的罗马沉船提供了相应的证据。人们可以看到大约公元前 150 年之后沉船的数量急剧增加，公元前 1 世纪，沉船的数量依然很大。如果我们假定沉船数量与贸易总量成正比，那么公元前 2 世纪末和公元前 1 世纪与意大利的海上贸易达到顶峰。大多数沉船所携带的货物都比较混杂，但葡萄酒占主导地位，通常占据了可用货物空间的 75%。举个例子来说：在耶尔附近的马德拉格德吉恩斯（Madrague de Giens）发现的沉船装有约 400 吨的货物，其中包括 6000 ～ 7000 罐葡萄酒。输送到高卢的意大利葡萄酒的数量肯定是巨大的。据估计 1 个世纪的时间里大约有 4000 万个双耳细颈酒罐被转运，这也意味着每年有 100000 升（200 万加仑）的葡萄酒流入。

377

11.6　法国南部海岸发现许多罗马沉船。这是吉恩斯离岸附近发现的公元前 1 世纪上半叶的双耳细颈酒罐，装载着从意大利北部运来的酒。它可能是在去往马萨利亚的路上沉没的。

　　虽然毫无疑问葡萄酒是高卢地区的主要进口商品，但沉船却让人联想到其他贸易商品也被运往高卢地区。位于马萨利亚西南部普拉尼耶岛（Planier）发现的沉船残骸中运载的商品是双耳细颈酒罐灌装的由布林迪西（Brindisi）地区的阿普利亚（Apulia）所生产的橄榄油。在途中，这艘船停了下来，停船的地点可能是在波佐利，在继续往北航行之前，船员们往船上装载了一批精美的陶瓷餐具和染料。从残缺的文本中可以看出，这艘船似乎是某个财团管理的企业的一部分，财团成员包括一名元老院成员塞姆普罗尼乌斯·鲁弗斯（C. Sempronius Rufus），一名染料供应商同时是波佐利杰出公民的维斯托留斯（C. Vestorius），还有一名在双耳细颈酒罐中标记名字的平民图修斯·加莱奥（M. Tuccius Galeo），他大概是橄榄油的供应商。对于那些冒着风险来进行投资的企业家来说，这艘船的沉没可能会给他们带来相当程度的金融冲击。

随着与高卢南部进行葡萄酒贸易，罗马人对该地区的参与程度也在增加。阿尔卑斯沿海一带的滨海道路一直是棘手的问题，因为它容易受到内陆山区部落的攻击。公元前 2 世纪，内陆部落对道路的袭击大幅增加，局势已经发展到相当严重的程度，公元前 125 年，罗马帝国派遣了两个军团才得以控制局势。这次行动的首要目标是马萨利亚丘陵居住的萨尔鲁维人（Saluvii），他们对罗马殖民地构成了非常严重的威胁，但是罗马军队很快就调整方向，沿着罗讷河流域向北推进，对两个强大的凯尔特部落进行军事打击，它们分别是阿洛布罗基人（Allobroges）和阿维尔尼人（Arverni）。几年后，在辛布里人和条顿人突袭期间，罗马军队沿着奥德河向西移动，并穿过了位于卡尔卡松的防御缺口，控制了图卢兹（Tolosa，Toulouse）的原首都，这一在加龙河上极具战略价值的地点。因此，到了公元前 100 年，罗马不仅充分控制住阿尔卑斯山北侧地区，还控制着两条重要道路，一条从地中海向北通往欧洲的心脏，另一条向西直接通向大西洋。

大部分进口到高卢南部的葡萄酒都是在已经成为罗马行省之一的阿尔卑斯山地区被消费掉的，但是还有大量的葡萄酒进入了远处野蛮人的领地之中。两个主要的转运点已经被确认：一处在图卢兹郊外，另一处在索恩河畔沙隆（Chalon-sur-Saone）。在这两个地方，成千上万的双耳细颈酒罐被丢弃，表明葡萄酒在这里被倒进木桶中以方便运输。葡萄酒同样被装在双耳细颈酒罐中运往野蛮人所控制的内陆奥皮杜姆，在那里，这些葡萄酒将会被消费掉或通过那里本土的贸易网络进行再次分配。罗马商人很有可能已经在主要的奥皮杜姆建立根据地，以便参与到这些贸易活动中。葡萄酒贸易对于高卢的重要性在西西里的狄奥多罗斯的描述中有体现：

378

> 他们嗜酒如命，以酒充饥；他们的欲望让他们贪婪地喝着葡萄酒，直到酩酊大醉……因此，许多爱钱的意大利商人，把高卢人对葡萄酒的渴望视为他们的财富。他们在可通航的河流上驾驶船只或用马车穿过平原来运输葡萄酒，他们获得的回报极高，一罐双耳瓶葡萄酒可以换一个奴隶，或者换一个仆人。（*Histories* 5.26.3）

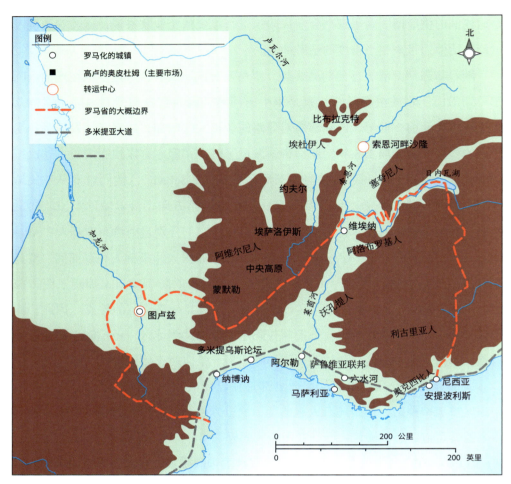

11.7　罗马占据了法国南部的大部分地区。公元前 123 年～前 58 年，它被罗马所吞并，主要是为了保护从意大利到西班牙的沿海道路。大量的意大利葡萄酒进口到省内，以便转运给边境以外的高卢人，以此交换奴隶和其他商品。

高卢地区分布广泛的罗马双耳瓶，为狄奥多罗斯论述葡萄酒在高卢地区很受欢迎提供了强有力的证据。在宴会上，人们纵情畅饮葡萄酒，其在维持社会凝聚力方面发挥了至关重要的作用。因此，比起罗马人对待葡萄酒的态度，在凯尔特人的眼中，葡萄酒更受重视。在用葡萄酒交换奴隶的过程中，两个社会都在用他们的盈余来为自己获利。

许多因素——山北高卢地区和高卢（"长毛高卢"）之间粗糙且相当不清楚的边界，变化不定的部落政治环境，莱茵河以外日耳曼人威胁的不断增强，以及具有强大生产力的高卢乡村——必然导致罗马早晚会将高卢吞并到它的帝国版图之中。这一历史性时刻出现在公元前 58 年，当时，受到威胁的赫尔维蒂人正从他们位于瑞士的故土迁往大西洋海岸。日耳曼军队正在高卢东北地区展开军事行动，这些与恺撒大帝的政治和经济需要不谋而合，他需要一场惊人的军事胜利。长达八年的高卢战争使得恺撒大帝的雄心得到了满足。最后，罗马的边界线推移到了莱茵河，罗马军队继续向前推进，并且短暂地进入了日耳曼，穿过英吉利海峡来到了不列颠，用恺撒自己的话说，"高卢全境和平"。"和平"，或者说缺乏有组织的抵抗，不足为奇。高卢这个国家那时已经变得软弱无力。普鲁塔克给出了一组数据——恺撒大帝攻占了 800 多个城镇，征服了 300 个城镇，300 万高卢大军，恺撒大帝杀死了其中的 100 万，俘虏了 100 万。这些数据很可能有所夸大，但是在这八年的战争中，对年轻男性的屠杀，以及将成千上万的俘虏当作奴隶来出售，使得高卢原本不足六七百万的人口大幅下降。战争结束后有过一些小规模起义，但大部分高卢人已经开始接受被罗马统治的事实。这个满目疮痍的国家被并入帝国的进程开始于公元前 27 年，屋大维获封奥古斯都，完成于公元前 12 年，在卢格杜努姆（今里昂）举行的罗马和奥古斯都祭坛落成典礼。典礼的日期选在了奥古斯都生日的那天，8 月 1 日，这一天恰巧也是凯尔特人的卢格纳萨德（Lugnasad）庆祝节。

尤利乌斯·恺撒对不列颠短暂的远征有助于消除这个烟雾笼罩岛屿的神秘色彩，之前一些人认为不列颠岛上居住的是半人半兽的生物。罗马与不列颠东南地区的统治家族建立起政治联系，贸易也得到了快速发展。直到公元 43 年，皇帝克劳狄一世（Claudius）以盟友陷入困境为借口，发动对不列颠的全面入侵。征服的进展速度十分缓慢，但是到 1 世纪末期，泰恩河—索尔韦湾一线的大部分岛屿都已经被罗马的军队所控制，罗马也探索了这个界线之外的广大领土。不列颠尼亚在此时已经成为罗马帝国下属的一个行省。

诺里库姆和阿尔卑斯山

罗马向波河流域的挂进在公元前 180 年达到顶峰，在博洛尼亚（Bologna）、摩德纳（Modena）和阿奎莱亚（Aquileia，现在的的里雅斯特）都设有殖民地。从那时起，阿尔卑斯山南侧就成为罗马世界的新边界，与邻近部落建立友好关系符合罗马的利益，前提是罗马与这些邻居们之间形成缓冲地带，以防止来自北方的军事袭击。这些邻居中，诺里库姆王国（Noricum，与现代的奥地利大致相当）是最强大的政体之一，首都位于马格达伦斯堡（Magdalensburg）的山顶奥皮杜姆。罗马通过外交手段在这里开辟了道路，商人们纷纷涌入，也为这里提供了贸易发展的可能性。双方的关系一直以来都较为稳定，除了短暂的淘金热所带来的紧张关系。大约在公元前 100 年，罗马商人在奥皮杜姆下方的梯田上建立起了一块永久性的殖民地。这些建立殖民地的人，均是大商行的代表，他们在亚得里亚海上游的阿奎莱亚建立起商业口岸，同时在那里兴修了一条可以促进商品流动的道路。该殖民地的发展十分兴盛，到公元前 30 年，罗马风格并用壁画进行装饰的石砌建筑物取代了原有的木质建筑物。公元前 17 年，奥古斯都皇帝开始将他的注意力转向征服阿尔卑斯山，诺里库姆被和平地纳入帝国，那里的精英分子很乐于和罗马结成联盟，来换取保护和繁荣。

奥古斯都的最初意图是将罗马的边界线扩大到莱茵河和多瑙河。恺撒大帝已经将边界推进到了莱茵河，所以奥古斯都的将军们继续向多瑙河推进。阿尔卑斯地区在公元前 15 年就被征服，第二年，罗马开始了对达尔马提亚和潘诺尼亚的征服行动。只有色雷斯在名义上是自由的，是自治的王国，但这种安排最终被证明是十分碍事的，所以在公元 46 年，色雷斯也成为罗马帝国版图中的一个行省。

国家在集聚力量时莱茵河和多瑙河是便利的依靠，但没有迹象表明奥古斯都认为这是他帝国的边界：他随后对日耳曼地区的远征证实了这一点。但北欧平原被证明是一块很难被控制的地域，在奥古斯都于公元 14 年逝世时，帝国边界仍然停留在莱茵河和多瑙河这两条河流附近。

到公元 50 年，罗马人已经失去了前进的主要动力。这个原本的地中海帝国，此时已经控制了大西洋和黑海的大部分地区。只有波罗的海因日耳曼人的原因，还在其控制的范围之外。

日耳曼

直到公元前 2 世纪末，人们还没有听说过日耳曼人这个概念。人们只是存在大致的认知，认为在距离凯尔特人所在地更远的地方，有一群更加原始的人存在，尤其当时是地理认知严重混乱的时代，北方的居民被称为斯基泰人，但正是辛布里人和条顿人的动向使得人们开始关注神秘又危险的北方。面对这个问题的第一人是恺撒大帝，他是在战争中接触到这个问题的，也正是他为我们提供了日 381

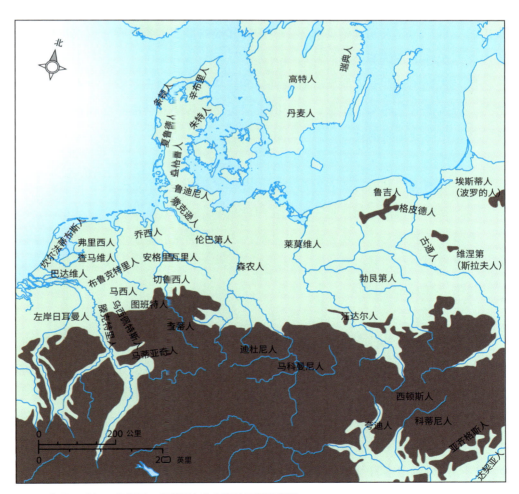

11.8 公元 1 世纪，莱茵河—多瑙河之外主要的日耳曼部落。

耳曼人在莱茵河地区活动情况的实用概括。然而，当时的种族情况更为丰富多变。仔细阅读恺撒的著述就会发现：日耳曼人居住在河的南面，而凯尔特人居住在河的北面。但莱茵河作为边界使局势发生了变化，它阻止了北方人口的自由迁徙，人口增长的压力无法得到疏解。此外，边界的确立产生了两种影响：一是使莱茵河成了种族的分水岭；二是设置了障碍，阻止了来自北方的移民流动，从而导致了北方人口密度的逐渐增加。

382   综上所述，第一次对日耳曼部落进行系统描述的是恺撒大帝，他的叙述一部分是基于他于公元前 55 年和公元前 53 年两次跨过莱茵河进行短暂行动对所遇到的部落的观察，另一部分是他设法从线人那里搜集的一些资料。历史学家塔西佗在近一个半世纪之后写下他的描述，特别是由于奥古斯都对日耳曼人发起了一场失败的军事行动，人们开始了解更多关于日耳曼的事情；资料同时也来自那些试图在北部蛮族中开拓新市场的罗马商人。

罗马人讽刺日耳曼人原始、好战且易变。从许多方面上来看，这都是传统社会对"野蛮地区"的刻板印象，这样的手法也使得传统社会能感受到自己的优越性。塔西佗简要地概括到：

> 首领为了胜利而战，而那些追随者为了首领而战。许多贵族出身的年轻人，如果他们出生的土地长期处在和平或者停滞不前的状态中，他们就会特意地去寻找进行战争的部落。日耳曼人不喜好和平；他们在冒险中更容易获取名望和地位，除非是在暴力和战争的情况下，否则无法将大量的随从召集起来。（*Germania*，14）

塔西佗所描述的社会体系是通过军事行动上的成功获得威望的社会。照顾土地的工作被留给老人、女人和弱者，只要一有机会，他们就会让年轻人前往战场参加战斗。这样的社会，就其本质而言是流动的。部落经历着不断迁移和重新安置的过程；在这一过程中，一些人变得无足轻重，而另一些人则成为大联盟的领袖。公元前 1 世纪中叶恺撒所绘的部落地图与塔西佗在公元 1 世纪末所记录的截然不同：这显示出了日耳曼人正在经历快速的社会转型。

公元前 12 年，奥古斯都推出了一项新政策，以此将其军事力量推进到日耳

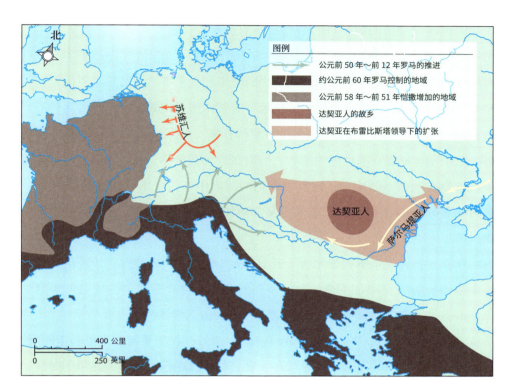

11.5 上图显示了公元前1世纪中叶恺撒征服高卢之后欧洲的动态局势。下图显示了公元1世纪时罗马帝国开始扩张时的情形。达契亚和阿拉伯将被征服。

曼地区。这项举措的最初目的是将罗马的边界线向前推移至易北河—伏尔塔瓦河—多瑙河一线。在公元前 12 ～前 7 年和公元 4 ～ 5 年的年度战争中，罗马的实际控制范围一直延伸至易北河地区，同时也加强了罗马对波希米亚的控制，波希米亚在易北河和多瑙河之间的联系起着重要作用。波希米亚当时被马科曼尼人所占领，由一个亲罗马的国王——马罗博杜斯（Maroboduus）所领导。罗马的商人已经在这里建立了良好的基础，他们在意大利北部、北欧平原和波罗的海之间的贸易吞吐量不断增加。在奥古斯都的战略中有一个不可动摇的逻辑——易北河—多瑙河在军事上具有重大意义，而波希米亚则是拥有巨大发展潜力的商业门户。

384　　　然而，公元 6 年伊利里库姆（Illyricum）爆发了一场严重的叛乱活动，这让原本前进的势头停滞了下来。由于罗马的疏忽，日耳曼战争的领袖阿米尼乌斯（Arminius）采取了主动行动，由韦鲁斯（Varrus）指挥的三支罗马军团在公元 9 年被吸引到条顿堡森林（Teutenburg Forest）深处，在那里被阿米尼乌斯所歼灭。这是让人感到震惊的大反转，尽管在那里的军事行动已经持续了几年的时间，但罗马最终还是意识到，征服日耳曼需要付出的代价实在太大。公元 16 年，在经过了长达 28 年的北欧平原战争后，罗马军队撤回了罗马。因为战争的结束，商人们现在可以着手开发日耳曼及更远地区的市场。

达契亚和萨尔马提亚

　　　从多瑙河向东延伸到顿河的大片土地，包含了各种各样的风景——连绵起伏的匈牙利大平原，喀尔巴阡山所包围的特兰西瓦尼亚，在更远处，是往东延伸至黑海和北部森林之间的多布罗加（Dobroga）和东欧大草原。不同种族的人居住在这片不同的土地上。游牧民族不断从东欧大草原移动到特兰西瓦尼亚和匈牙利平原，当时，来自西部的凯尔特人部落在匈牙利和特兰西瓦尼亚定居，他们中的一部分穿过喀尔巴阡山来到东欧大草原。这些活动创造出文化和种族上的多样性，也形成了不同文化大杂烩的局面。这里没有中欧的新侵略活动，但是来自东

11.10　公元前 1 世纪的一个达契亚大银杯，来自圣克勒耶尼乡（Sîncrăieni）的宝藏。

部的压力继续在东欧大草原上加强，迫使萨尔马提亚人一波接一波地向西方寻找新的聚居地。古典作家通常会用亚齐格斯人（Iazyges）和罗克索拉尼人（Roxolani）的名称来进行区分。

亚齐格斯人最初居住在亚速海西北方，在第聂伯河和顿河之间，而罗克索拉尼人则占据顿河与伏尔加河下游之间的地区。公元前 2 世纪早期，他们迫于向东行进的游牧民族的压力而搬离故土，亚齐格斯人选择了向西行进，首先到达了第聂伯河的下游地区，紧接着又来到了多瑙河三角洲地区。在这里，亚齐格斯人攻击了多瑙河南侧的罗马领土，在公元前 78 ～前 76 年，一支罗马远征军与他们进行了战斗。他们向西的扩张行动被达契亚日益强大的力量和罗马在多瑙河边境不断增强的防御力量所阻止，但他们最终还是穿过了喀尔巴阡山，并且在约公元 20 年时，使自己成为匈牙利平原上的主要力量，与多瑙河另一侧的罗马潘诺尼

11.12　公元前 1 世纪至公元 1 世纪的达契亚要塞。这是一系列要塞之一，它保护了通往达契亚之都萨米泽盖图萨（Sarmizegethusa）的道路。

亚省进行对峙。

385　　　随着亚齐格斯人向西移动，罗克索拉尼人接管了他们所遗弃的领土。他们最后在特兰西瓦尼亚阿尔卑斯山脉以南多瑙河侧翼的瓦拉几亚平原定居下来。公元62 ～ 63 年，罗克索拉尼人和达契亚人从这里入侵了多瑙河南部的罗马默西亚省，此后，这个地区一直令罗马人感到不安。

　　萨尔马提亚人的西进运动发生在公元前 1 世纪和公元 1 世纪，当时达契亚人占领了特兰西瓦尼亚及其周边的山区，正在朝着区域性主导力量的趋势发展。公元前 60 年，在他们具有超凡领导能力的国王布雷比斯塔（Burebista）的指挥下，一支拥有 20 万名战士的军队向西推进，攻击居住在匈牙利和斯洛伐克的凯尔特部落，取得了完全的胜利，并且也在罗马引起了一定程度的恐慌。十年之后，布

11.13 达契亚首府萨米泽盖图萨的神圣辖区。这个大圆形纪念碑是一个日历。扁平的圆形碑代表太阳。

雷比斯塔的军队来到了布格河，摧毁了古老的希腊城市——奥尔比亚，这座城市虽然进行了重建，但是再也无法恢复到它原来的地位。

布雷比斯塔执政的十年期间，几乎正好赶上了恺撒的高卢战争。布雷比斯塔了解地中海的情况，认为自己是世界舞台上的一名演员。他向恺撒提供军事支持用以对抗庞培，恺撒大帝拒绝了他，但这一事件提醒人们，达契亚人现在已经成为一股不可忽视的力量。此外，达契亚极为富有，能够对恺撒大帝的野心构成相当大的挑战。一旦高卢战役获得成功，恺撒就打算征服达契亚，但在一次被卷入内战的事件中，他于公元前 44 年死于罗马的反叛者之手。布雷比斯塔在大约同一时间被暗杀，而他通过有力的领导建立起来的达契亚也支离破碎。在新的战争领袖出现之前，达契亚人用了 120 年的时间，才再次强大到对罗马帝国构成威胁。

在此期间，罗马商人在发展达契亚市场的潜力方面行动迅速。达契亚的黄

387

金和奴隶，罗马商人都是支付现金。达契亚发现了超过 2.5 万枚的罗马共和国钱币，它们是在公元前 131 ~ 前 130 年制造的。这一数额惊人的庞大，可能只是用来购买达契亚商品的一小部分，这让人们对多瑙河上的贸易强度有了一定程度的了解。

欧洲的边界：
前进与后移，公元 50 ~ 250 年

沿着莱茵河和多瑙河而划定的欧洲边疆，为罗马人服务了两百多年，但来自北方部落的潜在威胁始终存在。大部分敌人因为没有牢固的组织结构而不是罗马的对手，但是达契亚政权与罗马的其他敌人完全不同，在公元 80 年代早期，一个新的领导人——德西巴卢斯（Decebalus）出现了，他能将王国内的众多派别团结起来，罗马沿着多瑙河下游而设的边界线因此面临着严峻的战略压力。他们进攻罗马的默西亚省，罗马反攻，达成休战。德西巴卢斯每年可以从罗马获得丰厚的贡品，其中也包括罗马的技术人员的帮助。

很难说德西巴卢斯是否对罗马构成了持久威胁，但在公元 101 年，新登基的图拉真皇帝率领他的军队攻入达契亚，毫无疑问，这个王国的财富吸引了他。德西巴卢斯为了寻求和平，同意接受罗马的条款，其中包括接受罗马在距离奥勒什蒂耶山顶首府萨米泽盖图萨的不远处驻军。条约为他赢得了足够的时间。公元 105 年，德西巴卢斯已经强大到可以再次进攻罗马，他选择了攻击默西亚省。图拉真的直接反应是遏制。第二年，即公元 106 年，他入侵达契亚并迅速征服了德西巴卢斯的整个国家。德西巴卢斯和他的贵族精英们选择了自杀，大量人口选择向东迁移，罗马成为德西巴卢斯统治地区的新主人——它是第一个，也是唯一一个罗马位于外多瑙地区的行省。据称，这场战争的战利品包括 165000 吨黄金和 300000 吨白银。然而，尽管这个新的行省拥有丰富的矿产资源，仍然是一个异常的累赘。在公元 3 世纪的混乱中，它变得越来越难以控制，公元 270 年，这块土地最终被罗马所遗弃。

11.14　图拉真柱是公元 2 世纪初在罗马建立的，描绘了图拉真征服达契亚的场景，征服在公元 106 年完成。从图中可以看到达契亚人攻击罗马守军。达契亚成为罗马的一个省，但只持续了一百七十年。

　　在奥古斯都和提比略所发动的日耳曼战役后的一个半世纪的时间里，日耳曼的边疆相对平静，这在很大程度上是由于三十余年战争带来的破坏和人口减少造成的。但在随后的和平时期中，日耳曼的人口数量保持了稳定的增长趋势，边界线上人口增加。　　**388**

　　公元 166 年，在远方部落的巨大压力下，成群结队的马科曼尼人和伦巴第人（Langobardi）穿过边界绕进入潘诺尼亚省寻找定居地。这预示着接下来的三个世纪谁将主宰边境地区的一切。罗马人的反应只是单纯地将他们赶回去。不久之后，马科曼尼人、夸迪人和萨尔马提亚的亚齐格斯人组成了更大的队伍，迫于压力而越过了边界线，一些团体甚至来到了位于亚得里亚海地区的阿奎莱亚。这是罗马最大的噩梦——来自北方的日耳曼威胁愈演愈烈。马可·奥勒留（Marcus Aurelius）皇帝的迅疾反应控制了局势，并将这些入侵者驱赶回他们自己的土地　　**389**

11.15　公元 2 世纪后半叶，日耳曼和萨尔马提亚部落开始向罗马北部边境施加压力。皇帝马可·奥勒留打算创建两个新的行省——马科曼尼亚和萨尔马提亚，但是帝国其他地方的事件分散了他的精力，这个想法被抛弃了。

上，但现在的情况很清楚，罗马需要一个更加积极主动的行动方案。

为了稳定局势并防止情况进一步恶化，罗马出台了一项战略计划，这项计划意在建立两个新的省份：位于波希米亚的马科曼尼亚（Marcomannia），还有位于多瑙河、潘诺尼亚边界和达契亚省之间尴尬角落的萨尔马提亚。为了缓解人口增长带来的压力，大量的日耳曼人和萨尔马提亚人进入罗马帝国内部，一些人被分散到各行省的可用土地上，另一些人则作为军队辅助人员。这一次被招募的萨尔马提亚骑兵分队，最终驻扎在不列颠西北部的里布切斯特（Ribchester）。边疆以外的大片领土已经被征服，控制这些领土的准备工作正在进行，但是当时叙利亚的一场严重叛乱改变了原计划的军事行动。当皇帝能够再次回到解决北方前线的问题时，解决问题的动力已经丧失，局势已严重恶化。一项新的计划被制定出来，但两年后，在公元 80 年，马可·奥勒留在文多博纳去世。他的继任者康茂德（Commodus）对北方的竞争活动毫无兴趣，放弃了这个计划，问题未得到解决。八十年后，由于北方的人口压力变得无法控制，边境问题再次爆发：这一次是终结的开始。

沿海的边界线：公元 50 ～ 250 年

罗马对黑海和大西洋的海上边界表现出了令人惊讶的冷漠，在帝国衰落的几个世纪里，它为这种漠不关心的态度付出了代价。 390

黑海在政治上处于不确定的状态。理论上，沿多瑙河的陆地边界使黑海西部的大部分海岸都处在罗马控制之下，尽管直到公元 46 年色雷斯都是一个独立的附属国，然而，由于来自北方的亚齐格斯人和达契亚人发动定期袭击，这里可以说是一个"狂野的西部地区"。

黑海的南部海岸，即小亚细亚（现在的土耳其）的北岸，随着比提尼亚（Bithynia）和本都（Pontus）这两个行省于公元前 64 年的建立，卡帕多西亚（Cappadocia）公元 18 年加入罗马统治圈。但它是一条漫长而不友好的海岸线，被内陆的山脉所隔离，除了最初的希腊殖民地，大部分地区基本上没有得到开发。

黑海北部仍然是很大的蛮族活动区，但它的内部存在一个古老的博斯普鲁斯（Bosporan）王国，是由一群聚集在亚速海东侧的希腊城市联盟组成的，公元前 65 年被罗马所兼并，但在罗马统治时期，一直保持着它原有的身份，尽管它一直被萨尔马提亚人—色雷斯人的混血王朝统治，但它是地中海文明最遥远的前哨之一。罗马认为这个王国是对抗草原游牧民族的有效堡垒，准备在那里部署驻军，但对其政治事务几乎没有直接参与的兴趣。

在罗马的保护下，公元一二世纪是博斯普鲁斯王国的繁荣时期。古老的工艺技能得到复兴，潘提卡彭金匠们的作品又一次变得声名远扬。人们努力保留希腊文化遗产，希腊语仍是口头语言，但到了公元 1 世纪，由于几代人之间的异族通婚，这个王国基本上变成了萨尔马提亚人的国家。3 世纪的经济衰退，也伴随着贸易的衰落，削弱了这块飞地的实力，以至于当哥特人在 4 世纪进军时，没有遇到任何形式的抵抗，这个王国从此在地图上消失不见了。

从罗马人的角度来看，博斯普鲁斯王国是帝国最为偏远的边境地区的一个有用的前哨站。它为贸易商提供了进入本都北部的通道，但在军事上或经济上它从未被认为是战略区域。只要海上通道保持开放，罗马更愿意让它自生自灭。

391 大西洋带来了不同的挑战，它是另一种意义上的世界终点。公元前 61 年，尤利乌斯·恺撒在伊比利亚半岛上第一次看见大西洋的时候，就认识到了它的重要性。在这次行动中，他制定了双管齐下的战略方针，通过陆路和海上的军队快速移动，部落逐步被罗马所控制。几年之后，在公元前 57 年和前 56 年的高卢战役早期阶段，他特别注意确保海上的安全，作为征服高卢的准备工作，并与位于阿莫里凯（布列塔尼）的威尼蒂人（Venetii）进行了一场重要的海战，以获得海洋霸权。公元前 55 年和前 54 年，他再次前往海洋以探索不列颠的潜力。一段时间过后，在公元前 12 年和公元 5 年，在对日耳曼所进行的漫长战斗中，海军远征队沿着北海海岸行进，对埃姆斯河和易北河的入海口地区进行探索。随后对不列颠的征服战争也涉及大量的海上活动，为了完成征服的第一阶段，阿古利可拉（Julius Agricola）派出一支舰队去该岛的北端，在这段旅程中，这支军队一度抵达奥克尼群岛。

当疆界在公元 2 世纪初最终确立时，爱尔兰海和北海已经成为帝国的边界。整个爱尔兰地区、苏格兰大部分地区，以及莱茵河河口以北的整个北欧海岸地区是仍未被征服的野蛮之地。在 3 世纪晚期到 4 世纪，蛮族正是从这三个地区用他们的船只将这个濒临崩溃的帝国团团围住。

帝国的内部：公元 50 ～ 284 年

哈德良皇帝（公元 117 ～ 138 年在位）的统治标志着一个结束，也意味着一个开始。这是罗马作为一个侵略者，企图迫使帝国的边疆向前推进时代的结束，并在这之后开启了一段相对稳定的时期，持续了大约一个世纪的时间。在此期间，各省开始繁荣起来。然而，在这段短暂的繁荣期，马科曼尼人、夸迪人和萨尔马提亚人的入侵也为即将到来的事件提供了预先警告。在他统治的 21 年期间，哈德良用了超过十三年的时间来巡视各省，巡视的主要内容是军事部署和边境安全。与前任不同的是，哈德良认为帝国已经达到了扩展生态位的极限，他所面临的主要问题是如何使其可持续发展。边疆必须得到保障，城市生活受到鼓励，帝国内的道路系统达到了效率的顶峰，以促进行政人员、贸易商和军队的迅速流通。

更敏锐的同时代人已经意识到新的稳定性建立在非常微妙的平衡基础之上：日耳曼人在公元 166 年的入侵足以动摇一些人的自满情绪。马可·奥勒留必须直 392面这一冲击，他很好地理解了这类事件背后的深层节奏，他写道："时间就像是由事件组成的河流，水流湍急；一件事刚出现，它就被冲走了，另一件事替代它，当然，也会被冲走。"公元 235 年，皇帝亚历山大·塞维鲁（Severus Alexander）登基之前，旧秩序的某些外表一直得以保持。接下来的五十年近乎无政府状态，皇帝的快速更换，野蛮人突破了边境，达契亚省被抛弃，帝国的基础结构开始瓦解。

长期以来，罗马帝国的衰落一直是历史学家们津津乐道的话题。就像历史上的所有重大事件一样，它的原因是复杂和相互交织的，一个接着一个，不断叠加。但是，尽管复杂，潜在的原因可以追溯到生产力和人口统计学上。

帝国分成三个同心圆。中心是意大利和罗马城，那是宫廷和政府所在地。这 393里是一个高度非生产性的区域，主要是以税收的形式吸收和消耗各省的生产力。最外围的圆，是军队驻扎的边境省份：这里也是一个消费区。中心和外环之间有一个中间地带，由能够开展生产活动的西班牙、高卢、阿非利加、小亚细亚、叙利亚和埃及行省组成，创造盈余和税收维持另两个地区。这样的制度是建立在持续不断的税收收入基础上的，税收收入要足以维持集中在消费区域的庞大非生产性群体。在生产性行省，税收制度强迫每个生产者群体最大限度地提高产量，结果是区域间贸易的数量以近乎指数的速度增长。为了促进现在复杂的交易网络，货币的供应量也增加了。公元前 157～前 50 年的可靠统计数据表明，这段时间内，银币的发行量增加了 10 倍。不同行省货币供应的比较数据显示，在公元一二世纪，帝国的货币经济被整合成单一的体系。

只要帝国处于扩张或稳定的状态，这个系统就可以保持平衡的运作状态，但随着公元 2 世纪晚期野蛮人入侵行动的爆发和王室不断增加的需求，系统遭受到相当大的压力。作为回应，银币迅速贬值。公元 50 年，白银在银币中的含量为

11.16 哈德良长城位于不列颠北部，始建于公元 122 年，当时皇帝访问了该省。它的目的是防御北方的部落。如照片所示，长城尽可能地利用了当地的地形。

97%，到公元 250 年下降到 40%，而在公元 270 年只有 4%。这样一来的结果是传统的财政体系崩溃，区域分裂。这反过来鼓励有抱负的领导人在生产性省份建立独立的国家。

戴克里先强有力的中央集权政府短暂地恢复了颓势，君士坦丁大帝维持住了这种局面。实物税取代了现金税。然而，从那时起，不再有任何动力可以将当地的粮食转化为高价值、低产量的商品，生产和贸易所占比重都开始迅速下降，4 世纪时，城市开始失去其作为市场中心的重要性。

面对这一系列的经济变化，我们必须考虑到人口动态。公元 166 年，从美索不达米亚返回的军队将一种毁灭性的疾病带到了欧洲，由此引发了影响最深远的变化。直到公元 180 年，它横扫了整个欧洲大陆。感染的确切性质不确定，很可能是一种天花病毒，欧洲人对此并没有免疫能力。疾病死亡率很高，死亡的人数可能占到了总人口的四分之一到三分之一。人口急剧下降，人口的出生率维持在

一个较低的水平。结果劳动力严重短缺。正是在面对这个问题时，马可·奥勒留　394
把大量的日耳曼人和萨尔马提亚人带入帝国内部，并且将他们安置在废弃的土地
上进行耕作，也将他们安排在军中服役。之后的皇帝都遵循类似的政策，直到军
队彻底地变成了日耳曼人的军队，而北方各省的大片地区定居着那些父辈和祖父
辈是来自更加遥远的野蛮地区的移民。这项政策的好处是可以减轻边疆的一些外
部压力，同时确保那些拥有和耕种土地的既得利益者保护它不受侵犯。

　　一旦人口开始下降，出生率也持续下滑，这种趋势一直在延续，直到公元
900 年前后才出现反转。新的流行病加剧了这种衰退。公元 251 年，欧洲爆发了
一场毁灭性的新疫情，持续了大约 15 年的时间。一些间接证据表明，天花复发，
叠加可能第一次进入欧洲大陆的麻疹。在罗马，这种疾病具有严重的致命性，在
爆发高峰时，每天有 5000 人死于这种疾病。

　　疾病显然是人口下降的重要因素。大陆纵横交错的陆路、水路商业网络，以
及军队的流动，再加上城市人口的高密度分布，为疾病迅速传播提供了最佳条
件。可能还有其他导致人口减少的因素。例如，其中的一个说法是，出生率的下
降是因为人体在日常生活中摄入了大量的铅，摄入的方式包括饮用铅管中的水，
用含铅量高的金属容器来做饭和饮用添加醋酸铅作为甜味剂的红酒等。最后，人
们不应该忽视危机时期使人衰弱。公元 235 年之后蛮族入侵和内乱一直都存在。
这种情况所带来的压力时刻影响着新生儿的总体数量。因此，从 2 世纪中叶开
始，整个帝国的人口总数开始锐减。

　　出生率的下降、财政系统的分裂、生产和贸易的下降，加上来自边界以外的
军事袭击不断增加，这些结合在一起构成一个致命组合。这座名叫罗马帝国的脆
弱大厦此时开始分崩离析。

边界之外的欧洲：公元 50 ～ 250 年

　　在尤利乌斯·恺撒于公元前 1 世纪中叶对日耳曼部落的描述中，我们得以一
窥最初与罗马世界接触时的野蛮北方。塔西佗的《日耳曼尼亚志》和《编年史》

395 对双方长达一个多世纪的接触进行了更为详尽的描述。恺撒所描述的日耳曼社会系统，是基于氏族和亲属群体的，这样的结构使得财富不容易在少数人手中积累。到了公元 1 世纪，事情已经发生变化：新的贵族阶层正在出现，这些人能够指挥大量的随行人员，积累显赫的个人财富。可以认为，这些变化至少在一定程度上是其接近罗马市场的结果，因为当时的罗马市场提供了各种各样的奢侈品。

一旦征服期的动荡结束，野蛮的北方和罗马各省之间就形成了常规的贸易体系。早在恺撒时代，苏维汇人（Suebi）就被认为是日耳曼部落中规模最大、最好战的，但是他们允许罗马商人进入他们的国家，这样他们就可以"为他们的战利品找到买主，而不是因为他们想要进口任何东西"。然而，苏维汇人对酒采取禁运措施，他们认为酒会对男性产生一种令其衰弱的影响。考古证据表明，他们用战利品所交换的是金银铸币和青铜餐具，而他们的战利品大多是牲畜和奴隶。塔西佗在公元 1 世纪末期的著作中对交换过程提出了有趣的见解，他这样写道：

> 与我们打交道的日耳曼人重视金银在贸易过程中发挥的作用，相对于别的东西，他们偏爱某些类型的罗马硬币……他们喜欢那些古老而又熟悉的硬币，特别是边缘有凹口的银币和两轮战车的类型……他们更想获得银币而不是金币……他们发现银币更适合购买廉价和普通商品。

考古证据很好地证明了这一点，精明的日耳曼人确实偏爱含银量较高的旧银币，这也是公元 64 年尼禄货币改革导致银币贬值之前所生产的银币。

罗马银币和其他价廉的罗马商品分布在从边境地区到腹地约 200 公里（125 英里）左右的一个宽阔区域中，这一分布反映出该地区距离边境市场很近，那里可以购买和出售商品，也为当地的日耳曼生产商提供了可以处理他们盈余产品的机会。塔西佗举了一个具体的例子，长期以来一直是罗马盟友的赫蒙杜里人（Hermunduri）。他们是"唯一既在河岸上与我们进行贸易，又在我们的边界之内与我们进行贸易的日耳曼人，我们与他们进行贸易的地方是美丽的殖民地雷
396 蒂亚的省会。他们想来就来，不需要看守。"在市场区域之外，到公元 1 世纪末，包括青铜餐具和其他奢侈品在内的罗马商品深入野蛮人的领地，北至瑞典南部和挪威的野蛮地区。这代表了一种完全不同的贸易体系的运作，这个体系可能始于

身为开拓者的商人用礼物开辟道路，以此来进入野蛮人所控制的北方地区，并与当地精英签订贸易协议。其他的商人团体选择在日耳曼境内定居。我们了解到，其中一个团体曾依附占领皮希米亚的马科曼尼国王马罗博杜斯。国王在公元18年逃亡时，留下来一块殖民地，这个殖民地上满是"商人和从罗马各省而来的随军流动的平民。他们首先被达成的贸易协定吸引，之后又期望可以赚到更多的钱，他们从各自的家园迁移到了敌方领土上。最后他们忘记了自己的国家"。毫不奇怪，在波希米亚发现了大量的罗马奢侈商品。在丹麦，特别是洛兰岛也发现货物集中点，暗示了可能与其他贸易飞地为更远的市场提供服务。

作为对耐用消费品向北流动的回报，罗马商人将会获得更多的人力资源和原材料。奴隶仍然是一种非常理想的产品。北方还能提供其他商品，野生动物可以为竞技场提供娱乐，兽皮可以用于制作帐篷和其他军事装备，牲畜则为军队提供食物，而像皮草、琥珀和海象象牙等奢侈品在罗马的国内市场中是人们梦寐以求的。

在市场区域之外，罗马奢侈品被当地精英们转手，通过操纵这些产品，精英们维护他们的权威。因此，与罗马谈判达成的协议确保了奢侈品的持续供应，且双方都认为这是维持大环境稳定的一种方式。公元1世纪，也可能是2世纪，罗马扶植了许多日耳曼领导人。塔西佗在谈到马科曼尼人和夸迪人时明确指出："国王的权力完全取决于罗马的许可。他们偶尔会得到我们的军事援助，但更多的是同样有效的经济援助。"

精英社会受益于罗马进口商品的程度体现在一种特殊类型且丰富的墓葬分布上，被命名为波美拉尼亚的吕布索（Lübsow）墓。墓葬大多采取土葬的方式，尸体被放置在棺木里，或是石棺或坟冢下面精心打造的墓室。每个墓葬中，死者都配备了一套从罗马进口的饮酒或宴会的用具，包括银器、玻璃器皿和青铜器皿。在丹麦洛兰岛上的霍比，人们发现了一个更详尽的例子，埋葬在棺木中的男性尸体其时间可追溯到公元1世纪初，坟墓中的物品包括两个装饰精美的银杯，一把银勺，一个青铜盘二，一个青铜的桶状容器，还有奠酒的盘和壶，以及两个青铜的饮酒角。他的个人装备包括金、银和青铜的手镯，金戒指，青铜腰带配件和一把刀。还有三口锅和带骨头的猪肉。吕布索风格的墓葬分布在易北河和维斯瓦河之间的广阔地带，从波希米亚延伸到丹麦群岛，只有奥斯陆附近是例外。

维斯瓦河标志着罗马商品在公元1世纪和2世纪所渗透区域的东部界限，但

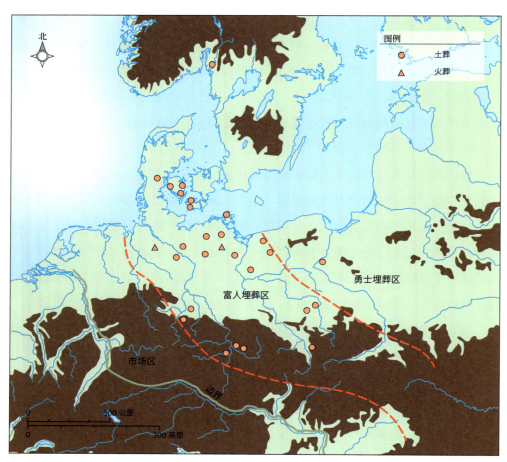

11.17 居住在罗马边境附近的日耳曼部落与罗马世界进行贸易。富人的墓地紧邻市场区，在那里，精英阶层通过陪葬罗马奢侈品来展示地位。富人墓葬区外是勇士居主导。

一些商品到达了挪威南部和瑞典，通过丹麦的菲英岛和西兰岛经海路抵达它们的最终目的地。哥特兰岛上发现的罗马青铜器反映了瑞典南部梅拉伦地区以北海上航线的使用情况，沿挪威海岸延伸至卑尔根南部的发现表明，大西洋航线在此时仍然处于活跃的状态中。

398　　　我们认为（参见第 423 ～ 424 页），马科曼尼人、夸迪人和亚齐格斯人穿过罗马边境线的原因是东北部部落人口增加，以及他们向南部邻居施加压力。考古学的发现有助于我们弄清情况。在受到战略压力的区域——奥得河的东部地区——存在两个考古学上具有明显差别的文化：其中的一个是奥克西维（Oksywie）文化，它遍布波美拉尼亚和维斯瓦河下游地区；而另一个是普热沃斯克（Przeworsk）文化，它横穿北欧平原的广阔地带，从上奥得河流域延伸至维斯瓦河上游。对普热沃斯克文化的认识，几乎完全来自墓地所提供的证据。火葬在埋葬仪式中占据主要地位，而男性的墓葬里，他们的剑和盾牌通常被作为陪葬品来使用，在某些情况下陪葬品也会有马刺。尽管奥克西维在物质文化上存在类型的明显差异，但呈现了大致相似的证据。总的来说，战士的墓葬之间几乎没有什么明显的社会区别，但偶尔精英阶层战士的墓葬更丰富。

到公元 2 世纪中叶，埋葬方式发生变化，它也表明了社会的变化。火葬改为土葬，武器也不再是陪葬品。在考古学术语中，这标志着奥克西维文化已经过渡到了维尔巴克（Wielbark）文化时期。这也有民族迁徙的迹象。维尔巴克文化开始向着东南方向延伸，冲击普热沃斯克地区。在古老的普热沃斯克地区，随着人们向西南方向迁移，墓地的密集程开始逐渐减弱。正是 2 世纪末 3 世纪初，日耳曼东部部落间的动荡，给他们位于精英墓葬地区的邻居 —— 马科曼尼人和夸迪人 —— 带来了很大的战略压力，迫使他们推进到罗马边境。

在考古学上，维尔巴克文化，如同我们将会在后面部分中所看到的一样（第436 ～ 438 页），体现了早期哥特人的成就，而普热沃斯克文化代表的是勃艮第人和汪达尔人。这三支部落在整个公元 3 世纪都在持续进行着迁移活动，在最后与罗马帝国对决的事件中变成了重要的角色。

马科曼尼战争之后，贸易网络被重新建立，在某些情况下，可以看出贸易明显增强了。与意大利的商业联系开始减少，现在大量的贸易似乎是通过高卢进行的。连接丹麦群岛和波罗的海的贸易网络持续加强，但在 3 世纪，西兰岛取代洛兰岛成为再分配的主要中心。进口商品的数量和范围，以及它们现在被更广泛地分配到更低社会阶层的事实表明，贸易的基础正在改变。它不再是精英之间的交换，而是以一套商定的价值观和价格体系来进行运作的贸易形式。海洋仍然是主要的运输路线，波罗的海的厄兰岛和哥特兰岛的地位慢慢凸显出来。沿瑞典海岸一直到波的尼亚湾都发现了罗马的青铜器。另一个重要入口是奥斯陆峡湾，罗马货物沿着挪威的大西洋海岸最远可向北延伸至特隆赫姆峡湾（Trondheim Fjord）。

从莱茵河口向北航行的北海航线在 3 世纪时发展起来，使大量低到中等价值的罗马商品被引进到荷兰、日耳曼北部和日德兰半岛的沿海地区。在这里，我们

399

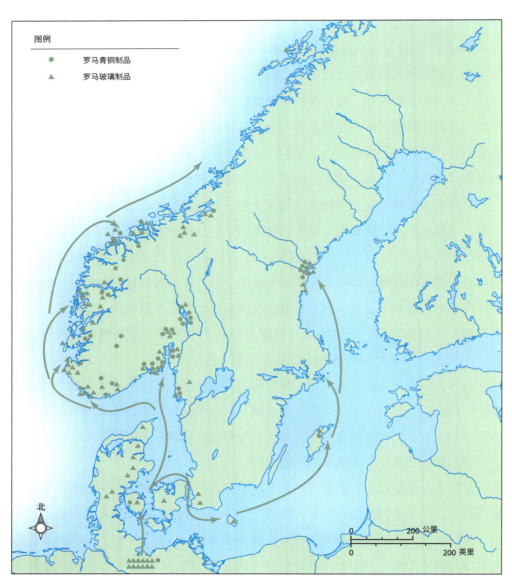

11.18 罗马奢侈品在斯堪的纳维亚半岛的分布，显示了当地海上网络的活力。

400 似乎又看到了管理贸易存续了很长一段时间。除了这些变化之外，还有证据表明产量增加——金属加工、编织、皮革鞣制和亚麻浸渍——但都是在村庄一级。生产的集约化似乎与罗马世界对贸易管理的加强密切相关。罗马经济网络在 4 世纪末期的崩溃可能是迫使北海社群参与到当时大规模迁移活动中的因素之一。

在北海另一侧，不列颠尼亚省的命运与帝国命运紧紧捆绑在一起。苏格兰的边界线在哈德良长城和安东尼长城之间摇摆不定，提供了与北方未被罗马征服的部落之间的联系渠道，并使低价值货物贸易可以继续进行，只有野蛮的突袭和后续的军事行动才会让罗马感到不安。这种接触似乎只对当地的经济或土著部落的社会发展产生了较小影响。

爱尔兰仍未被征服，但其与罗马的商业关系很快地发展了起来：塔西佗提到，早在公元 1 世纪末期，商人就对爱尔兰的港口和他们的贸易方法有了详细的了解。少量低价值的罗马商品被转运到都柏林和科克附近的港口，并分发给内陆的土著社群。作为回报，这些商人们会获得奴隶、兽皮和猎犬。少量的考古证据表明，当时的贸易从未达到特别密集的水平，与罗马世界的接触似乎对爱尔兰社会没有产生什么影响。

最后，来到黑海。沿着北岸的旧港口——尤其是博斯普鲁斯王国的港口——继续为罗马世界和腹地的联系，即从北部的草原地区延伸到乌克兰、白俄罗斯和俄罗斯南部的森林地带提供了接口。大量的罗马进口货物沿着顿河进入当地人的墓地，而第聂伯河则提供了一条通道，将罗马货物销售到维斯瓦河以东的森林地带。正是通过这条路线，欧洲东北部的部落，包括哥特人，了解到黑海拥有大量财富。公元 2 世纪末期，哥特人逐渐迁移到乌克兰较为富裕的地区；到了 3 世纪中叶，他们已成为黑海北部地区的主要力量。

失败的边界：公元 250 ～ 284 年

正如我们所看到的，奥得河东部的部落人口增加，可能是马科曼尼人、夸迪人和亚齐格斯人爆发马科曼尼战争的原因。通过允许大批流离失所的人在罗马各省定居，并担任罗马军队中的辅助人员，马可·奥勒留缓解了迫在眉睫的问题，但没有从根源上解决问题。日耳曼东部地区人口增加的压力造成了动荡和不稳定。旧部落从地图上消失，新部落——由现有群体建立起来的联盟——开始出现。阿勒曼尼人的最早记录是公元 213 年，是由日耳曼西南部苏维汇人、赫蒙杜里人和易北河上游的小部落联盟构成。值得注意的是，阿勒曼尼代表"所有人"

的意思。人们于公元 250 年前后首次听到法兰克人，他们是由生活在莱茵河和威悉河之间的部落合并而成，而在西边，居住在北海沿岸的人被称为撒克逊人。在东部，哥特人是占据统治地位的蛮族力量，在他们向南迁徙到黑海海岸的过程中，由许多不同部落的不断结盟所组成。这些多部落的联盟建立了共同的身份认同，并且达成了实现共同目标和统一行动的准则。

402　　欧洲边疆的压力在 3 世纪初逐渐增强，最初集中于多瑙河上游和莱茵河之间的较短陆地边界上。公元 213 年，卡拉卡拉击退了阿勒曼尼人和查蒂人（Chatti），但到了 233 年，阿勒曼尼人又回来了。这一次，他们破坏了边境的防御力量，冲破了边境，一路挺进到雷蒂亚省（Raetia）和诺里库姆省。两年后，边境恢复，但袭击在 254 年再度到来，并在 259 ～ 260 年达到顶峰，陆地边界彻底崩溃，以后再也没有恢复。此后，河流开始成为罗马与野蛮人之间的边界。公元 259 ～ 260 年的袭击造成了广泛的破坏和恐慌。阿勒曼尼人占领了上日耳曼尼亚省的部分地区，一些军事袭击向南影响到了高卢、阿尔勒和奥弗涅，还有一群人甚至到达伊比利亚半岛东北部的塔拉戈纳。大约在同一时期，法兰克人在几乎没遇抵抗的情况下入侵高卢北部，突破了莱茵河下游地区的边界线，并从海上进攻沿海地区。对罗马的居民来说，这使他们想起了辛布里人和条顿人那段可怕的日子。

更糟糕的情形出现在 275 年。阿勒曼尼人、法兰克人、汪达尔人和勃艮第人穿过莱茵河，洗劫了特里尔和高卢北部的许多城镇。当时有消息称，60 个高卢的城镇遭到破坏，需要重建。如果这是真的，那就意味着高卢大约一半的城市基础设施在某种程度上受到了影响。尽管皇帝普罗布斯（Probus）有效地处理了这场危机，但帝国西部的士气却遭到了严重的打击。

在北海的南部和英吉利海峡，撒克逊人从威悉河和易北河河口附近加入了法兰克侵略者的队伍。这些海盗不仅打劫船只，还袭击了高卢和不列颠的海岸。这一威胁如此严重，以至于在公元 285 年年末，一个梅纳皮亚（Menapian）军人——卡劳修斯（Carausius）被派去除掉"比利时和阿莫里凯海岸"的海盗。这次任命并不成功。卡劳修斯因被指控与海盗有所勾结，被判处死刑，但他通过占领不列颠并在那里称帝而逃脱。这个分离的省份最终于 296 年回到了帝国的版图，卡劳修斯的继任者——阿莱克图斯（Allectus）被打败并杀死。

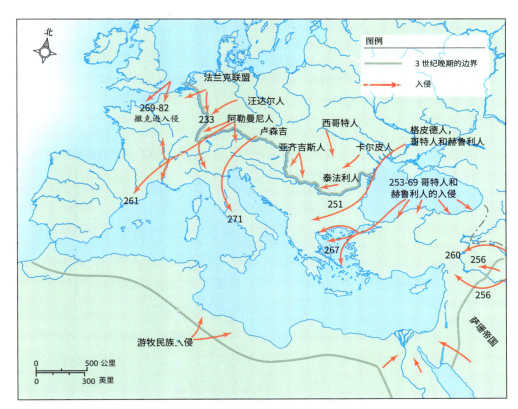

11.19 公元3世纪下半叶，罗马所有边界都面临压力。在许多情况下，边境崩溃，北方的野蛮人涌入罗马的各个行省。

　　在欧洲东部，大规模的民族迁徙彻底改变了该地区的地缘政治。对于罗马作家而言，迁徙的主体在描述中仅仅是哥特人，但这个名字很可能掩盖了实际情况的复杂性。塔西佗在公元1世纪末期的著作中写到，古通斯人（Gotones）居住在波罗的海南岸的下维斯瓦地区，他们从考古学上属维尔巴克文化，他们的运动可以追踪到东南方向，利用德涅斯特河和布格河到达黑海沿岸。在那里，他们与当地的各个部落合并，并结成可怕的联盟，罗马作家用哥特人的种族名来称呼它。

　　哥特人和他们的日耳曼同盟在黑海立足后，就与罗马世界进行直接接触，并在3世纪中期发动了多次袭击，军事行动在257年对比提尼亚省（Bithynia）和普罗庞提斯海（Propontis，小亚细亚的西北部）发动联合攻击后告一段落。又过了十年，下一轮攻击于268年开始。这一次，一支由两千多艘船组成的庞大舰

403

队，被用来运送哥特人和赫鲁利人（Heruli）的军队。在一次对拜占庭的攻击失败之后，这支舰队强行穿过达达尼尔海峡，进入爱琴海，并分成三支舰队分头行动。其中的一支舰队在塞萨洛尼卡附近登陆，袭击了巴尔干半岛地区；第二支舰队在阿提卡展开活动，占领了雅典、斯巴达、科林斯、阿尔戈斯和奥林匹亚；而第三支舰队则袭击了小亚细亚的海岸、罗得岛和塞浦路斯。这场毁灭性的爆发很快就被遏制住了：巴尔干半岛上的入侵势力在 268 年被皇帝加里恩努斯（Gal-lienus）击败；爱琴海的掠袭者在 269 年被赶回黑海；阿提卡的哥特军队在 270 年进军伊庇鲁斯时被克劳狄乌斯二世所击败。

遏制措施所产生的效果令人印象深刻，但这次爆发也给罗马带来深刻的冲击。此后罗马的政策是封锁博斯普鲁斯海峡来遏制哥特人在黑海地区的威胁。公元 270 年，多瑙河又发生了陆地袭击事件，但第二年，罗马人在皇帝奥勒良的领导下进行了反击，并且击败了一支庞大的哥特部队。在此之后，达契亚省被罗马所遗弃，大批从黑海西北地区而来的人，其中包括巴斯塔奈人（Bastarnae）和卡尔皮人（Carpi），均被带到巴尔干半岛并在那里定居。边境以北的民族迁徙迫使松散的哥特人分成了两派，分别为西哥特人和东哥特人。在接下来的几个世纪的时间里，他们都将成为欧洲历史舞台上的重要玩家。

戴克里先及其改革：公元 284 ～ 305 年

3 世纪野蛮人的入侵、货币制度的失败、人口的灾难性下降，以及政府因派系斗争而导致的分裂，使帝国走向近乎崩溃的状态。然而，罗马仍然有改革和重建的能量和意志，出现了一位实干且冷静的罗马军人——戴克里先（Diocletian），罗马因此找到了一位有能力推动重建的人。戴克里先是伊利里亚人，虽然出身卑微，但凭借着纯粹的个人能力，他在军队中的地位稳步上升。公元 284 年，禁卫军推举他为皇帝，在他统治的 20 年时间里，他着手解决困扰帝国的弊病。

这个帝国太大了，大到无法一个人进行统治，而且有争议的继承人不可避免地会造成巨大的动乱。为了解决这一现象，戴克里先创造了四帝共治的统治模式。他将帝国一分为二，东部很快就建立了以拜占庭（君士坦丁堡）为中心的政权，而西部则以罗马作为中心。帝国的这两个部分，由同等级别的"奥古斯都"进行统治。戴克里先亲自主导东部的事务，并且在军队的追随者中选择了马克西米安（Maximian）来主导西部的事务。对他们直接负责的是两名"恺撒"，君 404士坦提乌斯（Constantius）和伽列里乌斯（Galerius），在这一职位的人选中，他们的能力更强。如此安排的意图是，20年后"奥古斯都"将会退休，而"恺撒"将接管这些事务，然后要任命一对新的"恺撒"来接替原来的统治者。也许这个雄心勃勃的系统最令人瞩目的特点就是它持续了很长时间。公元305年，在之前所约定好的20年时间后，戴克里先和马克西米安退休，将帝国留给了两位"恺撒"。尽管暴力冲突很快发生，并导致了这一安排的崩溃，但这两名退休的奥古斯都没有试图恢复权力。

然而，回到戴克里先统治初期：为了上层建筑的稳定，皇帝着手改革军队、 405省级单位的行政机构和财政体系。军队现在重组为两种类型：其一是边防部队，驻扎在所有陆地边界的堡垒中；其二是机动部队，依战略对其部署，以便他们能够迅速应对诸如叛乱或野蛮人突然入侵等紧急事件。由于边防军长期驻扎在边界的防御工事中，而儿子们通常在进行职业选择时都会跟随父亲的职业，边防军很快就变成了长驻民兵；从那时起，军队已经变得非常"日耳曼化"，边界线两边人口的种族差异逐渐变得模糊起来。

为了改善省级行政管理体系，政府对旧省份进行了细分，建立了大约100个较小的省份，这些省份又被分成了12个教区，每个教区都由一个监督征税的代办管辖。四帝共治中的每一位皇帝都能控制一组教区。税收制度也进行了改革，而且变得更加复杂，可笑的是，改革后税吏的数量比纳税人的数量还要多。新制度的重要组成部分是引进了实物税，这意味着大部分产品可以在生产地区附近来进行"消费"，避免了长途运输货物的需要，同时也大大简化了财政制度，而不利影响是导致了经济的非货币化。

最后，为了解决恶性通货膨胀问题，戴克里先对货币进行了改革，创造了一种新的高纯度金币，并且以一种新发行的银币作后盾，为货币保值。尽管君士坦丁后来将黄金贬值了20%，但它仍然是拜占庭早期货币体系的基础。旨在抵制通货膨胀的第二项财政措施是公元301年所提出的"最高价格法令"，详细列出

11.26 为了帮助这个庞大的帝国重获稳定，戴克里先皇帝引入了新的领导制度，即四帝共治。帝国被划分为东西两半，分别由一位奥古斯都统治，一位年轻的二号人物准备在约定的时间接管政权。一件公元300 年的红色斑岩雕像展现了四位君主。这件作品最初来自君士坦丁堡，现在却被镶嵌在威尼斯圣马克大教堂的外墙上。

11.21 戴克里先皇帝（公元 245—316 年），他的改革稳定了帝国。这个头像来自戴克里先位于土耳其尼科米底亚（Nicomedia）的一处住宅。

了整个帝国所允许的商品价格，从港口到港口之间的海上运输过程中的关税，还有应付给不同类别工人的工资，以及从粮食到鱼胶每一件日用品的价格。价格是以第纳里乌斯（denarii）计价，它为保持货币经济活力做出了一定程度的贡献，但法令的总体效果是货物不再在市场上公开出售，实物交易变得越来越普遍。

这些改革还试图解决因过度征税而导致的出生率下降和人口流动性增强的问题。过重的税收使得佃户、商人和小农放弃工作，移居城镇，或者成为大庄园的工人，或者加入越来越多地渗入农村的土匪团伙。现在，一系列的新法令迫使人们被束缚在自己的职业上，并要求子承父业。这是一种绝望的行为，旨在支撑迅速衰败的社会架构。

戴克里先的改革是一项了不起的成就，创造了整个帝国的和平与繁荣，在4世纪的大部分时间里都是如此，但它们充其量也只是解决系统性问题的权宜之计。一个人的影响力不足以改变欧洲边境两端的变化势头。

406

第十二章 | 潮流的转变

（公元 300 年～公元 800 年）

公元 305 年 5 月 1 日戴克里先退位到公元 800 年圣诞节查理大帝的加冕典礼 ⁴⁰⁷
之间，欧洲社会经历了一场彻底的变革。这段时期伊始，罗马帝国虽战战兢兢但
仍维持着大体上的完整性，统治着整个地中海和欧洲半岛的大部分地区。罗马帝
国以其境内各个政体之间互相争权所带来的混乱局面而告终，这些分散的政体大
体上呈现出现代欧洲民族国家的领土形状。民族迁徙不断所导致的动荡直到正式
的国家形成才最终结束。

欧洲大陆上随处可见四处奔波的部落，漫长的战争使得战争领袖和国王短暂
地出现在历史的舞台上，无数战斗的胜利和失败使这段时期成为一段狂热又混乱
的时期。翻天覆地的变化很容易被肤浅的历史叙事所掩盖。简言之，罗马帝国沦
落为一块富饶的飞地，控制着欧洲和亚洲之间、黑海和地中海之间至关重要的东
部十字路口；草原上来的游牧民族和半游牧民族一波一波向西行进；日耳曼人涌 ⁴⁰⁸
入边境，并在殖民旧西罗马帝国中耗尽了他们的力量；在波罗的海周围，生产力
水平较高的农业社群发展出一种愈发舒适的生活方式，这得益于他们与快速发展
的北方贸易弧的紧密联系。这是旧欧洲最为常见的社会情境。但是现在，一股全
新的力量开始进入这个情境中，阿拉伯的军事力量开始快速增长，先是进入叙利
亚、巴勒斯坦和埃及，然后沿着整个北非海岸向伊比利亚半岛蔓延。从此以后，
伊斯兰世界将与欧洲同台。

重 新 包 装 的 帝 国

戴克里先所建立的四帝共治体制，是对过度扩张的帝国所面临的治理和延
续性问题提出的一种理论解决方法，但它并未认识到人性的本质，所以注定会失
败。在戴克里先和马克西米安于 305 年退位后，这个制度在表面上还是存在的，
但在实际运作上导致了不可避免的自我冲突，一位名叫君士坦丁（Constantine）
的人通过战争，获得最高的权力，并于 324 年再度统一了帝国。在他争取权力的
过程中，君士坦丁经历了两次重大战役，并产生了深远影响。在罗马附近的米
尔维安桥（Milvian Bridge），他接受了基督教洗礼，后来在博斯普鲁斯的战斗中，

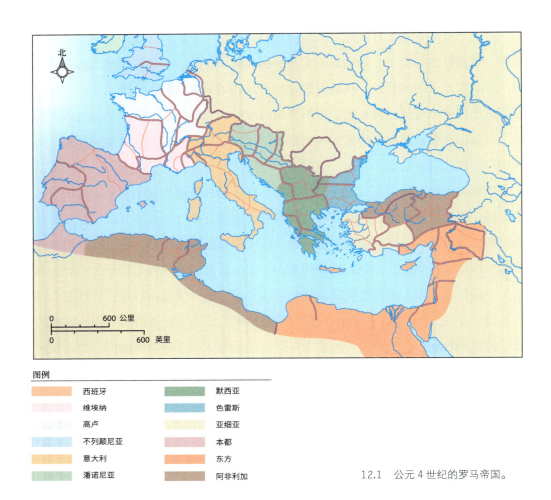

图例

	西班牙		默西亚
	维埃纳		色雷斯
	高卢		亚细亚
	不列颠尼亚		本都
	意大利		东方
	潘诺尼亚		阿非利加

12.1 公元 4 世纪的罗马帝国。

他突然意识到拜占庭巨大的战略价值，从此，君士坦丁堡成为新罗马帝国的中心。新首都于公元 330 年落成。这并不是统治者一时的心血来潮。很显然，帝国的重心正在向东方转移；从这里出发可以很快到达东方和欧洲的两个边界，更重要的是，君士坦丁堡位于一个贸易网络的中心，在那里，可以同时控制欧洲的生活必需品和东方的奢侈品市场。

尽管这座城市在面积上和经济上的发展十分迅速，但直到狄奥多西一世（Theodosius I）379~395 年统治时，皇帝才选择将君士坦丁堡作为皇宫的所在地。此时，这座城市已经具备首都应有的排场，包括 300 多位元老院成员、治安官和一名地方行政长官，在宪法上这座城市与罗马平起平坐。因此，讲希腊语、到处是基督徒的君士坦丁堡披上了帝国的外衣；而讲拉丁语、充斥异教徒的旧罗马开

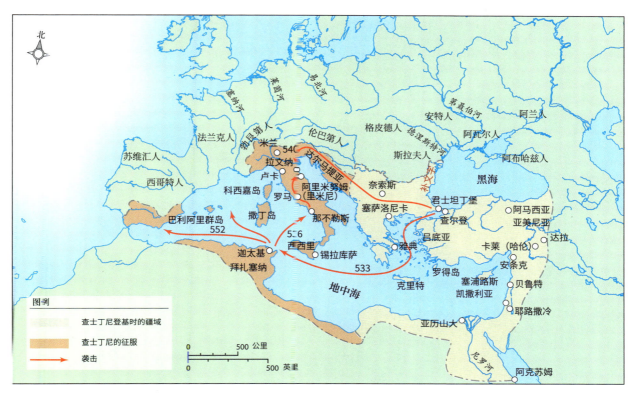

12.2　帝国因为野蛮人的攻击失去了很多土地，皇帝查士丁尼花了很长时间试图恢复西罗马帝国。到公元565年，他又恢复了对意大利、北非大部分地区和伊比利亚的东南部的统治。

始日渐衰弱。

　　西罗马的衰落非常迅速。日耳曼人的正式入侵始于4世纪60年代后期。整个欧洲的边界都面临巨大的压力，渴望土地的移民涌入被废弃的地力耗尽的西部省份为自己开辟新的领土。公元476年，西罗马末代皇帝罗慕路斯·奥古斯都（Romulus Augustalus）被废黜，西罗马自此主要由日耳曼王国拼合而成。

　　随着罗马的衰亡，君士坦丁堡变得愈发富丽堂皇，逐渐成为世界文明的中心之一。公元527年，查士丁尼就任皇帝，立即将国家的资源投入到收复西罗马的战争中。在加强了对东部边界波斯人的防御之后，收复行动于533年正式开始，查士丁尼对现在占领北非的汪达尔人发起海上攻击。取胜的速度令人惊讶，北非的成功也为查士丁尼收复意大利提供了战略支点，但战争艰苦而漫长，直到563年，饱受战争摧残的半岛和伊比利亚南部三分之一的领土才收复。在这三十年战

409

12.3　圣索菲亚大教堂的内部。这是公元 6 世纪早期位于君士坦丁堡中心，作为东罗马帝国至高无上的荣耀而建造的，也被称为圣智慧教堂。在奥斯曼帝国的统治下，它变成了一座清真寺，现在成了一座博物馆。自 6 世纪以来，内部的建筑和装饰风格没有改变。

争期间，查士丁尼重新获得了对一些西部地区的统治权，同样在这个过程中，他也耗费了大量的人力和资源，但除了一种怀旧的自豪感之外，查士丁尼很难再判断出这场战争对自身而言有什么好处。也就是说，几乎整个地中海都回到了帝国的统治下，也将两个最具生产力的农业地区——安达卢西亚和突尼斯拉回到了帝国的供应网络中。

君士坦丁堡现在成了一个闪闪发光的中心，吸引着来自世界各地的学者和艺术家，这座城市也对基础设施进行大规模的投资。查士丁尼一世最大的成就在于重建了圣索菲亚大教堂——这座建筑代表着非凡的智慧。原有的教堂在 532 年的暴乱中遭受严重破坏，查士丁尼从那场暴乱侥幸逃脱。出于虔诚，他开始大规模地重建教堂，并从各地招募能工巧匠。这些人中有著名的数学家，比如来自特拉勒斯的安提莫斯（Anthemius）和米利都的伊西罗尔（Isodorus），他们通过计算来确保这座史诗级的建筑物拥有坚固且持久的结构。大成本投入的结果使得这座建筑过去是（现在仍然是）有史以来最杰出的建筑成就之一。即使是对查士丁尼持严厉批评态度的历史学家普罗科匹厄斯（Procopius），也在他的作品中写道："教堂呈现一种极为辉煌的景象，对那些亲眼见过它的人来说非比寻常，而对那些听说过它的人来说，简直难以置信，……它因难以形容的美丽而著称，它的大小和各个部分的和谐程度是全世界数一数二的。"查士丁尼活到了这个项目落成，并出席了公元 563 年的圣诞节所举办的竣工仪式。一位同时代的观察者，即主持这项仪式的官员保罗记录了当时的场面：

> 当第一缕曙光带着玫瑰色的光芒从一个拱门跳升到另一个拱门，驱散了黑暗，所有的王公和现场的民众异口同声唱起了赞美诗和祈祷的歌；当他们来到了神圣的正厅时，那巨大的拱门仿佛建在天堂。

查士丁尼来之不易的重新征服并没有持续太久：到公元 700 年仅剩西西里岛和意大利的脚趾。然而，君士坦丁堡和它的东方帝国继续蓬勃发展，因其在贸易路线中所占有的主导地位而变得富有。随着周边世界的不断变化，拜占庭展现非凡的适应力。它仍然是一个重要的政体，影响着整个欧洲的历史进程，贯穿了我们故事的每一个时间段。

匈人：公元 350~450 年

我们再次回到东欧大草原的北部。这里的大部分地区，包括克里米亚和亚速海，都被早在 3 世纪初期到来的东哥特人所占领。而顿河的东部地区依然是草原游牧民族——阿兰人的领地，他们在公元前 1 世纪从东方来到这里。这是公元350 年前后的情况，当时的另一支草原游牧民族——匈人——从东方而来，并且在伏尔加河以东的草原上定居下来。

在接下来的 50 年里，匈人继续沿着黑海北部走廊向西推进，在这个过程中给沿线地区造成了大规模的社会动荡，并在 408 ~ 409 年时攻击了君士坦丁堡。狄奥多西一世的有力反击措施让这些游牧民族的前进方向发生了改变，他们别无选择，只能越过喀尔巴阡山脉进入特兰西瓦尼亚和匈牙利平原，在那里定居下来。这是一个古老故事的再次重演：至于原因是什么，我们只能去推测。也许在草原游牧民族中流传一些民间故事，西部的肥沃平原就是他们的归宿。

412

西迁最后阶段开始的确切时间很难说，但匈人早在公元 420 年代已定居于匈牙利大平原。最初的定居很有可能开始于 5 世纪的最初几年，这也同时成为一种催化剂，促使这一地区本已动荡不安的日耳曼部落和阿兰人于 406 年末，穿过结冰的莱茵河，大量涌入罗马西部省份。

匈人帝国的疆域从喀尔巴阡山盆地一直延伸到里海，并将这一地区的残余人口重新合并到匈人团体之中。起初，匈人在自己国王的领导下被分割成了若干个自治团体，但是到了公元 440 年，政治日趋集中，单一的王朝出现了，权力由两个主要的统治者分享。由匈人王阿提拉（Attila）和他的哥哥布雷达（Bleda）共治的政治模式直到阿提拉谋杀了布雷达取得了最高的权力。

413

也许正是在西进的动荡中，这些原本的游牧民族把自己重新塑造为统治阶级，他们需要顺从的原住居民来生产他们赖以生存的食物。这些擅长移动的精英及其追随者因掠夺周围的土地和在某个帝国需要武装力量时充当雇佣兵而变得富有，但在 430 年代之后，他们的力量已经使得他们可以发动属于自己的战争，来获得他们已经习惯的战利品和礼物。

匈人与东罗马帝国之间的关系是矛盾的。匈人曾经充当东罗马帝国皇帝手下

12.4 匈人的出现。由阿提拉领导的突袭队深入西欧，但没有产生持久的影响。

的雇佣兵，他们也曾突袭东罗马帝国的省份，442 年，匈人将战线向南推进到巴尔干半岛。447 年通过谈判达成的和解似乎结束了敌对行动。拜占庭用大量的礼物收买了他们，而匈人十分欣赏罗马帝国仍拥有的军事实力：最好的情形是见好就收。

451 年，匈人王阿提拉带领着匈人军队深入欧洲西部，被罗马将军埃提乌斯（Aetius）所率领的由西哥特人和勃艮第人组成的混合军团击败。第二年，阿提拉决定在意大利北部碰碰运气，他在进入波河流域之前攻击了阿奎莱亚（的里雅斯特），但是疾病击溃了他的军队。他死于公元 453 年，死因据说是他在花烛之夜中摄入了过量的酒精，随着他的死亡，这场战争结束了。

在争夺权力的斗争中，脆弱的匈人帝国分崩离析。当地的部落，如喀尔巴阡山盆地的格皮德人（Gepids）重新恢复了自己的地位，匈人向东重新回到东欧大草原上，不过直到 460 年代末，仍有一些孤立的分支越过多瑙河下游流域对帝国发动攻击。零星的势力成为东欧丰富的种族融合的一部分。

匈人挺进匈牙利大平原是突然的、戏剧性的，但对跟其接壤的东罗马帝国的影响相对较小。它最大的影响在于，随着游牧部落向西挺进，许多不同的日耳曼团体陷入混乱之中——他们在哥特人的领土上横冲直撞，并在多瑙河—莱茵河边境以北争夺土地。这些日耳曼人无处可去，只能跨过边境，涌入西罗马帝国，从而加速了西罗马帝国的灭亡。

迁移的日耳曼人：公元 375~550 年

公元 2~3 世纪，先是北欧平原上动乱不断，之后，3 世纪晚期演变成了整个罗马世界的动乱，这场动乱一直持续了两个世纪。人口的增长、内部的冲突和民族的迁徙，还有新联盟的建立是这个时期最为显著的特征。人口太多现有领地无法容纳。只有两条路线可以逃离：向南穿过罗马边界进入帝国内部，或向东进入东欧大草原。3 世纪晚期这两条路线都有人尝试。第一条路线使得罗马帝国吸
414 收了这批移民，让他们加入军队，或者是给予他们空地让他们进行耕种；而第二条路线正如哥特人所实践的那样，沿着黑海北部沿岸一直行进到顿河。这些解决方式缓解了三四代人的压力，但是到了 4 世纪中叶，随着匈人从东方出现，情况再度危险起来。他们向西深入到匈牙利平原，使得这里本来就十分紧张的局势雪上加霜，世界开始愈加混乱，大量的日耳曼人穿过边境线寻找新的土地定居。公元 375~500 年这段时期所讲述的就是"再调整"的故事。

我们对这一时期日耳曼故土内部的动荡知之甚少，但是自从他们进入罗马各省后，关于这些日耳曼人的行动就有很多的记载了。现存的资料不可避免地局限于那些罗马观察家认为值得描述的方面。这是一种片面的、常常带有偏见的描
415 述。例如，对西哥特人 40 年迁移生活的描述没有告诉我们这段时间西哥特社会中所发生的变化。这支不断移动的武装力量也会接受其他移民团体——日耳曼人、萨尔马提亚人和土著民族；娶当地人为妻丰富了基因库，许多移民也选择在沿途定居。西哥特人于 5 世纪末期在伊比利亚半岛上建立了他们自己的家园，这跟在 376 年时沿着多瑙河下游流浪的西哥特人有着很大的不同。他们在行进中所

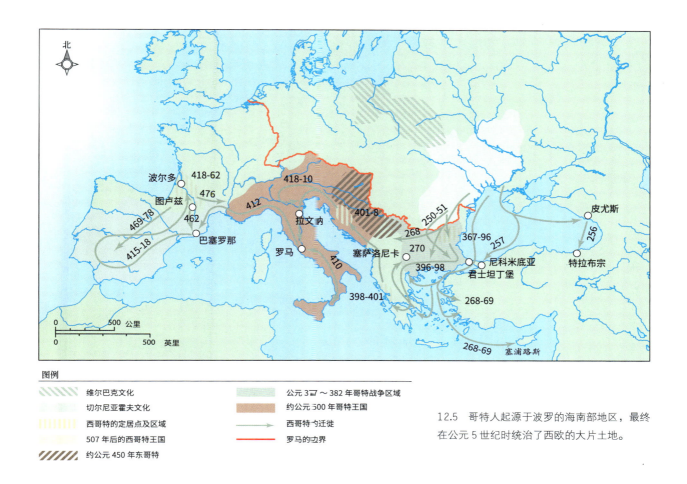

图例

▨ 维尔巴克文化		公元 3 □～382 年哥特战争区域	
切尔尼亚霍夫文化		约公元 500 年哥特王国	
‖ 西哥特的定居点及区域		→ 西哥特人迁徙	
507 年后的西哥特王国		━ 罗马的边界	
▨ 约公元 450 年东哥特			

12.5　哥特人起源于波罗的海南部地区，最终在公元 5 世纪时统治了西欧的大片土地。

具有的民族凝聚力体现在领导精英的权威，以及维护祖辈信仰和行为模式的能力上。

　　描述日耳曼人从 4 世纪晚期到 6 世纪早期在西罗马帝国的迁徙细节超出了本书的讨论范围。一言以蔽之，日耳曼人迅速越过了边境，接管了他们认为有用或有吸引力的旧罗马世界的体系、结构和价值观。君士坦丁堡的主教也在 392 年写道："这些野蛮人离开了自己的领土，多次蹂躏我们国家大片的土地，放火焚烧我们的村庄。他们没有返回他们自己的家园，而是像醉酒的狂欢者嘲弄我们。"在日耳曼人第一次猛攻的冲击下，帝国的境况看起来就像是世界末日到来，然而在拉文纳，东哥特王国的领导人西奥多里克（Theodoric）建立了一个与君士坦丁堡相抗衡的宫廷 497 年，他被正式承认为西罗马帝国的最高统治者。与此同时，在遥远的西部 高卢南部和伊比利亚，西哥特人发展起比他们的罗马前

416

417

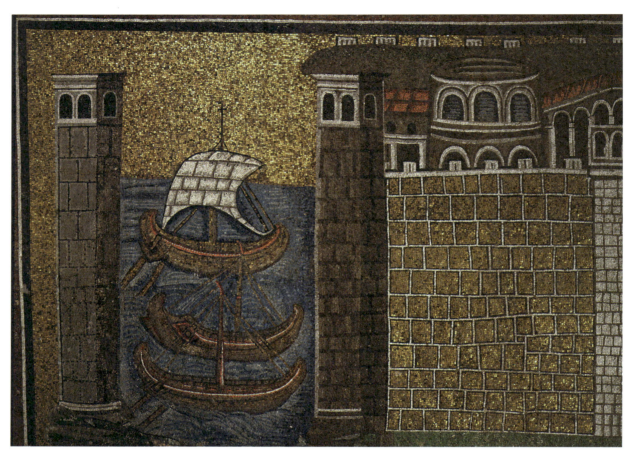

12.6　在国王西奥多里克的统治下，公元 493 年，东哥特人在拉文纳建都。西奥多里克的宫廷教堂（现在的圣阿波利纳教堂）精心装饰了马赛克，其中一幅描绘的是被保护的港口，商船安全地停靠在里面。

辈们更具特色的艺术形式和建筑风格。然而，这并不是一段盲目破坏的时期，而是一段快速变革的阶段，新的高度创新的文化在这一时期开始出现。

　　早期的移民一波接一波地进入他们新的生态位。东哥特人占领了巴尔干半岛和意大利的大部分地区，而西哥特人则继续向着高卢和伊比利亚的方向行进。苏维汇人、汪达尔人和阿兰人向南推进到了伊比利亚半岛，汪达尔人穿越北非，在新掌握的航海技能基础上，吞并了地中海西部的巴利阿里群岛、撒丁岛、科西嘉岛和西西里岛，然后前往意大利。其他日耳曼人群体——法兰克人、阿勒曼尼人和勃艮第人——满足于占领高卢的北部地区、罗讷河流域和巴伐利亚高原。

12.7　在拉文纳城墙外，公元 526 年去世的东哥特国王西奥多里克的陵墓依然完好无损。屋顶是一块重达 300 吨的石灰岩。

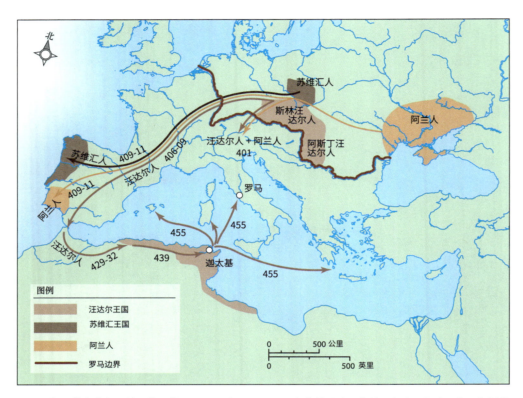

12.8 匈人的突袭和哥特人的迁徙（图 12.5 和图 12.7）是复杂的民族迁徙的一部分。民族迁徙还包括其他种族如阿兰人、苏维汇人和汪达尔人在公元 5 世纪初冲破边界。

　　而迟来者这时登场，伦巴第人在 6 世纪晚期进入意大利之前，先进入了诺里库姆和潘诺尼亚（大致位于奥地利和匈牙利）的旧省区，并在那里创建了伦巴第国。最后，在欧洲的大西洋边缘，撒克逊人、弗里斯兰人、朱特人和盎格鲁人在不列颠东部和高卢北部定居，来自爱尔兰的移民在不列颠西部建立了飞地。在这种流动带来的混乱中，新的欧洲开始形成。

　　人类以前所未有的规模流动着。边界限制了人口的自然流动，但经历了四个世纪左右的时间后，北方的人口压力已经无法控制，军事分界线也随之崩溃。除了人口因素，其他因素也可能起了一定作用。北方的商品流动因罗马世界规模庞大的消费需求而扩大，这必然扭曲了北部平原正常的经济生产——这种扭曲的生产机制可能会在其社会内部造成紧张局势。此外，罗马财政体系的崩溃和戴克里先统治下的严酷的秩序可能会改变罗马—蛮族的交流机制，而这些国家的经济体制只适应于一种体制，根本无法适应新体制的出现和发展。但是有一件事是可以确定的。人口迁移源于人口压力和社会张力，一旦开始，就会形成可怕的势头。大约一个世纪后，这股力量逐渐扩散到旧西罗马帝国最偏远的角落，欧洲的面貌被彻底转变。

日耳曼人之外

民族迁徙所散发出的日耳曼气息延伸到从北海海岸到维斯瓦河流域的北欧平原的大部分地区。再往北波及波罗的海地区（见下文，第 471 ～ 478 页）。在维斯瓦河以东，古典评论家无法触及的地区，社会正经历变革，当然，这里也是斯拉夫人和波罗的人崛起的地方。围绕种族地理学的争论受到现代民族国家政治的影响，这使得该话题变得十分具有争议性。就我们的目的而言，可以这样说，斯拉夫人是从占领维斯瓦河和第聂伯河之间区域的土著居民中衍生出来的。根据早期罗马作家于公元 1 世纪早期所写的作品，这个地区最主要的种族是维涅第人（Venedi），在第 6 世纪时被称作"维涅季人"（Winidae）。波罗的海东部和维斯瓦河东岸附近是另一个部族的所在地，塔西佗称埃斯蒂人（Aestii）。他们控制着桑比亚（Samland）地区丰富的琥珀供应，因此，这里也成为波罗的海和日耳曼地区的商人，甚至还有罗马地区的商人心中的圣地。这些部族慢慢形成了波罗的人。

5 世纪末期，斯拉夫文化和语言向东拓展到顿河和俄罗斯腹地，向西延伸到被日耳曼人所遗弃的领坻，远至易北河地区。向南，斯拉夫人也到达多瑙河地区。这一广宽的文化地带被分裂成了大量规模较小且相互竞争的酋邦。

418

419

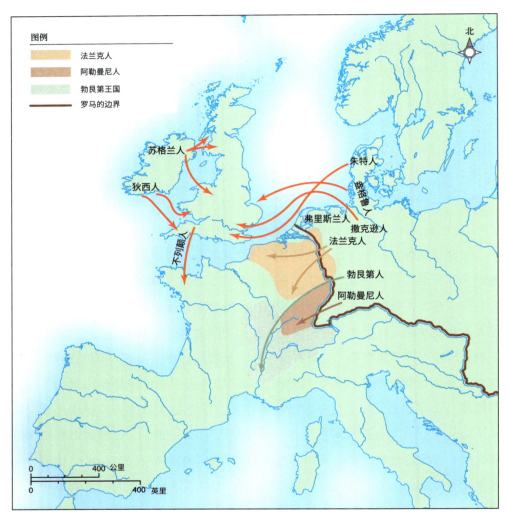

图例

- ▢ 法兰克人
- ▢ 阿勒曼尼人
- ▢ 勃艮第王国
- ── 罗马的边界

北

苏格兰人

朱特人

盎格鲁人

狄西人

弗里斯兰人

撒克逊人

不列颠人

法兰克人

勃艮第人

阿勒曼尼人

0　　　　400 公里

0　　　　400 英里

12.9　公元 360 年到 480 年，西欧影响深远的民间移动导致了大片领土的重新安置。

东方来的骑兵：
阿瓦尔人、保加尔人和马扎尔人

　　当另一个游牧民族——阿瓦尔人——由于高加索北部的突厥汗国的扩张而被迫向西迁移，并从东部进入欧洲时，关于匈人的记忆正逐渐衰落。6 世纪中期，阿瓦尔人在潘诺尼亚建立了他们自己的领地，626 年，一支号称有 8 万人的军队，

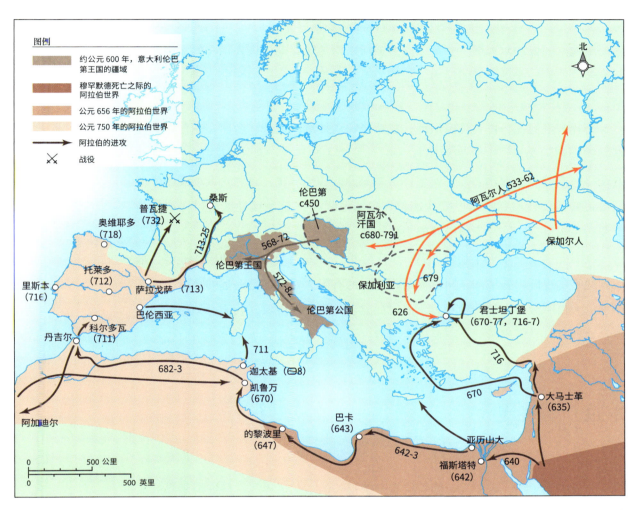

12.10 民族迁徙引发的动荡一直持续到公元六七世纪，直到 8 世纪初，阿拉伯人袭击了君士坦丁堡，在北非和西班牙设定居点。

摧毁了巴尔干，并包围了君士坦丁堡，但没有获得成功，城市坚固的城墙令人生畏，进攻者干脆就消失了。这一时期，许多斯拉夫部落开始反击，在 7 世纪的头几十年里，阿瓦尔汗国的领土缩减到喀尔巴阡盆地和外多瑙地区。阿瓦尔人一直保持着独立性，直到 9 世纪早期，该地区被吸收进了保加利亚汗国。

保加尔人是生活在亚速海地区的众多族群的混合体，首次被人提及是 7 世纪早期，但是随着另一群游牧部落——可萨人（Khazars）的不断扩张，他们不得不离开他们的故乡。其中一支保加尔人向北迁移，在伏尔加河中部定居下来，

420

另一支队伍向西移动，并接管了德涅斯特河和多瑙河下游的领土。7 世纪晚期，多瑙河地区的保加尔人强大到可以向多瑙河以南地区移动，进入现在保加利亚的北部地区，在一个世纪的时间内，他们的力量获得了进一步的发展，逐步占领了阿瓦尔人的领土。

421　　　公元 8 世纪初，可萨汗国崩解，在草原和森林草原地区，南部和东部以德涅斯特河和顿河为界，一个新的民族——马扎尔人出现了。他们很有可能是从北方迁移而来的芬兰部落。他们安于保持新家园的和平现状，直到 9 世纪晚期，他们被迫向西部迁移到喀尔巴阡盆地和外多瑙地区——这是该地区最后一次较为主要的民族侵袭，这片土地最终成为匈牙利。

在公元前第一个千年和公元第一个千年里，东方人接连不断地向西迁徙，最后到达喀尔巴阡山弧线和东阿尔卑斯山之间的有限区域。这是遥远的草原上不断增加的人口所激发出的一种动力。面对如此引人注目的现象，我们必须接受这一点：地理有时是历史的一个主要决定因素。

走进伊斯兰世界

公元 7 世纪初，东罗马帝国保持着一条很长的东部边界线，从红海沿岸的亚喀巴湾（Gulf of Aqaba）一直延伸到高加索山脉。 远处是波斯的萨珊帝国，还有美索不达米亚以及南部是阿拉伯的大片沙漠地带，游牧部落不时地袭击他们的波斯邻居和拜占庭邻居。这些袭击是一种刺激，而不是威胁，阿拉伯人在穆罕默德（570—623）治理下获得统一，以及对伊斯兰教信仰的快速接受，将他们塑造成了一支具有毁灭性的军事力量。

统一由默罕默德的岳父阿布·伯克尔（Abu Bakr）完成，他也是第一位哈里发（接班人），在接下来的两位哈里发欧麦尔（Umar）和奥斯曼（Uthman）的统治下，阿拉伯人开始了令人震惊的军事进攻：从 636 年到 638 年，叙利亚和巴勒斯坦被占领，美索不达米亚被阿拉伯军队接收，642 年，萨珊帝国的军队在扎格罗斯山脉被阿拉伯军队击败，这也为阿拉伯军队东进开辟了道路。同年，亚历

12.11 突尼斯的要塞城市凯鲁万城是由乌克巴·伊本·纳菲在公元 670 年建立的。城中显要位置的大清真寺建于公元 9 世纪，当时凯鲁万城是阿格拉布王朝的首都。

山大港被占领，阿拉伯军队开始沿着北非海岸继续前进。在短短七年的时间里，东罗马帝国失去了三个最富饶多产的行省：叙利亚、巴勒斯坦和埃及。

656 年奥斯曼哈里发去世后，阿拉伯世界迎来了一段内战时期，伊斯兰教在这时分裂为两个派系：逊尼派（Sunnis）和什叶派（Shiites）。但无论如何，进攻仍在继续，不多久，一支庞大的舰队就建成了，为 669 年和 674～680 年进攻君士坦丁堡铺平了道路。

在北非，阿拉伯取得的进展惊人。位于突尼斯的凯鲁万城（Kairouan）在 670 年被阿拉伯占领。€82～683 年，阿拉伯的勇士乌克巴·伊本·纳菲（Uqba ben Nafi）率部队向西狂奔。据说，他骑马踏进大西洋，叫喊着海洋阻止了他向西进军，并且以"维护阿拉统一的圣名，将那些崇拜其他神的当地人斩于剑下"。

422

12.12 拜占庭人使用希腊火（一种由生石灰、硫磺和石油构成的爆炸性混合物）被证明是对阿拉伯袭击君士坦丁堡的严重威慑。这幅插图来自于 14 世纪约翰·斯基里兹（John Skylitzes）的《编年史》。

　　公元 8 世纪初见证了阿拉伯人最后的攻势。在东部，阿拉伯军队到达印度河流域；在北部，他们向咸海和高加索山脉进军；在西部，公元 711 年跨过了直布罗陀海峡并在西班牙建立了桥头堡。在八年的时间里，他们征服了除半岛北部难以逾越的大山之外的所有土地，并且在利翁湾建立了飞地。713～725 年，他们的军队沿着罗讷河进入了法兰克帝国的心脏地带。717 年，在欧洲的另一端，穆斯林军队越过了安纳托利亚，试图再次围攻君士坦丁堡，根据记载，当时穆斯林的船只数量多达 1800 艘。拜占庭人面对来势汹汹的穆斯林，选择了用希腊火对其进行反击，给穆斯林军队造成了巨大的损失。随后，围攻君士坦丁堡的军队驻扎下来度过漫长而痛苦的冬天：许多人死于他们并不习惯的寒冷气候。春天来临，穆斯林军队和舰队获得增援，但是拜占庭人的军事策略以及与保加尔人的联盟，削弱了阿拉伯人的决心。13 个月后，穆斯林终于放弃了围城，回家了。这也是他们攻击君士坦丁堡的最后一次尝试。

阿拉伯人对西部法兰克人的进攻仍在继续，最终在 732 年，一个重要转折 　423
点出现在大西洋北部沿岸地区，加洛林王朝（Carolingian）的创始人查理·马特
（Charles Martel）在普瓦捷（Poitiers）附近全面击败穆斯林军队。

在欧洲的两端，强大的国家阻止了阿拉伯的前进。对于 18 世纪的历史学家
爱德华·吉本（Edward Gibbon）来说，拜占庭在公元 717 ～ 718 年君士坦丁堡
战役中所取得的胜利，还有法兰克人在 732 年于普瓦捷所取得的胜利，是历史的
转折点，伊斯兰被击退了，欧洲得救了。吉本松了一口气写道，如果不是因为马
特的胜利，"也许对《古兰经》的解释是现在牛津大学中所教授的主要课程，讲
坛向受割礼的人证明穆罕默德的神圣和真理"，他想不出比这更糟的了。但是，
地中海在这一时期已经变成了分裂的海洋，在未来的几个世纪里，这种情形还将
继续存在下去。伊斯兰世界的领土在这时已经从大西洋延伸至印度河，此时它已
是世界上已知的最大帝国。

重新排序

公元 300 年，地中海周边和广阔的欧洲温带地区，人们世世代代生活在单一的
统治权威之下。他们共用一种财政体系，接受着统一的官方语言，享受着统一的物
质文化。在这种表面的大一统下，事实上仍存在着许多的分歧与不同：在 3 世纪晚 　424
期，人们说着不同的方言。一些省份也断断续续地脱离了统一的版图。但是，把整
个帝国团结在一起的是经济系统，它建立在生产省份、消费中心和边界之间不断
的、大规模的资源再分配的基础上。对该体系的稳定起到重要作用的是有效的税收
手段，还有安全高效的海上、河流和陆地分配机制。在边界之外的北方，一个不同
的系统正在运转——这是处于高度不平衡状态的系统，系统的运作围绕着个人威
望和帝国对奢侈品的控制。人口在这一时期的迅速增长也加剧了不稳定性。

帝国崩溃是由大量人口从日耳曼地区涌入所引起的，以及随后草原游牧民族
和沙漠阿拉伯人对欧洲和地中海地区的入侵，创造了全新的政治地理环境。东罗

马帝国——拜占庭控制着东方的土地，也控制着地中海到黑海之间的路线，而重建的西罗马帝国——法兰克王国正在加洛林王朝的控制下，占据着西部的土地，也控制着地中海、大西洋和北海之间的路线。这两个大型的政权有效地阻止了阿拉伯军队进一步的军事入侵，现在阿拉伯军队已经占据整个地中海南部地区。面对一望无尽的海洋，阿拉伯开始逐步转变为海上强国。远离这些纷争的波罗的海地区的社群迅速发展起西至不列颠东至拜占庭的北方海运体系。与此同时，海洋与跨半岛网络开始把不同地区紧密地联系在一起。

转型中的地中海

4 世纪，以罗马强制实施的"谷物关税"为主导的贸易网络仍在运作。可以判断，整个 5 ～ 6 世纪海上交通仍在继续运作，使用几乎相同的路线——尽管为罗马服务的运输系统和专注君士坦丁堡的系统之间不可避免存在一些分离。但是，随着阿拉伯人在 8 世纪初的到来，商业和交易的节奏被彻底改变，以适应现在南北两个相互竞争世界的各自需求。

公元 4 到 6 世纪，海上贸易的主要推动力是将大量的谷物运输到帝国的首都——罗马和君士坦丁堡，这些谷物来自北非、埃及和叙利亚的谷物产区，税率每年都在提高。其中大部分的产品都从迦太基、亚历山大和塞琉西亚（Seleucia，安条克的口岸）三个港口运送出去。每年装载的货物数量都十分巨大。查士丁尼统治时期，君士坦丁堡每年仅从亚历山大就可以获得 160000 公吨的粮食。每年的总数是多少，以及它随时间的变化很难估计。

许多其他商品沿着同样的海上路线进行运输，这些商品要么是跟谷物一起运输，要么是通过单独的货船。仅次于谷物，橄榄油可能占据了很大的比例。大多数地中海国家所生产的橄榄油都是供出口的。西班牙南部是整个罗马橄榄油最为多产的地区，这样的推测基于城郊泰斯塔西奥山（Monte Testaccio）大量的双耳罐碎片，在这里橄榄油被移入其他容器之中，原来的双耳细颈酒罐被丢弃。这样的发现也暗示了在 3 世纪，西班牙每年出口 22500 公吨橄榄油。其他占有一定份

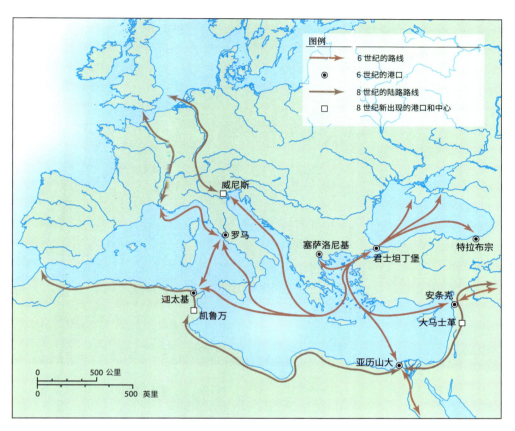

12.13 一如既往，地中海提供了商品运输的主要路线。许多旧的路线节点继续发挥作用，但随着政治地理的改变，新的路线节点开始使用。

额的食品还包括橄榄、葡萄酒、鱼和鱼露。除了生活必需品，奢侈品也被大量转运。5 世纪晚期的一份文献中列出了骆驼、帏帐和其他纺织品，以及在一艘从非洲开往雅典的船只上存放的碎银。同时期另一份文献记录了宠物鸟、纸莎草、铜壶和从亚历山大港转运到安纳托利亚爱琴海沿岸士麦那的一箱药品。

从 3 世纪晚期开始，罗马通过奥斯蒂亚港进口的商品中非洲货物占支配性地位，但是到了 5 世纪初，大量的船只从地中海东部涌入罗马和高卢南部。随着汪达尔人在 430 年代征服了北非，他们的海上力量随之得到增强，可以对整个地中海西部产生巨大影响。尽管罗马的人口数量从 4 世纪的约 800000 万人下降到 452年的 350000 人，再到 530 年的 60000 人，对粮食的需求明显减少，但罗马此时愈发依赖于亚历山大港所运输进来的粮食。

426

12.14　罗马波尔图斯（Portus）的浮雕细节显示，公元 3 世纪早期，一艘大型货船抵达奥斯蒂亚港。

东罗马帝国人口越来越多，亚历山大港的谷物税也越来越向君士坦丁堡倾斜，这两者之间距离不远，一个航行季可以往返三次。但是所有的交易往来都在公元 617 年亚历山大港被波斯人攻占后宣告结束。次年，君士坦丁堡的面包免费分发结束，此后再也没有恢复。公元 642 年阿拉伯人的到来，将亚历山大港和埃及的财富永远地从君士坦丁堡手中夺走。在接下来的几年中，迦太基继续保持了谷物供应商的角色，直到 698 年它也被阿拉伯人征服。从公元前 212 年征服西西里岛，古罗马每年从各省征收谷物来供给非生产中心的制度，也结束了。

在地中海历史上，海上贸易扮演了相当与众不同的角色，但是在 542 年，黑死病在地中海世界爆发。由于这种疾病是由黑老鼠携带的，而这些黑老鼠又被船只携带，瘟疫在地中海地区迅速蔓延，并在其沿岸持续了两百多年。最初的影响是毁灭性的。对这种疾病的估测各有不同，一位同时代的观察家以弗所的约翰记录 230000 人死于君士坦丁堡——这一数字与最近的计算结果一致，即黑死病的致死率高达 50%。这样的损失产生惊人的影响，削弱了社会适应快速变化局势的能力。8 世纪中期，黑死病的复发继续困扰着地中海地区的人们。

大多数在地中海航行的船只都从事商业贸易，但由于海盗活动已成为一种普遍现象，因此需要建设海上防卫力量来保护主要航道。日耳曼入侵者一有机会就出海。西哥特人在公元 418 年到达巴塞罗那时，很快就建造船只，这样他们更容易袭击附近的海岸。后来，当汪达尔人在 439 年占领迦太基的时候，他们利用这座城市优良的海军设施，对地中海西部地区进行了广泛的袭击，并将他们的权力扩展到一些较大的岛屿上。630 年代，当沙漠中的阿拉伯人第一次面对地中海时，他们也慢慢开始察觉到了大海的潜力。他们前往塞浦路斯、克里特岛和君士坦丁堡的海上远征，雇佣的海军规模也愈发庞大。拜占庭统治者也进行了类似的造船投资。到 7 世纪中叶，随着商业航运的数量减少，海军船只变得越来越常见。

阿拉伯人在地中海的存在创造了新的动力，有助于刺激将阿拉伯人、法兰克人和拜占庭人联系起来的贸易模式。虽然贸易制度在 9 世纪和 10 世纪发展完善，但始于 8 世纪下半叶，当时阿拉伯人正处在最初的进攻停止之后的调整和巩固时期。欧洲生产的一系列商品都受到阿拉伯世界的追捧——用于建筑和船只的优质木材、皮草、由法兰克工匠制作的剑，以及奴隶。作为回报，阿拉伯世界则向欧洲提供了丝绸、香料、药材、纺织品和金银。对奴隶的需求很可能是由 745 年在非洲爆发的黑死病造成的，这种情况在这一地区持续了七年之久。在此期间，阿拉伯城市的死亡率一度达 25% ～ 35%。在这样的情况下，对劳动力的需求极为迫切，尤其是为那些船员遭受黑死病的船只提供服务。第一次向伊斯兰世界供应奴隶的记录是由威尼斯人所创造的——可追溯到大约 748 年，这并非巧合。在接下来的两个世纪里，尽管教会反对，但奴隶贸易对欧洲人和阿拉伯人来说都是有利可图的生意。在欧洲，奴隶很容易通过这一时期的各种边疆战争和对抗东方较为落后的斯拉夫酋长的战役获得。亚得里亚海顶端的威尼斯，地理位置优越，是这一时期西欧的主要商业口岸，并在 730 年代开始发展为地区强国。一旦建成，威尼斯迅速成为主要的贸易港口，贸易往来遍及整个东地中海。

8 世纪下半叶，欧洲和阿拉伯世界贸易关系的开放是复兴地中海及其周边港口进程的开始。新的政治地理形势促进了新路线的形成，这反过来又促进了新港

428

口的发展。尽管海上很不安全，需要面对猖獗的海盗和袭击，但地中海沿岸的许多企业家都愿意选择去冒险。

大西洋：结束与开始

在整个罗马时期，大西洋的海上航道作为大宗物资的主要运输路线使用频繁，对许多商人来说，他们的生计依赖于海上网络的有效运作。比如马库斯·奥勒留·卢纳里（Marcus Aurelius Lunaris），在公元 237 年从约克前往波尔多，并且在那边建立起一个祭坛，为的是向他的守护神——图特拉·布迪加（Tutela Boudiga，一个听起来很不列颠的名字）表示感谢，庇佑他安全到达目的地。人们很容易把他看作是一名为不列颠北部驻军提供服务的葡萄酒进口商。另一种散装运输的产品是来自贝提卡（西班牙南部的安达卢西亚）的橄榄油，它被装在独特的圆形双耳细颈酒罐中。不列颠北部发现的双耳细颈酒罐中 80% 属于这种类型。在从加的斯到伦敦和约克的航线上，伊比利亚半岛西北端拉科鲁尼亚的赫拉克勒斯灯塔是他们旅途中所熟悉的地标，他们在经过这个灯塔后就要面对横跨比斯开湾的漫长而危险的旅程。

大西洋水域中已知的船只失事事件很少，这更能反映出海面的凶猛，而不是海上航道的安全。一艘船在布列塔尼北部海岸的危险重重的七岛群岛（Les Sept ILes）沉没，这艘船所载的货物是大量的铅锭，总共有 22 公吨，其中一些货物还带有不列颠布里甘特人（Brigantes）和爱西尼人（Iceni）的印记。它很有可能来自奔宁山脉地区（布里甘特人所控制的领土），从东安格利亚爱西尼人所控制的港口运出。3 世纪晚期或 4 世纪初，另一艘失事船只在根西岛的圣彼得港起火并沉没，当时它正从纪龙德南部高卢沿海地区的朗德运送大量的黑色物质。船上也可能载有波尔多葡萄酒或阿莫里凯鱼露等货物。火灾发生时，这艘船很有可能正在驶往南安普顿或伦敦。

罗马时期使用的另一条路线位于莱茵河和泰晤士河之间。莱茵河作为边境地带，既是生产区也是消费区。因此，它有便捷的商品运输道路。北海在这一时期

12.15　公元 3 世纪，哈德良长城豪塞斯特兹要塞（Housesteads）上的石头浮雕显示了三个戴着连帽斗篷的巫师。这种由羊毛制成的连帽斗篷可能是 4 世纪不列颠的出口商品。

成为主要路线，提供了直接进入不列颠东部港口和不列颠与高卢之间的海峡的通道。罗马时期，通往大海的主要路线是通过瓦尔河到斯海尔德河口，主通道两侧有两座寺庙，分别位于科莱恩斯普拉特（Colijnsplaat）和栋堡（Domburg），两座寺庙都供奉着保护贸易商的尼哈勒尼亚女神（Nehalennia）。这些寺庙很可能与陆海转运的港口有所关联。铭文提及大量商人的名字和他们货物之中陶器、葡萄酒和盐的清单。不列颠的出口产品中很有可能包含谷物，记录显示 4 世纪粮食短缺时期大量货物被运送到了日耳曼边境地区。

430

在三四世纪，大西洋海路继续连接着西罗马各省。戴克里先于 4 世纪初推行征收实物税改革后，很大程度上增加了运输量。从不列颠运送到莱茵河地区的谷物就是很好的例子。另一种不列颠产品是羊毛制成的斗篷，对军队有用。船只也离开罗马水域与蛮夷进行贸易。在北海地区，罗马陶器和小饰品沿日耳曼的海岸被交易到易北河，同时，不列颠西部港口与爱尔兰的交易虽然谈不上丰富，但一直在进行中。

12.16　波切斯特城堡（Portchester Castle）位于朴茨茅斯港北端，最初是在公元 280 年代后期卡劳修斯（Carausius）时期建造的"撒克逊海岸要塞"。主要的（外围）护墙和向前突出的堡垒仍然保存得很好。这些要塞的确切用途尚不清楚，但它们位于沿海地区，表明它们与海洋活动有关。波切斯特成为后来撒克逊占领的焦点，在诺曼时期重新加固。

日耳曼水手在 3 世纪晚期于北海南部和英吉利海峡发动的军事袭击，使得高卢和不列颠海岸线上建造了大量的防御堡垒。这些堡垒坐落在防卫良好的港口，它们同样也是保护海岸和海上通道系统的一部分。在整个 4 世纪，堡垒一直在使用，在 4 世纪的最后几十年，当海上突袭加剧并成为非常严重的威胁时，这些堡垒显示出重要性。为了应对日益严重的危机，整个海岸系统重新组织起来，不仅包括堡垒，还包括加固城镇和其他定居点。防御系统由三名高级军官构成：撒克逊海岸伯爵负责保卫不列颠的沃什湾（Wash）到索伦特海峡之间的区域，还有两支军队驻守在不列颠海峡高卢一侧，而从莱茵河河口到加龙河河口之间的海岸分配给"比利时第二省指挥官"（dux Belgicae secundae）和"阿莫里凯和涅尔维肯指挥官"（dux tractus Armoricani et Nervicani）。他们的任务之一是组织 40 桨快

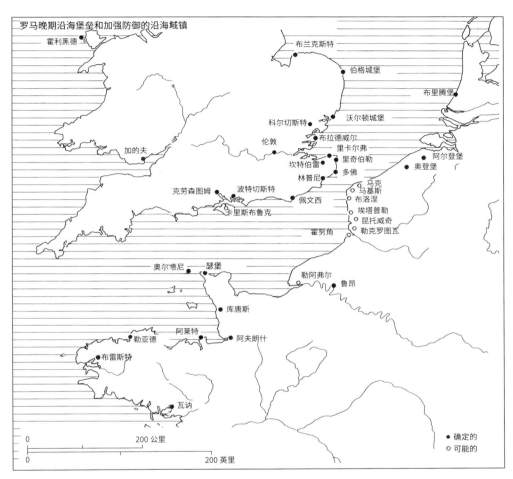

罗马晚期沿海堡垒和加强防御的沿海域镇

霍利黑德

布兰克斯特
伯格城堡
布里腾堡
科尔切斯特　沃尔顿城堡
伦敦　布拉德威尔
里卡尔弗
里奇伯勒　阿尔登堡
坎特伯雷　奥登堡
加的夫　多佛
林普尼　马克
克劳森图姆　波特切斯特　马基斯
佩文西　布洛涅
卡里斯布鲁克　埃塔普勒
昆托威奇
霍努角　勒克罗图瓦
奥尔德尼　瑟堡　勒阿弗尔
鲁昂
库唐斯
阿莱特
勒亚德　阿夫朗什
布雷斯特
瓦讷

0　　　200 公里

0　　　200 英里

● 确定的
○ 可能的

12.17　海盗在不列颠和欧洲大陆之间的海上航道出没越来越猖獗，所以航道两侧的防御得到加强，公元 4 世纪，舰队根据不同命令保护比利时的海岸（北海）和"阿莫里凯的海岸"（英吉利海峡）。

速侦察船进行海上巡逻，船被漆成海绿色以便伪装，以此来侦察敌军的行动。这个系统不太可能持续到 5 世纪，那时日耳曼突袭者已经被成船的定居者所取代。在 5 世纪末期，第一阶段的政治地理调整结束了，高卢的大部分领土，除了阿莫里凯，现在都在法兰克人的掌握中，而不列颠东南部被各种各样从莱茵河北部而来的撒克逊日耳曼部族所控制。

　　5 世纪还有很多的西部民族迁徙。爱尔兰人跨越爱尔兰海定居在苏格兰西部、北威尔士和南威尔士，以及康沃尔。而从西南半岛德文郡和康沃尔郡而来的移民团体，沿着大西洋海上通道南下，定居在阿莫里凯，从那之后，这个地方被称为布列塔尼。另一群人到达了伊比利亚半岛西北角的加利西亚，并在那边建立社群，该社群同时成为布列托尼亚（Britonia）的主教区，并且一直延续到现在，成为布雷托尼亚（Bretoña）主教区。

这些发生在大西洋地区的重新调整可能涉及相对有限的人的流动。不管怎样，海上航线没有被彻底破坏：商品和人员继续由海路运输。大约有 420 名圣帕特里克的追随者通过搭乘一艘载着爱尔兰猎犬前往高卢的商船，逃离了爱尔兰。之后，在 610 年，爱尔兰僧侣圣高隆巴（Columbanus）从勃艮第返回，偶然在南特（Nantes）遇见了一艘爱尔兰商船。根据另一部关于 7 世纪的文献记载，爱尔兰商人在位于卢瓦尔河河口南部的努瓦尔穆捷（Noirmoutier）修道院卸下大量的皮鞋和衣服。

这些爱尔兰和不列颠的传教士群体为人口流动提供了一种新的、有效的刺激。他们对于自身宗教信仰的热情，使我们看见大批人穿过英吉利海峡到达布列塔尼和高卢来传播他们的思想，并且在那里建立起新的传教士社群。这些传教士 5 世纪集中在布列塔尼传播宗教，但是在 6 到 8 世纪，他们将宗教延伸到法兰克帝国，许多修道院建立起来。圣高隆巴到达意大利北部，并且 614 年在博比奥（Bobbio）建立了修道院，然而一个世纪之后，圣波尼法爵（St Boniface）在日耳曼人中传道。这个时间段还有相反方向的流动。680 年代，一名高卢主教阿可夫（Arculf）在不列颠的西海岸船失事，在爱奥那岛的修道院受到热情款待。这些新精英运动使得一种充满活力的宗教文化产生，最引人注目的是爱尔兰凯尔特教堂的金属制品、石雕和书籍。

至少在五六世纪，处于传教士流动的大背景下，大西洋的长途贸易仍在继续。这一点最清楚地体现在大西洋沿岸的地中海陶器分布上。陶器大概有两种基本类型：精致的施红釉的碗和碟，都是在小亚细亚西海岸和北非生产的；双耳细颈酒罐很有可能是用来运送橄榄油，也可能用来运送产自北非、小亚细亚和埃及的葡萄酒。这些货物由地中海商人进行装配，经由直布罗陀海峡运往伊比利亚大西洋沿岸的港口。相当一部分货物在塔霍河、蒙德戈河和米尼奥河河口的港口遗址被发现，最北到达了拉科鲁尼亚。我们还从《圣徒传》（*Lives of the Saint*）中了解到来自拜占庭世界的希腊商人 6 世纪后期通过瓜迪亚纳河前往梅里达的旅程。作为回报，货主能够收到什么当地物品，这一点缺乏相关记录，但很有可能是黄

433

金、锡和铜。

同样的地中海陶器组合也在更远的北方被发现，特别集中于不列颠的西南部和南威尔士，只有少数到达了北威尔士地区、爱尔兰，还有苏格兰的西海岸。这一证据表明，从伊比利亚半岛向北航行的商船将为居住在大西洋地区更北端的社群提供服务。这些船只很可能是大西洋沿岸的，但偶尔通过比斯开湾进入地中海也不是不可能的。对于那些生活在荒凉的爱尔兰海附近的宗教和世俗精英社群来说，载着地中海奢侈品和高卢葡萄酒的贸易船只的到来肯定是人们热切期待的事情。的确，在《圣高隆巴生平》（565～597年）中，有一份关于爱奥那岛上社群的特别参考资料，他们期待着"高卢人的船从高卢的各个省到达这里"。这里提示在航行季会定期到访。

地中海对大西洋的贸易在6世纪末接近尾声，地中海沿岸的长途贸易条件开始恶化，商业航运数量下降。然而，在7～8世纪，地中海当地的船只继续在大西洋沿岸航行，从法国西部运送货物到不列颠和爱尔兰的大西洋社群。纪龙德河地区和卢瓦尔河地区之间粗灰陶的分布证明网络的存在。毫无疑问，这些陶罐中装有诸如茜草、芜菁和莳萝等令人满意的商品，所有这些证据都已被发现，并且人们很容易相信它们是随着波尔多葡萄酒的酒桶而来的。用来作为报酬的是什么呢？如今，迅速增值的商品是奴隶。随着分裂的出现，好战的爱尔兰社会能够提供大量的奴隶。

与此同时，随着莱茵河走廊地区恢复了原来的生产力水平，北海海上贸易网络在6世纪开始重新建立起来。新的贸易港口开始出现在关键的航线节点上，以应对日益增长的大宗商品在法兰克所控制的领土、英格兰和波罗的海地区之间的流动需求。贸易网络中的关键地点是多雷斯塔德，位于莱克河和莱茵河的交汇处，同时也是法兰克人和弗里斯兰人（Frisians）的边界。到7世纪末，它归法兰克的统治，从此开始发展成为三个地区之间的主要港口。其他港口也得到了快速的发展：巴黎城门外的圣丹尼斯（St Denys），面向着塞纳河河口的鲁昂，在索姆河附近的亚眠和靠近埃塔普勒（Etaples）的昆托威奇（Quentovic）。在英吉利海峡的不列颠一侧，六七世纪最早的港口是肯特和怀特岛。后来，在8世纪初，南安普敦水域（Southampton Water）的哈姆威（Hamwih）以及伦敦、伊普斯威奇和约克陆续开发了新的港口。

12.18 到 8 世纪，在波罗的海、北海和英吉利海峡附近的港口建立了新的贸易中心。反映出随着走出动荡，贸易网络重新焕发潜力。

　　8 世纪末，两大集团——加洛林王朝和英格兰的麦西亚（Mercia）王国进行了贸易谈判，谈判一度陷入僵局，双方因为一些细节性的问题比如对英格兰出口的斗篷的长度等问题产生了分歧。两个王国之间的竞争反映在麦西亚国王肯沃夫（Coenwulf，796-821）在 807 年间所铸造的金币上。这枚金币的正面采用 4 世纪罗马皇帝风格的国王图像，然而背面则是一段刻印文字，文字的内容是"来自伦敦市场"（DE VICO LVNDONIAE）。这枚金币显然是为了与肯沃夫的竞争者查理大帝几年前发行的硬币相匹配，后者的背面刻有"来自多雷斯塔德（VICO DORES-TAMS）。这两个王国不是在宣告他们的军事实力，而是他们在世界上的商业地位。

北部弧线

　　在整个 4 世纪，波罗的海地区继续接收罗马出产的消费品。商品的运输主要依靠两条路线：一条通过莱茵河和易北河到达北海，然后沿日德兰半岛的大西洋海岸到达挪威海岸；另一条路线是通过奥得河和维斯瓦河到达波罗的海南部沿岸地区，然后从这里到达瑞典南部、丹麦群岛和日德兰半岛西部，或者是哥得兰岛，并从那里到瑞典西部的梅拉伦湖地区。罗马的产品，从廉价的陶器到精美的银器和精制的武器，都被引进到北欧的社会系统中，用于展示精英的实力，或者依当地习俗用于仪式。

经过了长达四百多年的罗马铁器时代，这一地区的农业经济得到快速发展，农业用地面积不断增长，定居点的数量和产品的生产水平也都得到大幅度提高。多余的谷物、牛和皮革出口到罗马边境，还有琥珀、毛皮和野生动物等奢侈品。随着社会的日益繁荣和人口的不断增加，社会和政治组织变得更加复杂，并最终在公元 7～8 世纪形成独立王国。

早在公元 4 世纪，富有武士的墓葬群表明了权力中心的出现。其中之一是在丹麦菲英岛上的古默（Gudme），那里有一个繁荣的定居点，一直延续到 6 世纪末。无论从哪个方面来看，这个社群的长屋都不是特别的建筑，但是屋子里发现了大量的金银，表明这个房屋地位极高。离海岸大约 5 公里（3 英里）的地方是现在的伦讷堡（Lundeborg），它似乎是仅在春夏两季使用的季节性市场，也是珠宝制造中心。发现的大量铅钉意味着船只在这里修理，甚至可能在这里建造。伦讷堡和古默代表着地位较高的群体，他们似乎通过控制海洋贸易来维持优势地位。日德兰半岛西海岸上的丹克尔克（Dankirke）也有类似建筑群，毫无疑问，还有其他的。这些遗迹标志着精英认可的市场集中化进程正式开始。

5 世纪移民处于高峰期，波罗的海地区的社群继续在比较和平的环境下发展，但到 6 世纪，长途贸易变得繁荣起来。了解这点的关键场所是位于瑞典中部梅拉伦湖上的赫尔戈岛（Helgo）。在这里，一个拥有朴素建筑的定居点参与小商品的大规模生产，包括胸针、纽扣、礼服别针和礼服托架，以及剑等。铁是从北方进口的，而黄金和白银可能来自拜占庭世界。工匠们使用的设备中有数百个坩埚，以及用来测量金属材料重量的砝码和秤。这个居民点从 6 世纪使用到 9 世纪，在此期间，一大批外来物品被送达这个地点。这里至少有 80 枚金币，其中 47 枚可追溯到五六世纪东西罗马帝国，此外还有一个 7 世纪的科普特人的长柄勺，一个或许是 8 世纪在爱尔兰制造的精美的主教牧杖，和一尊六七世纪源于印度北部的青铜制佛像。这些收藏品反映出了赫尔戈处在一个令人惊奇的贸易网络中。

12.19 瑞典梅拉伦湖上的一个小岛赫尔戈成为重要的贸易和制造中心。出土的主教用的牧杖可能是爱尔兰制造的，一尊来自印度的青铜佛像，显示出赫尔戈所在的交易网络的范围。

　　为了获得这些奇珍异品，以及如此多的地中海黄金，意味着需要大量的出口。出口物品我们只能去猜测——动物的毛皮占据十分重要的地位，我们还可以加上海象象牙、琥珀，也许还有鸭绒，所有这些在拜占庭的宫廷中都是很受欢迎的。人造物品——胸针和其他服装配件——似乎是为当地的消费群体制造的。如果交易活动由当地精英控制，那么这些小物品就可以在地区内部交易中使用，并获得出口商品，并作为礼物赠予客户，帮助维持社会等级的稳定。

437　　贸易的发展与精英阶层的出现同步，体现在巨大土堆下面的精致墓葬。"皇家"墓葬充分表现了文德尔（Vendel）时代（7～8世纪）的特征，以瑞典中部乌普兰地区一处皇家墓地命名，这一部落地区被塔西佗在公元1世纪时命名为斯维尔（Svear）——这正是瑞典名字的来源。死者被埋在一艘象征他（她）权威和地位的船里。现今最早的斯堪的纳维亚船葬是在瑞典南部的奥格鲁姆（Augerum）所发现的一具6世纪下半叶的女性尸体。这种墓葬传统在斯堪的纳维亚

12.20　19世纪的瑞典乌普萨拉北部老乌普萨拉（Gamla Uppsala）的一幅石版画，图中是公元6世纪的斯维尔国王（Svears）的坟墓。19世纪的挖掘展示了文德尔精英们的火葬。

十分普遍，9世纪初格克斯塔德和奥塞贝格船葬达到顶峰，预示着维京时代的开始。文德尔时期的墓穴在其宏伟程度方面有所变化，很多死者在这一时期开始将他们的盔甲和宴会用品作为陪葬品一起下葬。瓦尔斯加德（Valsgärde）墓地有一处极为奢华的墓穴，死去的国王躺在羽毛枕头上，他的船头附近放着两匹马和马鞍，一只鹿和一条狗。

　　在七八世纪，船葬在波罗的海沿岸的几个地方被发现，在乌普兰地区，最著名的是文德尔和瓦尔斯加德墓园，它们分别在瑞典最南部的斯科讷省（Skåne），以及博恩霍尔姆岛和日德兰半岛中部。9世纪，这种墓葬习俗传播到了接近奥斯陆峡湾的通道上。7世纪萨顿胡的船葬与早期的文德尔墓园非常相似，极有可能

438

12.21 著名的船葬，位于萨福克郡的萨顿胡，它是在 1939 年发掘的。所有的木材都腐烂了，但船体的肋拱和木板的凹痕以及加固船板的锈蚀的钉子仍清晰可见。这艘船可追溯到公元 630 年前后。

被埋葬在那里的精英都是斯堪的纳维亚人，他们在那时已经探索自己海域之外的地方。

正是由于他们对纵横交错的波罗的海海上航线的控制，分散在波罗的海沿岸的斯堪的纳维亚各政体领导人可以充分行使他们的权力。毫不奇怪，波罗的海诸岛在这方面极具特色。700 枚左右的罗马金币在 5 世纪和 6 世纪到达这个地区，其中大多数来自岛屿：280 枚来自厄兰岛，250 枚来自哥得兰岛，还有 150 枚来自博恩霍尔姆岛。来自博恩霍尔姆岛和厄兰岛的金币都是 5 世纪的，大多数来自

12.22　1863年，在丹麦松讷沃半岛（Sundeved）的沼泽中发现了一艘尼达姆船，这是它在弗伦斯堡展出。这艘船可以追溯到公元4世纪，用于安葬仪式。

哥得兰岛的金币是6世纪的，这表明随着瑞典中部的乌普兰地区逐步成为皇家政治中心，贸易的重点开始逐渐转移。权力的转移可能在某种程度上是由于欧洲中部和东欧的贸易网络的变化，奥得河航线的衰落，还有维斯瓦河重要性的上升，它使得人们可以进入黑海和拜占庭。

　　船只本身如何呢？幸运的是，这一时期关于北欧造船活动有着各种各样的证据。4世纪中叶，三艘船搁浅在日德兰半岛东岸的尼达姆湖上。三艘船都采用熟料制作，船板搭在一起用铁钉加固，铁钉从船内侧穿过搭接处。船的内骨架是在船体成型后嵌入的，并通过捆扎加固使之与船体连接在一起。我们在公元前4世纪约特斯普林船上看到过这种装配方法，后来发现它们之间只隔了10公里（6英里）的距离。最大的尼达姆船长约23.7米（78英尺），宽3.75米（12英尺）。上列板之间的十字框架可以为两名划桨手提供座位，两边大概各有15个桨手。转向依靠侧舵。在后来所发现的船只中，最好的证据是萨顿胡（Sutton Hoo）墓葬中的船只：这艘船虽然完全腐烂，但却像铸件一样被保存在沙土中，连同一排固定列板的锈蚀严重的铁钉。根据年代测定，这艘船约制造于630年，长27米（88英尺），船体中部宽4.5米（15英尺）。船员数量还不确定，但是这艘船的大小足够在每侧各安置20名船员。

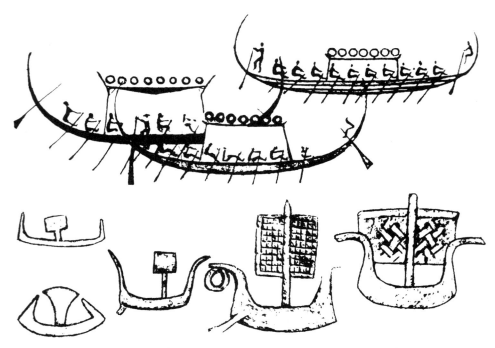

12.23 瑞典哥得兰岛上石头上描绘的公元 5～6 世纪的桨船（上图），和 6～7 世纪的帆船（下图）。

没有证据表明尼达姆和萨顿胡的船只有帆。事实上，可以认为，船员同时是战斗人员，为突袭提供力量，或者在领导人国事访问中提供保护和支持，在这样的社会中，船帆是没有必要的。然而，船帆更适合于货船，随着散货运输在波罗的海越来越重要，船帆被引入这一地区。这一点的生动证据来自哥得兰岛，那里许多雕刻的石头描绘了日常生活中的场景。最早的船帆出现在 7 世纪的石刻上，这一时间与大宗贸易的发展很吻合。船帆后来被更广泛地使用，有利地促进了维京人的掠夺行动和商人的海外长途贸易。

从广义上讲，7 世纪是波罗的海发展的转折点。在那之前，一直可以回溯到到公元前 2000 年，社会风气受乘船成功带回战利品的突袭或探险所激励。但是从公元 4 世纪开始，随着贸易活动的不断强化，也随着拜占庭世界成为新的消费中心，正规市场应运而生。这反过来又刺激了精英阶层的出现和王国的崛起。日益孤立的拜占庭世界不断增长的消费需求，与法兰克帝国开始对北方产生兴趣的时间相一致，进一步加剧了波罗的海地区的社会和经济的变化，导致全面市场经济的发展，也使得社会领导人对海外冒险活动持支持态度。

黑海：一潭死水

黑海没有得到拜占庭帝国的关注——事实上，6 世纪的历史学家普罗科匹厄斯认为最好不要涉足这里。东哥特人利用海洋攻击东罗马帝国，但从 5 世纪到 8 世纪，在黑海北岸取代他们的人——匈人、阿瓦尔人、斯拉夫人、可萨人和马扎尔人——对下水毫无兴趣。在黑海西部和南部，希腊人建立的古老城市逐渐衰落，8 世纪，保加尔人吞并了西部海岸的大部分地区及其腹地，导致了与拜占庭的边界逐渐向南移动。仍然处于拜占庭的控制之下的两个区域是小亚细亚的北部海岸和克里米亚半岛。

小亚细亚沿岸的旧城锡诺普和特拉布宗现在很糟糕。查士丁尼试图复兴它们，在特拉布宗兴修一条新的沟渠，但是帝国的关注半心半意，致使这些城市最终放任自流。然而，特拉布宗在通往东方的陆路尽头起着港口的作用，在 10 世纪，它以其纺织品的吞吐量和获得稀有和珍贵的香料而闻名。

在黑海的北部地区，克里米亚南部保留了一块文明的小飞地，主要集中在克森尼索古城（Chersonesos），以及由潘提卡彭（Panticapaeum）守卫的亚速海入海口附近。即使在 7 世纪早期经历了可萨汗国的扩张之后，克森尼索仍作为拜占庭人的前哨存在着，直到 1204 年君士坦丁堡被西方基督徒攻陷。从帝国的这一端，商品继续出口，商品的种类主要有毛皮、兽皮、蜡、蜂蜜等，随着阿拉伯世界贸易的增长，可萨人对奴隶进行集中买卖。

拜占庭人强烈需求的一种产品是粗汽油，它在靠近古潘提卡彭希腊殖民地的塔曼半岛地表涌出。石脑油是用来制造希腊火（Greek Fire）的原料之一，而希腊火则是一种在海上令人生畏的武器。其工作原理很简单，船上安装一根长木管里装铜管，对准敌舰，尾部安装一个气泵。粗汽油滴入管子并点燃，气泵将火焰推向敌人。尽管设备听起来很原始，但事实证明它非常有效，尤其是在 717～718 年阿拉伯船队围攻君士坦丁堡时。一位阿拉伯观察家写道："一个火焰喷射管可以覆盖 12 个人，火焰非常具有黏性，没有人能抗拒它。这是穆斯林最为害怕的武器。"然而，尽管拥有了这个秘密武器，拜占庭人却从未真正进入黑海。黑海在很大程度上仍被野蛮人所包围，这是一个不值得信任的陌生世界。

441

442

穿越大陆

公元5世纪，在日耳曼民间移动的冲击下，统一的罗马帝国崩溃了。欧洲随之而来的地缘政治重新洗牌，造成了对长期维系欧洲大陆大部分地区的交通网络的巨大破坏。也许最深远的变化是外族人的入侵而造成的交通中断，这支入侵队伍由阿瓦尔人、保加尔人和斯拉夫人组成，辐射面积从巴尔干半岛一直延伸到希腊。这阻碍了多瑙河东西走廊之间的联系，并逐渐封闭了其他东西通道。从亚得里亚海海岸穿过山区，再经塞萨洛尼卡（Thessalonica）通往君士坦丁堡的古老的埃格纳蒂亚大道（Via Egnatia），在6世纪末期也遭受破坏。最后，沿着帕特雷湾的海路，穿过科林斯的陆地，连接君士坦丁堡的陆路或海路的南线到7世纪中叶已经接近衰败。罗马和君士坦丁堡之间最安全的路线是经迦太基的海路。

在西部，法兰克王国的成长创造了新的需求。古老的罗讷河路线继续提供与地中海世界的联系，当法兰克人占领了阿尔勒，在马赛和滨海福斯（Fos-sur-Mer）设立了皇家海关站，这种联系大大加强。从罗讷河和索恩河前往莱茵河流域很容易，莱茵河是主要的交通走廊，也提供了通往法兰克其他地区的通道。但是到了7世纪末，在与连接波河平原和莱茵河走廊的新的阿尔卑斯山北通道的竞争中，罗讷河失去了它的重要性。这一调整是8世纪初法兰克王室和伦巴第王国之间友好关系促成的，产生了诸多影响。由于它用驮畜运输取代了罗讷河的驳船，也就意味着低价值、大规模的地中海贸易面临衰落。它还鼓励了沿途一些不那么重要地方的发展，比如可以俯瞰君士坦丁湖的圣加尔。更重要的是，它促进了威尼斯在8世纪中叶之后的发展，帮助亚得里亚海的海上航道得到振兴的机会。775年，为了鼓励亚得里亚海的贸易发展，法兰克王室免除了意大利运往圣丹尼斯市场货物的通行费。

大概在公元7世纪，利翁湾和加龙河—吉伦特河连接大西洋的跨岛路线开始重新建立起来。尽管8世纪上半叶阿拉伯人从西班牙发起的军事袭击可能会造成破坏，但吉伦特河口沿大西洋航道向北出现的粗灰陶反映了这一点。

在北方，法兰克帝国有许多可以通往贸易轴心的通道。正如我们所看到的，与不列颠的联系利用了塞纳河、索姆河、康什河和莱茵河入海口的海上航线，并

443

12.24　公元 800 年出现的欧洲新面孔。两个主要的权力集团，西边的法兰克帝国和东方的东罗马帝国，
受到了扩张的伊斯兰世界的影响。

且连接了鲁昂、圣丹尼斯、亚眠、昆托威奇和多雷斯塔德和科隆的市场。从莱茵
河口也可以通过日德兰半岛上的里伯和赫德比（Haithabu）市场进入斯堪的纳维
亚地区。赫德比由丹麦国王在 808 年建立，目的是控制北海—波罗的海航线。显
然，丹麦占据了法兰克王国与波罗的海丰富资源之间的关键点。随着多雷斯塔德
在 680 年被攻占，和 8 世纪斯堪的纳维亚贸易商人经常造访多雷斯塔德，法兰克
人开始对北方产生浓厚兴趣。虽然很多人可能是通过海路而来，但现在可能直接
通过陆路抵达波罗的海。大约在这个时候，一位法兰克神职人员向北穿过弗里西
亚，遇到一群"知道路线、海洋的港口以及流入海洋的河流"的北欧人。他们听
起来很像是商人。受到北方的诱惑，法兰克军队在 8 世纪的最后几十年间一路征
战穿越萨克森，在 804 年到达了丹麦边界。然而，此时丹麦人开始展现他们的实
力，公元 810 年，一支庞大的北方军沿着弗里西亚的海岸南下，边走边进攻。欧

444

洲历史的新篇章已经开启。

与此同时，在东部，拜占庭已经开始利用主要河流加强东欧之间从黑海到波罗的海的贸易联系。我们对于准确的路线知之甚少，甚至不知道谁是明确的组织者，但公元 5 世纪波罗的海地区的东方货物和拜占庭金币的数量足以表明接触的强度。尽管运输过程中可能涉及中间人，但北欧人很可能主动探索维斯瓦河—德涅斯特河以及德维纳河—第聂伯河这两条主要路线，作为他们在 10 世纪举世瞩目的商业活动的前奏。

到了 800 年，欧洲开始重新联系起来，但从伊比利亚半岛到安纳托利亚边界的阿拉伯人的出现，为这一时代导入了全新的规则。他们对奴隶的需求创造了一个欧洲政体渴望去填满的贪得无厌的市场。8 世纪下半叶是一个重新振兴和重新调整的时代。

第十三章 | 欧洲的再平衡

（公元 800 年~公元 1000 年）

445 　　公元 800 年的圣诞节，查理大帝作为法兰克和伦巴第地区的国王，被罗马教宗利奥三世加冕为罗马人的皇帝。这一举动具有很强的象征意义，旨在使查理大帝身为古罗马——讲拉丁语的、基督教的西罗马——的自然继承人的主张合法化。这一行为具有政治风险，因为它并没有得到拜占庭皇帝的批准，而他可能对这个问题有自己的看法。拜占庭统治者非常看重自身的罗马合法统治者的形象，然而法兰克篡位者试图挑战他们的权威。两者经过长达 12 年的对峙和讨价还价，最终达成妥协。查理大帝被君士坦丁堡承认是"皇帝"，但不是罗马皇帝。自此以后，欧洲出现了两个帝国一起运行，且防御共同敌人，但是，只有拜占庭可以代表罗马。

　　查理大帝出生于公元 742 年，768 年成功地登上了法兰克国王的宝座，一开始他与兄弟一起分享权力。他的执政特色在于"疯狂"、"躁动"，参与了他所继承的这个帝国几乎所有的边疆战争。从 772 年到 803 年，萨克森的一连串艰苦战役将他的权力范围扩张到易北河地区；在中欧，他与阿瓦尔人作战，吞并了外多瑙河地区；伦巴第和整个意大利北部地区被他的军队所占领，直到罗马南部的边界线；778 年到 806 年，他通过一系列的交战从穆斯林手中夺取西班牙边区一些有重要战略价值的领土。在查理大帝统治时代的末期，欧洲易北河以西的很多地区都处于法兰克的统治下。虽然不列颠和大部分伊比利亚半岛不在他的控制范围内，但在事实上，他几乎重新创建了一个西罗马帝国。

　　东罗马因为显而易见的连续性，创造出一种内省的、沾沾自喜的民族精神，而西部的法兰克帝国长期受到日耳曼精神的鼓舞。这种模式下所创造出来的是新

447 鲜的、充满活力的和外向型的民族精神。加洛林王朝建立的法兰克帝国既是一个结束，也是一个开始：这标志其想要重新建立西罗马帝国的强烈愿望达到了顶点，查理大帝获封"罗马人的皇帝"；但是这个帝国在 9 世纪和 10 世纪分裂产生了新的国家，这也是现代欧洲国家建立的基础。毫不夸张地说，西方文明是在查理大帝的野心的灰烬中孕育出来的。

　　查理大帝死于 814 年，他将帝国留给了他唯一在世的儿子——虔诚者路易。路易在任内设法维持一些表面上的团结。但是在 843 年，帝国被路易的三个儿子正式分治，在接下来的四十年中，这个帝国在多次的斗争和谈判中经历了无数次的分裂、合并和调整。在 9 世纪最后的十年中，旧帝国分裂成三个较大的王

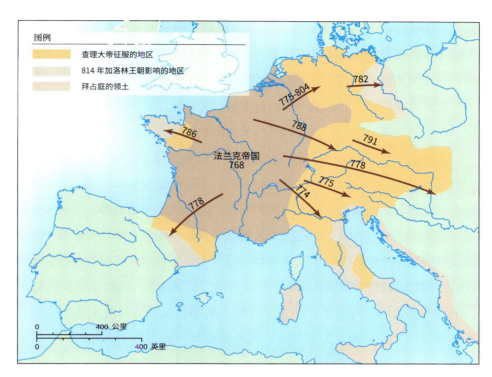

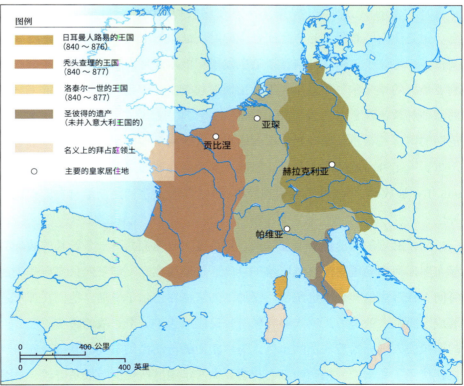

13.1 公元 768～814 年的查理曼帝国（上图），公元 8c3 年查理大帝死后分裂的加洛林王朝（下图）。

国——分别是法兰克王国、德意志王国和意大利王国；还有规模较小的勃艮第王国和由小贵族所统治的普罗旺斯。外围地区如布列塔尼、巴斯克地区和巴塞罗那，一度成为独立的地区。951 年到 961 年，日耳曼帝国吞并了意大利，建立了一个从北海和波罗的海到地中海的新帝国。它在接下来的四百年里基本上完好无损。西欧的地图开始呈现出人们所熟悉的样子。

公元 800 年到 1100 年，拜占庭帝国几乎没有发生什么变化。不像它的两个伟大的邻居——西部的法兰克帝国和东部的阿拔斯哈里发国（Abbasid Caliphate），拜占庭帝国仍然保持着领土方面的紧凑性。此外，其统治的稳定性并不依赖于王朝的连续性，也没有被一心追求个人利益的贵族所驱使而发动侵略战争。拜占庭的政府机构很稳固，经过了反复调整，而君士坦丁堡中央集权的官僚机构和宗教权威并存意味着整个帝国，从各个方面来看，都寻求单一的指导和领导中心。

拜占庭帝国享有的另一个重大优势是其相当长的海岸线和相对短的陆地边界。海岸线易于防御且贸易便捷，而陆地边界则需要集中大量兵力，且维护费用高昂。根据公元 812 年达成的协议，一定程度上边界缩短了，拜占庭正式承认了查理大帝的统治地位，结束了两方在意大利地区和亚得里亚海地区的敌对状态。但是伊斯兰教仍然是一个问题。此时，征服君士坦丁堡已不再是穆斯林的首要任务，但位于巴格达的阿拔斯哈里发国积极地向拜占庭帝国发动圣战，鼓励叙利亚地区的埃米尔每年对小亚细亚边境发起袭击。公元 823 年，一群来自西班牙的穆斯林政治流亡者占领了克里特岛，并在那里建立了一个酋长国，827 年，突尼斯的阿格拉布酋长国开始征服西西里岛。这两个地中海岛屿所带来的潜在损失严重影响了拜占庭的海上贸易。然而，拜占庭在西西里岛上的最后一块飞地直到965 年才被放弃，961 年收复克里特岛，965 年收复塞浦路斯给拜占庭提供了一些补偿。

同样麻烦的邻居还有保加尔人，拜占庭人与他们共享一条长长的边界线，沿赫布罗斯河和马里察河穿越巴尔干半岛。边境线离君士坦丁堡只需要三天的行军时间。在过去的一个半世纪里，保加尔人居住在巴尔干半岛，他们在那里逐步发展成一股强大的势力。移入的突厥游牧民族组成了一个好战的精英阶层，而本土的斯拉夫人则充当着农民的角色，为贵族们的行动提供坚实的基础，而贵族们很快就接受了邻居们的精明和野心。公元 865 年鲍里斯一世皈依基督教，这是文化互渗的必然结果。但是，整个 9 世纪和 10 世纪，两者之间关系紧张，时战时和。10 世纪末期，拜占庭帝国皇帝巴西尔二世（Basil II，976-1025）最终征服了保加利亚，将帝国的边境再次扩展到多瑙河。巴西尔在这样做的同时，也为自己赢得了"保加利亚屠夫"的称号。

公元 1000 年，拜占庭仍然维系着两个世纪以来的紧凑国家，但在周边几乎所有的方向上都取得了领土，比如在巴尔干半岛、克里米亚、东方和地中海地区。边界在此时很稳定，亚得里亚海和爱琴海之间的古老的陆路通道得以再次运作起来。法兰克帝国和阿拔斯哈里发国在此时已经开始分裂，但拜占庭仍然完好无损。

7 世纪末到 8 世纪初伊斯兰教在近东、北非沿岸以及伊比利亚半岛各地的传播，创造了一个在倭马亚王朝领导下的拥有广袤领土的统一王国。但是统一并不长久：什叶派和逊尼派分裂引发的宗教冲突、部落之间的纷争和地方上的不满交织在一起，造成了不稳定和彻底的冲突。公元 747 年至 749 年的叛乱导致逊尼派的阿拔斯王朝崛起，他们在屠杀了倭马亚王朝的大部分领导人之后，于公元 750 年自封哈里发。然而，其中一些人设法逃到了西方，在伊比利亚建立了一个独立的倭马亚酋长国，阿拉伯世界的政治分裂就此开始。公元 789 年，位于马格里布（北非西部地区）的什叶派伊德里斯王朝（Idrisid emirs），脱离阿拔斯哈里发国，自立哈里发。公元 800 年，突尼斯的阿格拉布宣布独立。阿拔斯哈里发国设法保持对伊斯兰世界其他地区的控制，直到 868 年，利比亚、埃及和巴勒斯坦成为图伦王朝下的独立省份。

10 世纪又有了进一步的调整。公元 905 年，阿拔斯王朝重新征服了巴勒斯坦和埃及，并占领了这个地区近十年，但是一个新的王朝——法蒂玛（Fatimids）——于公元 909 年在伊弗里奇亚（突尼斯）掌权，并在 914 年将他们的控制权向东扩展。到公元 1000 年，他们的阿拔斯哈里发国包括了从突尼斯到叙利亚的整个地中海海岸以及西西里岛。在遥远的西部，公元 926 年伊比利亚半岛的倭马亚哈里发将其权力扩展到马格里布，现在它的领土包括了巴利阿里群岛（Balearics）。在一段时间内，这个复兴的倭马亚酋长国是该地区的主要力量，但在 1008 年爆发了内战之后，它就变得无足轻重了。

广义而言，地中海周边伊斯兰统治者之间的王朝纷争和调整对历史进程的影

450

13.2 斯凯利茨的（Skylitzes）的《编年史》中的细部显示了阿拉伯入侵者袭击并占领了西西里岛上的陶尔米纳（Taormina）。

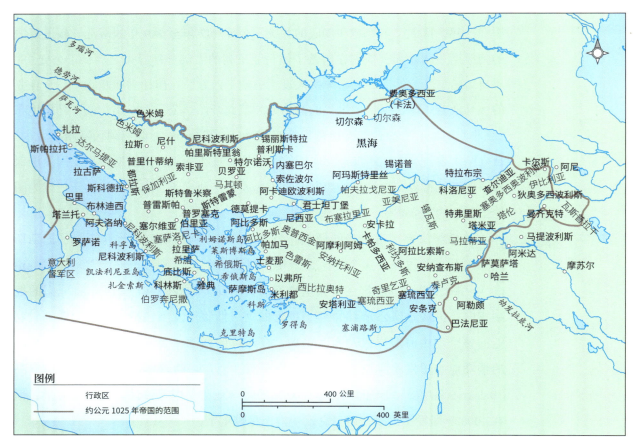

13.3 公元 11 世纪中期的拜占庭帝国。

响相对较小。伊斯兰信仰的力量和它所蕴含的丰富文化形成了一个整体。在与他们交往的欧洲人看来，他们都是穆斯林或撒拉逊人，进行贸易要非常谨慎。

最后，在这个简短的概述中，我们必须回到大草原。在9世纪初的几十年里，两个文化迥异的游牧民族在草原上建立了自己的家园，可萨人居住在顿河东岸，马扎尔人占领了顿河和德涅斯特河之间的区域——他们将这块区域称为埃特尔科兹（Etelköz）或者是"河流之间的国家"。这块土地夹在可萨人、拜占庭人、多瑙河保加尔人、东斯拉夫人和罗斯－瓦兰吉人（Rus-Varangians）之间，存在大量受马扎尔人监督和保护的贸易路线。不多久，他们就穿过了喀尔巴阡山向西移动，探索这一地区，并卷入了法兰克人和摩拉维亚人之间的冲突。后来，他们作为帝国盟友参与了保加尔人和拜占庭人于894～896年的战争。由于这层联盟关系，保加尔人鼓励渗透进可萨人与伏尔加保加尔人之间，同时也是马扎尔人的东部邻居的游牧民族——佩切涅格人（Patzinaks）发动攻击。这一威胁足以让这个拥有50万人口的马扎尔联盟向西迁移并定居在喀尔巴阡盆地，这条路线也是过去的两千年里其他许多游牧残余部落的选择。到公元900年，他们在新家园建立起稳固的统治地位，并且把自己的领土延伸到多瑙河以西的外多瑙地区。

从新领地开始，一队队移动迅速的骑兵继续向西部进攻，899年攻击了位于波河平原的布伦塔，900年攻击了巴伐利亚，906年攻击了萨克森，914年切断了北部意大利的交通要道，并且袭击了勃艮第和普罗旺斯地区。最初的突袭成功之后，马扎尔人的袭击变得越来越频繁。一开始，西欧毫无防御能力，只能选择用丰厚的礼物收买掠夺者，但在公元933年，马扎尔人在梅泽堡（Merseburg）战败后，转折点出现了。此后，西部各国加强了抵抗，955年在奥格斯堡附近的莱希菲尔德（Lechfeld），东法兰克王国军队彻底粉碎了马扎尔军队。自此之后，马扎尔军队不再入侵西欧，但是仍然有几次对巴尔干半岛的入侵行动，直到970年，马扎尔军队的军事行动才完全停止。到那时，马扎尔人才开始真正意义上的定居，并开始在文化上接受基督教。一直到11世纪初，匈牙利成为新欧洲的一个老牌国家。

为了简要而完整地概述这段历史时期，我们必须用一些篇幅介绍北欧人——来自丹麦、挪威和瑞典的入侵者、贸易商和定居者。他们从家乡出发，进行了史诗一般的航行，沿着大西洋的航线往西南方行进，进入地中海西部，向

451

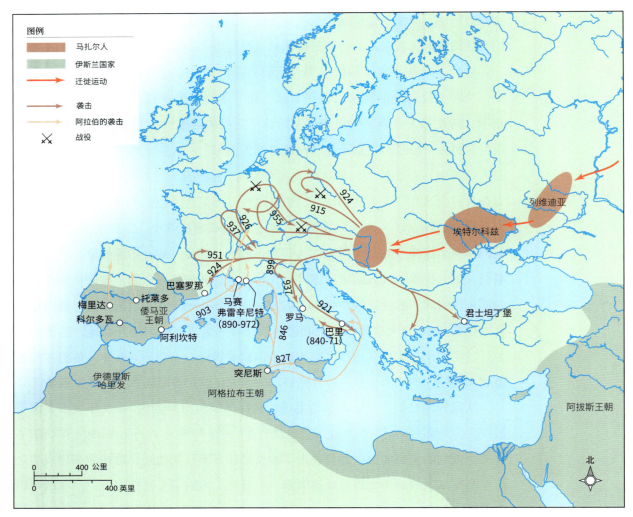

13.4 公元 9 世纪和 10 世纪，穆斯林和马扎尔人对欧洲的影响。

东通过大河航行到了黑海、里海，甚至是更远的地方。还有一些人选择了更加往西，他们穿过了北大西洋，定居在冰岛、格陵兰岛和纽芬兰。北欧人创造了如此卓越的业绩，他们的足迹遍布整个欧洲，这些壮举我们会在后文再进行讨论。

我 们 的 海 ： 谁 的 海 洋 ？ ————————————

　　地中海的海岸线现在被三股力量共享，分别是法兰克王国、拜占庭王国还有穆斯林哈里发，但并不是平均分配。穆斯林所占有的海岸是最长的，但相当一部分是贫瘠、无用的港口。拜占庭王国所占有的海岸较短，但其错综复杂的海岸线、众多岛屿和大量可以追溯到希腊时代的港口，使得它有可能在海洋活动中更加活跃。法兰克人控制的海岸线最短，但是却得到如威尼斯、那不勒斯和阿马尔菲（Amalfi）等独立城邦的海上商人的支持。

　　地中海的政治地理将地中海划分为两个部分，分别是由基督徒所控制的北部和由穆斯林所控制的南部，它们对彼此的态度非常矛盾。它们在理论上处于战争状态，因为伊斯兰国家的信仰需要他们征服和改变异教徒，但实际上双方都从不稳定的贸易关系中获益。回顾9世纪的情况，阿拉伯历史学家伊本·赫勒敦（Ibn Khaldun）称："穆斯林控制了整个地中海。穆斯林的权力和控制力十分强大，在地中海的任何地方，基督教国家对于穆斯林舰队都无计可施。穆斯林为征服乘风破浪。"虽然有人会怀疑这有点夸张，但大量的历史事件表明，穆斯林的舰队在整个9世纪都占据着主动权，在10世纪，尽管面对着拜占庭帝国和法兰克帝国的抵抗，还有伊比利亚倭马亚王朝和北非的法蒂玛王朝的穆斯林内部斗争，但是穆斯林势力在地中海的地缘争夺中依然处于优势地位。

　　关于突袭和海战的历史细节丰富，这里不赘述——我们选取其中一些有代表性的事件。穆斯林在西地中海地区的活动主要从安达卢斯发散，集中在一些主要的岛屿上：比如巴利阿里群岛（Balearics）、科西嘉岛和撒丁岛。798年，巴利阿里群岛遭受了一系列的袭击，849年，一支多达300艘船的舰队征服这里，尽管穆斯林势力直到902～903年才最终征服这里。更遥远的科西嘉岛和撒丁岛是更难以获得的战利品，因为它们的规模和邻近法兰克大陆。806年，意大利国王派出舰队去驱逐那些袭击科西嘉岛的安达卢西亚人。第二年，查理大帝派出的海军也加入了这个行列。穆斯林在810年的报复行动中派遣了一支更大的舰队，成功地控制了岛屿的大部分，并在撒丁岛取得了进展。三年后，一支穆斯林舰队在返回科西嘉岛的途中被拦截，八艘船被捕获。这一事件导致了穆斯林对撒丁岛

13.5 斯凯利茨的《编年史》显示了公元 904 年，的黎波里的利奥领导穆斯林洗劫塞萨洛尼卡。

以及奇维塔韦基亚（ Civitavecchia）和尼斯这两座大陆城市的报复性袭击。伊弗里奇亚的阿格拉比王朝也对西地中海地区的岛屿产生了浓厚的兴趣。812～813 年，科西嘉岛、撒丁岛、兰佩杜萨岛和伊斯岛（Ischia）被突袭。从撒丁岛返程的意大利商船在 820 年被捕获，次年，撒丁岛又遭进一步的袭击。

法兰克王国也不能免遭穆斯林入侵。安达卢西亚人在 813 年对尼斯城的攻击表明普罗旺斯有利可图。马赛在 838 年被穆斯林势力所攻击，紧接着，在 842 年和 850 年，阿尔勒成为攻击目标。为了便于在这一吸引人的地区采取进一步的军事行动，860 年代，穆斯林在卡马格（Camargue）建立了永久性的基地。大约三十年后，另一群入侵者在圣特罗佩登陆，并在附近的山顶筑起了防御工事，他们可以在那里发动攻击，深入法兰克领土。马赛受到威胁，袭击沿着罗讷河流域向北延伸至维埃纳，甚至都波及了瑞士的圣加尔修道院。法兰克在 972 年失去了最后一块飞地。

在地中海中部，西西里岛是穆斯林扩张的明显目标。对该岛的争夺始于公元 827 年阿格拉比王朝发动突袭，法兰克帝国对此作出有力的回应。比萨和卢尼

13.6　11 世纪一艘大三角帆船的修复草图。来自于一个彩绘盘，可能产自突尼斯，现存于意大利比萨附近的圣皮耶罗格拉多大教堂的墙上。

对北非海岸的博纳（Bône）采取了报复性的军事行动，科西嘉总督也率领一支探险队前往突尼斯，袭击了距离突尼斯城不远的海岸。但是，对于西西里岛的征服并没有因此发生改变，穆斯林占领了一座又一座的城镇。锡拉库萨在公元878年被穆斯林攻占，拜占庭最后一个要塞陶尔米纳在902年投降。与此同时，穆斯林的注意力转向了意大利本土。布林迪西和塔兰托在838年和839年相继被攻破，840年，派去解救塔兰托的威尼斯舰队被穆斯林击败。公元841年，巴里被攻破，并且成为酋长国的首都，也为他们提供了一个方便的基地，从这里可以对意大利的第勒尼安和亚得里亚海的海岸展开一连串的突袭。安科纳在842年被穆斯林的军队洗劫一空，罗马的圣彼得大教堂也在846年遭洗劫。随着穆斯林飞地在沿海地区建立起来，意大利的局势变得越来越不稳定。亚得里亚海沿岸的杜布罗夫尼克（Dubrovnik）在866年被围困，但威尼斯人的介入让这个小镇摆脱了压力。871～872年，轮到了萨勒诺（Salerno），875年，是的里雅斯特。

　　为了对抗不断增长的威胁，法兰克帝国组织了几次军事远征，其中一些是与拜占庭帝国组成的联军。巴里在871年被收复，并在几年后成为拜占庭帝国在意大利南部的行政中心。然而，直到11世纪中叶，诺曼人开始在西西里岛进行殖

13.7　9 世纪描绘所罗门王生活的抄本 *Sacra Parallela* 详细地记载了拜占庭的造船过程。

民统治之前，西西里一直牢牢地掌握在穆斯林手中。

在地中海东部，穆斯林首先采取的行动之一就是让位于小亚细亚海岸附近，同时靠近阿拉伯帝国和拜占庭帝国边界的塞浦路斯岛保持中立。解决了塞浦路斯问题之后，穆斯林将注意力转移到了其他大岛上，它们分别是罗得岛和克里特岛，这两座岛在 9 世纪初期都遭到过军事袭击。其中，克里特岛具有重大战略价值，因为它为爱琴海和周边富饶土地的交通往来提供了便利。这座岛在 824 ～ 827 年被脱离安达卢斯的人所占领，之后成为向爱琴海周边地区发动军事攻击的基地。最早的一次遭遇战发生在 839 年，地点位于爱琴海北部萨索斯岛附近，在这次遭遇战中，一支拜占庭舰队被击败。拜占庭帝国对这次事件的反应起了决定作用。公元 840 ～ 842 年，一支曾经登陆并掠夺乡村的穆斯林军队被拜占庭摧毁。十年后，拜占庭帝国先发制人，853 年，攻击了埃及的杜姆亚特港（Damietta），那里储存着运往克里特岛的武器。大概在 860 年，记录显示穆斯林攻击基克拉泽斯群岛，他们的船只已经到达马尔马拉海。后来，在 872 年，达尔马提亚遭受海上袭击，发动袭击的是曾在爱奥尼亚海战斗的穆斯林小型舰队，这支舰队在 879 年在科林斯湾被拜占庭摧毁。

穆斯林控制的大陆上的港口停泊着随时准备发动进攻的海军。塔尔苏斯（Tarsus）位于小亚细亚的东南海岸，在 9 世纪末到 10 世纪一直是重要的海军基地，驻扎在这里的船只经常与拜占庭人发生冲突。在 898 年的一次交战中，拜占庭海军遭到重创：它的船只被穆斯林损毁，三千名水手被斩首。随后，爱琴海受到了大范围攻击，北至阿拜多斯（Abydos）和塞萨洛尼卡，引发了对克里特岛和黎凡特的报复行动。敌对行动一直持续到 930 年代。

从这个简短但动感十足的调查中可以看出，穆斯林哈里发国和埃米尔国在整个 9 世纪和 10 世纪的大部分时间内，一直对他们的基督教邻居保持着咄咄逼人的态度。他们认为在地中海地区的海盗行为、入侵袭击和掠夺土地是合法的，真主吩咐的，也是应极力追求的。法兰克人和拜占庭帝国致力于保卫自己的领土，但很少主动进攻穆斯林控制的土地。伊本·赫勒敦关于地中海的主张是"所有穆斯林都在为征服而战"。这似乎是合理的，也正如他所言，基督徒对此事无能为力。

拜占庭人对大海的态度是兴趣有限。他们的海军能力从未得到充分发展，他们也不认为海军是有声望的团体。这其中有几个原因，也许最重要的原因是拜占庭的主要注意力都放在其东边和西边的陆地边界上：在这里能赢得实力。尽管穆斯林时常利用海军袭击拜占庭，但与陆地边界上的持续、密集的战事相比，威胁是零星的，相对不重要。在地中海，穆斯林的船队阻碍了海上贸易。另一个原因在于拜占庭帝国相对较高的社会生产力。拜占庭帝国实际上是自给自足的，边境之内就能提供足够的粮食和基本原料。它需要进口的只是香料和毛皮，香料通过连接东西方的陆路进行运输，而毛皮则从北方通过黑海运输而来。奴隶可以通过捕获或购买的方式从北部的黑海南部港口或欧洲的陆地边界获得。鉴于拜占庭帝国的"全球"经济模式比较简单，对大型的"商业"舰队的需求是极小的，在发展与法兰克帝国的联系时，拜占庭人更愿意去使用中间商，尤其是独立的贸易城邦威尼斯，正控制着两个基督教帝国之间至关重要的海上接口。威尼斯惊人的发展在很大程度上是经济互动的结果。

　　另一个重要的连接是位于第勒尼安海岸的坎帕尼亚，当时它位于贝内文托省——是法兰克帝国和拜占庭帝国中间的无人区，它延伸至意大利北部，占据了半岛最南端。海岸上出现的两个主要贸易港口是那不勒斯和阿马尔菲。它们不仅同两个帝国进行贸易，而且还与伊斯兰世界进行贸易。坎帕尼亚海岸城市的海上贸易网络究竟有多广泛很难判断，但是一些有力的证据表明，他们的利益网络已经向北延伸到托斯卡纳和科西嘉岛，向南已经延伸到非洲海岸。交易的主要商品为奴隶。从欧洲各个战场上俘获的俘虏被集中在像罗马这样的中心城市，在那里他们被购买并运送到意大利港口，再转运到西西里岛和非洲的穆斯林市场。冒险进入穆斯林控制的海域无疑会有风险，但有一些协议保护贸易商。伊本·萨纳（Ibn Sahnun），一位非洲法学家，他在 9 世纪早期的作品中准确描述了当时贸易活动中的基本规则：

457

> 　　至于驶来的基督徒的船只，不论他们距离港口远还是近，如果他们与穆斯林商人有着商务往来的关系，那么不允许使用武力，除非他们在本国受到攻击，并且在前往伊斯兰国家以外的国家。

　　虽然这里似乎存在一些误解，但奴隶贸易的巨额利润将会使风险变得有价值。

另一个交接点位于穆斯林的伊比利亚岛和法兰克帝国中间。比利牛斯山以南的陆地边界争议很大，不太可能有益于不受控制的贸易。但是从地中海到利翁湾的海上航线为两个政权之间的贸易往来提供了便捷的通道，沿途建立起大量收费站。人们对沿海贸易知之甚少，但在法国南部海岸的夏纳、马赛和圣特罗佩附近海域发现了几艘穆斯林的沉船残骸，这些残骸可以追溯到 10 世纪。货物包括可能装运油的双耳细颈酒罐，还有各种其他类型的储物罐、磨石、青铜锭、沥青、玻璃器皿、科尔多瓦灯。这些可能是西班牙商船的残骸，目的是与法兰克帝国进行贸易，但一些船只仍有可能是为建在圣特罗佩和卡马格附近的穆斯林飞地提供商品。

尽管陆地边界局势紧张，但陆路贸易并非完全没有可能。事实上，我们知道一个叫亚伯拉罕的犹太商人，他虽然是法兰克国王的宫廷商人，但实际上却住在萨拉戈萨穆斯林边界一侧。萨拉戈萨显然是重要的贸易中心，我们听说在 851 年有大批商人从东法兰克王国前往该镇。这些证据单独看起来非常零碎，但如果综合起来看，它暗示了组织有序且非常活跃的陆上贸易。

毫无疑问，9 世纪和 10 世纪的地中海是分裂的海洋——海盗和掠夺使这里成为困难重重和危险的地方。但贸易和利润是强有力的激励因素，法兰克人和拜占庭人做生意，基督教徒和穆斯林做生意，在贸易中最为主流的货币就是奴隶和黄金。这里所形成的关系网，据我们判断是短程的，依赖于地方性知识和已经签订的协议，协议也可以让潜在敌人之间为了共同利益而会面与贸易。但随着那不勒斯、阿马尔菲和威尼斯等沿海城邦的出现，也标志着我们正处在一个新世界的开端，遍及整个地中海的贸易网络将与古罗马帝国的贸易网络相抗衡。很快，海洋帝国威尼斯、热那亚和比萨就会成为海洋中我们熟悉的部分。

458

故乡的北欧人 ———

793 年，林迪斯法恩岛（Lindisfarne）上圣卡斯伯特修道院隐居的牧师在毫无防备的情况下遭受了来自海上的攻击。住在查理大帝宫廷里的诺森伯兰（Northumbrian）牧师阿尔昆（Alcuin）绝望地写道：

> 不列颠以前从未发生过，像我们现在所遭受的异教徒的恐怖事件，也没有人会想到从海上入侵。看啊，圣卡斯伯特的教堂沾满了神的祭祀之血，它的所有装饰品被洗劫一空，不列颠最受尊敬的地方成了异教徒的狩猎场。

次年，另一座诺森伯兰修道院，最可能是贾罗（Jarrow），也遇到了类似的袭击。795 年，轮到西海岸的斯凯岛、爱奥纳岛和拉斯林岛上的修道院遭受攻击了。但是这些来自北欧人的威胁和海上攻击并不局限于不列颠北部海岸。大约在 790 年，三艘满载着挪威人的船只停靠在多塞特海岸。792 年，肯特郡的居民开始普遍感到不安，当地教堂为了抵制来自海上的异教徒攻击开始征税。799 年，位于卢瓦尔河河口努瓦尔穆捷岛（Noirmoutier）上的法兰克人的圣菲利伯特修道院被掠夺，第二年，我们听说查理大帝在塞纳河河口以北的海岸建设防御工事，来防御那些"骚扰高卢海域"的海盗。显然，8 世纪最后十年所发生的事件是全新且出人意料的。近代的历史学家称之为"维京人"袭击。

"维京人"是一个十分实用的术语，在 19 世纪应用广泛，那个时期的人更愿意把北欧人或者斯堪的纳维亚人称为"维京人"。它的来源还不清楚——可能来自斯堪的纳维亚语中的"vie"（意为"入口"）或是来自奥斯陆峡湾的名字"Vik-en"。另一种可能性是，vik 指的是进行贸易的地点，与英语中的"wic"同源，如汉威奇（Hamwic, 即南安普敦）或伊普斯威奇（Ipswich）。北欧人来自斯堪的纳维亚半岛的各个地区。那些影响大西洋欧洲社群的是丹麦人和挪威人，他们先来劫掠，后来定居下来。在定居阶段，丹麦人集中在英格兰东部，而挪威人则定居在奥克尼群岛和设得兰群岛、法罗群岛、冰岛和格陵兰岛。瑞典人主要来自瑞典东部的梅拉伦湖，他们向东行进，到达波罗的海南部和东部，又到达东欧的主要河流，这些河流为他们提供进入罗斯、黑海和其周边地区的通道。这段"民间流浪"的时期开始于 8 世纪最后的十年，结束于 11 世纪，而结束的标志是其中大多数团体都改信了基督教，见证了北欧人选择拥抱从地中海到冰岛，从里海到纽芬兰岛的西方世界。他们的这段经历是一段举世瞩目的故事。

突袭为什么开始并产生这样的趋势是一个复杂的问题。这并不是单一原因，而是一系列因素相互作用和相互促进造成的。这一切背后是斯堪的纳维亚社会深层的社会变化，在七八世纪，随着斯堪的纳维亚地区首领权力的不断集中，这个地区的等级化观念不断加强。在"维京时代"，丹麦、挪威和瑞典成为独立的统一国家，拥有各自的统治者。在丹麦，中央集权化的过程可能开始于 8 世纪初，建立了贸易城镇里伯（Ribe），以及跨日德兰半岛颈部的达内维尔克（Danevirke）防御工事。也正是在这段时间，一位来访的乌得勒支主教提及了国王阿甘提尔（Agantyr）。大约在一个世纪之后，丹麦国王古德弗雷德（Godfred）在撒克逊顽强抵抗查理大帝的进攻。有一段时间，古德弗雷德亲自带领一支舰队和他王国的所有骑兵来到了位于丹麦和撒克逊交界处的石勒苏益格（Schleswig），与查理大帝对峙。古德弗雷德重新整修了达内维尔克，并在日德兰半岛的波罗的海沿岸施莱湾入海口处的赫德比（Hedeby）建立了新的城镇，并将被他摧毁的雷里克城中的商人转移到这座新的城镇。显然，他是一位强有力的统治者，能够组织王国的防御和经济发展，并能够充分对抗法兰克帝国。

挪威的地形以狭长、曲折的海岸线和背靠高大山脉为主要特点，这样的地理环境本不宜于政治统一，但是挪威皇室的墓地位于奥斯陆峡湾西侧西福尔郡的博雷（Borre）和奥塞贝格（Oseberg），它们有力地证明在 8 和 9 世纪，挪威地区存在一个强大的王朝。880 年代，国王哈拉尔一世（Harald Finehair）把他的王国扩展到了挪威西南部的大部分地区，但是他的这种做法造成了社会的紧张局势，这很可能也在一定程度上导致了 9 世纪末期向苏格兰和冰岛的移民增加。

瑞典在前文德尔时期已经出现了强力的领导人，他们在瑞典东部高地的丰厚墓葬群生动地证明了这一点。9 世纪时，国王经常被人们提及，但一直到 10 世纪，皇室才得以在整个瑞典中部地区建立起自己的权威。

9 世纪和 10 世纪，国家的发展受制于国王个人，这势必造成内部紧张和社会混乱。在这样的时刻，必然会出现很大的人口流动，特别是那些有抱负的年轻人，他们可能会选择在新的世界里寻找属于自己的机会。通过掠夺来增加财富和提升地位会很快，随着更广阔的世界的潜力为人所知，移民到海外建立新定居点将随之而来。

另一个促进流动性的因素是贸易的迅速增长和国际市场的发展，正如我们所看到的，这在 7 世纪时就开始了。法兰克帝国的扩张和英格兰诸王国局势的稳定也促进了贸易的发展。北方对南方的奢侈品市场有很大的贡献，其中最重要的商品是来自北极地区的高质量皮毛，以及海象象牙、鸭绒和琥珀。这些商品将会集中在北方的市场如奥斯陆峡湾的考邦（Kaupang）、梅拉伦湖的比尔卡（Birka）、哥得兰岛的帕维肯（Paviken），还有拉多加湖附近的旧拉多加（Staraya Ladoga），之后再转运至日德兰半岛上的里伯和赫德比，以及位于波罗的海南岸的沃林岛和特鲁索的南方市场，再从这里经由路上的运输系统转运至法兰克帝国，或者再通过海路转运至英格兰东部地区。北欧贸易的控制者因此变得富庶和强大。对于那些没那么幸运的海盗来说，这样的贸易发展趋势为他们提供了一项富有吸引力的选择，比如像在爱尔兰这样的偏远地区开拓新的市场。

然后，波罗的海成为生产的北方——萨米人、芬兰人和波罗的人的土地——和消费的南方之间的接口。挪威贵族奥塔尔（Ottar）提供了观察这一系统运作的视角，他曾在 9 世纪中叶与英格兰国王阿尔弗雷德会面。奥塔尔从挪威北部的家乡捕猎海象获得珍贵的象牙，并从邻近的萨米人那里获得每年的贡品：

> 兽皮、鸟的羽毛、鲸鱼骨，还有用海象皮和海豹皮做成的船用绳索。每个人都按自己的级别纳贡。排名最后的向他支付 15 张貂皮，5 张驯鹿皮，1 张熊皮，10 种羽毛，以及一件用熊皮或水獭皮做成的夹克和两条船绳。每条船绳都必须要有 60 厄尔长，一个是要用海象皮做成的，另一个是用海豹皮做成的。

他收集的贡品连同他自己狩猎的收获，都被带到南方市场出售。

461　　高效的海上运输对北欧贸易经济至关重要。在公元第一个千年早期，似乎有两种不同的造船传统，一种在北海，另一种在波罗的海。在北海，帆船经常被使用，这种船只的使用可以追溯到公元前 1 世纪，也许更早。罗马时期当地建造的帆船继续采用方帆，5 世纪后期的文本提到撒克逊突袭者乘帆船袭击了高卢的海岸线。在波罗的海行驶的船只中，只靠桨推进的船只似乎是惯例，直到公元 7 世纪对帆船的描绘首次出现在哥得兰岛的石刻上。9 世纪初期，由贸易港口赫德比所发行的硬币上通常印有风帆的船只。还有一个真实的例子是在奥斯陆峡湾西侧的奥塞贝格王室墓葬附近发现了带桅杆的帆船，它也是王室墓葬的一部分，上面所记录的日期为公元 820 年。奥塞贝格船不同于早期的船只，船舷上有桨架，桨口独立处在下方使用时能以更有效的角度击打水面。当船靠帆航行时，船上的桨

13.8　公元 9 世纪，丹麦赫德比浸铸造的一枚硬币上呈现的北欧帆船。

将会被收到船内，桨口也会被关闭。奥塞贝格船长 20 米（66 英尺），船梁 5.2 米　462
（17 英尺），制作精美，船首和船尾高高弯起。它本来可以成为一艘很好的正式
礼仪用船，但它有着许多的用途，可以运输货物和发动突袭。这些船只的发展使
北欧人摆脱了波罗的海的束缚，打开了大西洋的新世界，使那些敢于冒险的人去
接受新的挑战。

　　社会的快速变化、人口的稳定增长和贸易的加强导致了不安和混乱。造船工
人的技能经过千年的磨练日臻成熟。所以，在 8 世纪最后的十年中，北欧人闯入
了一个对他们毫无戒备之心的世界。

13.9　挪威奥斯陆附近发现的奥塞贝格船，它被用来埋葬公元 9 世纪的一位地位较高的女性。它保存得异常完好是由于它被密封在一堆粘土之下。

前 往 大 西 洋 欧 洲 和 地 中 海

　　793 年对林迪斯法恩的袭击震惊了西方世界，但这绝不是不列颠群岛与北欧人的第一次对抗。考古证据表明，挪威和奥克尼群岛之间的接触可以追溯到 7 世纪。这两个地区毕竟是近邻关系：从挪威西海岸出发，只需两天的时间，就可以越过 288 公里（180 英里）的海面，到达奥克尼群岛或设得兰群岛。那些生活在挪威狭窄峡湾里的人会在北方群岛发现大量土地。7 世纪末、8 世纪突袭不列颠和爱尔兰海岸的劫掠者很有可能包括那些已经在北部和西部群岛定居的人。就像 12 世纪《奥克尼加传奇》（*Orkneyinga Saga*）中图画展现了，奥克尼居民斯温·阿斯莱夫森（Svein Asleifarson）在过去年代中的生活方式：

> 春天，他有很多事情要做，小心翼翼地播种种子。干完这些农活儿，他就会前往赫布里底群岛和爱尔兰进行掠夺，这也是他们所称的"春游"。那之后他会在仲夏的时候回到家中，一直待到谷物收割完成，谷物安全入仓。在收获完成之后，他又会开始掠夺行动，直到冬季的第一个月末再回到奥克尼。这也是他们所称的"秋游"。

对于斯温，同样对于许多的北欧人来说，掠夺行动可以与农业耕作协调起来，只要符合农业历法就好，但是对于其他人来说，特别是在 9 世纪后期，不同的需求要求长时间远离家乡，有时是需要去开拓新定居点。

诺森伯兰和苏格兰修道院所遭受的第一次袭击，还有对爱尔兰最初的突袭和垦殖均是挪威人所造成的，而丹麦人则关注北海和英吉利海峡的南部海岸。9 世纪中叶，丹麦人开始争夺挪威人在爱尔兰的土地，爱尔兰当地人对此感到满意。到这时，北欧人的种族认同开始变得混乱起来。

在 9 世纪的头三十年里，突袭主要集中在沿海地区，挑选一些容易袭击的目标，特别是偏远地区的修道院。爱尔兰损失严重，但大部分的法兰克帝国领土逃过一劫，尽管一些突袭者曾到达法兰克的西海岸，在卢瓦尔河和加伦河之间发生冲突。在接下来的二十年里，一直到 850 年，突袭行动明显加强，遍及整个大西洋，南至安达卢西亚。突袭者现在正沿着主要河流向内陆前进，对贸易中心和城镇进行掠夺。多雷斯塔德距离公海有 80 公里（50 英里）的距离，曾经遭受过三次袭击，分别是在 834 年、835 年和 836 年，昆托威奇和南安普顿在 842 年也遭受过掠夺，前一年，维京人穿过塞纳河一直到了鲁昂，该城市与沿路上的圣旺德里尔（St-Wandrille）修道院一起遭受了掠夺。843 年，卢瓦尔河沿岸的南特城被攻破；巴黎两年后受到来自维京人的威胁。再往南，844 年，在阿基坦尼亚，掠夺者沿着加伦河逆流而上来到了图卢兹，四年后，波尔多在一场围攻中被攻破。

掠夺行动看起来永远不会停歇。努瓦尔穆捷修道院的一名修士于 860 年描绘

图例

公元 793 ～ 865 年维京人的突袭

公元 859 ～ 862 年比约恩·艾
恩赛德和哈斯坦领导的远征

遭维京人突袭的修道院或定居点

● 793～833 年

● 834～850 年

● 851～865 年

▪ 阿拉伯要塞

13.10 公元 9 世纪上半叶挪威和丹麦维京人的突袭和远征。

13.11 来自外赫布里底群岛（Outer Hebrides）刘易斯岛的一枚象牙棋子。这幅作品刻画的是维京海盗掠夺者的形象。

了一幅令人绝望的画面。

> 船只的数量在增加，维京人源源不断地涌来。各地，基督教信徒都是屠杀、焚烧和掠夺的受害者，维京人所向披靡，没有遇到反抗。他们占领了波尔多、佩里格、利摩日、昂古莱姆和图卢兹。昂热、图尔和奥尔良被击败，无数舰队沿着塞纳河逆流而上，邪恶在整个地区蔓延。鲁昂被维京人损毁、掠夺和焚烧；巴黎、博韦和莫城被占领，默伦坚固的堡垒被夷为平地，沙特尔被占领，埃夫勒和巴约被洗劫，每个城镇都被围困。

也许是想看到上帝愤怒惩罚罪人，这位修士的描写夸张了一些，但毫无疑问，当时的情况是很严重的。

袭击并没有在法兰克王国停止。844年，一支维京人沿着伊比利亚的大西洋海岸航行，袭击了加利西亚的几个城镇和里斯本，然后沿着瓜达尔基维尔河继续行进，并短暂地占领了塞维利亚。穆斯林对这件事情的反应迅速而果断：北欧人被穆斯林打败了，那些被俘的维京人被挂在城市的棕榈树上。为了彰显埃米尔的权威，200 名维京人的头颅被送往丹吉尔的盟友手中。

更值得注意的是，859 年，在比约恩·艾恩赛德（Björn Ironside）和哈斯坦（Hastein）联合指挥下——二人都是久经沙场的战士——一支由 62 艘船组成的舰队从卢瓦尔河出发，他们沿着伊比利亚海岸航行，沿途洗劫城镇。他们穿过了直布罗陀海峡，袭击了北非海岸和巴利阿里群岛，然后在罗讷河三角洲的卡马格找到一个安全的避风港，从那里袭击法兰克南部的沿海地区和内陆城市。他们的最终目的看起来是要掠夺罗马。比萨受到攻击，但在这里由于对地理的认识不足，他们失败了。下一个被袭击的城市，他们认为是罗马，但实际上是罗马向北300 公里（187 英里）的卢尼。在 861 年穿过直布罗陀海峡返回途中，他们的船上满载着财宝，遭受了穆斯林的攻击，但他们最终仍然设法到达了他们在卢瓦尔河的基地，尽管失去了近三分之二的船只。虽然掠夺是这次冒险的明显动机，但英勇地领导了这样一次不顾后果的远征并且成功返回，他们所得到的高超本领正是此行的收获。伊比利亚在 866 年第三次遭到袭击，但那时穆斯林已经做好防御工作了，袭击被击退。

到了 860 年代，情况开始发生变化。英格兰人和法兰克人对北欧人的袭击有了更充分准备，但北欧人开始在异乡定居，最初他们在防守严密的地方过冬，然后逐渐沿法兰克海岸的各个河口建立飞地。公元 865 年，当"异教徒大军"入侵东盎格利亚时报着征服世界的决心，并在接下来的五年里实际控制了东盎格利亚、麦西亚和诺森伯兰；只有韦塞克斯王国没有被攻占。被占领的地区被称为丹麦法区（Danelaw），并且在 879 ～ 880 年与韦塞克斯敲定了边界。在丹麦法区，大批斯堪的纳维亚移民接管了这片土地并进行耕作。

公元 10 世纪上半叶，韦塞克斯王国开始争夺不列颠上斯堪的纳维亚人占据的地区——这一过程导致了挪威国王血斧埃里克（Erik Bloodaxe）于 952 年被驱逐。980 年，袭击重新开始，以 1013 年征服英格兰告终，三年后，确立了丹麦国王克努特（Knut）为英格兰国王。

在冰岛，情况则完全不同。维京人的定居点是碎片化的，集中在可以设置交易站的主要河口处。都柏林、韦克斯福德、沃特福德、科克和利默里克都在这一时期建立起来，考古证据显示，这些地方一度十分繁荣。但局势总是动荡不安，尤其是因为爱尔兰王朝的内部冲突和维京人不同分支的冲突。公元 851 ～ 852 年，大批丹麦人的到来进一步加剧了动荡。在爱尔兰，维京人定居的第一阶段结束于 902 年，"当时，异教徒（维京人）被赶出爱尔兰［都柏林］……他们丢弃了许多船只，遭受了近半的伤亡"。当一支庞大的海军舰队在 914 年从布列塔尼到沃特福德港过冬时，一个新阶段开始了。更多的船只在第二年来到了沃特福德，917 年，流亡的都柏林王朝重新回到爱尔兰。因此，挪威的定居点以都柏林为中心得以复兴。在 10 世纪剩余的时间里，维京人的飞地越来越多地卷入整个岛屿的王位争夺中。

在法兰克帝国，北欧人的飞地允许建在河口地区，作为不进一步入侵的回报。其中最重要的一块飞地是维京人罗洛（Rollo）率领部队于 911 年沙特尔战役后在塞纳河下游建立的定居点。一项与法兰克人的条约确认了罗洛对于以鲁昂为中心的控制。不久，斯堪的纳维亚半岛的定居点就扩展到了整个沿海地区和与它紧邻的内陆地区，甚至远至西部的科唐坦半岛（Cotentin）。文化开始迅速融合。诺曼人很快融入法兰克王国，他们的领地诺曼尼亚变成了诺曼底。

另一个河口定居点位于卢瓦尔下游地区，早在 840 年代这里就是最受维京人欢迎的地区。921 年，法兰克当局正式承认他们的定居权。从这里，掠夺者沿着卢瓦尔河流域深入法兰克内陆的塞纳河流域和布列塔尼地区，这些地方短期内成为维京人的领地（937 年他们最终被驱逐出半岛和他们位于南特的基地）。布列塔尼在 940 年代和 960 年代遭受了来自塞纳河流域的进一步袭击，但并没有造成持久的后果。维京人对布列塔尼的影响微乎其微，从布列塔尼缺少斯堪的纳维亚特色的地名就可以看出，这一点与诺曼底的地名形成了鲜明对比，诺曼底的特色地名表明斯堪的纳维亚人在这里的定居点非常密集，也表明了斯堪的纳维亚人对诺曼底所造成的影响极为深远。

467

横 跨 北 大 西 洋 ————

对北大西洋的探索开始于 8 世纪。在爱尔兰社群基督教徒所掀起的宗教狂热氛围中，修士们开始踏上危险的海上旅程，寻找可以净化灵魂和与上帝交流的地方，远离世俗世界的干扰。法罗群岛是第一个定居的岛屿，到 8 世纪晚期，即使是隆冬时节也有人前往冰岛。那些居住在爱尔兰、北方群岛和西部群岛的北欧人无疑是从修士那里了解到遥远地方的存在，也知道了这些地方适宜于人类生存。法罗群岛的定居点大概开始于 800 年，60 年之后，冰岛也出现了定居点。尽管大多数的定居者是直接从挪威启航而来的，经设得兰群岛和法罗群岛的航行仅需 7 天。但最近关于冰岛人口 DNA 的研究表明，现在冰岛的定居人口中存在着大量的"凯尔特人"的基因。最好的解释是假设最初的拓荒者是定居在爱尔兰，并娶了爱尔兰妻子和奴隶的北欧人。这些无人居住的岛屿，给那些 9 世纪中期爱尔兰内战困扰下的难民提供了可以逃难的地方。

468

第一批定居者于 860 年代和 870 年代在冰岛建立了自己的家园，人口流入的速度很快，仅 60 年冰岛所有适宜居住的土地都被占领。对西北地区的探险一旦开始，它就必然会继续下去。根据传统，一块新的海外土地——很快将被称为格陵兰岛——在 980 年代早期由红发埃里克（Eric the Red）最先发现，之后在 985 年，25 艘载着定居者的船只前往这块新土地，其中 14 艘幸存下来。这两块人数加起来约 3000 人的殖民地最终在西海岸建立起来。11 世纪早期，更热爱冒险的人开始探索北美东海岸。人们对他们试图定居的情况知之甚少，但在纽芬兰北部的兰塞奥兹牧草地（L'Anse-aux-Meadows）确实建立了一个小社群。

穿过欧洲的森林

470

地理条件使得丹麦人和挪威人去西部探索，瑞典人跨波罗的海向内自然而然地被东部海岸和东欧大河提供的机会所吸引。他们很快就发现，他们不仅可以直接到达拜占庭帝国和阿拔斯王朝的奢华市场，还有直接通往中国的商路。主要的路线，是最先被发展起来的路线，从瑞典中部直接向东，经过芬兰湾，到达拉多加湖和沃尔霍夫河附近的旧拉多加港。在这里，一个小的贸易中心在 8 世纪开始发展，到了 9 世纪和 10 世纪，它已成为斯堪的纳维亚商人及其家族所主宰的主

图例

→ 最早的航行

→ 约公元 985～986 年红发埃里克的探险

→ 约公元 985～986 年比亚尔尼·赫尔约尔松探险

→ 约公元 1001 年莱夫·埃里克森探险

→ 约公元 1005 年托尔芬·卡尔塞夫尼探险

因纽特人 部落或种族

→ 洋流

13.12　挪威的维京人在公元 9 世纪和 10 世纪的时候探索了北大西洋，并且在冰岛和格陵兰岛定居下来。他们到美国大西洋海岸的探险鲜为人知，但在纽芬兰北部发现了一个短暂的定居地。

要港口和王侯府邸。贸易路线从这里开始向南，首先沿着沃尔霍夫河，然后通过陆路运输——船只要被搬运过去——到第聂伯河，从那里直接到黑海，在途中经过一系列危险的急流。维斯瓦河和德涅斯特河是通往黑海的较短路线。

伏尔加保加利亚（Volga Bulgars）在伏尔加河的大拐弯处，河网提供了进一步往东到保加利亚的河流路线。这是服务东部车队的非常重要的路线节点。从保加利亚出发，通过伏尔加河可以到达里海和阿拔斯哈里发国的市场。通往阿拔斯哈里发国的其他路线也要经过可萨人的领地，因此，对于那些准备好面对漫长的河流之旅和艰苦的陆路运输穿过波罗的海和斯拉夫人的领地的斯堪的纳维亚人来说，这里有许多巨大的市场待开发。因此，瑞典人成为在波罗的海和拜占庭、阿拔斯和东方世界之间贸易的中间人。

跨大陆的贸易规模如此之大，以至于它改变了该地区的社会政治结构，也直接导致了俄罗斯的前身罗斯国的出现。毫无疑问，关于俄罗斯的起源和斯堪的纳维亚人在其形成过程中所扮演的角色，一直存在激烈的争论。罗斯（Rús 或者 Rhos）是斯堪的纳维亚的商人根据自身对这个地区的认识所命名的，这个名字可能源自于一个瑞典的词语 roðr，意思是一组划手，但可以肯定的是，这个国家的命名，体现了斯堪的纳维亚人、斯拉夫人和波罗的人之间的复杂互动，当时贸易的集约化导致了大规模的经济和社会变化。罗斯国的第一个首府是 860 年在沃尔霍夫河沿岸所建立的诺夫哥罗德（Novgorod），四十年后，首府转移到了第聂伯河沿岸的基辅（Kiev）。

斯堪的纳维亚人为他们的贸易伙伴提供了很多物品。毛皮和奴隶在贸易中占据很大比重，其他有价值的商品包括猎鹰、蜂蜜、蜡、海象象牙和制作精良的钢剑。作为回报，他们得到大量的银币。仅斯堪的纳维亚就发现 1000 枚硬币，总共有 6 万枚硬币，这些被发现的硬币也只能代表流入波罗的海银币的一小部分。它的大部分被融化并以其他形式重新铸造。毫无疑问，像丝绸、伊斯兰陶器和玻璃等其他的奢侈品都在考古记录中得到证实。

因此，北欧和伊斯兰世界在互惠互利的大环境下相互对抗。地理学家伊本·法兰（Ibn Fadlan）记录了 922 年发生的一场遭遇：

472　　　　我曾见过罗斯人，当时他们在经商途中于伏尔加河上扎营。我从来没有见过如此完美的人体，像枣椰树一样高大的身躯，金发碧眼；他们既不穿束腰外衣也不穿束腰长袍。他们穿的外衣遮住身体的一侧，腾出一只手自由活动。每个人都有一把斧头、一把剑和一把匕首，并且一直都携带在身边。

他接着引用了维京人的祈祷："我希望您能给我送来许多商人，他们身上带着很多第纳尔和迪拉姆（dirhem），他们将会从我这里购买各种各样的东西，并且不会和我讨价还价。"

我们所描绘的图景是和平的商业活动，与丹麦人和挪威人在西方的互动截然

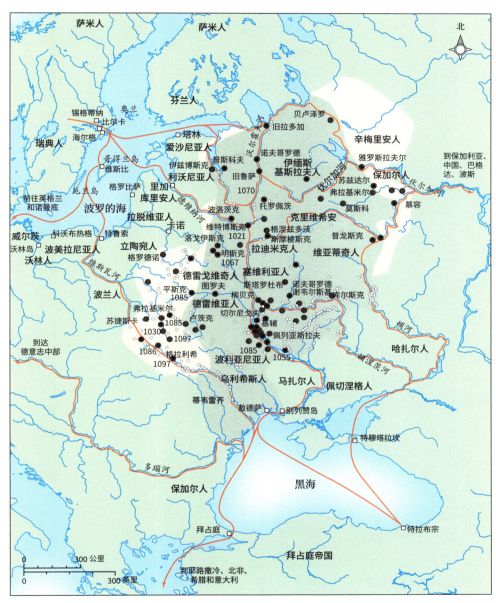

图例

成立日期已知的主要维京时代定居点

● 大约 900～1000 年

● 大约 1000～1150 年

○ 9～11 世纪其他维京时代的定居点

• 发掘的定居点

黑体字 部落或种族

⟶ 主要的贸易路线

罗斯国的范围

　 9～11 世纪

　 12 世纪获得的土地

13.13 瑞典维京人借助波兰和俄罗斯的主要河流到达黑海和更远的地方。罗斯国的出现很大程度上是由于维京人在该地区的活动，特别是他们把第聂伯河作为通往南方的路线。

13.14　这把仪式用的斧头由铁制成，镶嵌着银，作为随葬品与地位尊贵的主人一起埋在日德兰半岛的马门墓室中，时间是公元 970 年或者 971 年。这可能是哈拉尔一世的皇家作坊里制造出来的。斧头被广泛地用作战争的武器。这是地位崇高的象征。

不同。造成这种情况的主要原因是，丹麦人和挪威人直接接触到富裕的王国和富有的修道院，而瑞典人接触的是简单的森林居民，他们获取巨额财富的能力微乎其微，而且他们也没有获得基督教的好处，简而言之，既然没有什么值得掠夺的东西，长途贸易便是唯一的选择。

但是，黑海展示了一种新的商业机遇，来到这里，只需要几天的航行时间就会来到密克拉迦德（Miklagarðr）——意为"伟大的城市"，即君士坦丁堡，这里也是巨大的财富来源。斯堪的纳维亚人至少有两次参与了对君士坦丁堡的袭击，但大多数情况下他们以朋友的身份进入这座城市来进行贸易，或者在军队中提供服务。拜占庭人对斯堪的纳维亚人的战斗能力印象深刻，到 10 世纪晚期，皇帝的私人武装力量完全由斯堪的纳维亚雇佣军组成，他们是可怕的瓦兰吉卫队，手持重剑和巨大的战斧。在圣索菲亚教堂的阳台栏杆上，一名卫兵在阳台栏杆上刻下了自己的名字——"哈夫丹"，这让人印象深刻地想起了两种不同文化之间的对抗。时至今日，它仍令人叹为观止。

公元 8 世纪至 10 世纪的斯堪的纳维亚人的大移居是引人注目的现象，规模上也堪称史无前例。瑞典的维京人横穿里海前往巴格达进行贸易，挪威人正沿着拉布拉多海岸航行，寻找适合在美洲定居的土地。斯堪的纳维亚人是第一批在欧洲所有海域航行的欧洲人。

现代欧洲的起源：互联性

到公元 11 世纪的前几十年，欧洲的地图开始呈现出它的现代面貌，它是在第一个千年的最后两个世纪的动荡中形成的。两个相对稳定的基督教力量——拜占庭所控制的东方和法兰克所控制的西方提供了坚实的核心，将南部的伊斯兰世界与当时席卷欧洲北部和东部的民族迁徙和国家形成的动荡分隔开来。正如我们所看到的，这一核心吸收了各方力量。以规模较小的勃艮第王国为例，人们可能会想到它的安全局面是因为它位于法兰克帝国的深处。在一个世纪左右的时间里，它遭到了来自穆斯林和北欧人的多次袭击，这些北欧人来自罗讷河三角洲

473

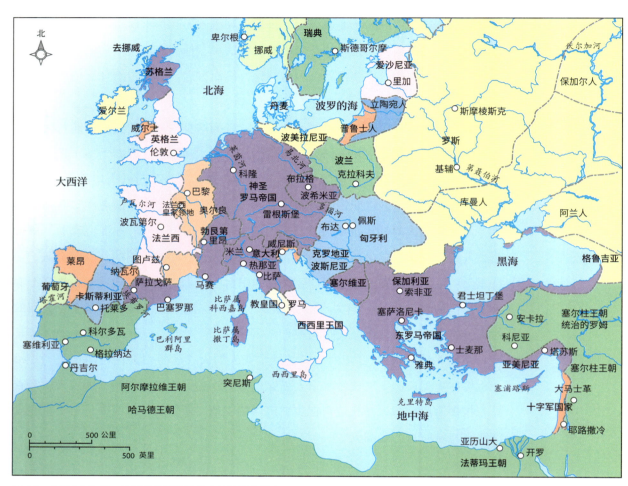

13.15 公元 1150 年，欧洲已经呈现我们今天熟悉的形态。

的临时基地，还有从喀尔巴阡盆地出发的马扎尔人。似乎没有人能躲过劫掠。然而，不稳定的欧洲逐渐被不断兴起的贸易网络紧紧地捆绑在一起，各个国家开始将注意力放在他们日益增长的需求和不断发展的市场中。

474　　　在这个时期的大部分时间里，亚得里亚海为两个帝国之间提供了主要联系的渠道，威尼斯作为这个渠道中的交换节点，变得越来越富有和强大。位于地中海的那不勒斯和阿马尔菲国际港也衔接着东西方之间的贸易，同时也担任着与伊斯兰世界联系的角色，但是其他港口在此时还处于发展阶段，比如在法兰克帝国境内的巴塞罗那、马赛、热那亚和比萨，还有拜占庭所控制的欧洲海岸中的拉古萨

（杜布罗夫尼克）、科林斯和塞萨洛尼卡，还有，不要忘记君士坦丁堡自身还起着至关重要的作用。与此同时，北海周围的许多新港口正在蓬勃发展，比如南安普顿、福特威奇、伦敦、伊普斯威奇和约克，还有昆托威奇、多雷斯塔德、里伯和考邦。波罗的海也有快速发展新的商业中心，包括赫德比、斯库德维格（Skuldevig）、沃林、特鲁索、帕维肯（Paviken）和比尔卡。从这些沿海港口出发，陆路直通内地，并逐渐为两个帝国的战略设想服务，在比较稳定的大环境下，这些路线可以再一次连接起来，成为横贯整个大陆的走廊。罗讷河恢复了它以前的重要地位，再一次连接了卢瓦尔河、塞纳河和莱茵河。威尼斯的惊人发展和包括意大利北部在内的德意志王国的建立，都促进了阿尔卑斯山脉中部地区的发展。这条从亚得里亚海开始，经阿尔卑斯山东侧到多瑙河，再到奥得河和波罗的海的古老琥珀之路又被重新注入了活力，这条商路的复兴使地处这条商路中心地带但却寿命较短的摩拉维亚王国受益。再往东是连接波罗的海和黑海的水路，它同时也导致了俄罗斯的出现。

半岛疆界之外的路线是最引人注目的路线。在西方，大西洋的海上航道能够使爱尔兰的维京人和伊比利亚半岛的穆斯林进行交易，并与他们的斯堪的纳维亚故乡和殖民地冰岛保持联系。在东方，波罗的海的冒险家们找到前往里海的路，并以此前往巴格达市场。在经历了第一个千年的动荡之后，欧洲的人口终于安定下来，地理界限再一次得到巩固。

第十四章　长时段

在本书的开头，我们显然赞同费尔南·布罗代尔关于地中海本质的论述："我们的海洋，从史前的黎明时期开始，就见证了不平衡引发的变革，而这些变革将决定它整个生命的节奏"。布罗代尔的高明见解适用于欧洲的任何一个海洋或半岛本身。不平衡创造了驱动欧洲发展的动力，而且还将继续——资源和人口的不平衡，所有这些都受塑造大陆和海洋不同景观的岩石本身的永恒结构制约。地理景观在提供生活必需品方面变化无常，许多地区无法支撑人口的增长，于是促进了人口的流动，而稀有的资源如金属、珍贵的石头、皮毛等物品，在自然界分布不均，促使那些想获取资源的人发展促进交换的社会网络。因此，人类愿意流动，被迫变得社会化。

我们故事的一个潜在主题就是流动性——人群的不断流动，包括阿提拉率领匈人成群结队流动，或如马萨利亚的皮西亚斯那样的个体探险家。流动始于中石器时代狩猎采集部落的运动，随着上个冰川时代末期气候的改善，他们逐渐向北迁移，农业部落在欧洲大陆和海洋的吸引下向西扩张。第一种现象很容易用生存术语加以解释——扩大的人口要跟着食物来源进行迁徙——但是新石器时代的传播似乎有着更深层次的内在动力。我们也许在这里瞥见了真正的开拓精神——去深入了解未知的世界，去探索西部，这也许是被落日的魅力所吸引，对此我们只能推测。但宇宙观对新石器时代居住在大西洋地区的居民的重要性不言而喻，这提醒我们宗教狂热可能是一股强大的力量。五千年后，阿拉伯人以伊斯兰教的名义，以惊人的速度沿着北非海岸奔向大西洋。又过了七百年，西班牙摆脱了欧洲的束缚，向西航行到美洲，带去了屠杀、疾病和天主教。

人口向西流动也深深植根于中亚的草原地区。我们的故事中到处是骑兵沿着东欧大草原向西进入巴尔干半岛和匈牙利大平原（Alföld，即如今的匈牙利西部），从那里出发袭击西部和北部。从考古学的角度来看，第一个明显可区分的是辛梅里亚人，出现在公元前 9 世纪和前 8 世纪。接着是斯基泰人、萨尔马提亚人、阿兰人、匈人、阿瓦尔人、保加尔人和马扎尔人，后来还有突厥人。动力何在，这是令人着迷的问题。故土出现的人口压力刺激了人口流动，无疑是一个重要因素，但如果说这一切的背后是代代相传的民间记忆，即"我们的人总是向西前进"是否太夸张了？我曾经在苏塞克斯的路上见过一位年迈的旅行者，他正在前往肯特，希望在 5 月之前到达那里。当被问及原因时，他的回答是："我们总

475

476

是在这个时间到达那里。"

我们看到的另一波人口浪潮是"日耳曼人"从北欧平原向南流动。很难确定，流动始于何时，但在公元前 2 世纪晚期，古典时期的资料透露了辛布里人和条顿人的长时间游荡。此后，"日耳曼威胁"一直存在，大规模移民在公元 5 世纪和 6 世纪达到顶点。公平地说，罗马边境的建立加剧了这个问题，从北方到南方的人口流动可能根植于公元前第二个千年，那时有明显的迹象表明，波罗的海地区的冒险家正在探索通往南部的河流，很久以后，即公元第一个千年接近尾声时，他们的后继者——维京人——沿大河到达黑海，经由大西洋海岸到达地中海。富裕而美丽的南方是不可抗拒的诱惑。

大规模的人口流动，时而持久，时而零星，是早期欧洲的一个特征，现在也是如此。十字军东征、犹太人和胡格诺派面对宗教迫害的逃亡，以及后来拿破仑和希特勒的军队造成了人口大规模流离失所，这些都是流动性的明显表现。欧洲的持续流动还体现在 19 世纪和 20 世纪早期，人口向西迁移到美洲寻找新的机会。如今，这种流动仍在继续：2006 年公布的数据显示，英国接待了 574000 名移民，同一年有 385000 居民选择离开这个国家。人口流动一直都是欧洲的典型特征之一。

477　　本书一直强调的第二个特点是连通性，即复杂社会网络的建立，通过它商品得以交换、思想和信仰得以传播。欧洲半岛拥有漫长的海岸线和跨半岛的多条河流，为网络的发展提供了理想条件。早在中石器时代，区域交换系统已经出现，到公元前第三个千年，半岛的大部分通过海洋和河流提供的航路被绑定在一起，大批琳琅满目的商品沿着航路流动开来。也许罗马帝国最主要的成就是通过公路、港口、市场中心和税收系统把地中海和欧洲温带的交易体系机制化。贸易变得如此重要，甚至相互敌对的阵营，诸如伊斯兰世界和法兰克人与拜占庭人的基督教帝国都卷入了彼此的商业运作。这种"时常变化的不平衡"，尽管处于不稳定的平衡状态，但它是有益于经济的和谐的。

我们故事的中心是欧洲的沿海地带。大多数情况下，沿海地区是适宜居住的地方，食物资源丰富。大海鼓励流动，许多河流提供了通往内陆的路线。安全的避风港得以设立起来，成为航线节点和贸易港口，通过它们，信息得以流动，海洋发展为创新区。每个创新区都有自身特点、自身内在多样性和自身发展轨迹。

撤开所有细节不谈，我们可以追溯到公元前第四个千年到公元前第二个千年，大西洋沿岸、地中海东部和波罗的海南部形成了非常独特的创新社会。他们都在使用精心制作的容器作为地位的象征，展示精英们操纵各种各样商品流动的能力。在地中海东部，流动强度如此之大以至于书写系统得以发展起来，把米诺斯和迈锡尼社会看作国家体系也并非不合理。这些创新地区的相互依赖程度很难确定，但事实是，迈锡尼体系在公元前第二个千年末期的崩溃，似乎并没有对各自为政的大西洋和波罗的海系统产生任何直接影响。

到公元前 8 世纪，地中海东部的社群，特别是腓尼基人和希腊人开始发展他们的海上力量，将他们的注意力首先转移到地中海中部，之后向西发展。正是在这段时间里，希腊人也开始在黑海建立自己的领地。争夺地中海地区控制权的战役，见证了罗马——位于海的中心——迅速崛起为主导力量。但是，它于公元前 3 世纪建造了第一支海军之后，一切才显得意义重大。到公元前 1 世纪中叶，罗马是至高无上的，已经开始走出地中海生态位，进入温带欧洲的广阔且多产的外围地区——这一态势一直持续到公元 2 世纪。478

在这段漫长的时期内，大西洋、北海和波罗的海地区似乎都已经失去了他们的创新能量，并开始碎片化，形成了更小的区域系统。尽管人们很容易把这与罗马的崛起联系起来，但是还存在许多其他因素。随着铁的广泛使用，以青铜为基础的国际贸易崩溃，将不可避免地导致早期网络的碎片化，还有其他因素在起作用。当时人们更关心的是控制土地及其产出，这一趋势在某种程度上是人口稳步增长的结果。无论如何，我们看到，从大西洋到波罗的海都倒退到地区主义。然而，这并不意味着这个广阔的海域缺乏创新能力。航运发展迅速，大西洋和北海出现的坚固的横帆船只适宜开阔的海洋，受到尤利乌斯·恺撒的推崇；而波罗的海的紧凑的、快速的划艇，像约特斯普林船和尼达姆船，适宜为布满岛屿的平静海域提供服务。不同的造船传统，赋予了这两个地区后来的海洋事业以不同的特征。

公元 250 年到 450 年，罗马帝国迅速崩溃见证了对地中海和黑海的控制碎片化。日耳曼入侵者横扫半岛走向海洋时——在地中海西部是汪达尔人，在黑海和爱琴海是东哥特人。拜占庭帝国设法维持了一支防御性海军力量，但是随着 7 世纪穆斯林的到来，地中海的南部和东部海岸成为外部力量的领地，他们很快认识到海军力量的重要性。因此，地中海被一分为二，基督徒的北方和穆斯林的南方，他们是宗教上的宿敌，但在快速获利的愿景的诱惑下进行贸易。这是威尼斯和比萨等大城市崛起为地中海地区商业强国的背景。

当地中海正在被重塑的时候，波罗的海／北海正在发展自己的新能量，控制着四通八达的贸易路线：通过北海和英吉利海峡抵达法兰克帝国，沿着主要河流到黑海和拜占庭以及巴格达的阿拉伯贸易中心，经由里海联通亚洲的商路。到 8 世纪末，商业活动的增加和国家的出现带来的社会变化鼓励年轻人的冒险活动的新流动。北欧人，或维京人迁徙到西地中海，沿着大西洋海岸向南突袭和定居，穿过现在的俄罗斯到达黑海进行河流探险，有些人作为雇佣兵为拜占庭皇帝服务。在他们广阔的前进道路上，他们拥抱了欧洲，成为在所有海洋中航行的第一批人。

欧洲公元 10 世纪的这种制衡告一段落。后来出现的欧洲是传统历史熟悉的欧洲。随着斯堪的纳维亚王国失去活力，受到限制的地中海在无尽的竞争中耗尽精力，大西洋又自成一体。它成熟的久经考验的造船传统为它提供了能够装载大型货物的坚固的横帆船只，以及为近风行驶装配大三角帆的轻快帆船。在它的民众中，西方的诱惑始终存在。从西班牙和葡萄牙的港口，还有后来的英国、法国和低地国家的港口出发，无数来自旧欧洲半岛的人群驶入了更广阔的世界。

拓展阅读

第一章　看待问题的方式：空间、时间和人群

　　本章并不只是简单地提供参考文献，因为它涉及各种各样并不是那么具体的
概念。但是我们可以提供一些指导，以便大家能够掌握接下来所要探讨的主题。
三本书很好地涵盖了古代地理学方面的知识，分别是：E. H. Warmington, *Greek
Geography* (London 1934), J.O.Thomson, *History of Ancient Geography* (Cambridge
1948)and K. Clarke, *Between Geography and History* (Oxford 1999)。关于皮西亚斯
旅程的描述可以参考 *The Extraordinary Voyage of Pytheas the Greek*(London 2001)。
关于米利都的最新的简短研究可以参考 A. M. Greaves, *Miletos. A History* (London
2002)。关于小亚细亚西部希腊人的总体背景的介绍可以参见 J. M. Cook's *The
Greeks in Ionia and the East*(London 1962)，虽然该书比较古老，但是资料丰富，通
俗易懂。希罗多德的《历史》一书值得反复研读。很多观点意见不一，但是我找
到了乔治·罗林森（George Rawlinson）的译本，最早出版于 1858 年，是可读性
最强的一本著作，它也适用于 1964 年伦敦的《普通人》版本。 恺撒的《高卢战
争》(*De bello gallico*) 的译本可读性也非常强。最为引人入胜的（也是准确的）书
籍之一就是 A. and P. Wiseman, *Julius Caesar: The Battle for Gaul* (London 1980)。关
于塔西佗的《日耳曼尼亚志》，1999 年出版的"牛津世界经典丛书"中 A.R. 伯利
（A.R. Birley）的译本（带有很多的注释）值得特别推荐。M. Todd's *The Northern
Barbarians 100 BC-AD 300*(London1975)，对于罗马人遭遇日耳曼人的历史提供了
有益见解。

　　法国的年鉴学派对于考古学家的思考模式产生了特殊的影响（现在的作者

更是如此）。有很多值得推荐的作品，但是我们要力求简短，避免过分狂热，P. Burke，*The French Historical Revolution: The Annales School*, 1929-89 (Oxford 1990) 一书对于整个运动进行了细致的介绍，该书还提供了一份非常有价值的参考文献。关于考古意义的探讨体现在 J. Bintliff (ed.), *The Annales School and Archaeology* (Leicester 1991)。关于行动的方法，必读的书籍包括：F. Braudel, *The Mediterranean and the Mediterranean World in the Age of Philip II* (revised edition, translated by S. Reynolds, London 1976, of the French edition published 1949)。这是一本杰作。虽然没有那么成功，但是仍然值得一读的书籍是：F. Braudel, *The Mediterranean in the Ancient World* (translated by S. Reynolds, London 2001)，该书创作于 20 世纪 60 年代末期，但是直到作者去世 30 多年之后才得以出版。于是，不可避免的结果就是，其考古学意义已经过时了，但是因为该书具有的见解及神韵，仍然值得一读。

我们现在来讨论史前欧洲的移民和流动性问题。1960 年之前的大部分文献都使用大规模迁移的范例来解释过去的变迁，一本可以作为例证的书籍就是 V. G. Childe, *Prehistoric Migrations in Europe* (Oslo 1950)。柴尔德大部分著作的观点都是移民论，这也是其巨著 *The Dawn of European Civilization* (London,1st edition 1925, 6th edition 1957) 中的隐含线索和结构。在这里，我们提到 *Migrations and Dawn* 这本书，主要是出于对欧洲考古的历史兴趣，而不仅是出于对文本的考虑，但是在那个时代，这两本书都是开创性作品。第一个对于移民范式提出严峻挑战的是 G.Clark 的论文 "The Invasion Hypothesis in British Archaeology"，发表在 *Antiquity* 40 (1966)，172-89。在放射性碳测年法背景下，对此问题进行广泛探讨的是 C. Renfrew, *Before Civilization: The Radiocarbon Revolution and Prehistoric Europe* (London 1973)。从那时起，我们开始理解放射性碳测年法的微妙性，完全改变了我们对于过去的看法。对古代和现代的人口进行 DNA 研究是最近取得的新进展，科学杂志发表了很多相关文献，但是有一本书资料丰富、可读性极强，这就是方法论的先驱之一 B. Sykes 的 *The Seven Daughters of Eve* (London 2001)。运用 DNA 对于英国进行专门研究，这方面的主要著作是 S. Oppenheimer, *The Origins of the British: A Genetic Detective Story* (London 2006)，该书资料丰富，读起来让人感觉兴趣盎然。我们将在第四章中回到更具体的文献。对人类牙齿中稳定同位素的分析是

482

尚处于起步阶段的研究，但是很有发展潜力。在高度科学的文献之中，对该方法的潜力进行研究的文章是 TD. Price *et al*, 'The Characterization of Biologically Available Strontium Isotope Ratios for the Study of Prehistoric Migration'in *Archaeometry* 44 (2002), 117-35, and T.D. Price *et al*., 'Prehistoric Human Migration in the Linearbandkeramik of Central Europe'in *Antiquity* 75 (2001), 593-603。

了解人群动态对于考古学家至关重要。托马斯·马尔萨斯的最初构想仍然值得仔细研读。他 1798 年的最初著作《关于人口学原理的随笔》随着他思想的进一步发展，先后出版了 4 个版本。这些思想最后都汇总于一本书 *A Summary View of the Principle of Population* (London 1830)。从考古学的角度来看，对人口学进行比较有用概述的是 F.Hassan's *Demographic Archaeology* (London 1981) 和 A. Chamberlain's *Demography in Archaeology* (Cambridge 2006)，而 E.A. Wrigley, *Population and History* (New York 1969)，从历史学家的角度来看，其描述可读性极强。其他有用的评论还包括 E. Zebrow, *Prehistoric Carrying Capacity: A Model* (Menlo Park 1975) 和 J.W. Wood, 'A Theory of Preindustrial Population Dynamics', *Current Anthropology* 39(i) (1998), 99-135。

关于古代世界贸易与交流的主题已经被广泛探讨。有两篇比较经典的论文，一篇是 K. Polanyi, 'The Economy as Instituted Process', in K.Polanyi, C. Arensberg and H.W. Pearson (eds), *Trade and Market in the Early Empires* (Glencoe 1957)；另一篇是 Polanyi's'Ports of Trade in Early Societies', *Journal of Economic History* 23 (1963), 30-45。关于贸易与交易的主题，还有两本比较有用的论文集，分别是 J.A. Sabloff and C.C. Lamberg-Karlovsky (eds), *Ancient Civilization and Trade* (Albuquerque 1975) and T.K. Earle and J. Ericson(eds), *Exchange Systems in Prehistory* (London 1977)。对此争论进行有益性拓展研究的是 K.G. Hirth,'Interregional Trade and the Formation of Prehistoric Gateway Communities', *American Antiquity* 43 (1978), 35-45。世界体系理论开始于 I. Wallerstein's *The Modern World-System* (Vols I and 2) (New York 1974 and 1980)，以及他的著作 *The Politics of the World-Economy* (Cambridge 1984)。关于中心与边缘的争论主要体现于 E. Shils, *Center and Periphery: Essays in Macrosociology* (Chicago 1975) 和 T.C. Champion (ed.), *Centre and Periphery: Comparative Studies in Archaeology* (London 1989)。此后，出于谨慎的态度，把世界体系理论用于分析

前工业化的世界的热情开始变得有所节制，但是其广泛构建的结构仍然非常有价值。

第二章　大洋之间的陆地

要理解欧洲的结构，最好的办法就是翻阅一本好的地图册，也可以浏览卫星图片，这些都可以通过谷歌世界以及其他网址找到。有很多关于欧洲区域地理的书籍，其中一套价值连城的系列就是《地理手册》系列，这是英国海军情报部门在二战期间出版的，是出于军用目的的简报系列。这套小册子由来自英国各大学的、经过挑选的地理学家团队编写，是信息宝藏，那些信息经过仔细研究，表述非常清晰明了。大多数欧洲国家都占有单独一卷。所有这些都出版于 20 世纪 40 年代早期，有些陈旧，但是它们很好地介绍了自然地理的资源。其他我认为比较有价值的著作包括：F. Braudel，*The Identity of France*, Vol. I(London 1988)；P.Pinchemel, *France: A Geographical Survey* (London 1969)；A.F.A. Mutton, *Central Europe: A Regional and Human Geography* (London 1961)；M. de Teran and L. Sole Sabaris (eds.), *Geografia Regional de España* (Barcelona 1968)；J.M. Houston, *The Western Mediterranean World* (London 1964)。

站在现代历史学家的角度，去看待欧洲鼓舞人心的景象，最好的、很难被超越的介绍性书籍是 N. Davies, *Europe: A History* (Oxford 1996) 中的第一章。

在本书中，我们没有涉及冰川时代欧洲的具体细节，但是一些背景性的知识对于读者非常必要。关于这一时期的简要介绍，主要体现于 B. Cunliffe (ed.), *Prehistoric Europe: An Illustrated History* (Oxford 1997) 书中的两章，分别是 C. Gamble 所写的 'The Peopling of Europe 700,000-40,000 Years before the Present' 和 P.Mellars 所写的 'The Upper Palaeolithic Revolution'。更为详细的描述见于 *C. Gamble, The Palaeolithic Settlement of Europe* (Cambridge 1986)，这是一个比较标准的文本。关于天气变化的描述，比较好的著作参见 N. Roberts, *The Holocene: An Environmental History*(Oxford 1998)。关于英国从欧洲分离的具体描述，体现在 B.J .Coles, 'Doggerland: A Speculative Survey', *Proceedings of the Prehistoric Society* 64(1998), 45-81。关于黑海起源于地中海洪水泛滥的争论，可以参见 W.B.F.Ryan et al, 'An Abrupt

Drowning of the Black Sea Shelf', *Marine Geology* 138 (1997), 119-26；R.D. Ballard, C.F.Coleman and G.R. Rosenberg, 'Further Evidence of Abrupt Holocene Drowning of the Black Sea Shelf', *Marine Geology* 170 (2000), 253-61；N. Görür et al., 'Is the Abrupt Drowning of the Black Sea Shelf at 7150 yr BP a myth?', *Marine Geology* 176 (2001), 65-73。

考古和历史文献中都充分涉及环绕欧洲半岛的海洋问题，M.Mollat du Jour-din，*Europe and the Sea* (Oxford 1993) 对于这一主题进行了概述。关于地中海，有一本巨著，是 F. Braudel, *The Mediterranean and the Mediterranean World in the Age of Philip II* (revised edition, translated by S. Reynolds, London 1976)，还有他的 *The Mediterranean in the Ancient World* (translated by S.Reynolds, London 2001)，它们提供了必要的背景描述。而 P. Horden and N. Purcell, *The Corrupting Sea: A Study of Mediterranean History* (Oxford 2000) 则以深入的学术研究视角介绍了大量细节。D. Abulafia (ed.), *The Mediterranean in History* (London 2003) 是由专家撰写的一系列非常好的、可读性很强的文章构成。围绕地中海作为实体的有效性问题召开的一次范围极为宽泛的学术会议，其成果最终呈现在一本比较令人兴奋的论文集之中，即 W.V. Harris 主编的 *Rethinking the Mediterranean* (Oxford 2005)。关于黑海问题，可以参见 N. Ascherson, *Black Sea: The Birthplace of Civilization and Barbarism* (London 1995) 和 C. King, *The Black Sea: A History* (Oxford 2004)，提供了互补性的研究方法，前一本书以该地区的历史事件为背景，对于野蛮和文明问题进行了探索；后一本书是历时性研究，把该地区作为周边不同社会沟通的桥梁进行探索。通过历史的视角对于大西洋进行概述主要是体现在 P. Butel, *The Atlantic* (London 1999)，主要侧重于公元 15 世纪以来的分析。关于早期阶段，B. Cunliffe, *Facing the Ocean: The Atlantic and its Peoples* (Oxford 200I) 分析了史前时期和历史早期阶段的沿海社群以及把它们连接起来的海路情况。作者们很少从整体上关注北海和波罗的海的情况。关于波罗的海考古学的一系列比较有价值的专家论文，都被汇集在 J. Rönn-by (ed.), *By the Water: Archaeological Perspectives on Human Strategies around the Baltic Sea* (Huddinge, Sweden 2003)，而 P.Jordan, *North Sea Saga* (London 2004) 则提供了观测北海的开阔视角。

483

第三章　收集的食物

令人惊讶的是，关于欧洲中石器时代的著作数量极少。可读性最强的概述就是 S.J.Mithen 所撰写的一章 'The Mesolithic Age'，收录于 B. Cunliffe (ed.), *Prehistoric Europe: An Illustrated History* (Oxford 1997)。同一位作者还写了一部更大胆的书籍 (S. Mithen), *After the Ice: A Global Human History 20,000-5000 BC*(London 2003)，其中用了 10 章的篇幅探讨欧洲，其叙事方式是把最富有想象力的故事和最新的考古证据（被充分引用）相结合，该书的讲述方式既有娱乐性，又有启示性。D. Clarke's *Mesolithic Europe:The Economic Basis* (London 1978)，虽然版本有些老，但是对于早期狩猎采集者的自然资源提供了非常有意义的介绍。还有两本比较优秀的区域研究著作，现在看起来也有些年头了，分别是 J.G.D. Clark, *The Early Stone Age Settlement of Scandinavia* (Cambridge 1975) 和 R. Tringham, *Hunters, Fishers and Farmers of Eastern Europe, 6000-1000BC* (London 1971)。Clark 书中的内容已被一篇论文适宜地更新，即 L. Larsson, 'The Mesolithic in Southern Scandinavia', *Journal of World Prehistory* 4 (1990), 257-309。

关于这一时期的很多新研究成果，都体现在编辑出版的会议论文集中，其中与我们主题直接相关的非常重要的论文包括：M. Zvelebil, L. Domanska and R.Dennell (eds), *Harvesting the Sea, Farming the Forest: The Emergence of Neolithic Societies in the Baltic Region* (Sheffield 1998); C. Bonsall (ed.), *The Mesolithic in Europe* (Edinburgh 1989); A. Fischer (ed.), *Man and the Sea in the Mesolithic: Coastal Settlement above and below Present Sea Level* (Oxford 1995); M. Zvelebil (ed.), *Hunter-Gatherers in Transition* (Cambridge 1986); and L. Larsson (ed.), *Mesolithic on the Move* (Oxford 2003)。

现在我们转向本章涉及的更为具体的主题。关于全球气候变化，可以参见 A.G. Dawson, *Ice Age Earth* (London 1992) 和 J.J. Lowe and M.J.C. Walker, *Reconstructing Quaternary Environments* (Harlow 1997)。有大量文献论述了海平面变化的问题，但是有 4 篇论文很适宜地总结了 3 个领域的最新研究进展：T.H. van Andel and J.C. Shackleton, 'Late Palaeolithic and Mesolithic Coastlines of Greece and the Aegean', *Journal of Field Archaeology* 9 (1982), 445-54; T.H.van Andel, 'Late Quaternary Sea-Level Changes and Archaeology', *Antiquity* 63 (1989), 733-45; S. Björck, 'Late

Weichselian to Early Holocene Development of the Baltic Sea-with implications for coastal settlements in the southern Baltic region' in A. Fischer (ed.), *Man and the Sea in the Mesolithic* (Oxford 1995), 23-34; and B.J. Coles, 'Doggerland: a speculative survey', *Proceedings of the Prehistoric Society* 64(1998), 45-81。关于大西洋洋流和海洋生物量问题的全面论述体现在 J.R. Coull, *The Fisheries of Europe: An Economic Geography* (London 1972)。

关于地中海的海洋生活方式：希腊弗朗西洞穴的论述，见 J.M. Hansen, *The Palaeoethnobotany of Franchthi Cave* (Bloomington 1991); T.W.Jacobsen, 'Excavation in the Franchthi Cave 1969-1971:Part 1', *Hesperia* 42 (1973), 45-88; and T.W. Jacobsen, 'The Franchthi Cave and the Beginning of Settled Village Life in Greece', *Hesperia* 50 (1981), 303-19。对于科西嘉和撒丁岛，L.Costa *et al.*, 'Early Settlement on Tyrrhenian Islands (8th millennium cal BC): Mesolithic Adaptation to Local Resources in Corsica and Northern Sardinia', in L.Larsson (ed.), *Mesolithic on the Move* (Oxford 2003), 3-10。关于大西洋地区的遗址展开了广泛研究。关于葡萄牙的定居点，主要见 J. Roche, 'Spatial Organization in the Mesolithic of Muge, Portugal' and J.E. Morais Arnaud, 'The Mesolithic Communities of the Sado Valley, Portugal, in their Ecological Setting', 这两篇论文都收录于 C. Bonsall (ed.), *The Mesolithic in Europe* (Edinburgh 1989), 607-13 and 614-31, 还可以参考 E. Cunha *et al.*, 'Inferences About Mesolithic Life Style on the Basis of Anthropological Data: The Case of the Portuguese Shell Middens', in L. Larsson (ed.), *Mesolithic on the Move*(Oxford 2003), 184-90。关于西班牙北部沿海地区遗址的讨论，可以见 L.Straus, 'Epipalaeolithic and Mesolithic Adaptations in Cantabrian Spain and Pyrenean France', *Journal of World Prehistory* 5 (199I), 84-104, 以及 L.Straus and M. González Morales, 'The Mesolithic in the Cantabrian Interior: fact or fantasy?', in L.Larsson (ed.), *Mesolithic on the Move* (Oxford 2003)，359-68。关于中石器时代布列塔尼人墓地的研究，见 R.Schulting, 'Antlers, Bone Pins and Flint Blades: Mesolithic Cemeteries of Brittany', *Antiquity* 70 (1996)，335-50，以及同一位作者所写的 'The Marrying Kind: Evidence for a Patrilocal Postmarital Residence Pattern in the Mesolithic of Southern Brittany', in L. Larsson (ed.), *Mesolithic on the Move* (Oxford 2003), 431-41。

484

对波罗的海来说，现存证据的质量和实地工作的强度已经催生了大量出版物。我们已经提到了总体性的概述，那就是 L. Larsson, 'The Mesolithic of Southern Scandinavia', *Journal of World Prehistory* 4 (1990), 257-309。与我们的讨论有关的特定遗址的出版物包括：S.H. Andersen, 'Tybrind Vig', *Journal of Danish Archaeology* 4 (1985), 52-69；S.H. Andersen, 'Ertebølle Revisited' in the same journal 5 (1986),31-86；E.E.Albrethsen and E.B. Petersen, 'Excavation of a Mesolithic Cemetery at Vedboek, Denmark', *Acta Archaeologica* 47(1976), 1-28; L. Larsson, 'The Skateholm Project: A Late Mesolithic Settlement and Cemetery Complex at a South Swedish Bay', *Papers of the Archaeological Institute, University of Lund* 5 (1983-84), 5-38。更多令人感兴趣的主题调查包括：I.E. Enghoff, 'Fishing in Denmark during the Mesolithic Period' in A. Fischer (ed.), *Man and Sea in the Mesolithic* (Oxford 1995), 67-75；and L. Larsson, 'Man and Sea in Southern Scandinavia during the Late Mesolithic: The Role of Cemeteries in the View of Society', in the same volume, 95-104。

在欧洲半岛的心脏地带，我们考虑的唯一复杂遗址就是铁门（塞尔维亚）地区，主要是莱潘斯基维尔遗址。对这个非凡遗址进行比较通俗的透彻的阐释的是 D. Srejović, *New Discoveries at Lepenski Vir* (London 1972)。关于遗址及其年代学的复杂性，对此进行探讨的著述包括 R.Tringham, 'Southeastern Europe in the Transition to Agriculture in Europe: Bridge, Buffer, or Mosaic' in T.D. Price (ed.), *Europe's First Farmers* (Cambridge 2000), 19-56; 以及 D.W. Bailey，*Balkan Prehistory: Exclusion, Incorporation and Identity* (London 2000)。

关于战争这一主题，对于人类骨骼证据进行彻底调查的是 R.R. Newell et al. 'The Skeletal Remains of Mesolithic Man in Western Europe: An Evaluation Catalogue', *Journal of Human Evolution* 81(1979), 1-228。对丹麦样本的创伤进行分析的是 P. Bennike, *Palaeopathology of Danish Skeletons* (Copenhagen 1985)。对奥夫内发现的头盖骨进行重新评估的是 D.W. Frayer, 'Ofnet: Evidence for a Mesolithic Massacre', in D.L. Martin and D.W. Frayer (eds), *Troubled Times: Violence and Warfare in the Past*(Amsterdam 1997), 181-216。

第四章 第一批农耕者：从新月沃地到多瑙河流域（公元前 7500 年～公元前 5000 年）

对于新石器时代的欧洲提供最为简易理解的论述是 A.Whittle 撰写的 'The First Farmers' 一章，收录于 B. Cunliffe (ed.), *Prehistoric Europe: An Illustrated History* (Oxford 1997), 136-66，它得到了一系列精心选择书目的支撑。该作者还撰写了另外两本关于新石器时代的长篇巨著，分别是 *Neolithic Europe:A Survey* (Cambridge 1985) 和 *Europe in the Neolithic: The Creation of New Worlds* (Cambridge 1996)，书中充满了相关细节，当然后一本书涉及很多最近的辩论，特别强调土著对于新石器时代早期社群的贡献。关于新石器时代生活方式引入欧洲的主题，有一系列开创性的论文进行了论述，它们都被收集在 T. D. Price (ed.), *Europe's First Farmers* (Cambridge 2000)，每一篇论文涉及的都是欧洲的不同地区。L. Larsson, *Mesolithic on the Move* (Oxford 2003)，包含一组关于从中石器时代到新石器时代早期转变的专家论文。这一宽泛的题目同样也是 M. Zvelebil (ed.), *Hunters in Transition: Mesolithic Societies of Temperate Eurasia and their Transition to Farming* (Cambridge 1987) 作品的主题。

本章继续讨论了一些更为详细的主题，最近的专业出版物中对于新的基因研究的意义也进行了广泛争论。在一系列丰富的作品之中，下面的著述提供了关于争论的一点看法：M.P. Richards *et al.*, 'Tracing European Founder Lineages in the Near East mtDNA pool', *American Journal of Human Genetics* 67 (2000), 1251-76；L.Chikhi *et al.*, 'Y Genetic Data Support the Neolithic Diffusion Model', *Proceedings of the National Academy of Sciences* 99 (2002), II, 008-13; R. King and P.A.Underhill, 'Congruent Distribution of Neolithic Painted Pottery and Ceramic Figurines with Y-Chromosome Lineages', *Antiquity* 76 (2002), 707-14。把各种数据串连在一起的深思熟虑的尝试是 M. Zvelebil's 'Demography and Dispersal of Early Farming Populations at the Mesolithic-Neolithic Transition：Linguistic and Genetic Implications', in P. Bellwood and C.Renfrew (eds), *Examining the Farming/Language Dispersal Hypothesis* (Cambridge 2002)。

近东地区食物生产的起源是比较庞大的课题，需要极为专业的著述。对目前该领域的知识进行简要总结的是 T. Watkins, 'From Foragers to Complex Societies in Southwest Asia', in C. Scarre (ed.), *The Human Past* (London 2005), 200-33。如果有人想阅读有点刺激性的、极具个人风格的概述，我高度推荐 J. Cauvin, *The Birth of the Gods and the Beginnings of Agriculture* (Cambridge 2001)。D.R. Harris (ed.), *The Origins and Spread of Agriculture and Pastoralism in Eurasia* (London 1996) and D. Zohary and M. Hopf, *The Domestication of Plants in the Old World：The Origin and Spread of Cultivated Plants in West Asia, Europe and the Nile Valley* (3rd edition，Oxford 2000)，这两本书涉及耕作和驯化的问题。比较经典的以遗址为中心的著作包括：R.J. Braidwood and B. Howe，*Prehistoric Investigations in Iraqi Kurdistan*(Chicago 1960)；K.M. Kenyon, *Digging Up Jericho* (London 1957); J. Mellaart，*Çatal Hüyük: A Neolithic Town in Anatolia* (London 1967); and A.M.T. Moore, G.C. Hillman and A.J.Legge, *Village on the Euphrates* (Oxford 2001)。

有两篇论文谈到了塞浦路斯的拓殖问题，一篇是 A.Simmons, 'The First Humans and the Last Pygmy Hippopotami of Cyprus', 另一篇是 J. Guilaine and F. Briois,'Parekklisha Shillourokambos: an Early Neolithic Site in Cyprus', 两者都收录在 S. Swiny (ed.), *The Earliest Prehistory of Cyprus: From Colonization to Exploitation* (Boston 2001)。关于克里特岛新石器时代定居点的有趣思考，可以参见 C. Broodbank and T.F. Strasser，'Migrant Farmers and the Neolithic Colonization of Crete', *Antiquity* 65(1991), 233-45。从环境视角对于希腊大陆上最早定居点进行考察的是 T.H.van Andel and C.N. Runnels, 'The Earliest Farmers in Europe', *Antiquity* 69 (1995), 481-500。对考古记录的全面整理，包括对第一批定居点年代证据的仔细评估，体现在 C.Perlès, *The Early Neolithic in Greece* (Cambridge 2001)。关于安纳托利亚起源问题的探索，见 M. Özdogan, 'The Beginning of Neolithic Economies in Southeastern Europe: An Anatolian Perspective', *Journal of European Archaeology* 5 (1997), 1-33。马其顿平原上的新尼科门迪亚是重要的遗址之一，关于它的概述见于 R.Rodden, 'Excavations at the Early Neolithic Site at Nea Nikomedeia, Greek Macedonia (1961 season)', *Proceedings of the Prehistoric Society* 28(1962), 267-88。关于弗朗西洞穴新石器时代早期的水准，可以参考以下文章：C. Perlès, *Les industries lithiques taillées de Franchthi (Argolide, Grece). II: Les industries du Mésolithique et du Néolithique initial-*

Bloomington 1990); S. Payne, 'Faunal Change at Franchthi Cave from 20,000BC to 3000 BC', in A.T. Clason (ed.), *Archaeozoological Studies* (Amsterdam 1975), 120-31; and J.M. Hansen, *The Palaeoethnobotany of Franchthi Cave* (Bloomington 1991)。

关于新石器时代生活方式向东南欧的传播扩展，同时还对考古细节进行很好总结的是 A.Whittle，*Europe in the Neolithic:The Creation of New Worlds* (Cambridge 1996)，chapter 3。还有 D.W. Bailey, *Balkan Prehistory: Exclusion, Incorporation and Identity* (London 2000)。对这一主题进行深思熟虑论述的还有 R.Tringham, 'South-eastern Europe in the Transition to Agriculture in Europe: Bridge, Buffer, or Mosaic', in T.D. Price (ed.), *Europe's First Farmers*(Cambridge 2000), 19-56。

关于线纹陶有相当多的文献，可以方便评估，即 A. Whittle, *Europe in the Neolithic* (Cambridge 1996), chapter 6; P. Bogucki, 'How Agriculture Came to North-Central Europe', in T.D. Price (ed.)，*Europe's First Farmers*(Cambridge 2000), 197-218; D. Gronenborn, 'A Variation on a Basic Theme: The Transition to Farming in Southern Central Europ', *Journal of World Prehistory* 13(1999), 123-210。关于经典遗址的研究包括：P.J.R.Modderman，*Linearbandkeramik aus Elsloo und Stein* (Leiden 1970)；J. Lüning, 'Research in the Bandkeramik Settlement on the Aldenhovener Platte in the Rhineland', *Analecta Praehistorica Leidensia* 15 (1982), 1-30; P. Stehli, 'Merzbachtal: Umwelt und Geschichte einer bandkeramischen Siedlunskammer', *Germania* 67 (1989), 51-76；B.Soudský, 'The Neolithic Site of Bylany', *Antiquity* 36 (1962), 190-200。对内卡河谷塔尔海姆墓葬的残酷细节进行描述的是 J.Wahl and H.G.König, 'Anthropologisch-traunatologische Unterschung der menschlichen Skelettreste aus dem bandkeramischen Massengrab bei Talheim, Kreis Heilbronn', *Fundberichte aus Baden-Württemberg* 12(1987), 65-193。

第五章　沿海区域的同化（公元前 6000 年～公元前 3800 年）

虽然涵盖的地理区域有所不同，但是本章中探讨的主题与第四章基本相同，第四章参考文献第一段提到的很多著作都与本章有关，可以直接作为引言文献。在这里，我们直接探讨与本章主题相关的出版物。

关于新石器时代先锋社群的细节性论述可以参见 A.Whittle, *Europe in the Neolithic* (Cambridge I996), chapter 6。关于地中海地区岛屿的殖民化，有一篇论文，即 J.F.Cherry, 'The First Colonization of the Mediterranean Islands: A Review of Recent Research', *Journal of Mediterranean Archaeology* 3 (I990)，145-221。该篇论文虽然日期有点久远，但是提供了非常有用的起点。对意大利东南部新石器时代早期定居点的证据进行总结和讨论的是 R.Skeates, 'The Social Dynamics of Enclosure in the Neolithic of the Tavoliere, South-East Italy', *Journal of Mediterranean Archaeology* 13 (2000), I55-88。关于位于亚得里亚海和塔夫里埃之间一串岛屿定居点的分析，见 B.Bass, 'Early Neolithic Offshore Accounts: Remote Islands, Maritime Exploitations，and the Trans-Adriatic Cultural Network', *Journal of Mediterranean Archaeology* II (I998), 165-90。关于亚得里亚海沿岸拓殖地问题的讨论，S.Forenbaher and P.T Miracle, 'The Spread of Farming in the Eastern Adriatic', *Antiquity* 79 (2005), 514-28。关于西西里岛新石器时代定居点的全面论述，可以见 R. Leighton, *Sicily before History:An Archaeological Survey from the Palaeolithic to the Iron Age* (London I999)，chapter 2。关于乌佐洞穴遗址，可以参考 S.Tusa, 'The Beginnings of Farming Communities in Sicily: The Evidence of Uno Cave', in C. Malone and S.Stoddart (eds), *Papers in Italian Archaeology IV Part ii, Prehistory* (Oxford 1985), 61-82, 以及 M. Piperno, 'Some I4C Dates for the Palaeoeconomic Evidence from the Holocene Levels of Uzzo Cave, Sicily', in the same volume, 83-86。关于动物群的完整报告，见 A.Tagliacozzo, *Archeozoologia della Grotta dell' Uzzo, Sicilia* (Rome 1993)。详细讨论了来自第勒尼安海的黑曜石分布的论文是 R.H.Tykot, 'Obsidian Procurement and Distribution in the Central and Western Mediterranean', *Journal of Mediterranean Archaeology* 9 (I996), 39-82。关于西地中海的欧洲海岸，有两篇较有价值的论文，即 W.K.Barnett, 'Cardial Pottery and the Agricultural Transition in Mediterranean Europe'and D.Binder, 'Mesolithic and Neolithic Interactions in Southern France and Northern Italy: New Data and Current Hypotheses', 两篇论文都收录于 T.D. Price (ed.), *Europe's First Farmers*(Cambridge 2000)。关于葡萄牙新石器时代起源的争论已经发表了大量的论文。提出殖民飞地模式的是 J.Zilhao 的三份文献，分别是 *Gruta do Caldeirão O Neolitico Antigo*(Lisbon 1992); 'The Spread of Agro-Pastoral Economies Across

Mediterranean Europe', *Journal of Mediterranean Archaeology* 6 (1993), 5-63; 'From the Mesolithic to the Neolithic in the Iberian Peninsula', in T.D. Price (ed.), *Europe's First Farmers* (Cambridge 2000)。也有人提出相反的观点，见两篇著述，分别是 P. Arias, 'The Origins of the Neolithic Along the Atlantic coast of Continental Europe: A Survey', *Journal of World Prehistory* 13(1999), 403-64; M. Calado, 'Standing Stones and Natural Outcrops', in C.Scarre (ed.), *Monuments and Landscape in Atlantic Europe*(London 2002)，17-35。来自 DNA 的一些证据正在对这个领域施加影响，关于这一点，可以参见 F.Bamforth, M.Jackes and D. Lubell, 'Mesolithic-Neolithic Population Relationships in Portugal: The Evidence from Ancient Mitochondrial DNA', in L.Larsson (ed.), *Mesolithic on the Move* (Oxford 2003), 581-87。

关于西欧通过罗讷河流域和沿着大西洋海上航道的新石器化问题，对此问题进行评估的是 M. Zvelebil and P. Rowley-Conwy in their paper 'Foragers and Farmers in Atlantic Europe', in M.Zvelebil (ed.), *Hunters in Transition* (Cambridge 1987), 67-93(especially pp. 70-73)。对于陶器进行更为详细探讨的是 C.Jeunesse, 'Rapport avec le Néolithique ancien d'Alsace de la céramique "danubienne" de La Hoguette (à Fontenay-le-Marmion, Ca vados)', in *Revue archéologique de l'Ouest, supplément I* (I986), 41-50。

新石器时代生活方式在丹麦和斯堪的纳维亚半岛南部的传播已经在很多论文中涉及，其中包括：M. Zvelebil and P. Rowley-Conwy, 'Foragers and Farmers in Atlantic Europe', in M. Zvelebil (ed.), *Hunters in Transition* (Cambridge I987), 67-93; 还有同一位作者更为详细的分析，即 'Transition to Farming in Northern Europe: A Hunter-Gatherer Perspective', *Norwegian Archaeological Review* 17 (1984), 104-28; P.Rowley-Conwy, 'The Origins of Agriculture in Denmark:A Review of Some Theories', *Danish Journal of Archaeology* 4 (1985), 188-95。关于漏斗颈陶文化最为全面的叙述，见 M.S. Midgley, *TRB Culture: The First Farmers of the North European Plain* (Edinburgh 1992)。

对于荷兰中石器时代与新石器时代的交界进行总体论述的是 L.P. Louwe Kooijmans, 'Understanding the Mesolithic/Neolithic Frontiers in the Lower Rhine Basin, 5300-4300 cal. BC' in M. Edmonds and C. Richards (eds), *Understanding the Neolithic in North–Western Europe* (Glasgow 1998), 407-26。在同一作者的论文中，对哈丁克斯费尔德重要的挖掘进行了有益总结，该论文即 'The Hardinxveld Sites in the Rhine/Meuse Delta, The Netherlands, 5500-4500 cal BC', in L. Larsson, *Mesolithic on the Move* (Oxford 2003), 608-24。

487　　关于布列塔尼新石器时代的起源和它的方法以及丰富的考古记录等带来的有趣问题，已经产生了相当多的文献。在最近的文献中，有三份著述比较重要，出自于同一位作者，C. Scarre, 'The Early Neolithic of Western Europe and Megalithic Origins in Western Europe', *Oxford Journal of Archaeology* II (1992), 121-54; 'Contexts of Monumentalism: Regional Diversity at the Neolithic Transition in North-West France', *Oxford Journal of Archaeology* 21 (2002), 23-62; 'Pioneer Farmers? The Neolithic Transition in Western Europe', in P. Bellwood and C. Renfrew (eds), *Examining the Farming/Language Dispersal Hypothesis* (Cambridge 2002), 395-407。其他重要文献包括：S.Cassen, 'Material Culture and Chronology in the Middle Neolithic of Western France', *Oxford Journal of Archaeology* 12 (1993), 197-208；同一位作者的 'Le Néolithique le plus ancien de la façade atlantique de la France', *Munibe* 45 (1993), 119-29; S.Cassen *et al.*, 'L'habitat Villeneuve-Saint-Germain du Haut Mée(Saint-Etienne-en-Coglès, Ille-et-Vilaine)'; *Bulletin de la Société Préhistorique Française* 95 (1998), 41-75; and S. Cassen *et al.*, 'Néolithisation de la France de 1'Ouest ... ', *Gallia Prehistoire* 41 (1999), 41-75。

几年前一篇杰出的论文深入地讨论将食品生产机制引入不列颠和爱尔兰的问题，即 H.Case, 'Neolithic Explanations', *Antiquity* 43 (1969), 176-86。后来，日期界定的证据被重新修订，见 E. Williams, 'Dating the Introduction of Food Production into Britain and Ireland', *Antiquity* 63(1989), 510-21。最新评论见于 J.Waddell, *The Prehistoric Archaeology of Ireland* (Galway 1998) and P. Woodman, 'Getting Back to Basics: Transition to Farming in Ireland and Britain', in T.D. Price (ed.), *Europe's First Farmers* (Cambridge 2000), 219-59。还有一篇特别有趣的论文，认为气候变化可能会刺激农业向欧洲扩张，即 C. Bonsall *et al*, 'Climate Change and the Adoption of Agriculture in North-West Europe', *European Journal of Archaeology* 5 (2002), 9-23。

最后，关于新石器时代生活方式的传播和印欧语系语言引进的关系问题，这个问题比较复杂，有一篇论文提供了比较有启示的观点，即 M. Zvelebil, 'Demography and Dispersal of Early Farming Populations at the Mesolithic-Neolithic Transition: Linguistic and Genetic Implications', in P. Bellwood and C. Renfrew (eds), *Examining the Farming/Language Dispersal Hypothesis* (Cambridge 2002), 379-94。

第六章　欧洲的无限多样性（约公元前 4500 年～公元前 2800 年）

对这个迷人但是复杂地区的最好的介绍性文献是 A.Sherratt's 'The Transformation of Early Agrarian Europe: the Later Neolithic and Copper Ages, 4500-2500 BC', in B. Cunliffe (ed.), *Prehistoric Europe: An Illustrated History* (Oxford 1997), 167-201, 另一本书相关章节对它是补充，即 A. Whittle, *Europe in the Neolithic: The Creation of New Worlds* (Cambridge 1996)。对于这一时期进行非常有益综述的是 J.Lichardus and M. Lichardus-Itten, *La protohistoire de l'Europe: le néolithique et le chalcolithic entre la mer Méditerranée et la mer Baltique* (Paris 1985)。

现在我们转向定居点，对于巴尔干半岛地区定居点进行简明概述的是 D.W. Bailey, *Balkan Prehistory* (London 2000)。关于卡拉诺沃，可以详细参照 S.Hiller and V. Nikolov (eds), *Karanovo: Die Ausgrabungen im Südsektor 1984-1992* (Horn 1997)；关于保加利亚地区定居点的概貌，见 D.W. Bailey, 'The Interpretation of Settlement: An Exercise for Bronze Age Thrace', in L.Nikolova (ed.), *Early Bronze Age Settlement Patterns in the Balkans* (ca. 3500-2000BC) (Sofia 1996, Reports of Prehistoric Research Projects I, Part 2), 201-13, and 'What Is a Tell? Settlement in fifth-millennium BC Bulgaria', in J.Brück and M. Goodman (eds), *Making Places in the Prehistoric World: Themes in Settlement Archaeology* (London 1999), 94-111。关于东欧库库特尼文化这一复杂的问题以及它与大草原的关系，可以参见 I. Manzura, 'Steps to the Steppe; Or, How the North Pontic Region was Colonized', *Oxford Journal of Archaeology* 24 (2005), 313-38。

关于葡萄牙、西班牙和法国南部的石头"防御工事"，也有一些相当分散的文献。对于线索问题进行一般性讨论的是 R. Chapman, *Emerging Complexity: The Later Prehistory of South-East Spain, Iberia and the West Mediterranean* (Cambridge

1990)。关于洛斯米利亚雷斯的探讨，参见 A. Arribas Palau and F. Molina, ''Los Millares: Nuevas Perspectivas', in W.H. Waldren, J.A.Ensenyat and R.C.Kennard (eds), *IInd Deya International Conference of Prehistory* (Oxford 1991), 409-19。关于圣佩德罗的维拉诺万文化，参见 H.N. Savory, 'The Cultural Sequence at Vila Nova de S. Pedro', *Madrider Mitteilungen* 13 (1972)，23-37。关于赞布哈尔，参见 E. Sangmeister and H. Schubart，*Zambujal: die Grabungen 1964 bis 1973* (Mainz 1981)。关于法国南部的防御性围墙，参见 N. Mills, 'The Neolithic of Southern France', in C. Scarre (ed.), *The Neolithic of France* (Edinburgh 1983), 91-145, 该书对此进行了一些介绍。

尽管陶器对于考古解释非常关键（但是考古报告处理陶器的方式令人作呕），对于史前陶工的技术成就和创造力，却没有很好的综述。人们所能做的就是在博物馆里欣赏陶器。另一方面，石头在许多合成作品中得到了充分探索和展示。对于黑曜石在地中海中部的分布进行细节性讨论的是 R.H.Tykot 'Obsidian Procurement and Distribution in the Central and Western Mediterranean', *Journal of Mediterranean Archaeology* 9 (1996), 39-82。关于波兰克热米翁基带状燧石的探讨，见 W. Borkowski *et al.* in 'Possibilities of Investigating Neolithic Flint Economies as Exemplified by the Banded Flint Economy', *Antiquity* 65(1991), 607-27。关于荷兰赖克霍尔特的燧石矿藏，见 H.E.Th. de Grooth, 'Mines in the Marl: The Flint Extraction at Rijckholt', in L.P. Louwe Kooijmans *et al.* (ed.), *The Prehistory of the Netherlands, Volume I* (Amsterdam 2005), 243-48。同一位作者还探讨了采矿运动的社会背景问题，即 'Socio-Economic Aspects of Neolithic Flint Mining: A Preliminary Study', *Helinium* 31 (1991), 153-89。对布列塔尼中部靠近普吕叙利安的塞莱丁的著名石斧制造厂进行全面分析的是 C. -T. Le Roux, *L'outillage de pierre polie en metadolerite du type A: les ateliers de Plussulien* (Rennes 1999)，该书同时还探讨了整个欧洲的斧头分布状况。关于翡翠斧头的起源和分布，也有大量的文献，其中最近出版的，也是最有用的是：S.Cassen and P. Pétrequin, 'La chronologie des haches polies dites de prestige dans la moitié oust de la France', *European Journal of Archaeology* 2 (1999), 7-33；A.-M. Pétrequin, P. Pétrequin and S. Cassen, 'Les longues lames polies des élites', *La Recherche* 312 (1998), 70-75, and E. Thirault, 'The Politics of Supply: The Neolithic Axe Industry in Alpine Europe', *Antiquity* 79 (2005), 34-50。

对欧洲东南部和其他地区的早期铜加工进行广泛关注的是 E.N.Chernykh in *Ancient Metallurgy in the USSR: The Early Metal Age*(Cambridge 1992)。同一位作者还发表了首篇关于艾布纳尔矿的研究，其成果为 'Aibunar, a Balkan Copper Mine of the IVth Millennium BC', *Proceedings of the Prehistoric Society* 44(1978), 203-18。对于塞尔维亚鲁德纳格拉瓦采矿点进行全面关注的是 B.Jovanović, *Rudna Clava: Najstarije Rudarstvo Bakra na Centralnom Balkanu* (Belgrade 1982)，而提供基于一系列金相分析的语境研究的是 N.H. Gale *et al* in 'Recent Studies of Eneolithic Copper Ores and Artefacts in Bulgaria', in J.-P.Mohen (ed.), *Decouverte du metal* (Paris 1991), 49-76。提出西班牙东南部的阿尔梅里亚进行早期铜加工的是 A. Ruiz-Taboada and I. Ruiz Montero, 'The Oldest Metallurgy in Western Europe', *Antiquity* 73(1999), 897-903。

位于保加利亚黑海海岸的瓦尔纳公墓令人惊叹，对此进行评估的著作是 C. Renfrew, 'Varna and the Social Context of Early Metallurgy', *Antiquity* 52 (1978), 199-203。对于这些发现进行充分讨论和阐述的是在圣日尔曼-恩-雷举办的展览目录，即 *Le premier or de l'humanittf en Bulgarie: se millenaire* (Paris 1989)。

对轮式车辆的起源和发展问题进行广泛讨论的著述是 S.Piggott, *The Earliest Wheeled Transport: From the Atlantic Coast to the Caspian Sea* (London 1983)。另外一本很有价值的文献是 M.A. Littauer and J.H. Crouwel, *Wheeled Vehicles and Ridden Animals in the Ancient Near East* (Leiden 1979)。最近的关于起源问题的争论见 J.A. Bakker *et al.*, 'The Earliest Evidence of Wheeled Vehicles in Europe and the Near East', *Antiquity* 73 (1999), 778-90。

关于面向大西洋的西部的概述，见 B.Cunliffe, *Facing the Ocean: The Atlantic and its Peoples*(Oxford 2001), chapter 5。关于大西洋地区巨石纪念碑起源问题的争论，可以参考 A. Sherratt, 'The Genesis of Megaliths : Monumentality, Ethnicity and Social Complexity in Neolithic North-West Europe', *World Archaeology* 22 (1990), 147-67; C. Scarre, 'The Early Neolithic of Western France and Megalithic Origins in Western Europe', *Oxford Journal of Archaeology* II (1992),121-54; C. Boujot and S. Cassen, 'A Pattern of Evolution for the Neolithic Funerary Structures of the West of France', *Antiquity* 67 (1993), 477-91; M.Patton, 'Neolithisation and Megalithic Origins in

North-Western France: A General Interactive Model', *Oxford Journal of Archaeology* 13 (1994), 279-93; A. Sherratt, 'Instruments of Conversion? The Role of Megaliths in the Mesolithic/Neolithic Transition in North-west Europe', *Oxford Journal of Archaeology* 14 (1995), 245-60；and C.Scarre, 'Contexts of Monumentalism: Regional Diversity at the Neolithic Transition in North-West France', *Oxford Journal of Archaeology* 21 (2002), 23-62。

关于伊比利亚西部的巨石问题，最近有一系列的论文进行了特别有益的总结，包括 A.A. Rodriguez Casal (ed.), *O Neolítico Atlántico e as orixes do Megalitismo* (Santiago de Compostela 1997)。自从 T.Powell (ed.), *Megalithic Enquiries in the West of Britain* (Liverpool 1969) 出版以来，关于英国的作品较少，只有 C. Renfrew, *Investigations in Orkney* (London 1979)。关于爱尔兰的著述是 J.Waddell, *The Prehistoric Archaeology of Ireland* (Galway 1998)，该书提供了最新的观点。

关于绳纹器 / 独墓问题的复杂性，有一本书的相关章节进行了论述，即 A.Whittle, *Europe in the Neolithic* (Cambridge 1996)，丹麦考古杂志的一系列专门论文进行了更为详细的分析，其中最特别的是 J. Simonsen, 'Settlements from the Single Grave Culture in North-West Jutland: A Preliminary Survey'in Vol. 5 (1986), 135-51。

在东欧和大草原地区，关于坟墓（埋葬的土丘）的发展和传播问题是辩论的热点话题。最经典的论文是 M. Gimbutas, 'The Beginnings of the Bronze Age in Europe and the Indo-Europeans', *Journal of Indo-European Studies* I (1973), 163-214。还是这位作者，对该主题进行扩展性论述的著作是 *The Civilization of the Goddess* (San Francisco 1991)，对这些问题进行更进一步探讨的是 J.P. Mallory, *In Search of the Indo-Europeans* (London 1989)。对辩论做出有益贡献的另一篇论文 D.W. Anthony, 'The "Kurgan Culture",Indo-European Origins and the Domestication of the Horse: A Reconsideration', *Current Anthropology* 27 (1986)，291-313。关于普拉奇多埋葬的讨论见于 I. Panayotov and V. Dergačov, 'Die Ockergrabkultur in Bulgarien (Darstellung des Problems)', *Studia Praehistorica* 7(1984), 99-111。

关于地中海的文献数量巨大，我们必须有所取舍。关于马耳他人的问题，有一篇论文进行了汇总，即 S. Stoddart *et al.*, 'Cult in an Island Society: Prehistoric Malta in the Tarxien Period', *Cambridge Archaeological Journal* 3 (1993), 3-19。 关于

这个岛屿考古的比较优秀的作品是 J.D. Evans, *The Prehistoric Antiquities of the Maltese Islands: A Survey* (London 1971)。一些关于孤立生活状态的研究见 A.Bonnano et al., 'Monuments in an Island Society: the Maltese Context', *World Archaeology* 22 (1990), 190-205。关于基克拉泽斯群岛上社会的发展及其流动性，有一本主要的著作对此进行了一丝不苟的分析，这就是 C.Broodbank, *An Island Archaeology of the Early Cyclades* (Cambridge 2000)。

第七章　穿越半岛，走向海洋（公元前 2800 年～公元前 1300 年）

这一章覆盖了传统意义上所说的青铜时代的早期和中期。关于整个阶段的可读性非常强的概述可以见一本书中的三章，即 B. Cunliffe (ed.), *Prehistoric Europe: An Illustrated History* (Oxford 1997): Chapter 5, 'The Transformation of Early Agrarian Europe: The Later Neolithic and Copper Ages, 4500-2500 BC' by A.Sherratt；Chapter 6, 'The Palace Civilizations of Minoan Crete and Mycenaean Greece, 2000-1200 BC' by K.A. Wardle; and Chapter 7, 'The Emergence of Elites: Earlier Bronze Age Europe, 2500-1300 BC' by A. Sherratt。关于这一时期，还有两本比较规范的教材，分别是 J.M.Coles and A.F.Harding, *The Bronze Age in Europe: An Introduction to the Prehistory of Europe C.2000-700BC* (London 1979), 详细说明了欧洲各个地区的情况；A.F.Harding, *European Societies in the Bronze Age* (Cambridge 2000) 则采用了最新的主题式方法。该作者还有一本值得推荐的书籍，就是 *The Mycenaeans and Europe* (London 1984)，广泛地涉及贸易和交换的模式。在与我们主题有关的许多会议论文的汇编中，比较有用的论文见 C.F.E. Pare (ed.), *Metals Make the World Go Round: The Supply and Circulation of Metals in Bronze Age Europe* (Oxford 2000); B. Hansel (ed.), *Mensch und Umwelt in der Bronzezeit Europas (Man and Environment in European Bronze Age)* (Berlin 1998); and F. Nicolis (ed.), *Bell Beakers Today: Pottery, People, Culture, Symbols in Prehistoric Europe* (Trento 2001)。展览目录 *L'Europe au temps d'Ulysse: dieux et her-os de rage du bronze* (Paris 1999) 内容丰富，插图精美。同样值得高度推荐的是制作精美的 *Symbols of Power at the Time of Stonehenge* (Edinburgh 1985), edited by D.V. Clarke, T.G. Cowie and A.Foxon，主要涉及的是英国不列颠群岛，尽

管有些材料来自布列塔尼。最后，在这个介绍性的段落之中，有一篇非常令人振奋的论文，即 A. Sherratt's 'What Would a Bronze-Age World System Look Like? Relations Between Temperate Europe and the Mediterranean in Later Prehistory', *Journal of European Archaeology* 1:2 (1993), I-57，检视了跨半岛贸易路线的改变。

关于近东发展的最易于理解、最新的简短评述是 R.Matthews, 'The Rise of Civilization in Southwest Asia', in C. Scarre (ed.), *The Human Past: World Prehistory and the Development of Human Societies* (London 2005), 432-71。这位作者还有一部著作，即 *The Archaeology of Mesopotamia: Theories and Approaches*(London 2003)，提供了更为深入的解析。关于黎凡特地区，可以参见 T.E. Levy (ed.), *The Archaeology of Society in the Holy Land*(Leicester 1995)，该书做出了很多有益的贡献。关于克里特 / 迈锡尼世界与安纳托利亚的关系，体现在 C. Mee, 'Aegean Trade and Settlement in Anatolia in the Second Millennium', *Anatolian Studies* 28 (1978), 121-50，而对于安纳托利亚同时代的贸易网络进行考察的是 V. sahoglu, 'The Anatolian Trade Network and the Izmir Region During the Early Bronze Age', *Oxford Journal of Archaeology* 24 (2005), 339-61。

关于基克拉泽斯群岛的考古学研究，进行的比较深入并且颇有见地的书籍是 C.Broodbank, *An Island Archaeology of the Early Cyclades* (Cambridge 2000)。关于米诺斯和迈锡尼人的一般参考书比比皆是。最具价值的是 P.M.Warren, *The Aegean Civilization* (2nd edition, Oxford 1990); O. Dickinson, *The Aegean Bronze Age* (Cambridge 1994); J.L. Fitton, *Minoans* (London 2002); G. Cadogan, *Palaces of Minoan Crete* (London 1976); J.T. Hooker，*Mycenaean Greece*(London 1976)；and J Chadwick, *The Mycenaean World* (Cambridge 1977)。与贸易和交换相关的更为专题性的研究是 J.T. Killen, 'The Wool Industry of Crete in the Late Bronze Age', *Annual of the British School at Athens* 59 (1964), 519-30; P. Halstead, 'On Redistribution and the Origin of the Minoan-Mycenaean Palatial Economies', in E.B. French and K.A. Wardle (eds), *Problems in Greek Prehistory* (Bristol 1988), 519-30; S. Sherratt, 'Circulation of Metals and the End of the Bronze Age in the Eastern Mediterranean', in C.F.E. Pare (ed.), *Metals Make the World Go Round: The Supply and Circulation of Metals in Bronze Age Europe* (Oxford 2000), 82-97。两套会议论文为海洋互联提供了许多有益的见解，即 E.H. Cline

490

and D. Harris-Cline (eds), *The Aegean and the Orient in the Second Millennium: Proceedings of the 50th Anniversary Symposium, Cincinnati, 18-20 April 1997* (Liege 1998); N.C.Stambolidis and V. Karageorghis (eds), *Sea Routes: Interconnections in the Mediterranean I6th-6th c. BC: Proceedings of the International Symposium held at Rethymnon, Crete, September 29th-October 2nd 2002* (Athens 2003)。关于船舶和航海问题的探讨，见 S. McGrail, 'Bronze Age Seafaring in the Mediterranean: A View from N.W. Europe', in N.H. Gale (ed.), *Bronze Age Trade in the Mediterranean* (Oxford 1991), 83-91。同一册书还包含了其他几篇有用的论文。关于乌鲁布伦的失事船只，可以参见 C.Pulak, 'The Uluburun Shipwreck', in S. Swiny *et al.* (eds), *Res Maritimae: Cyprus and the Eastern Mediterranean from Prehistory to Late Antiquity, Proceedings of the Second International Symposium 'Cities on the Sea', Nicosia, Cyprus, October 18-24, 1994* (Atlanta 1997), 233-62。关于格利多尼亚角的失事船只，可以参见 G.F. Bass, *Cape Gelidonya: A Bronze Age Shipwreck* (Philadelphia 1967)。A.B. Knapp, 'Thalassocracies in Bronze Age Eastern Mediterranean Trade: Making and Breaking the Myth', *World Archaeology* 24(1993), 332-47，文章提供了关于海上贸易的一些有趣的想法。

关于第勒尼安海在青铜时代运行的秩序，还没有相关的综合研究，但是很多有用的材料已经被汇集在一起，见 A.F.Harding, *The Mycenaeans and Europe* (London 1984), especially pp. 244-63。能够对此进行补充的有启发性的论文是 D.Ridgway and F.R. Serra Ridgway, 'Sardinia and History', in R.H. Tykot and T.K. Andrews (eds), *Sardinia in the Mediterranean: A Footprint in the Sea*(Sheffield 1992), 355-63。

关于大西洋体系的总结，见 B.Cunliffe, *Facing the Ocean: The Atlantic and its Peoples* (Oxford 2001), Chapter 6 (with a supporting bibliography, pp. 574-75)，研讨会上的许多论文也收入论文集，见 edited by F. Nicolis, *Bell Beakers Today: Pottery, People, Culture, Symbols in Prehistoric Europe* (Trento 2001) and S. Needham, 'Transforming Beaker Culture in NorthWest Europe: Processes of Fusion and Fission', *Proceedings Of the Prehistoric Society* 71 (2005), 171-218。

关于罗斯岛上最重要的金属加工地址的描述和评估，见 W.O'Brien, *Ross Island: Mining, Metal and Society in Early Ireland* (Galway 2004)。对爱尔兰岛上冶金术的起源进行讨论的是同一位作者的论文，即 'La plus ancienne metallurgie du cuivre en Ireland' in *La premiere metallurgie en France et dans les pays limitrophes* (Memoire XXXVII de la Societe Prehistorique Française) (Paris 2005)。

对于大西洋 / 北海地区青铜时代使用的船只进行总结的比较权威的著作，是 S. McGrail，*Boats of the World from the Stone Age to Medieval Times* (Oxford 2001)，184-93, 带有非常完整的参考文献。能够对此进行补充的是 P.Clark，*The Dover Bronze Age Boat* (London 2004) and R. Van de Noort, '"The Kilnsea-Boat" and Some Implications from the Discovery of England's Oldest Plank Boat Remains', *Antiquity* 73(1999), 131-35。

关于大西洋沿岸当地精英的出现，已经发表了大量的文献。在塔霍河地区，一个比较好的开端是 R. Harrison, *The Bell Beaker Culture of Spain and Portugal* (Harvard 1977)，接下来的是 S. Oliveira Jorge and V. Oliveira Jorge, 'The Neolithic/Chalcolithic Transition in Portugal', in M. Diaz-Andreu and S. Keay (eds), *The Archaeology of Iberia: The Dynamics of Change* (London 1997), 128-42。对于阿莫里凯半岛进行全面探讨的是 J. Briard, *Les tumulusd'Armorique* (Paris 1984)，而对于阿莫里凯与威塞克斯的关系进行仔细审视的是 S.P. Needham, 'Power Pulses Across a Cultural Divide: Cosmologically Driven Acquisition between Armorica and Wessex', *Proceedings of the Prehistoric Society* 66 (2000), 151-208。还有同一位作者的 'The Development of Embossed Goldwork in Bronze Age Europe', *Antiquaries Journal* 80 (2000), 27-65，提供了对于精英生产的一个层面的观察，这也是另一本书的主题，那本书就是 D.Y. Clarke, T.G.Cowie and A. Foxon, *Symbols of Power at the Time of Stonehenge* (Edinburgh 1985)。尼达姆（Needham）所写的论文对于威塞克斯精英的年代学进行了最新评估，另一篇有创意的论文是 S. Piggott, 'The Early Bronze Age in Wessex', *Proceedings of the Prehistoric Society* 4 (1938), 52-106, 仍然具有阅读价值。

要了解北欧地区，最好先读一篇简明扼要的概述，即 J.Jensen, *The Prehistory of Denmark* (London 1982)。P.V.Glob, *The Mound People: Danish Bronze Age Man Preserved* (London 1974) 对于青铜时代的主要发现进行了非常生动的描述。关于青铜时代斯堪的纳维亚的岩石雕刻，已经有大量的文献，但是就范围和洞察力而言，有一本书比较突出，即 J.Coles, *Shadows of a Northern Past: Rock Carvings of Bohuslän and Østfold* (Oxford 2005)。对船舶影像进行充分讨论的是 F.Kaul，*Ships* on Bronzes: A Study of Bronze Age Religion and Iconography (Copenhagen 1998)，而对引人注目的基维克陵墓进行广泛考察的则是 K. Randsborg, *Kivik' Archaeology and Iconography* (Copenhagen 1993)。K.Kristiansen, 'Seafaring Voyages and Rock Art Ships', in P.Clark (ed.), *the Dover Bronze Age Boat in Context* (Oxford 2004), 112-21，该书探讨了长距离航海的可能性，对这个主题进行进一步广泛的、有创意探讨的是 K. Kristiansen and T.B.Larsson, *The Rise of Bronze Age Society: Travels, Transmissions and Transformations* (Cambridge 2005)。关于日德兰半岛和挪威之间的贸易证据，对此进行探讨的是 B.Solberg, 'Exchange and the Role of Import to Western Norway in the Late Neolithic and Early Bronze Age', *Norwegian Archaeological Review* 27 (1994), 112-26。

关于北欧地区、喀尔巴阡山、迈锡尼世界和大草原地区之间的相互关系，有书籍进行了多样化的探讨，该书即是 H. Thrane, 'The Mycenaean Fascination'in P. Schauer (ed.), *Spuren orientalische-ägäis-chen Einflüsses im Donauraum in Südwest-, West-und Nordeuropa während der Bronzezeit* (Mainz 1989); H.Thrane, 'Centres of Wealth in Northern Europe', in K.Kristiansen and J.Jensen (eds), *Europe in the First Millennium B. C.* (Sheffield 1994), 95-110; and T.B. Larsson, 'The Transmission of an Elite Ideology-Europe and the Near East in the Second Millennium BC', in J.Goldhahn(ed.), *Rock Art as Social Representation* (Oxford 1999), 49-64。战车的起源和传播是不断引起人们兴趣的主题，可以参见 J.H. Crouwell, 'The Origin of the True Chario', *Antiquity* 70 (1996), 934-39, 更近的一本则是 P.F. Kuznetsov, 'The Emergence of Bronze Age Chariots in Eastern Europe', *Antiquity* 80 (2006),638-45。

第八章 新兴的"欧元区"（公元前 1300 年～公元前 800 年）

青铜时代晚期的欧洲很少被作为整体，因为从这个时候开始，在处理"野蛮的欧洲"的历史学家的领域和专注于地中海的古典考古学家的领域之间出现了分歧。关于"野蛮人"的总体介绍，可以参见 A.F. Harding, *European Society in the Bronze Age* (Cambridge 2000)，该书提供了很好的概述。还有一篇论文，S. Sherratt and A. Sherratt, 'The Growth of the Mediterranean Economy in the Early First Millennium BC', *World Archaeology* 24 (1993), 361-78，提供了对于贸易和交换模式的思

考。这些争论得到了进一步的补充和延伸，见 A.Sherratt, 'What Would a Bronze-Age World System Look Like?', *Journal of European Archaeology* 1:2 (1993), I-57。K. Kristiansen, *Europe Before History* (Cambridge 1998)，进行了广泛的综述，对于青铜时代的探讨主要体现于该书的第 4 章和第 5 章。关于中欧和东欧贸易路线的考古学证据的详细考虑见 A. Pydyn, *Exchange and Cultural Interactions: A Study of Long-Distance Trade and Cross-Cultural Contacts in the Late Bronze Age and Early Iron Age in Central and Eastern Europe* (Oxford 1999)。

关于东地中海体系的崩溃，有一本可读性极强、非常博学的著作，即 N.K. Sandars, *The Sea Peoples: Warriors of the Ancient Mediterranean* (London 1978)。更为详细的考古细节可以参见 M.Liverani, 'The Collapse of the Near Eastern Regional System at the End of the Bronze Age: The Case of Syria', in M. Rowlands, M.T. Larsen and K.Kristiansen (eds), *Centre and Periphery in the Ancient World*(Cambridge 1987), 66-73, and L.E. Stager, 'The Impact of the Sea Peoples in Canaan (1185-1050 BCE)', in T.E. Levy(ed.), *The Archaeology of Society in the Holy Land* (Leicester 1995), 332-48。关于非利士人的探讨，见 T.Dothan, 'The "Sea-Peoples" and the Philistines of Ancient Palestine', in J.M. Sasson (ed.), *Civilizations of the Ancient Near East* (New York 1995), 1267-79。关于腓尼基人的论述，见 D.B.Harden, *The Phoenicians* (Harmondsworth 1980) andG.E. Markoe, *The Phoenicians* (London 2000)，该书提供了非常杰出的观点。更为详细地叙述见 M.E. Aubet, *The Phoenicians and the West* (London 1987)。

正如我们所预期的那样，关于这一时期希腊的广泛分析见 O.Dickinson, *The Aegean Bronze Age*(Cambridge 1994)，这是一部非常优秀的作品。M. Popham, 'The Collapse of Aegean Civilization and the End of the Late Bronze Age', in B. Cunliffe, *Prehistoric Europe: An Illustrated History* (Oxford 1997), 277-303，提供了关于这一时期的简短描述，可读性极强。希腊的"黑暗时代"是几本好书的主题：A.M. Snodgrass，*The Dark Age of Greece* (Edinburgh 1971); V.R.d'A. Desborough, *The Greek Dark Ages* (London 1972); J.N. Coldstream, *Geometric Greece* (London 1977); and I. Lemos, *The Protogeometric Aegean: The Archaeology of the Late Eleventh and Tenth Centuries BC* (Oxford 2002)。在更广泛的背景下对此进行简明论述的是 J. Whitley, *The Archaeology of Ancient Greece* (Cambridge 2001)。最为重要的"黑暗时代"的遗

址，即位于埃维亚岛屿上的莱夫坎迪，有挖掘者对此进行了总结，即 M.Popham in 'Lefkandi and the Greek Dark Age' in B. Cunliffe (ed.), *Origins: The Roots of European Civilization* (London 1987), 67-80。

关于埃维亚岛和地中海东部贸易的讨论，见 M.Popham, 'Pre-colonization: Early Greek contact with the East' in G.R.Tsetskhladze and F. De Angelis (eds), *The Archaeology of Greek Colonisation* (Oxford 1994), 11-34, and M. Popham and I.S. Lemos, 'A Euboean Warrior Trader', *Oxford Journal of Archaeology* 14 (1995), 151 -58。

旧世界考古学中关于铁的比较优秀的著述是 T.A.Westime and J.D. Muhly (eds)，*The Coming of the Age of Iron* (New Haven 1980)。在社会背景下，关于铁被引进希腊的问题，见 A.M.Snodgrass, 'The Coming of the Iron Age in Greece: Europe's Earliest Bronze/Iron Transition', in M.L. Stig Sorensen and R.Thomas (eds), *The Bronze Age-Iron Age Transition in Europe: Aspects of Continuity and Change in European Societies c.1200-500 BC* (Oxford 1989), 22-35。同一本书还包括了很多有用的论文。

对于塞浦路斯和地中海中部的海上联系进行详细探讨的是 F. Lo Schiavo，E.Macnamara and L. Vagnetti, 'Late Cypriot Imports to Italy and their Influence on Local Bronzework', *Papers of the British School at Rome* 53 (1985), 1-71, and L. Vagnetti and F. Lo Schiavo, 'Late Bronze Age Long-Distance Trade in the Mediterranean: The Role of the Cypriots', in E. Peltenburg (ed.), *Early Society in Cyprus* (Edinburgh 1989), 217-43。 关于贸易联系比较有启发性的讨论见 D.Ridgway and F.R. Serra Ridgway, 'Sardinia and History', in R.H. Tykot and T.K. Andrews (eds), *Sardinia in the Mediterranean: A Footprint in the Sea*(Sheffield 1992), 355-63。还有一篇论文，是 S.Sherratt, 'Circulation of Metals and the End of the Bronze Age in the Eastern Mediterranean', in C.F.E. Pare (ed.), *Metals Make the World Go Round: The Supply and Circulation of Metals in BronzeAge Europe* (Oxford 2000) 82-97，为贸易提供了更为广泛的背景。

对于撒丁岛的考古学做出一系列贡献的是 R.H.Tykot and T.K.Andrews(eds)，*Sardinia in the Mediterranean: A Footprint in the Sea*(Sheffield 1992)。对于青铜时代的撒丁岛进行详细描述的是G.S. Webster, *A Prehistory of Sardinia 2300-500 BC* (Sheffield 1996)。关于伊特鲁里亚和伊特鲁里亚人，已经有很多的作品。特别值得提及的两本书是 N. Spivey and S. Stoddart, *Etruscan Italy* (London 1990) and G. Barker and

492

T.Rasmussen, *The Etruscans* (Oxford 1998)。两本书都运用了最新的考古学数据分析伊特鲁里亚人的起源。关于意大利与阿尔卑斯地区交流的主题，见 A.-M. Bietti Sestieri, 'Italy and Europe in the Early Iron Age', *Proceedings of the Prehistoric Society* 63 (1997)，371-402。在波河流域的弗拉泰西纳的交易基地里面发现的进口材料，相关论述见 A.-M. Bietti Sestieri and J. de Grossi Mazzoria, 'Importazione di materie prime organiche di origine esotica nell'abitato protostorico di Frattesina (Rovigo)', *Atti del Primo Convegno Nazionale di Archeozoologia Quaderni di Padusa* I (1995), 367-70。

很少有人关注这一时期地中海西部海洋体系的运行状况，但是关于大西洋金属制品在地中海西部，特别是撒丁岛的分布，可以参考 A.Coffyn, *Le Bronze Final Atlantique dans la Peninsule lberique* (Paris 1985)，同一本书也提供了关于大西洋沿岸交换系统的证据。另一本书强调了伊比利亚在交换网络的中心地位，该书就是 R.J. Harrison's *Symbols and Warriors: Images of the European Bronze Age* (Bristol 2004)。关注大西洋网络的书籍还有 B.Cunliffe, *Facing the Ocean: The Atlantic and its Peoples* (Oxford 2001), chapter 7, 该书有充足的参考文献，可以进行更深入的研究。

对北欧青铜时代丰富的宗教象征进行讨论的是 K.Kristiansen, 'Cosmology and Consumption in the Bronze Age', in J.Goldhahn (ed.), *Mellan sten och jam: Rapport fran det 9:e nordiska bronsalderssymposiet, Goteborg 2003-IO-09/I2*(Goteborg 2004), 135-47, and in R. Bradley, 'Danish Razors and Swedish Rocks: Cosmology and the Bronze Age Landscape', *Antiquity* 80 (2006), 372-89。对瑞典的岩石艺术进行很好鉴赏的出版物是 J. Coles, especially "Chariots of the Gods? Landscape and Imagery at Frannorp, Sweden', *Proceedings of the Prehistoric Society* 68(2002), 215-46; *Patterns in a Rocky Landscape: Rock Carvings in South-West Uppland* (Uppsala 2000); and *Shadows of a Northern Past: Rock Carvings of Bohuslan and Ostfold* (Oxford 2005)。

与北欧地区的跨欧洲贸易的讨论见 K.Kristiansen, 'Economic Models for Bronze Age Scandinavia-Towards an Integrated Approach', in A.Sheridan and G. Bailey (eds), *EconomicArchaeology: Towards an Integration of Ecological and Social Approaches* (Oxford 1981), 239-303；还有该作者所写的 'From Villanova to Seddin:The Reconstruction of an Elite Exchange Network During the Eighth Century BC', in C. Scarre and F. Healy (eds), *Trade and Exchange in Prehistoric Europe* (Oxford 1993), 143-

51; and H.Thrane, 'Centres of Wealth in Northern Europe', in K. Kristiansen and J. Jensen (eds), *Europe in the First Millennium B.C.* (Sheffield 1994), 95-II0。对这一主题进行彻底评论和分析的是 A.Pydyn, *Exchange and Cultural Interactions: A Study of Long-Distance Trade and Cross-Cultural Contacts in the Late Bronze Age and Early Iron Age in Central and Eastern Europe* (Oxford 1999)。

辛梅里亚人是一个神秘莫测的民族，但在近东地区是一支重要力量，一些同时代的文本对他们有所涉及，对此进行适时总结的是 E.D.Philips, 'The Scythian Domination in Western Asia: Its Record in History, Scripture and Archaeology', *World Archaeology* 4 (1972), 129-38, and A.I.Ivantchik, *Les Cimmeriens au Proche-Orient* (Gottingen 1993)。关于喀尔巴阡盆地早期马具的经典讨论见 S.Gallas and T.Horvith, *Un people cavalier prescythique en Hongrie* (Budapest 1939)。最近的评论包括 G. Gazdapusztai, 'Caucasian Relations of the Danubian Basin in the Early Iron Age', *Acta Archaeologica Hungarica* 19 (1967), 307-34, and J.Chochorowski, *Ekspansja Kimmeryjska na tereny Europy Srodkowej* (Krakow 1993)。关于欧洲使用的马匹类型，可以分为草原马匹和本土西部马匹，这一观点见 S.Bakanyi, *Data on Iron Age Horses of Central and Eastern Europe* (Cambridge, Mass.1968)。关于迈泽恰特遗址，见 E.Patek, 'Praskythische Graberfelder in Ostungarn', in *Symposium zu Problem en der jungeren Hallstattzeit in Mitteleuropa* (Bratislava 1974), 337-62。

本章最后一部分提及的是轮式车辆，最容易获得的资源是一本比较全面的著作，即 S.Piggott, *The Earliest Wheeled Transport: From the Atlantic Coast to the Caspian Sea*(London 1983)。关于轮式马车发展的青铜时代晚期的背景，见 C.F.E.Pare, *Wagons and Wagon-Graves of the Early Iron Age in Central Europe* (Oxford 1992) 一书中的第 2 章。

第九章　改变世界的三百年（公元前 800 年～公元前 500 年）

这一章的内容我们是有选择性，特别是在研究地中海的传统历史时，要特别关注相互作用的韵律。那些对于这一历史时期的细节感兴趣的人最好参考 *Cambridge Ancient History*，而且尽可能阅读其最新版本。

腓尼基人在很大程度上是一支被低估的力量，这主要是因为对于他们根深蒂固的仇恨已渗透最近的学术界。对他们进行最为全面、最为客观的叙述是 D.Harden, *The Phoenicians* (Harmondsworth 1980) and G.E. Markoe，*The Phoenicians* (London 2000)。1988 年在威尼斯的格拉西宫举办的综合展品目录是 S.Moscati(ed.), *The Phoenicians* (Milan 1988), 有大量的插图和专家所写的优秀论文。专门研究西地中海和大西洋腓尼基人的分析和学术文本，推荐阅读的著作是 M.E.Aubet, *The Phoenicians and the West* (Cambridge 1987)。

对于希腊进行总体论述的书籍数量众多。关于希腊本土，推荐 I.Morris，*Burial and Ancient Society: The Rise of the Greek City-State* (Cambridge 1987) and J. Whitley, *The Archaeology of Ancient Greece* (Cambridge 2001)，这两本书都是参与挖掘的考古学家撰写的非常具有启发性的文本。关于希腊殖民现象的比较优秀的著作是 J.Boardman, *The Greeks Overseas: Their Early Colonies and Trade* (London 1980)，而 J.M. Cook, *The Greeks in Ionia and the East* (London 1970) 则是简练且极具启示性的文本。1996 年在格拉西宫举办的另一场华丽展览的精装目录，即 G.P.Carratelli (ed.), *The Western Greeks* (Milan 1996)，充满了有价值的讨论和精美插图。关于地中海地区城市出现的总体论述，见 R. Osborne and B. Cunliffe (eds), *Mediterranean Urbanization 800-600 BC* (London 2005)。

伊特鲁里亚人在文献中同样受到重视。N. Spivey and S. Stoddart, *Etruscan Italy* (London 1990); G.Barker and T. Rasmussen, *The Etruscans* (Oxford 1998); and S. Haynes, *Etruscan Civilization: A Cultural History*(London 2000) 这些书籍共同提供了无与伦比的介绍。

东方的事件可以很方便地在 A.Kuhrt, *The Ancient Near East, C.3000-330 BC* (London 1995)and M. Van De Mieroop, *A History of the Ancient Near East c.3000-323 BC* (Oxford 2004) 中进行追踪，而关于波斯帝国及其对于西方影响的全面论述见 J.E.Curtis, *Ancient Persia* (2nd edition, London 2000) and J. Curtis and N. Tallis (eds), *Forgotten Empire: The World of Ancient Persia* (London 2005)。

以上各段所列的书籍都提供了我们讨论东地中海有关的背景材料，除此之外，下面的著述提供了进一步的细节：V. Karageorghis, *Kition: Mycenaean and Phoenician Discoveries in Cyprus* (London 1976); J.D. Muhly, 'Homer and the Phoenicians', *Berytus* 19 (1970), 19-64; A.M.Greaves, *Miletos: A History* (London 2002); A. Maller，*Naukratis: Trade in Archaic Greece* (Oxford 2000); and J.Boardman, 'AI Mina and History', *Oxford Journal of Archaeology* 9 (1990), 169-90。

对当时应用的船只进行生动概述的是 L.Casson, *Ships and Seafaring in Ancient Times* (London 1994)，进行了更为详细描述的则是同一位作者的 *Ships and Seamanship in the Ancient World* (2nd edition, Princeton 1986)，同样可以参见的还有 J. Morrison and R Williams，*Greek Oared Ships* (Cambridge 1968) and J. Morrison and J.Coates, *The Athenian Trireme* (Cambridge 1986)。

关于第勒尼安海的主题，参见 M.Pallottino，A History of Earliest Italy (London 1991)，该书的第 3 章勾勒出了文化相互作用的历史。有两篇发人深省的论文对于皮特库塞定居点进行了争论，分别是 D. Ridgway, 'Phoenicians and Greeks in the West: A View from Pithekoussai' and J.N. Coldstream, 'Prospectors and Pioneers: Pithekoussai, Kyme and Central Italy', both in G.R.Tsetskhladze and F. De Angelis (eds), *The Archaeology of Greek Colonisation* (Oxford 1994), 35-46 and 47-60。其中许多问题的探索见 D.Ridgway, *The First Western Greeks* (Cambridge 1992)。关于撒丁岛的殖民化问题，有一系列的论文，收录于 R.H. Tykot and T.K. Andrews, *Sardinia in the Mediterranean: A Footprint in the Sea* (Sheffield 1992)，特别是 J.M. Davison, 'Greeks in Sardinia: Myth and Reality', 384-95, and B. Peckham, 'The Phoenician Foundation of Cities and Towns in Sardinia', 410-18。对于希腊在西西里岛的殖民化进行详细探讨 494 的是 F.De Angelis, *Megara, Hyblaia and Selinous: The Development of Two Greek City-States in Archaic Sicily* (Oxford 2003)。

就西地中海而言，关于腓尼基人最为适时的总结（带有非常全面的参考文献）是 M.E.Aubet，*The Phoenicians and the West* (Cambridge 1993)。更为详细的研究见 H.G. Niemeyer (ed.), *Phonizier im Westen* (Mainz 1982)。还有两篇比较重要的评析，分别是 H.G.Niemeyer, 'Phoenician Toscanos as a Settlement Model? Its Urbanistic Character in the Context of Phoenician Expansion and Iberian Acculturation' and M.E. Aubet, 'From Trading Post to Town in the Phoenician-Punic World'，两篇文章都收录在 B.Cunliffe and S. Keay (eds)，*Social Complexity and the Development of Towns in Iberia* (Oxford 1995), 67-88 and 47-66。对于希腊和伊比利亚的关系进行全

面描述的是 B.Shefton, 'Greeks and Greek Imports in the South of the Iberian Peninsula: The Archaeological evidenc', in H.G. Niemeyer (ed.)，*Phonizier im Westen* (Mainz 1982), 337-70; A.J.Dominguez, 'New Perspectives on the Greek Presence in the Iberian Peninsula', in J.M. Fossey (ed.), *Proceedings of the First International Congress on the Hellenic Diaspora. Vol.I: From Antiquity to 1453* (Amsterdam 1991), 109-61; P.Rouillard，'Les colonies grecques du Sud-Est de la Péninsule Ibérique', *Parola del Passato* 204-07，417-29; and A.J. Dominguez Monedero, *Los griegos en la Península Ibérica* (Madrid 1996)。关于伊比利亚半岛上希腊人和腓尼基人的活动，参见 B. Cunliffe, 'Core-Periphery Relationships: Iberia and the Mediterranean', in P. Bilde *et al.* (eds), *Centre and Periphery in the Hellenistic World* (Aarhus 1993), 53-85。R.J. Harrison, *Spain at the Dawn of History: Iberians, Phoenicians and Greeks* (London 1988) 是到目前为止，关于半岛南部和东部的诸多文化互动的最好概述。

关于伊特鲁里亚人和早期希腊人在法国南部的贸易和定居，对此进行适宜讨论的是 B.B. Shefton, 'Massalia and Colonization in the North-Western Mediterranean', in G.R. Tsetskhladze and F. De Angelis, *The Archaeology of Greek Colonisation* (Oxford 1994)，61-86。对于伊特鲁里亚人在法国南部海岸附近的失事船只进行总结的是 L. Long, P. Pomey and J.-C. Sourisseau, *Les Étrusques en mer: épaves d'Antibes à Marseille* (Marseille 2002)，对于马萨利亚殖民地的考古学进行极具吸引力描述的是 A. Hermary, A. Hesnard and H.Tréziny, *Marseille Grecque. La cité phocéenne 600-49 av. J-C.* (Paris 1999)。

沿着大西洋海岸线的腓尼基人聚居地并不十分出名，但是来自利克萨斯的证据呈现于 C.Aranegui Gascó, *Lixus: colonia Fenicia y cuidad Púnico-Mauritana anotaciones sobre su ocupación medieval* (Valenica 2001)。A. González-Ruibal' 的论文 'Facing Two Seas: Mediterranean and Atlantic Contacts in the North-West of Iberia in the First Millennium BC', *Oxford Journal of Archaeology* 23 (2004), 287-317，提供了关于伊比利亚大西洋沿岸海上联系证据的有用总结。对于欧洲大西洋沿岸的贸易和交换问题进行广泛涉及的是 B. Cunliffe, *Facing the Ocean: The Atlantic and its Peoples* (Oxford 2001) in chapter 7。关于不列颠的发展以及不列颠诸岛与大陆的关系，参见 B. Cunliffe, *Iron Age Communities in Britain* (4th edition, London 2005)。

北欧地区在这一时期是平静的，几乎没有发生什么变化。对丹麦情况进行良好总结的是 J.Jensen, *The Prehistory of Denmark*(London 1982)。 对于更为广泛的背景进行探讨的是 K.Kristiansen, *Europe Before History* (Cambridge 1998)。

黑海地区见证了斯基泰人的出现以及他们与希腊殖民地的互动。一个非常有用的起点见 J. Boardman, *The Greeks Overseas* (London 1980) 中的相关章节，该书被一篇论文所更新，即 G.R. Tsetskhladze, 'Greek Penetration of the Black Sea', in G.R. Tsetskhladze and F. De Angelis, *The Archaeology of Greek Colonisation* (Oxford 1994), 111-36。 D. Braund (ed.), *Scythians and Greeks: Cultural Interactions in Scythia, Athens and the Early Roman Empire* (Exeter 2005) 包含了一系列非常有趣的论文。关于把斯基泰人作为一个民族加以看待，有 2 篇比较优秀的文本，即 T.T.Rice, *The Scythians* (London 1957) and R. Rolle, *The World of the Scythians* (London 1989)。关于斯基泰人侵入欧洲的评述，见 A. Pydyn, *Exchange and Cultural Interactions: A Study of Long-Distance Trade and Cross-Cultural Contacts in the Late Bronze Age and Early Iron Age in Central and Eastern Europe* (Oxford 1999)。一篇虽然浮华但是仍然具有价值的对于斯基泰人坟墓中某些特别物品的描述，见 M.I. Artamonov, *Treasures from Scythian Tombs in the Hermitage Museum, Leningrad* (London 1969)。大都会艺术博物馆（纽约）目录，见 *From the Lands of the Scythians* (New York 1975)，提供了一系列令人惊叹的斯基泰艺术最壮观的图片。把希罗多德作为可靠的来源，有两篇有用的评论，即 F. Hartog, *The Mirror of Herodotus* (Berkeley 1988)and J. Gould, *Herodotus* (London 1989)。

关于中欧形势的探讨，见 K.Kristiansen, *Europe Before History* (Cambridge 1998)。哈尔施塔特精英是经常讨论的话题。在众多的文献中，我们推荐 P.S. Wells, *Culture Contact and Culture Change* (Cambridge 1980); J.-P.Mohen, A. Duval and C. Eluère, *Les princes celtes et la Méditerranée* (Paris 1988); P. Brun and B. Chaume, *Vix et les éphémères principantés celtique: Les VIe- Ve siècles avant J-C en Europe cen-tre-occidentale* (Paris 1997); and C.F.E. Pare, 'Fürstensitze, Celts and the Mediterranean World: Developments in the West Hallstatt Culture in the Sixth and Fifth centuries BC', *Proceedings of the Prehistoric Society 57*(1991), 183-202。关于随着精英一起埋葬的车辆，更为详细的评论是 C.F.E. Pare, *Wagons and Wagon-Graves of the Early Iron Age in Central Europe* (Oxford 1992)。

495

第十章 碰撞中的国家（公元前 500 年～公元前 140 年）

毋庸赘言，上一章所列举的许多作品也与此相关，而地中海文明漫长征程的宏大叙事可以在《剑桥古代史》的相关卷本中找到。下面的内容我将集中讨论与我们选择强调的主题相关的作品。除了一般叙述性文本，我们将添加生动而细致描述罗马和迦太基之间大冲突的内容，该著作就是 B.Craven, *The Punic Wars* (London 1980)。还有三本书深入探讨了罗马世界的经济与社会，分别是 K. Hopkins, *Conquerors and Slaves* (Cambridge 1978); R. Duncan-Jones, *The Economy of the Roman Empire:Quantitative Studies* (2nd edition, Cambridge 1982); and P.Garnsey and R.Saller, *The Roman Empire: Economy, Society and Culture* (London 1987)。这三本书都对罗马大厦的底层结构提供了深刻的见解。三本值得阅读的区域性研究著作是：M. Pallottino, *A History of Earliest Italy* (London 1991); M.I. Finley, *Ancient Sicily* (revised edition, London 1979); and P. Cartledge (ed.), *The Cambridge Illustrated History of Ancient Greece* (Cambridge 1998)。

现在我们把目光转向爱琴海，对于希腊世界的奴隶制进行叙述的是 M.I. Finley (ed.), *Slavery in Classical Antiquity* (Cambridge 1960)。关于劳里昂地区矿业的主要描述见 J.E. Jones, 'The Silver Mines of Athens', in B. Cunliffe (ed.), *Origins: The Roots of European Civilization* (London 1987), 108-20。关于卡斯图洛杯的批量生产，见于 B.B.Shefton, 'Greek Imports at the Extremities of the Mediterranean, West and East: Reflections on the Case of Iberia in the Fifth Century BC', in B. Cunliffe and S. Keay(eds), *Social Complexity and the Development of Towns in Iberia* (Oxford 1995), 127-55。

关于马其顿人和色雷斯人，在专门文献中有广泛的记载。F.W. Walbank (ed.), *The Hellenistic World* (Cambridge, Mass. 1992) 提供了广泛的概述。对马其顿人进行更专门论述的是 N.G.L.Hammond 的两本书，*The Miracle That Was Macedon* (London 1991)and *Philip of Macedon* (London 1994)。关于色雷斯人和达契亚人比较好的论述见 R.F. Hoddinott, *Bulgaria in Antiquity* (London 1975)，以及同一位作者的 *The Thracians* (London 1981)。更为详细的论述见 A.Fol and I. Marazov, *Thrace and the Thracians* (New York 1977); Z.H. Archibald, *The Odrysian Kingdom of Thrace*(Oxford 1998); N. Theodossiev, *North-Western Thrace from the Fifth to First Centuries BC* (Oxford 2000)；以及同一位作者的对近期文献的综述 'Ancient Thrace During the 1st Millennium BC'，in G.R.Tsetskhladze (ed.), *The Black Sea, Greece, Anatolia and Europe in the 1st Millennium BC* (Leiden 2005)。关于希腊在色雷斯的殖民地问题，见 C. Danov, 'Characteristics of Greek Colonization in Thrace', in J.-P.Descœudres (ed.), *Greek Colonists and Native Populations* (Oxford 1990), 151-55。关于达契亚人贸易的详细研究见 I.Glodariu, *Dacian Trade with the Hellenistic and Roman World* (Oxford 1976)。展览目录 *Thracian Treasures from Bulgaria* (London 1976) 是对色雷斯金属制品的非常有用的介绍。塞托波利斯被详细地介绍于 D.P. Dimitrov and M.CiCikova, *The Thracian City Seuthopolis* (Oxford 1978)。关于冈德斯特普的大埚已经产生了大量研究文献，但从我们的观点来看，最有用的是 F. Kaul, *'The Gundestrup Cauldron and the Periphery of the Hellenistic world'*, in P. Bilde et al. (eds), *Centre and Periphery in the Hellenistic World* (Aarhus 1993), 39-52。

在地中海中部，对于腓尼基人的城市化进行探讨的是 H.G. Niemeyer, 'The Early Phoenician City-States on the Mediterranean: Archaeological Elements for their Description'in M.H. Hansen (ed.), *A Comparative Study of Thirty City-State Cultures: An Investigation Conducted by the Copenhagen Polis Centre* (Copenhagen 2000), 89-II5。关于迦太基势力的影响，见 D. Hoyos, *Hannibal's Dynasty: Power and Politics in the Western Mediterranean* (London 2003)。罗马的早期发展为它在意大利半岛的崛起提供了背景，对这一点进行仔细研究的是 C.J. Smith, *Early Rome and Latinum: Economy and Society 1000-500 BC* (Oxford 1996)，以及同一位作者的 'The Beginnings of Urbanization in Rome' in R.Osborne and B.Cunliffe (eds), *Mediterranean Urbanization 800-600 BC* (Oxford 2005), 91-111。对罗马崛起进程进行概述的是 T. Cornell, *The Beginnings of Rome:Italy and Rome from the Bronze Age to the Punic Wars(c.1000-264 BC)* (London 1995)。在考虑最新挖掘成果的背景下，对迦太基的历史进行最新描述的是 S.Lancel, *Carthage: A History* (Oxford 1995)。

关于伊比利亚，R.J. Harrison, *Spain at the Dawn of History: Iberians, Phoenicians and Greeks* (London 1988) 进行了完美的介绍。而 M.E. Aubet, *The Phoenicians and the West: Politics, Colonies and Trade* (Cambridge 1993) 提供了关于腓尼基影响的细

496　节论述。罗马对于伊比利亚的介入见 L.A. Curchin, *Roman Spain: Conquest and Assimilation* (London 1991)。到目前为止，关于伊比利亚文化和艺术辉煌发展最好的介绍是在西班牙、德国和法国举办的国际展览目录 *Les Ibères* (Paris 1997)。关于伊比利亚的雕塑见 P. León, *La sculpture des Ibères* (Paris 1998)，而对于带有防御工事遗址的介绍见 P.Moret, *Les fortifications Ibérique de la fin de l'âge du bronze à la conquête romaine* (Madrid 1996)。关于宗教，见 T.Moneo, *Religio Iberica: santuarios, ritos y divinidades (sigles VII-I A.C.)* (Madrid 2003)。其他更为专门的研究包括 B. Cunliffe, 'Diversity in the Landscape: The Geographical Background to Urbanism in Iberia' and P.Moret *et al.,* 'The Fortified Settlement of La Picola (Santo Pola, Alicante) and the Greek Influence in South-East Spain', in B. Cunliffe and S. Keay (eds)，*Social Complexity and the Development of Towns in Iberia* (Oxford 1995)，5-28 and 109-25。

　　关于大西洋沿岸的开发见 B. Cunliffe, *Facing the Ocean: The Atlantic and its Peoples* (Oxford 2001), Chapter 8。而关于皮西亚斯活动的探讨，见同一位作者的 *The Extraordinary Voyage of Pytheas the Greek* (London 2005)。关于北欧地区发展的总结，见 J.Jensen, *The Prehistory of Denmark* (London 1982)。更为详细的研究包括 H.Thrane, 'Centres of Wealth in Northern Europe', in K.Kristiansen and J. Jensen (eds), *Europe in the First Millennium B.C.* (Sheffield 1994), 95-110。关于约特斯普林船只的细节，见 G. Rosenberg, *Hjortspringfundet*（带有英文概要）(Copenhagen 1937)。这艘船最近在全欧洲的社会背景下被讨论，见 K. Randsborg, *Hjortspring: Warfare and Sacrifice in Early Europe* (Aarhus 1995)。

　　让我们再一次回到黑海和希腊人的互动中，上一章引用的大部分作品都与此相关。除此之外，可以进行补充的是 K. Marčenko and Y. Vinogradov, 'The Scythians in the Black Sea Region', *Antiquity 63* (1989), 803-13, and T.Sulimirski, *The Sarmatians* (London 1970)。关于希腊各殖民地与内陆地区的关系，J.Boardman，*The Greeks Overseas: Their Early Colonies and Trade* (revised edition, London 1980) 是一部比较优秀的著作。

　　无论是从学术角度还是通俗角度，凯尔特人都是很流行的话题。到目前为止，最好的视觉介绍是 1991 年在威尼斯的格拉西宫举行的极为轰动的盛大展览的豪华目录，即 S.Moscati (ed.), *The Celts* (Milan 1991)，除了精美的照片，还包含很多有用的专家观点。B.Cunliffe, *The Ancient Celts* (Oxford 1997) 试图综合考古和文献证据。在古典历史学家的眼中，凯尔特人和地中海社群之间的对抗得到了充分的回顾，参见 H.D. Rankin, *Celts and the Classical World* (Beckenham 1987)。关于凯尔特人的身份和名称有效性的问题已经在大量的文献中得到探讨，其中包括：S.James, *The Atlantic Celts: Ancient People or Modern Invention?* (London 1999)；B. Cunliffe, *The Celts: A Very Short Introduction* (Oxford 2003)；and J.R. Collis, *The Celts: Origins, Myths and Inventions* (Stroud 2003)。关于凯尔特人在匈牙利定居的总结，见 M.Szabó , *The Celtic Heritage in Hungary* (Budapest 1971)，而多瑙河中部的凯尔特人和他们进入巴尔干半岛和希腊的运动的探讨，见 J. Todorović, *Skordisci* (Novi Sad 1974)。向东部的深入运动见 M. Treister, 'The Celts in the North Pontic Area: A reassessment', *Antiquity 67* (1993), 789-804, and in S.Mitchell, *Anatolia: Land, Man and Gods in Asia Minor. Volume I: The Celts and the Impact of Roman Rule* (Oxford 1993)。

最后，A. Pydyn, *Exchange and Cultural Interactions: A Study of Long-Distance Trade and Cross-Cultural Contacts in the Late Bronze Age and Early Iron Age in Central and Eastern Europe* (Oxford 1999) 和 K. Kristiansen, *Europe Before History* (Cambridge 1998) 考虑到了跨半岛的互动，并且提供了关于社会系统的迷人细节。

第十一章　帝国的插曲（公元前 140 年～公元 300 年）

不必说有大量关于罗马帝国的书籍和关于这个主题的期刊论文。任何选择都有片面性。在针对普通读者的许多论述之中，内容和学术方面最好的一部就是 T.Cornell and J. Matthews, *Atlas of the Roman World* (London 1982)，它有着非常好的参考书目（一直更新到它的出版日期）。

我们在本章特别关注的主题是经济和人口。一本必读书籍是 M.I. Finley's *The Ancient Economy* (London 1973)，这本书非常振奋人心，只是不同意它的许多基本观念。这本书引发了一场辩论，随着越来越多可量化的考古数据的出现，这场辩论仍在热烈地进行。R. Duncan-Jones, *The Economy of the Roman Empire* (2nd edition, Cambridge 1982) 提供了丰富的数据和仔细的分析，而对论文进行收集的是 P. Garnsey, K. Hopkins and C.R.Whittaker (eds), *Trade in the Ancient Economy* (London1983) 提供了一些分析得很好的案例。关于早期帝国的经济，P.A. Brun, *Social Conflicts in the Roman Republic* (London 1971) and K. Hopkins, *Conquerors and Slaves* (Cambridge 1978) 仍然值得阅读，而 P. Garnsey and R. Saller, *The Roman Empire: Economy, Society and Culture* (London 1987) 提供了更为全面的评论。除此之外，值得补充的还有 K. Hopkins, 'Taxes and Trade in the Roman Empire 200 BC-AD 400', in *Journal of Roman Studies 70* (1980), 101-25。关于格拉古兄弟进行社会改革的细节，见 D. Stockton, *The Gracchi* (Oxford 1979), 对于土地改革进行更为专门研究的是 J. S. Richardson, 'The Ownership of Roman land: Tiberius Gracchus and the Italians', in *Journal of Roman Studies* 70 (1980), I-II。

对欧洲温带状况进行概述的是 B.Cunliffe, *The Ancient Celts* (Oxford 1997)。更为强调其与罗马关系的是同一位作者的 *Greeks, Romans and Barbarians: Spheres of Interaction*(London 1988)。C. Ebel, *Transalpine Gaul*: *The Emergence of a Roman Province* (Leiden 1976) 提供了罗马人越来越多地参与该地区的详细评论。关于本地奥皮杜姆的主题，见于 J. Collis, *Oppida: Earliest Towns North of the Alps* (Sheffield 1984)，还有一本带有插图的总体叙述，即 F. Audouze and O. Buchsenschutz, *Towns, Villages and Countryside of Celtic Europe,from the Beginnings of the 2nd Millennium to the End of the 1st Century BC* (London 1991)。 对于普通读者而言，最有用和最全面的论述是 S. Fichtl, *La ville celtique: les oppida de 150 av. J.-G. à 15 ap. J.-G.* (Paris 2000)。关于奥皮杜姆非常有趣的评论性文章是 G. Woolf, 'Rethinking the Oppida', *Oxford Journal of Archaeology* 12 (1993), 223-34。

关于伊比利亚的征服，进行全面探讨的是 S. J. Keay，*Roman Spain* (London 1988) and L.A. Curchin, *Roman Spain: Conquest and Assimilation* (London 1991)。 关于罗马的红酒贸易有大量的论述，其中最为全面的讨论是 A. Tchernia，*Le vin de l'Italie romaine* (Rome 1986)。对高卢进行特别分析的是 F. Laubenheimer，*Les temps des amphores en Gaule* (Paris 1990) and A. Tchernia, 'Italian Wine in Gaul at the End of the Republic', in P. Garnsey, K. Hopkins and C.R.Whittaker (eds), *Trade in the Ancient Economy* (London 1983), 87–104。对法国海岸边沉船进行概括的是 A. J.Parker, 'Shipwrecks and Ancient Trade in the Mediterranean', *Archaeological Review Cambridge 3:2* (1984), 99-107。概述罗马与诺里库姆王国的贸易关系的书籍是 G.

Alföldy, *Noricum* (London 1974)。

关于日耳曼人和罗马人对他们的态度，恺撒的 *De bello gallico* 的相关章节进行了记载。而塔西佗的 *Germania* 非常值得阅读，塔西佗的 *Annals* 的部分章节也与此有关。 E.A. Thompson, *The Early Germans* (Oxford 1965) 则在文本中对于日耳曼的社会结构进行了生动讨论。关于这个主题最容易获得和比较全面的评论是 M.Todd, *The Early Germans* (2nd edition, Oxford 2004)。 早期罗马在德国的军事活动的概述，见 C.M. Wells, *The German Policy of Augustus: An Examination of the Archaeological Evidence* (Oxford 1972)，现在已经有些过时了。

关于达契亚的总体叙述很少。D. Berciu, *Daco-Romania* (Geneva 1978) and E. Condurachi, *Romania*(London 1967) 包含了很多有用的材料，而 F. Lepper and S. Frere, *Trajan's Column* (Gloucester 1988) 提供了关于图拉真反对达契亚人征服战争的良好资料。关于与达契亚的贸易，见一篇非常重要的论文，即 M.H. Crawford, 'Republican Denarii in Romania:The Suppression of Piracy and the Slave Trade', *Journal of Roman Studies 67* (1977), 117-24。对于萨尔马提亚人进行很好研究的是 T.Sulimirski, *The Sarmatians* (London 1970) and I. Lebedynsky, *Les Sarmates* (Paris 2002)。

罗马帝国的军事历史并不是本书的主题，但是关于这一点全面的综合评论，可以参见 S.L. Dyson, *The Creation of the Roman Frontier* (Princeton, NJ 1985) 和 D.S. Potter, *The Roman Empire at Bay, 180-395* (London 2004)。在更广泛的背景下对公元 2 世纪流行病的问题进行讨论的是 W.H. McNeill, *Plagues and Peoples* (Oxford 1977)。

对罗马边界以外的欧洲进行广泛讨论的是 B. Cunliffe, *Greeks, Romans and Barbarians: Spheres of Interaction* (London 1988)。详细讨论罗马对于北欧地区进口的是 U.L.Hansen, *Der römische Import im Norden* (Copenhagen 1987) 和 J. Kunow, *Der römische Import in der Germania Libera bis zu den Marcomannenkriegen* (Neumünster 1983)，而 B.A. Raev, *Roman Imports in the Lower Don Basin* (Oxford 1986) 和 V.V. Kropotkin, *Rimskie importnye izdelija v vostocnoj Evrope* (Moscow 1970) 则提供了东方的视角。关于丹麦的再分配中心，见 P.O. Nielsen, K.Randsborg and H. Thrane, *The Archaeology if Gudme and* Lundeborg (Copenhagen 1994)。 来自北方的视角参见两篇非常有洞见的论文，来自于同一位作者，L. Hedeager, 'A Qyantitative Analysis of Roman Imports in Europe North of the Limes (0-400 AD) and the Qyestion of Roman-Germanic Exchange'and 'Processes Towards State Formation in Early Iron Age Denmark', both in *Studies in Scandinavian Prehistory and Early History* I (1978), 191-216 and 271-23。同一位作者的书籍 *Iron-Age Societies: From Tribe to State in Northern Europe, 500BC to AD 700* (Oxford I992) 提供了深入的分析，值得特别推荐。 还有一份展览的目录，*The Spoils of Victory: The North in the Shadow of the Roman Empire* (Copenhagen 2003), edited by L. Jørgensen *et al.*, 对罗马铁器时代的北欧地区进行了详尽而生动的讨论。

对罗马时期北欧部落的文化转型进行总结的是 M.Todd，*The Early Germans* (2nd edition, Oxford 2004)。对哥特人的形成和早期活动进行全面分析的是 P.Heather, *The Goths* (Oxford 1996)。对罗马在苏格兰的材料进行列举和讨论的是 A.S.Robertson，'Roman Finds from Non-Roman Sites in Scotland', *Britannia* I (1970)，198-226，而来自爱尔兰的是 J.D. Bateson, 'Roman Material from Ireland: A Re-Consideration', *Proceedings of the Royal Irish Academy* 73(1973), 21-97。P.Freeman, *Ireland and the Classical World*(Austin 2001) 提供了有价值的概述，特别是关于这个主题的相关经典文本的概述。

32 篇论文对于 3 世纪晚期的危机进行了关注，它们被一起收录于 A.King and M. Henig，*The Roman West in the Third Century: Contributions from Archaeology and History* (Oxford 1981)。对这一时期进行很好叙述的还有 M. Christol, *L'empire romain du IIIe siècle* (Paris 1997)。随后的复苏尝试被仔细记录和评估，见 S.Williams, *Diocletian and the Roman Recovery* (London 1985) and in S. Mitchell, *A History of the Later Roman Empire, AD 284-641* (Oxford 2007)。

第十二章　潮流的转变（公元 300 年～公元 800 年）

为本章做准备的简明方法是阅读一篇令人愉悦的概述，即 P. Brown, *The World of Late Antiquity from Marcus Aurelius to Muhammad* (London 1971)，随后可以阅读的还有 B. Ward-Perkins, *The Fall of Rome and the End of Civilization* (Oxford 2005) 以及 C. Mango (ed.), *The Oxford History of Byzantium* (Oxford 2002)，包含了

一系列一流的、专家们所写的极具可读性的文章。关于西方背景，R. Collins, *Charlemagne* (London 1998) 是非常突出的。关于更为具体的地中海主题，D. Abulafia (ed.), *The Mediterranean in History* (London 2003) 提供了非常有吸引力的、带有插图的描述。对这一时段历史进行完整叙述的是 *The New Cambridge Medieval History.Vol. I C.500-c.700*, edited by P. Fouracre (Cambridge 2005), and *Vol. II c.700-c.900*, edited by R. McKitterick(Cambridge 1995)。

对公元 4 ～ 6 世纪的迁徙群体进行很好介绍的是 M.Todd, *The Early Germans* (2nd edition, Oxford 2004) and H. Wolfram, *The Roman Empire and its Germanic Peoples* (Berkeley 1997)。关于特定民族的比较好的文本包括：匈人的论述参见 E.A. Thompson, *The Huns* (Oxford 1996); I. Bóna, *Das Hunnenreich* (Stuttgart 1991); P. Heather, 'The Huns and the End of the Roman Empire in Europe', *English Historical Review* 110 (1995), 4-41。关于哥特人的论述，见 P.Heather, *The Goths* (Oxford 1996); H. Wolfram, *History of the Goths* (Berkeley, Calif. 1998); M.Rouché, *L'Aquitaine des Wisigoths aux Arabes, 418-781* (Paris 1979); E.A. Thompson, *The Goths in Spain* (Oxford 1969); R. Collins, *Visigothic Spain* (Oxford 2004); J. Moorehead, *Theoderic in Italy* (Oxford 1992)。关于苏维汇人，参见 E.A.Thompson, *Romans and Barbarians* (Madison, Wis. 1982), 161-87; R. Collins, *Early Medieval Spain* (London 1983), 20-24。关于汪达尔人，参见 C. Courtois, *Les Vandales et l'Afrique*(Paris 1955)。关于阿兰人，见 V. Kouznetsov and I.Lebedynsky, *Les Alains: cavaliers des steppes, seigneurs du Caucase* (Paris 1997)。关于法兰克人，参见 P. Périn and L.-C.Feffer, *Les Francs I* (Paris 1987); E. James, *The Franks*(Oxford 1988)。关于阿勒曼尼人，参见 R. Christlein, *Die Alamannen* (Stuttgart 1978)，以及一本展览目录，*Die Alamannen* (Stuttgart 1994)。关于勃艮第人，见 O. Perrin, *Les Burgondes* (Neuchatel 1968)。关于伦巴第人，见 N. Christie, *The Lombards* (Oxford 1996); W.Menghin, *Die Langobarden* (Stuttgart 1985); 还有一本展览目录，*I Longobardi* (Cividale 1990)。关于撒克逊人、弗里斯兰人、朱特人和盎格鲁人，见 S.Lebecq, *Marchands et navigateurs: Frisons du haute moyen âge* (Lille 1983)。关于斯拉夫人的形成和早期发展，进行了全面论述（同时实用）的是 P.M. Barford, *The Early Slavs.Culture and Society in Early Medieval Eastern Europe*(London 2001)。关于波罗的人，对此进行探讨的是 M.Gimbutas, *The Balts*

(London 1963)，而关于保加尔人，可以参见 D.M.Lang, *The Bulgarians from Pagan times to the Ottoman Conquest* (London 1976)。

在关于伊斯兰的大量文献中，对我们的主题特别有用的是 M. Cook, *Muhammad*(Oxford 1983); P. Crone, *Meccan Trade and the Rise of Islam*; G. Hawting, *The Dynasty of Islam: The Umayyad Caliphate, AD 661-750* (London 1986); and I. Shahîd, *Byzantium and the Arabs in the Sixth Century* (Washington DC 1995)。

为了理解这一时期地中海区域的商业，可以阅读一本权威性著作，即 M. McCormick, *Origins of European Economy: Communications and Commerce AD 300-900* (Cambridge 2001)，这部著作是无与伦比的。带有很多的细节。有一个更容易阅读的文本，涵盖了本范围的部分内容，即 R. Hodges and D.Whitehouse, *Mohammed, Charlemagne and the Origins of Europe: Archaeology and the Pirenne Thesis* (Ithica 1983)。

关于沿着大西洋的海上联系，见 B. Cunliffe, *Facing the Ocean: The Atlantic and its Peoples* (Oxford 2001), Chapter 10。R. Hodges, *Dark Age Economics: The Origins of Towns and Trade, AD 600-1000* (2nd edition, London 1989) 对于这一时期的商业提供了更为宽广的背景。关于罗马的遇难船只，见 M. Rule and J. Monaghan, *A Gallo-Roman Trading Vessel from Guernsey* (St Peter Port 1993) and M. L'Hour, 'Un site sousmarin sur la côte de l'Armorique: l'épavé antique de Ploumanac'h', *Revue archéologique de l'Ouest* 4 (1987), 113-32。对于撒克逊海岸进行良好叙述的是 S. Johnson，*The Roman Forts of the Saxon Shore* (London 1976) and V. Maxfield (ed.), *The Saxon Shore: A Handbook* (Exeter 1989)。关于布列塔尼的移民，见 P. Galliou and M. Jones, *The Bretons* (Oxford 1991)，包含了突出要点的摘要，但是更广泛地讨论见 P.-R. Giot, P. Guigon and B.Merdrignac, *The British Settlement of Brittany: The First Bretons in Armorica* (Stroud 2003)。对流浪的传教士进行介绍的是 E. Bowen, *Saints, Seaways and Settlements*(Cardiff 1977)。对沿着大西洋线路的商业进行总结的是 J.Wooding, *Communications and Commerce along the Western Sea Lanes AD 400-800* (Oxford 1996)。关于船运，有很多相关的论文，见 S.McGrail (ed.), *Maritime Celts, Frisians and Saxons* (London 1990)。

对北欧地区最直接的介绍见 J. Graham-Campbell *et al.* (eds), *Cultural Atlas of the Viking World*(Oxford 1994) 的早期部分。对早期丹麦的再分配中心进行详细介绍的是 P.O. Nielsen, K.Randsborg and H. Thrane, *The Archaeology of Gudme and Lundeborg* (Copenhagen 1994)，而对于赫尔戈进行完全讨论的是 A. Lundström (ed.), *Thirteen Studies on Helgö* (Stockholm 1988)。关于文德尔时期，参见 J.P. Lamm and H.-Ã. Nordström, *Vendel Period Studies* (Stockholm 1983)。对这一地区海上活动主题进行分析的是 O. Crumlin-Pedersen (ed.), *Aspects of Maritime Scandinavia AD 200-1200* (Roskilde 1990)。关于尼达姆船只的专门叙述，参见 F. Rieck, 'Iron Age Boats from Hjortspring and Nydam', in C.Westerdahl (ed.), *Crossroads in Ancient Shipbuilding* (Oxford 1994), 45-54。对萨顿胡船进行一丝不苟地详细描述的是 R. Bruce-Mitford，*The Sutton Hoo Ship-Burial Vol. I* (London 1975)，还有一本以更广泛的视角进行了更为容易理解的描述，即 M. Carver, *Sutton Hoo: Burial Ground of Kings?* (London 1998)。关于哥得兰岛石头的绘画，可以参见 E. Nylén and J.P. Lamm, *Stones, Ships and Symbols: The Picture Stones of Gotland from the Viking Age and Before* (Stockholm 1988)。 对黑海海上贸易进行概述的是 C. King, *The Black Sea: A History* (Oxford 2004), Chapter 3。

关于欧洲贸易网络的发展，可以参见 R.Hodges, *Dark Age Economics: The Origins of Towns and Trade AD 600-1000* (2nd edition, London 1989)，还有各种论文收录于 R. Hodges and W. Bowden (eds), *The Sixth Century: Production, Distribution and Demand* (Leyden 1998)，还有 T. Pestell and K. Ulmschneider, *Markets in Early Medieval Europe: Trading and 'Productive' Sites, 650-850* (Macc1esfield 2003)。但是对于所有的互联而言，没有哪本著作超过 M. McCormick, *Origins of European Economy: Communications and Commerce AD 300-900* (Cambridge 2001)。

第十三章　欧洲的再平衡（公元 800 年～公元 1000 年）

作为一般的背景阅读，R. Collins, *Charlemagne*(London 1998) and C. Mango (ed.), *The Oxford History of Byzantium* (Oxford 2002) 为卡洛林王朝和拜占庭帝国提供了大量的历史框架。关于伊斯兰干预地中海的极好概述，是 J. Pryor, 'The Mediterranean Breaks Up：500-1000', in D. Abulafia (ed.), *The Mediterranean in History*

(London 2003), 155-81。关于地中海的海上活动，有两份比较全面的资料，分别是 X. de Planhol, *L'Islam et la mer* (Paris 2000) and H. Ahrweiler, *Byzance et la mer* (Paris 1966)。O. R. Constable, *Trade and Traders in Muslim Spain: The Commercial Realignment of the Iberian Peninsula, 900-1500* (Cambridge 1994) 详细地分析了地中海的互换问题。

关于马扎尔人的到来和对欧洲的影响，对此进行总结的是 I. Dienes, *The Hungarians Cross the Carpathians* (Budapest 1972)。

北欧人，通常被称为维京人，在一般的文学作品中有广泛的记载。最易理解的著作之一就是 J. Graham-Campbell, *Cultural Atlas of the Viking World* (Oxford 1994)，其中带有非常好的地图。其他值得强烈推荐的全面性论著包括：C. Christiansen, *The Norsemen in the Viking Age* (Oxford 2002); P. Sawyer (ed.), *The Oxford Illustrated History of the Vikings*(Oxford 1997); P. Foote and D. Wilson, *The Viking Achievement* (2nd edition, London 1980); and G. Jones, *A History of the Vikings* (2nd edition, Oxford 1984)。对贸易中心进行专门论述的是 H. Clarke and B. Ambrosiani，*Towns in the Viking Age* (Leicester 1991)。对维京人的船只和造船进行全面探讨的是 O. Olsen and O. Crumlin-Pedersen, 'The Skuldelev Ship', *Acta Archaeologica* 38 (1968); O. Crumlin-Pedersen, *Viking-Age Ships and Shipbuilding in Hedeby/Haithabu and Schleswig*(Schleswig and Roskilde 1997); A. Brøgger and H. Shetelig, *The Viking Ships: Their Ancestry and Evolution* (Oslo 1951); and T.Sjøvold, *The Viking Ships in Oslo* (Oslo 1985)。

维京海盗在大西洋地区的袭击和定居在上面列出的一般性书籍中已经被讨论，而对北大西洋冒险的故事的分析见 G. J. Marcus, *The Conquest of the North Atlantic* (Woodbridge 1980)。关于东部的贸易路线，有一些有益的论文，见 D. Austin and L. Alcock (eds), *From the Baltic to the Black Seas: Studies in Medieval Archaeology* (London 1990)。其他有用的文本还包括 R. Milner-Gulland，*The Russians* (Oxford 1997), T. S. Noonan, 'Vikings and Russia: Some New Directions and Approaches to an old Problem', in R. Samson (ed.), *Social Approaches to Viking Studies* (Glasgow 1991), 201-6。

（索引中的页码为原书页码，即本书页边码）

Chapter 1: 1.1 Yann Arthus Bertrand/Corbis. 1.2 J. C. Thompson, *History of Ancient Geography* (Oxford 1948), 99. 1.3 T. Taylor in B. Cunliffe (ed.), *Prehistoric Europe* (Oxford 199-), 386, with modifications. 1.4 CNES, 1993 Distribution Spot Image/Science Photo Library. 1.5 J. O. Thompson, *History of Ancient Geography* (Oxford 1948), figs 16 and 26, with modifications. 1.6 J. O. Thompson, *History of Ancient Geography* (Oxford 1948), figs 16 and 26, with modifications. 1.7 Lauros/Giraudon/Bridgeman Art Library. 1.8 B. Cunliffe. 1.9 English Heritage/National Monuments Record. 1.13 B. Cunliffe, *The Ancient Celts* (Oxford 1997), 306.

Chapter 2: 2.1. English Heritage Photo Library. 2.3 P. Mellars in B. Cunliffe (ed.), *Prehistoric Europe* (Oxford 1994), 43. 2.4 Planetary Visions Ltd/Science Photo Library. 2.5. C. Scarre (ed.), *The Human Past* (London 2005), 108, with modifications. 2.10 Based on V. M. Masson and T. Taylor in *Antiquity* 63 (1989), fig. 1, with modifications. 2.14 M-Sat Ltd/Science Photo Library. 2.15 M-Sat Ltd/Science Photo Library 2.16 Yann Arthus Bertrand/Corbis 2.17 Based on A. T. Hodge, *Ancient Greek France* (London 1998), fig. 16.

Chapter 3: 3.1. C. Scarre (ed.), *The Human Past* (London 2005), 178. 3.2 T. H. van Andel in *Antiquity* 63 (1989), fig. 3. 3.3 J. R. Coull, *The Fisheries of Europe. An Economic Geography* (London 1972). 3.4 Wolfgang Kaehler/Corbis. 3.5 Institute of Archaeology, Oxford based on J. E. Morais Arnaud in C. Bonsall (ed.), *The Mesolithic in Europe* (Edinburgh 1989), 615. 3.6 Musée de Prehistoire, Carnac. 3.7 National Museum of Denmark. 3.8 Redrawn from S H. Anderson in *Journal of Danish Archaeology* 4 (1985), figs 1 and 15. 3.9 Reproduced from S.H. Anderson in *Journal of Danish Archaeology* 4 (1985), figs 2.1 and 2.6. 3.10 Adam Woolfitt/Corbis 3.11 National Museum of Belgrade. 3.12 National Museum of Belgrade. 3.13 L. P Louwe Kooijams/National Museum of Antiquities, Netherlands.

Chapter 4: 4.1 C. Scarre (ed.), *The Human Past* (London 2005), 203. 4.3 Erich Lessing/AKG. 4.4 Geoffrey Clifford/Getty Images. 4.5 C. Perles, *The Early Neolithic in Greece. The First Farming Communities in Europe* (Cambridge 2001), figs 6.4 and 7.3. 4.6 Trustees of the British Museum. 4.7 C. Perles, *The Early Neolithic in Greece. The First Farming Communities in Europe* (Cambridge 2001), fig. 12.1. 4.8 C. Perles, *The Early Neolithic in Greece. The First Farming Communities in Europe* (Cambridge 2001), fig. 10.2. 4.10 D. W. Bailey, *Balkan Prehistory* (London 2000), fig. 2.4. 4.11 L. P. Louwe Kooijmans *et al.* (eds), *The Prehistory of the Netherlands*, Vol. 1 (Amsterdam 2005), fig. 10.10. 4.12 L. P. Louwe Kooijmans *et al.* (eds), *The Prehistory of the Netherlands*, Vol. 1 (Amsterdam 2005), fig. 11.6. 4.13 Dr. Rudolph Kuper/University of Cologne. 4.14 Landesamt für Denkmalpflege Baden-Württemberg.

Chapter 5: 5.3 Pitt Rivers Museum, University of Oxford. 5.4 Robert Leighton. 5.5 R. Leighton, *Sicily Before History* (London 1999), fig. 26. 5.7 J. Zilhao in *Journal of Mediterranean Archaeology* 6 (1993), figs 4 and 5. 5.8 Museo de Prehistoria de Valencia, Spain. 5.9 Based on R. H. Tykot in *Journal of Mediterranean Archaeology* 9 (1996), fig. 10. 5.11 J. Zilhao in T. D. Price (ed.), *Europe's First Farmers* (Cambridge 2000), fig. 6.3. 5.11 Based on L. P. Louwe Kooijmans *et al.* (eds), *The Prehistory of the Netherlands*, Vol. 1 (Amsterdam 2005), pl. 3. 5.12 L. P. Louwe Kooijmans. 5.13 Editions Gisserot – Jean L'Helgouac'h. 5.14 G. Bailloud *et al.*, *Carnac* (Paris 1995), 89. 5.15 C. Scarre in *Oxford Journal of Archaeology* 21 (2002), fig. 11, with additions. 5.16 C. Scarre (ed.), *The Human Past* (London 2005), fig. 4. 5.17 Aviation Pictures. G. Bailloud *et al.*, *Carnac* (Paris 1995), 89.

Chapter 6: 6.1 C. Scarre (ed.), *The Human Past* (London 2005), figs 12.1 and 12.13, with modifications. 6.2 A. Sherrattin in B. Cunliffe (ed.), *Prehistoric Europe* (Oxford 1994), 173. 6.3 B. Cunliffe, *Facing the Ocean* (Oxford 2001), 5-28, with additions. 6.4 Deutsches Archaologisches Institut, Madrid (Hermanfrid Schubart KB 4-68-14). 6.5 Erich Lessing/akg-images. 6.6 S. Tabaczynski in *Neolithische Studien* 1. 6.7 L. P. Louwe Kooijmans *et al.* (eds), *The Prehistory of the Netherlands*, Vol. 1 (Amsterdam 2005), fig. E2. 6.8 Based on C.-T. Le Roux in T. H. McK. Clough and W. A. Cummings (eds), *Stone Axe Studies* (London 1979), fig. 3. 6.9 A.-M. Pétrequin, P. Pétrequin and S. Cassen, 'Les longues lames polies des elites', *La Recherche* 312, 70–5, fig. 6.7, with additions. 6.10 National Museums Scotland. 6.11 E. N. Chernykh, *Ancient Metallurgy in the USSR: The Early Metal Age* (Cambridge 1992), fig. 15. 6.12 Varna Regional Museum of History, Bulgaria. 6.13 Redrawn after J. A. Bakker *et al.* in *Antiquity* 73 (1999), figs 2 and 7. 6.14 Department of Archaeology/Hungarian National Museum. 6.16 (plan) J. Lecornec, *Le Petit Mont, Arzon, Morbihan* (Documents Archéologiques de l'Ouest 1994), fig. 8. 6.17 G. Daniel, *The Prehistoric Chamber Tombs of France* (London 1960), figs 23 and 24. 6.18 Philippe Beuzzen © CMN, Paris. 6.20 Department of the Environment, Heritage and Local Government Ireland, Dublin. 6.21 A. Whittle, *Europe in the Neolithic. The Creation of New Worlds* (Cambridge 1996), fig. 7.29. 6.22 National Museum of Demark. 6.23 The State Hermitage Museum. 6.24 The State Hermitage Museum. 6.25 Piggott Archive: Institute of Archaeology, University of Oxford. 6.26 I. Panayotov and V. Dergachov in *Studia Praehistorica* 7. 6.28 Hans Georg Roth/Corbis. 6.30 C. Broodbank, *An Island Archaeology of the Early Cyclades* (Cambridge 2000), figs 30 and 36. 6.31 Hellenic Ministry of Culture/Archaeological Receipts Fund.

Chapter 7: 7.1 Adam Woolfitt/Corbis. 7.5 C. Broodbank, *An Island Archaeology of the Early Cyclades* (Cambridge 2000), fig. 121. 7.6 Ashmolean Museum, Oxford. 7.7 C. Broodbank, *An Island Archaeology of the Early Cyclades* (Cambridge 2000), fig. 120. 7.8 Yann Arthus-Bertrand/Corbis. 7.10 Art Archive/Heraklion Museum/Gianni Dagli Orti. 7.11 National Geographic/Getty. 7.12 Art Archive/National Archaeological Museum, Athens/Gianni Dagli Orti. 7.14 Art Archive/National Archaeological Museum, Athens/Gianni Dagli Orti. 7.15 Art Archive/Archaeological Museum, Nafplion/Gianni Dagli Orti. 7.16 Art Archive/Archaeological Museum, Chora/Gianni Dagli Orti. 7.17 Donald A Frey/Institute of Archaeology, Texas. 7.18 A. Sherratt in B. Cunliffe (ed.), *Origins. The Roots of European Civilization* (London 1987), fig. 5.8. 7.20 A. F. Harding, *The Mycenaeans and Europe* (London 1984), figs 16 and 55. 7.21 Gonzalo Aranda/Departmento de Prehistoria y Arqueologia Universidad de Granda. 7.23 National Museums of Scotland. 7.24 W. O'Brian, *Ross Island. Mining, Metal and Society in Early Ireland* (Galway 2004), fig. 238. 7.25 Dover Museum. 7.26 P. Clark (ed.), *The Dover Bronze Age Boat* (London 2004), fig. 5.63. 7.27 Wiltshire Heritage, Museum and Gallery Library. 7.29 National Museum of Demark. 7.30 National Museum of Demark. 7.31 Professor J. M. Coles. 7.33 National Museum of Demark. 7.34 Antivarisk Topografiska/Riksantikvarieambete. 7.35 A. Sherratt in B. Cunliffe (ed.), *Origins. The Roots of European Civilization* (London 1987), fig. 5.2. 7.37 P. F. Kuznetsov in *Antiquity* 80 (2006), fig. 1 and S. Piggott, *The Earliest Wheeled Vehicles* (London 1983), fig. 52. 7.38 V. F. Genning et al, *Sintashta: Archaeological Sites of Aryan Tribes in the Ural-Kazakh Steppes* (Chelyabinsk 1992), fig. 80. 7.39 R. Sheridan/Ancient Art & Architecture Collection Ltd. 7.40 S. Piggott, *The Earliest Wheeled Vehicles* (London 1983), figs 56-8.

Chapter 8: 8.1 Art Archive/Gianni Dagli Orti. 8.2 B. Cunliffe, *The Ancient Celts* (Oxford 1997), map 1. 8.3a National Museum of Demark. 8.3b Art Archive/Archaeological Museum, Cagliari/Gianni Dagli Orti. 8.3c CarlaMedia, Sweden. 8.4 National Museum of Demark. 8.6 C. Scarre (ed.), *The Human Past* (London 2005), fig. 12.40, with additions. 8.7 RMN/Herve Lewandowski. 8.8 Vassos Stylianou. 8.9 M. Popham in G. R. Tsetskhladze and F. de Angelis (eds), *The Archaeology of Greek Colonisation* (Oxford 1994), fig. 2.12. 8.11 Carlo Delfino Editore, Sardinia. 8.12 Art Archive/Archaeological Museum, Cagliari/Gianni Dagli Orti. 8.15 A. Coffyn, *Le Bronze Final Atlantique dans la Péninsule Ibérique* (Paris 1985), maps 21 and 22. 8.16 National Museum Ireland. 8.17 Oronoz Archive. 8.18 B. Cunliffe, *The Celts. A Very Short Introduction* (Oxford 2003), fig. 8, with additions. 8.20 A. Pydyn, *Exchange and Cultural Interaction* (Oxford 1999), map 31. 8.21 Antivarisk Topografiska/Riksantikvarieambete. 8.22 H. Thrane, *Europceiske Forbindelser* (Copenhagen 1975), fig. 89. 8.23 K. Kristiansen in C. Scarce and F. Healy (eds), *Trade and Exchange in Prehistoric Europe* (Oxford 1993), fig. 14.3. 8.24 A. Pydyn *Exchange and Cultural Interaction* (Oxford 1999), map 29. 8.25 Author using J. Chochorowski, *Ekspansja Kimmeryjska Na Tereny Europy Srodkowej* (Krakow 1993), map 1. 8.26a Landesant fur Kultur und Denkmalpflege, Schwerin. 8.26b National Museum of History of Romania, Bucharest.

Chapter 9: 9.2 B. Cunliffe, *The Ancient Celts* (Oxford 1997), map 6. 9.3 B. Cunliffe, *The Ancient Celts* (Oxford 1997), map 8. 9.5 B. Cunliffe, *The Ancient Celts* (Oxford 1997), map 7. 9.6 Art Archive/Museo di Villa Giulia, Rome/Gianni Dagli Orti. 9.7a Bridgeman Art Library/Giraudon. 9.7b Trustees of the British Museum. 9.7c Trustees of the British Museum. 9.7d Trustees of the British Museum. 9.11 B. Cunliffe in L. Hannestad, J. Zahle and K. Randsborg (eds), *Centre and Periphery in the Hellenistic World* (Aarhus 1993), fig. 4. 9.13 Photothèque Centre Camille Jullian/LAMM MMSH – CNRS. 9.14 B. Cunliffe, *Facing the Ocean* (Oxford 2001), fig. 7.28. 9.15 Author using V. S. Olkhovskii, *Pogrebalno-Pominalnaya Obriadnost Naseleniyo Stepnoi Skifii* (Moscow 1991), fig. 1. 9.16 Art Archive/Hermitage Museum, St Petersburg/Gianni Dagli Orti. 9.17 A. Pydyn, *Exchange and Cultural Interaction* (Oxford 1999), map 57. 9.18 BPK Berlin/Johannes Laurentius. 9.19 B. Cunliffe, *The Ancient Celts* (Oxford 1997), map 16. 9.20 Landesamt für Denkmalpflege Baden-Württemberg. 9.21 S. Piggott, *Ancient Europe* (Edinburgh 1965). 9.22 Musée Archéologique, Châtillon sur Seine, Bridgeman Art Library/Giraudon. 9.23 Landesmuseum Wurttemberg, Stuttgart. 9.25 B. Cunliffe, *Facing the Ocean* (Oxford 2001), fig. 7.28.

Chapter 10: 10.2 P. Levi, *Atlas of the Greek World* (Oxford 1980), 140. 10.3 Art Archive/Archaeological Museum, Salonica/Gianni Dagli Orti. 10.4 B. Cunliffe, *Rome and her Empire* (London 1978), 68. 10.7 Trustees of the British Museum. 10.10 P. Levi, *Atlas of the Greek World* (Oxford 1980), 177. 10.11 Carmen Redondo/Corbis. 10.12a Julian Angelov/Travel Photo. 10.12b National Museum of Demark. 10.13 Alinari Archives. 10.15 akg-images. 10.16 Nimatallah/akg-images. 10.17 Oronoz Archive. 10.18 Fundacíon la Alcudia. 10.19 T. Chapa Brunet 1982 reproduced in B. Cunliffe in L. Hannestad, J. Zahle and K. Randsborg (eds), *Centre and Periphery in the Hellenistic World* (Aarhus 1993), fig, 8. 10.20a National Museums of Scotland. 10.20b Trustees of the British Museum. 10.21 S. Jansson in *Marinar Kceologisk Nyheds brev fra Roskilde* 2 (1994). 10.23 State Hermitage Museum. 10.25 Piggott Archive, Institute of Archaeology, Oxford. 10.27 BPK Berlin/Ingrid Geske.

Chapter 11: 11.2 Bettman/Corbis. 11.3 B. Cunliffe, *The Ancient Celts* (Oxford 1997), map 29. 11.5 Rene Gogney. 11.6 Antione Chene/CNRS Photothèque. 11.7 B. Cunliffe, *Greeks, Romans and Barbarians. Spheres of Interaction* (London 1988), fig. 36. 11.8 M. Todd, *The Northern Barbarians 100 BC–AD 300* (London 1975), fig. 2. 11.9 B. Cunliffe (ed.), *Prehistoric Europe* (Oxford 1994), 422 and 431. 11.10 National Museum of History of Romania, Bucharest. 11.12 Ioan Glodariu. 11.13 Ioan Glodariu. 11.14 Alinari Archives. 11.16 Jason Hawkes/Corbis. 11.17 B. Cunliffe, *Greeks, Romans and Barbarians. Spheres of Interaction* (London 1988), figs 70 and 71 based on Eggers 1951. 11.18 U.L. Hansen, *Der romische Import im Norden* (Copenhagen 1987), map 32. 11.20 Art Archive/Gianni Dagli Orti. 11.21 Art Archive/Archaeological Museum, Istanbul/Gianni Dagli Orti.

Chapter 12: 12.2 Based on P. Sarris in C. Mango (ed.), *The Oxford History of Byzantium* (Oxford 2002), 52. 12.3 Lawrence Manning/Corbis. 12.4 Based on P. Sarris in C. Mango (ed.), *The Oxford History of Byzantium* (Oxford 2002), 52. 12.6 Art Archive/San Apollinare Nuovo Ravenna/Alfredo Dagli Orti. 12.7 Ruggero Vanni/Corbis. 12.11 Yann Arthus-Bertrand/Corbis. 12.12 National Library, Madrid. 12.14 Museo Torlonia, Rome/Alinari Archives/Bridgeman Art Library. 12.15 English Heritage Photo Library. 12.16 English Heritage Photo Library. 12.19a State Historical Museum, Museum of Antiquities, Stockholm. 12.19b State Historical Museum, Museum of Antiquities, Stockholm. 12.20 University Library, Uppsala. 12.21 Trustees of the British Museum. 12.22 Leipziger Illustrierte Zertung 1865. 12.23 O. Crumlin-Pedersen (after Nylén 1978) in S. McGrail (ed.), *Maritime Celts, Frisians and Saxons* (London 1990), figs 14.14 and 14.18. 12.24 D. Matthew, *Atlas of Medieval Europe* (Oxford 1983), 18.

Chapter 13: 13.2 National Library, Madrid. 13.3 P. Magdalino in C. Mango (ed.), *The Oxford History of Byzantium* (Oxford 2002), 178. 13.5 National Library, Madrid. 13.7 Bibliothèque Nationale, Paris. 13.8 Royal Coin Cabinet, National Museum of Economy, Sweden. 13.9 Museum of Cultural History, University of Oslo. 13.10 J. Graham-Campbell *et al.* (eds), *Cultural Atlas of the Viking World* (Oxford 1994), 126. 13.11 National Museums of Scotland. 13.12 J. Graham-Campbell *et al.* (eds), *Cultural Atlas of the Viking World* (Oxford 1994), 117. 13.13 J. Graham-Campbell *et al.* (eds), *Cultural Atlas of the Viking World* (Oxford 1994), 189. 13.14 National Museum of Denmark.

图书在版编目 (CIP) 数据

　海洋之间的欧洲：主线与变化：公元前9000年~公
元1000年 / (英) 巴里·坎利夫 (Barry Cunliffe) 著；
徐萍译. -- 北京：社会科学文献出版社，2023.1
　书名原文：Europe between the Oceans: Themes
and Variations，9000 BC-AD 1000
　ISBN 978-7-5201-9284-2

　Ⅰ. ①海… Ⅱ. ①巴… ②徐… Ⅲ. ①欧洲－历史－
古代 Ⅳ. ①K500

中国版本图书馆CIP数据核字(2021)第238182号

地图审图号：CS (2022) 3658 号（书中地图系原文插附地图）

海洋之间的欧洲
——主线与变化（公元前9000年~公元1000年）

著　　者 / 〔英〕巴里·坎利夫（Barry Cunliffe）
译　　者 / 徐　萍
校　　者 / 张德鹏

出 版 人 / 王利民
责任编辑 / 刘　娟
责任印制 / 王京美

出　　版 / 社会科学文献出版社·甲骨文工作室（分社）（010）59366527
　　　　　　地址：北京市北三环中路甲29号院华龙大厦　邮编：100029
　　　　　　网址：www.ssap.com.cn
发　　行 / 社会科学文献出版社（010）59367028
印　　装 / 南京爱德印刷有限公司

规　　格 / 开　本：889mm×1194mm　1/16
　　　　　　印　张：36.75　字　数：615千字
版　　次 / 2023年1月第1版　2023年1月第1次印刷
书　　号 / ISBN 978-7-5201-9284-2
著作权合同
登 记 号 / 图字01-2016-6841号
定　　价 / 268.00元

读者服务电话：4008918866